国家出版基金项目
NATIONAL PUBLICATION FOUNDATION

外国文学学术史研究

主编
陈众议

巴尔扎克研究文集

Anthologie des études sur Honoré de Balzac

罗国祥 编选

译林出版社

图书在版编目（CIP）数据

巴尔扎克研究文集 / 罗国祥编选. -- 南京 : 译林出版社, 2025. 3. --（外国文学学术史研究 / 陈众议主编）. -- ISBN 978-7-5753-0622-5

Ⅰ. K835.655.6

中国国家版本馆CIP数据核字第2025AH0411号

巴尔扎克研究文集　罗国祥／编选

责任编辑　唐洋洋　龚文宇
装帧设计　孙逸桐
校　　对　施雨嘉
责任印制　颜　亮

出版发行　译林出版社
地　　址　南京市湖南路 1 号 A 楼
邮　　箱　yilin@yilin.com
网　　址　www.yilin.com
市场热线　025-86633278
排　　版　南京展望文化发展有限公司
印　　刷　江苏凤凰通达印刷有限公司
开　　本　652 毫米 × 960 毫米　1/16
印　　张　24
插　　页　2
版　　次　2025 年 3 月第 1 版
印　　次　2025 年 3 月第 1 次印刷
书　　号　ISBN 978-7-5753-0622-5
定　　价　138.00 元

总序

在众多现代学科中有一门过程学。在各种过程研究中，有一种新兴技术叫生物过程技术，它的任务是用自然科学的最新成就，对生物有机体进行不同层次的定向研究，以求人工控制和操作生命过程，兼而塑造新的物种、新的生命。文学研究很大程度上也是一种过程研究。从作家的创作过程到读者的接受过程，而作品则是其最为重要的介质或对象。问题是，生物有机体虽活犹死，盖因细胞的每一次裂变即意味着一次死亡，而文学作品却往往虽死犹活，因为莎士比亚是“说不尽”的，“一百个读者就有一百个哈姆雷特”。

换言之，文学经典的产生往往建立在对以往经典的传承、翻新，乃至反动（或几者兼有之）的基础之上。传承和翻新不必说，但奇怪的是，即使反动，也每每无损以往作品的生命力，反而能使它们获得某种新生。这就使得文学不仅迥异于科学，而且迥异于它的近亲——历史。套用阿瑞提的话说，如果没有哥伦布，迟早会有人发现美洲；如果伽利略没有发现太阳黑子，也总会有人发现。同样，历史可以重写，也不断地在重写，用克罗齐的话说，“一切历史都是当代史”。但是，如果没有莎士比亚，又会有谁来创作《哈姆雷特》呢？有了《哈姆雷特》，又会有谁来重写它呢？即使有人重写，他们缘何不仅无损于莎士比亚的光辉，反而能使他获得重生，甚至更加辉煌灿烂呢？

这自然是由文学的特殊性所决定的，盖文学是加法，是并存，是无数“这一个”之和。鲁迅谓文学最不势利，马克思关于古希腊神话的“童年说”和“武库说”更是众所周知。同时，文学是各民族的认知、价值、情感、审美和语言等诸多因素的综合体现。因此，文学既是民族文化及民族向心力、认同感的重要基础，也是使之立于世界之林而不轻易被同化的鲜活基因。也就是说，大到世界观，小到生活习俗，文学在各民族文化中起到了染色体的功用。独特的染色体保证了各民族在共通或相似的物质文明进程中保持着不断变化却又不可淹没的个性。唯其如此，世界文学和文化生态才丰富多彩，也才需要东西南北的相互交流和借鉴。同时，古今中外，文学终究是一时一地人心的艺术呈现，建立在无数个人基础之上，并潜移默化、润物无声地表达与传递、塑造与擢升着各民族活的灵魂。这正是文学不可或缺、无可取代的永久价值与恒久魅力之所在。

于是，文学犹如生活本身，是一篇亘古而来、今犹未竟的大文章。

此外，较之于创作，文学研究则更具有意识形态和上层建筑属性，因而更取决于生产力和社会形态、社会发展水平。这也是马克思主义的基本观点之一。如是，我国现代意义上的文学研究起步较晚，外国文学研究更是如此。虽然以鲁迅为旗手的新文学运动十分重视外国文学，但从实际成果看，1949年前的外国文学研究却基本上属于旁批眉注、前言后记式的简单介绍，既不系统，也不深入。因此，我国的外国文学研究几乎可以说是在新中国成立以后全面展开的。而系统的外国文学学术史研究，这还是第一次。

一

学术史研究也是一种过程学，而且是一种相对纯粹的过程学。不具备一定的学术史视野，哪怕是潜在的学术史视野，任何经典作家作品研究几乎都是不能想象的。

然而，后现代主义解构的结果是绝对的相对性取代了相对的绝对性。于是，许多人不屑于相对客观的学术史研究而热衷于空洞的理论了。在一些人眼里，甚至连相对客观的真理观也消释殆尽了。

于是，过去的“一里不同俗，十里言语殊”成了如今的言人人殊。于是，众生喧哗，且言必称狂欢，言必称多元，言必称虚拟和不确定。这对谁最有利呢？也许是跨国资本吧。无论解构主义者初衷何如，解构风潮的实际效果是：不仅相当程度上消解了真善美与假恶丑的界限，甚至对国家意识形态，至少是某些国家的意识形态和民族凝聚力都构成了威胁。然而，所谓的“文明冲突”归根结底是利益冲突，而“人权高于主权”这样的时鲜谬论也只有在跨国公司时代才可能产生。

且说经典在后现代语境中首当其冲，成为解构对象。因此它们不是被迫“淡出”，便是横遭肢解。所谓的文学终结论也正是在这样的背景下提出来的。它与其说指向创作实际，毋宁说是指向传统认知、价值和审美取向的全方位颠覆。因此，经典的重构多少具有拨乱反正的意义。

正是基于上述缘由，中国社会科学院外国文学研究所于2004年着手设计“外国文学学术史研究工程”计划，并于翌年将该计划列入中国社会科学院“十一五规划”。这是一项向着重构的整合工程，它的应运而生标志着外文所在原有的“三套丛书”（即20世纪60至90年代——“文革”时期中断——的“外国文学名著丛书”、“外国古典文艺理论丛书”和“马克思主义文艺理论丛书”）等工作的基础上又迈出了新的一步，也意味着我国的外国文学研究已开始对解构风潮之后的学术相对化、碎片化和虚无化进行较为系统的清算。

由是，关乎经典的一系列问题将在这一系统工程中被重新提出。比如，何为经典？经典是必然的还是偶然的？经典重在表现人类的永恒矛盾（用钱锺书的话说是“两足动物的基本根性”）呢，还是主要指向时代社会的现实矛盾？它们在认知方式、价值判断、审美取向方面有何特征？经典及经典批评与时代社会的生产力和生产关系、经济基础和上层建筑等关系何如？批评及批评家的作用（包括其立场、观点和方法及其与时代社会的一般和特殊关系）又如何？此外，经典作家的遭际与性情、阅历与禀赋，经典的内容与形式、继承与创新，以及文学的一般规律和文学经典的特殊性等诸如此类的问题，都将是本工程需要展示并探讨的。

且说世界文学一路走来，其规律并非羚羊挂角，无迹可寻。童年的神话、少年的史诗、青年的戏剧、中年的小说、老年的传记是一种概括。由高向低、由外而内、由强至弱、由大到小，等等，也不失为一种轨辙。如是，文学从模仿到独白、从反映到窥隐、从典型到畸形、从审美到审丑、从载道到自慰、从崇高到渺小、从庄严到调笑……终于一头扎进了个人主义和主观主义的死胡同。小我取代了大我，观念取代了情节；“阿喀琉斯的愤怒”变成了麦田里的脏话；“路漫漫其修远兮，吾将上下而求索”变成了“我做的馅饼是世界上最好吃的”；诸如此类，不一而足。当然，这不能涵盖文学的复杂性和丰富性。事实上，认知与价值、审美与方法等的背反或迎合、持守或规避所在皆是。况且，无论“六经注我”还是“我注六经”，经典是说不尽的，这也是由时代社会与经典本身的复杂性和丰富性所生发的。

二

众所周知，文学是人类文明的重要组成部分。马克思主义的经典作家向来重视文学，尤其是经典作家在反映和揭示社会本质方面的作用。马克思在分析英国社会时就曾指出，英国现实主义作家“向世界揭示的政治和社会真理，比一切职业政客和道德家加在一起所揭示的还要多”。恩格斯也说，他从巴尔扎克那里学到的东西，要比从“当时所有职业的历史学家、经济学家和统计学家那里学到的全部东西还要多”。列宁则干脆地称托尔斯泰是俄国革命的一面镜子。这并不是说只有文学才能揭示真理，而是说伟大作家所描绘的生活、所表现的情感、所刻画的人物往往不同于一般抽象的概括、数据的统计。文学更加具体、更加逼真，因而也更加感人、更加传神。其潜移默化、润物无声的载道与传道功能更不待言。站在世纪的高度和民族立场上重新审视外国文学，梳理其经典，展开研究之研究，将不仅有助于我们把握世界文明的律动和了解不同民族的个性，而且有利于深化中外文化交流，从而为我们借鉴和吸收优秀文明成果、为中国文学及文化的发展提供有益的“他山之石”。习近平总书记提出的“不忘本来，吸收外来，面向未来”与“洋为中用”“古为今用”思想一脉相承。

“观乎天文以察时变，观乎人文以化成天下”；文学作为人文精神的重要基础和介质，既是人类文明的重要见证，同时也是一时一地人心、民心的最深刻，也最具体的体现，而外国文学则是建立在各民族无数外国作家基础上的不同时代、不同民族的认识观、价值观和审美观的形象反映。研究人心自然不能停留在简单抽象的理念上。因此，走进经典永远是了解此时此地、彼时彼地人心民心的最佳途径。换言之，文学创作及其研究指向各民族变化着的活的灵魂，而其中的经典（包括其经典化或非经典化过程）恰恰是这些变化着的活的灵魂的集中体现。

如是，“外国文学学术史研究”立足国情，立足当代，从我出发，以我为主，瞄准外国文学经典作家作品和思潮流派，进行历时和共时双向梳理。目前共四辑，由二十五部学术史研究专著、二十五部配套译著组成：第一辑涉及塞万提斯、歌德、雨果、左拉、庞德、高尔基、肖洛霍夫和海明威；第二辑包括普希金、茨维塔耶娃、康拉德、狄更斯、哈代、菲茨杰拉德、索尔·贝娄和芥川龙之介；第三辑为乔叟、简·奥斯丁、陀思妥耶夫斯基、泰戈尔和希伯来经典；第四辑涵盖《一千零一夜》、巴尔扎克和列夫·托尔斯泰。

三

格物致知，信而有证；厘清源流，以利甄别。“外国文学学术史研究”中的经典作家作品学术史研究系列顾名思义都是学术史研究（或谓研究之研究）。学术史研究既是对一般博士论文的基本要求，也是一种行之有效的文学研究方法，更是一种切实可行的文化积累工程，同时还可以杜绝有关领域的低水平重复。每一部学术史研究著作通过尽可能竭泽而渔式的梳理，即使不能见人所未见、言人所未言，至少也能老老实实地将有关作家作品的研究成果（包括有关研究者的立场、观点和方法）公布于众，以裨来者考。如能温故知新，有所创建，则读者幸甚，学界幸甚。相配套的经典论文翻译，则遴选有关作家作品研究的标志性成果，其形式类似于外文所先前出版的“外国文学研究资料丛书”。

同时，每一部学术史研究著作将由三部分组成。第一部分为经典作家（作品）的学术史梳理。这是相对客观的，但其中的艰难也不可小觑。首先，学术史梳理既不像平素泛舟书海，拾贝书滩，尽意兴而为之地俯拾由己和随心所欲；其次，牵涉语种繁多，而且经过20世纪的形形色色的方法论和批评思潮的浸染，用汗牛充栋来形容经典作家作品研究成果已不为过。因此，要在浩如烟海的研究史料中攫取最有代表性的观点和方法，实在是件考验耐心和毅力的事情。战战兢兢，生怕挂一漏万，自不待言，且挂一漏万在所难免。因此，我们只能择要概述，甚至把侧重点放在经典作家的代表作上。不然纵使篇幅再大，也难以涵括浩瀚的文献资料。换言之，去芜杂的枝蔓和重复的敷衍，留精粹要义和真知灼见是必然的，但也是不容易做到的。它考验我们涉猎的深度和广度，而且也是检验我们学术水准和价值判断的重要环节。

第二部分研究之研究何啻是一大考验。都说20世纪是批评的世纪，在经历了现代主义的标新立异和后现代主义的解构风潮之后，在各种思潮、各种方法杂然纷呈的情况下，如何言之有物、言之成理、不炒冷饭，殊是不易；如何在前人的基础上有所发现、有所前进，就更是难上加难。但反过来看，正因为文化相对主义的盛行和批评的多元，也才有了我们展示立场、发表见解的特殊理由和广阔余地。举个简单的例子，解构主义针对二元论的颠覆虽然是形而上学的，却不可谓不彻底。其结果是相当一部分学者怀疑甚至放弃了二元思维。但事实上二元思维不仅难以消解，而且在可以想见的未来仍将是人类思维的主要方法。真假、善恶、美丑、你我、男女、东方和西方等实际存在,并将继续存在。与此同时,作为中国学者,面对西方话语,我们并非无话可说。总之,从文学出发,关心小我与大我、外力与内因、形式与内容、反映与想象、情节与观念,以至物质与精神、肉体与灵魂、西方与东方等诸如此类的二元问题,以及经典在民族和人类文明进程中的地位和作用,依然可以是我们的着力点。当然,二元论绝不是排中律,更非二元对立,而是在辩证法的基础上融会二元关系及二元之间所蕴藏的丰富内涵和无限可能性。毋庸讳言,改革开放以来,学术界解放思想,广开言路,但日新月异中不乏矫枉过正、时髦是趋。比如大到存在与意识、物质与精神的辩证关系,小到客观与主观、客体与主体等,都大有乾坤倒转、黑洞化吸之势。至于意识形态"淡化"之后,跨国资本主义的一元化意识形态更是有增无已;真假不辨、善恶不论、美丑混淆的现象所在皆是;个人主义大行其道,从而使抽象的人性淹没了社会性;普世主义势不可挡,以致文化相对主义甚嚣尘上。文学从大我到小我,从外向到内倾,从模仿到虚拟,从代言到众声喧哗;真实给虚幻让步,艺术向资本低头;对妖魔鬼怪和封建迷信津津乐道,任帝王将相和无厘头充斥视域,能不发人深省?然而,经典作家是说不尽的,以上的任何一位作家都是无法穷尽的。用巴尔加斯·略萨的话说,伟大的经典具有"自我翻新"的本领。至于何为经典,虽然也是个说不尽的话题,但用简单的方式综观前人的观点,也许可以用三句话来概括:一是它们必须体现时代社会(及民族)的最高认知和一般价值(包括人类永恒的主题、永恒的矛盾);二是其方法的魅力及审美的高度不会随着岁月的更迭而褪色或销蚀;三是其情感表达能够长久地引起共鸣和共振。当然这是将复杂问题简单化的一种说法。而本课题便是关乎经典之所以成为经典的一种较为复杂的论证方式。需要说明的是,经典不等于市场。用桑塔亚那的话说,经典不在于一时一地喜欢者的多寡,而在于喜欢者的喜欢程度。如果在此基础上再加上一个历史的维度,那么这话也就更加全面了。

学术史研究的最后部分为文献目录。它在尽可能详尽的基础上，还要有所选择。不然，展示一个经典作家的学术史，光文献目录就可以编辑厚厚的几大本。因此，去粗存精，是为重要或主要文献目录。

总之，在逆全球化抬头、AI迭代发展的今天，重新拥抱经典不仅是一种持守，而且彰显了语言文学如何作为不同国族精神主权的鲜明特质。然而，奇妙的是，各民族文学经典最容易为全世界读者所喜爱，这也是文明互鉴成为可能、人类命运共同理念成为共识的有力证据，更是马克思主义国际主义和世界人民大团结等美好愿景对人同此心、心同此理的最好注解。

最后需要说明的是，“外国文学学术史研究”的中长期目标是在作家作品和流派思潮研究的同时，进行更具问题意识的学术史乃至学科史研究，以期点面结合，庶乎“既见树木，又见森林”；若能密切联系实际，促进中华学术的繁荣、发展和创新，则读者幸甚，我等幸甚。无疑，此工程面向全国高校及科研机构，希望有志于外国文学学术史的同仁踊跃加盟、不吝赐教。

陈众议

2025年元月修订

目录

编选者序

巴尔扎克是世界上读者最多的法国作家之一，对其的批评研究亦层出不穷，以至于出现了“美国的巴尔扎克”“英国的巴尔扎克”“俄罗斯的巴尔扎克”“日本的巴尔扎克”等等为广大读者喜爱的各国著名作家的称呼；巴尔扎克在世时和逝世后，他祖国的作家、评论家，不管是否喜欢他，不管政治立场、艺术思想是否与他一致，都不由自主或别有用意地或热烈赞扬、高度评价他，或恶毒贬低、恣意诋毁他；去世后的巴尔扎克的“敌人”少了许多，研究者特别是赞颂者多了起来，无论是无产阶级的革命导师马克思、恩格斯和20世纪欧洲各种“新马克思主义”批评家，还是如浪漫主义领袖雨果、自然主义文学大师左拉、著名意识流作家普鲁斯特，以及批评家们所熟知的“新小说”代表作家米歇尔·布托尔等，还是世界各国的文学爱好者，都对巴尔扎克进行了系统的、多学科交叉的评论和研究。在世界范围内，从西欧到东欧，从英国到俄罗斯，从美洲到亚洲，从中国到日本，随着法国巴尔扎克“文学资本”的输出，巴尔扎克研究也随着世界各国社会历史的变化而变化着，如从沙俄时期作为宫廷的“点缀”到受到文学爱好者的追捧，从在以马克思主义为意识形态基础的苏联几乎“一边倒”的巴尔扎克研究，到中国20世纪初的左翼文学界对巴尔扎克的译介研究，到中华人民共和国成立后中国“巴学”的种种微妙变化，再到日本文学及批评界的巴学研究，可以说是成果丰硕、精彩纷呈。

鉴于此，我们根据中国“巴学”研究的情况，选择了各个时期比较有代表性的“巴学”研究成果，以及相对较新的、尚未有中文译文的巴尔扎克研究成果，组织法、英、德、俄、日等语种的文学教授和博士进行翻译，这部分新译在本文集中的占比近百分之七十。在此向朱宾忠教授、罗城教授、乐音教授、包向飞教授、贾颉博士、张莹博士、张晓迪博士、倪文静博士、程一骄博士等表示感谢。此外，姚历教授、贾颉博士、舒湛博士、陈静璇博士为我们的研究和译文集资料收集做了大量的工作，在此也一并向他们表示感谢。

在本译文集以及研究专著出版之际，我们还要特别向本文集中圣伯夫、普鲁斯特、布托尔、卢卡奇、茨威格的巴尔扎克研究文章翻译者范希衡、王道乾、张裕禾、陈尧光、黄晋凯、吴小如、高名凯等前辈和同行，以及中国社会科学院外国文学研究所、译林出版社表示衷心的感谢！

第一辑

法国巴尔扎克研究

巴尔扎克、左派和新世界

作者　[法国]皮埃尔·巴尔贝里斯
译者　贾颉

巴尔扎克作品的内容，它引发的反思，它在众多同时代人中引起的反应，使人不得不提出这样一个问题：以巴尔扎克对贵族阶层、对复辟时期资产阶级的所见所闻，以及对以资产阶级为主导、工人阶级逐渐崛起的社会运动的真知灼见，在人道主义、普罗米修斯主义、无序自由主义和责任自由主义相继崛起却相互碰撞的年代，巴尔扎克让大卫·赛夏成为傅立叶的支持者，通过米歇尔·克雷斯蒂安预言了雨果笔下的昂若拉，那么最终巴尔扎克又是如何能够和他笔下的这些人物保持相当的距离的呢？这个问题大有可观，发人深思。

尽管巴尔扎克令人钦佩地洞察到新的社会秩序，他又是如何坚决反对使他得出分析的想法，又如何试图通过长篇论述消除这些想法对读者带来的影响的呢？身处在一个社会主义共和国思潮即将流行的社会里，巴尔扎克并没有在自己的小说中禁止如富尔雄老爹冒时代之大不韪的言谈，他为什么要继续写这类的句子呢？

> 一切关心国家大事的人，全不知巴黎的下层阶级堕落到什么田地，它的腐化只有它满肚子的嫉妒可以相比。[1]

1《贝姨》。

普兰医生最幸运的日子可以有十法郎收入，而毕安训每天的进款是五六百，普兰医生不由自主地要做这个比较。这不是把民主所促成的妒恨心理暴露尽了吗？[1]

这些话语看起来像是一些和解的公式，旨在防止某些思想情感结晶，促进某些固定图像的形成、某些联想和进步思想的形成。但对于那些不禁想知道巴尔扎克如何以及为什么在有生之年并没有带着行李和武器走进这个欢迎他，并在他死后理解他的人性大营地的人来说，这些话难道毫无价值吗？即使他知道并理解自由主义的所有谎言，在社会主义流行之初就知道它的虚幻和神秘，那么他最终是否会改变自己作品坚持的逻辑呢？巴尔扎克在1848年4月19日向博爱俱乐部发表讲话[2]，正式承认共和国（没有任何事情迫使他这样做），他甚至接受了可能成为议员的建议，但这些都无法说明问题。在他长期未曾出版的《关于工作的信》中，他首先对自己写道："如果法兰西想要成为共和国，共和国就会成立的。"即便是这样也无法说明问题。真正能说明问题的并不是通过发生的事件表明态度，而是一些来自内心深处的持久的东西。

真正的答案有两个。第一个来自身外的答案，巴尔扎克一直拒绝那些围绕在他身边的，以自由主义者自居、做些浮于表面的资产阶级慈善事业、反对君主制或者空想社会主义的左派们。在这个意义上，正如整部作品试图表明的那样，这很可能使巴尔扎克并没有真正地从批判角度认清资产阶级的本质，因为他拒绝掉入左派设下的陷阱，他们或多或少地总是为资产阶级辩护，为他们在学识和理论上提供支持。另一个是来自内在的答案。随着岁月的流逝，这个答案也越来越重要：巴尔扎克迫切希望被德·韩斯迦夫人的家人接纳。这不仅仅是虚伪的表现和某种策略：巴尔扎克最终真诚地思考某些事情，他对未来

1《邦斯舅舅》。

2 参见下文，讲话内容发表在《宪报》上。

的期待、对韩斯迦家族的安全顾虑，对自己的婚姻以及其他所有相关事情的感情塑造了他对未来的想法。然而，巴尔扎克并非一个总是担心他人眼光、家人态度和生活在神圣俄罗斯的注视下的人。他总能找到属于自己的一片天地，在那里，时间属于他自己，独处的他总能获得自由。

一　1839年5月事件

1839 年 5 月 12 日至 13 日的可怕暴乱导致巴尔贝斯 (Barbès) 被捕并被判死刑 (后改为苦役)，之后，巴尔扎克想到了通过在巴黎公开发表曾写给村民让·法伊图 (Jean Faitout) 的信对此事做出回应，这样可以“让人们更好地知道这几天发生动乱的前因后果”。以草稿形式出版的《巴黎信札》持有一种“超越纷争”的立场：

> 如今在我们国家，人们虽然说着同一种语言，然而多数人却已然不会和睦相处了。因此，在人们说话却彼此无法沟通的地方都在发生着争吵，甚至打斗。同样的词，从词到物，两边却赋予了不同的含义，有人期待“播种”后的“收割”，有人却因“播种”被“收割”了头颅。毫无疑问这些现象是值得深思的，尤其当最终所有唇枪舌剑的争论都以真枪实弹的处决结束。

这不是简单的折中主义。次年，巴尔扎克在题为《关于工人的若干问题》的著名文章中阐明了他的想法：

> 秩序之友的合唱
>
> 你们是什么人，胆敢攻击我们？混乱和无政府状态的煽动者，法律和国家的敌人，公众秩序狂热的破坏者！唯恐天下不乱的小人，一心想火上浇油，鼓动卑劣的感情！但是，你们疯狂攻击的秩序必须恢复！必须建立苛刻的律条，强迫你们就范。暴动一

直势如破竹，你们一直在饲养无政府这个怪物，你们不断干扰政府的行动，而政府是国家福利的维护者。必须保护政府免遭你们企图对革命造成的伤害，挽救国家，挽救法兰西：必须震慑安定与和平的死敌！用恐怖打击他们，这是救国救民的恐怖措施，没有它政府就要垮台，必须威慑……消灭乱党！云云。

自由之友的合唱

啊：你们多么卑鄙，舒舒服服地躺在权力之上，靠人民的血汗养活：你们吞噬了多少税金！你们穷凶极恶地从民族、从可怜的法兰西手里夺取财富，无耻地吮吸法兰西的膏血和元气！你们是自由和进步的死敌，是善良和正直的死敌：你们这样养肥自己很得意，是吧？下流的告密者们，有权有势的确不错！你们自称是自由的朋友，可你们是怎样对待自由思想的？你们在践踏这些思想，没有心肝的流氓！你们去抢地位吧，去抢荣誉和财富吧，去用武力镇压吧，再加上诡计和诱惑。因为使用什么方法都无所谓；因为你们没有廉耻，没有良心；因为你们践踏感情，践踏正义。啊，跟这样的人要良心和正义，等于向沙漠要粮食，向死尸要生命。行了，掌握权力的先生们，这一切该结束了；你们真以为，你们鱼肉百姓，专横跋扈，百姓却能长期忍耐吗？不，不！他们已经忍耐到了极限，很快就要忍无可忍，就要爆发了。正义的日子就要到来：行了，要扼杀自由，你们没那个能耐；说到底，你们算什么呢？一小撮可怜虫。站在你们对面的是伟大的民族，为自由而生的民族，渴望自由的民族，高呼“向前进”的民族！云云。

虽然这两首乐曲中充斥着陈词滥调，但人们不禁发现第一首虽然既不动人，也不真实，只有普吕多姆式愚蠢的说道，但比第二首更加有讽刺意味，这让我们想起了富尔雄老爹[1]的长篇大论，尽管字里行间流露出他

1 富尔雄的基本形象在 1838 年《农民》第一版中已经刻画出来。

的得意忘形，但话语还是充满了真知灼见。这里的巴尔扎克再次成了1830年的巴尔扎克，以及写《巴黎信札》的那个巴尔扎克。但是，如果我们再回到他1839年撰写的文本，我们可以清楚地看到他成为秩序的捍卫者的全部原因。在生命最后的宅邸里，巴尔扎克洋洋洒洒地写道：

> 这些处决折磨着善良的灵魂，您会说，这些善良的灵魂应该阻止这些处决再次发生，但似乎善良的灵魂却对保持现状有很大的兴趣，在我看来这与《福音书》是相悖的。我对一个小个子男人说着基督徒式的话语，他回复说《福音书》就是人类的第一份报纸，它旨在宣传，直到有一天它变得危险。
>
> 这个小个子男人温柔平和地说，您错了。《福音书》希望人人平等：有些人的头太高，看得太清楚，我们把这些头砍掉，以便所有人都在一个水平线上。

这些段落都在手稿上被小心地画掉，这些草稿自成一份资料。全身而退是不同寻常的，他对抗的是天主教的枪手和刽子手、秩序的护旗手。无论是违背《福音书》的精神让事物保持原样，还是今天的小绅士们原本可以阻止第一份报纸创刊的灵感来源，《福音书》首先呼吁公众舆论，并以怜悯天下众生之名为人所知，多少无名谦谦君子从中得知执行死刑和维持令人震惊的平等的正当性，这就是作家惊世骇俗的文字。实际上，我们在这里找到了一个确实存在的、符合潮流的"左派基督徒"巴尔扎克[1]。但最令人印象深刻的是消除了民主进程的障碍这一事实。在1839年，巴尔扎克的对手绝不是在巴尔贝斯的召唤下起来的这些人，而是所谓的"善良的灵魂"，"那些想要维持当前秩序的人"。几个月后，巴尔扎克将其中一个善良的灵魂写入小说：画家皮埃尔·格拉苏在5月12日的骚乱中表现出色，并"被任命为荣誉军

1 参见《巴尔扎克与世纪病》，见本书上文第45页及后页。（"本书"指本文"编后记"第二段所指著作。——编者注）

团军官”[1]：小说的诠释给理论文本留下意义空间，相反，《皮埃尔·格拉苏》之所以被铭记，正是通过这部表面平淡无奇、纯描写的小说，通过文化而重构深层意义得以展现的，而这些出现在巴尔扎克未出版的文本里，其中的内容在当时被认为是毒害思想和有伤风化。这样的情况绝非只发生过一次。米歇尔·克雷斯蒂安之死背后的原因是什么？1839年事件终于可以又一次让巴尔扎克不必再借助文学的手段委婉地去表达道德秩序逝之不返的心境，巴尔扎克通过让·法伊图这个官方发言人的形象呼吁维护现存秩序，但这不可能是真正的秩序，因为它是事实秩序，而不是权力的秩序，它无法征服这种权力。几个月后发生的第二个事件再次提供了证明。

二 现代改革者的事件

1840年8月20日，《巴黎杂志》发表了对某位名叫路易·雷博（Louis Raybaud）的著作《现代改革者》的激烈的评论。巴尔扎克指责作者只是想成为道德与政治科学院殿堂的一分子，而“这种机构的建立正是为了驱逐它所推崇的精神的；一旦进入这样的殿堂，就连最严肃的人也会保持沉默”。他又补充说，这些人小心避免承认那些他们这个世纪里伟大的思想家，将德·拉梅内（de Lamennais）、皮埃尔·勒鲁（Pierre Leroux）都排除在外。如果傅立叶和圣西门还活着，他们也排不上名。路易·雷博倒算一个。在再后来一点的人物中，他认为巴兰奇（Ballanche）、巴尔丘·德·佩尼霍恩（Barchou de Penhoën）[2]也应被排除在外，因为据称他们“对事物的秩序充满敌

1 关于皮埃尔·格拉苏人物形象请参见本书第256页及后页。以人物命名的这篇小说成书于1839年12月，1840年以合集的形式出版。

2 巴尔扎克在旺多姆的一位同行于1831年在《两个世界杂志》（*Revue des deux mondes*）上发表了一篇关于巴兰奇的长文；巴尔丘在《路易·朗贝尔》（*Louis Lambert*）中出现过。

意”，这点恰好与《让·法伊图的来信》联系起来。圣西门、傅立叶、欧文都是值得认真研究的伟大思想家。路易·雷博草草翻了几页他们的传记，就以秩序捍卫者的名义为他们盖棺定论。雷博先生还曾在《科赛尔日报》工作过十二年？“这个臭名昭著的小报纸编辑竟敢公然评判傅立叶！”巴尔扎克的支持者就此对这位职业作家提出指控，这与1836年针对摩洛哥主教的指控[1]如出一辙。“圣西门派在这指控中陨灭，雷博先生唯有牺牲死者了。但是，这不就重新落入圣西门派所诟病的法国病的圈套里了吗？”而至于“圣西门和傅立叶关心工作的重心，一心想组织它”，我们并不关心。让巴尔扎克无法忍受的是，雷博先生从纯粹的防御和资产阶级的角度来评判早期社会主义理论家，而没有试图理解他们作品的贡献和开放性思想的本质。

但令人惊讶的是巴尔扎克将傅立叶同其他理论家区别开来，他认为傅立叶是充满激情的理论家，并能将这些激情重新安置到真正的社会秩序中。[2]然而，1836年，从《幻灭》的第一部分开始，傅立叶便同圣西门和皮埃尔·勒鲁一起被大卫·赛夏视为精神导师[3]，在小说的第二部分，傅立叶和圣西门以及文学小团体中的一员“伟大的堕落者”维科（Vico）一起被资产阶级嗤之以鼻[4]。最后，在1842年的一个短篇小说中，傅立叶又与诺迪埃（Nodier）和雨果一起被誉为“贝桑松三杰”。[5]在世纪初的前四十年，随着基佐（Guizot）站稳脚跟，这类直接或间接获得的名誉也逐渐成为可能。傅立叶是巴尔扎克对现代世界进行悉数清点和批判性分析的“灯塔”之一。难道出于单纯对智性的追求，却被困在抽象的思辨领域寻不到出路？绝非如此。

1 参见《巴尔扎克的世界》。

2 同上。

3 同上。

4 同上，参见第111页。

5 参见《阿尔伯特·萨维鲁斯》。

三　傅立叶情结

事实上,巴尔扎克从1840年起就与《法郎吉报》和《和平民主报》的傅立叶派保持着密切联系,并在1840年和1843年与其建立过合作项目。维克多・康斯坦德(Victor Considérant)、德・图森内尔(de Toussenel)的信件证明,巴尔扎克希望与这个先进团体保持联系,因为他们在思想层面和现实层面在对新闻行业的态度上有很多共鸣。更进一步地,这些傅立叶主义者为巴尔扎克的作品鼓掌叫好,并从作品中看到了自己的身影,同时为巴尔扎克没有加入自己的党派并担任要职而深表惋惜。这三段特别重要的时期,其中有一段是在1840年10月在《巴黎杂志》发表了《论工人》之后,另一段是在1841年3月《乡村教士》发表后,都充分证明了巴尔扎克和傅立叶派的默契关系。

1840年8月5日,德・图森内尔写信给巴尔扎克,感谢他在针对雷博的书中为傅立叶辩护的文章:

> 由像您这样有洞察力和真知灼见的人为被一群堪称乌合之众的媒体所诽谤的可怜人辩护再合适不过了。我感谢您竟把我曾经讲给你听的二三逸事写进文章里去了。傅立叶的弟子也非常感谢您对他们尊师的思想体系所做的精确阐述。傅立叶自己是基督的机械师。耶稣制定了爱的法则,傅立叶发现了应用的方法。在苦难深重的社会中,慈善是不可能实现的。俗语说:当草架上没有干草时,驴子们就会打架。傅立叶只是扩展了这个论点。

随后,10月9日,一位女活动家给巴尔扎克写信,祝贺他发表《论工人》的文章:

先生：

我很荣幸地向您致敬，这是我写的关于夏尔·傅立叶思想系统的理论和实现的两部著作的副本。我刚刚拜读了您关于工人组织的精彩部分。评论部分没有任何争议，但我毫不隐瞒地说，先生，创意部分还有完善的空间。您对傅立叶学说有透彻的了解，这是但凡读了您的作品的人一眼就能看出来的。但我认为其中一项基本原则逃过了您的视线，它就是团结——农业和工业的结合：只有这种团结才能产生生产力的平衡和产品的公平分配，从而带来普遍的富足。

至于我们，尊敬的先生，我们正在寻找解决协会和工作组织重大问题的方案。只有通过与工人阶级一起参与工作，并以做出最彻底的奉献为目的，才能实现我们的目标。

最后，在1841年3月，另一位活动家巴雷·德·罗尔森夫人（Mme Barré de Rolson）在阅读了《乡村教士》后写信给巴尔扎克。她在信中详细指明了该教义的某些要点，但最重要的是，她总结道：

如果我没有弄错，如果您不是那些令人钦佩的书的作者，那么这封信一定会令您觉得荒谬，但在对荒谬的恐惧面前，到底是凭借什么样有力量的思想，竟敢无所畏忌地把自己暴露于光天化日之下？

在拜读了您的《乡村教士》和《乡村医生》后，我认为从来没有哪个观察家能如您一般如此细致入微地将自己的结论和分析结合得如此贴切且完整，也没有哪个画家能像您一样在细节上如此明察秋毫，一笔一画地绘成一幅宏大且崇高的杰作。

严密的逻辑，如此完整的大傅立叶体系，在我看来，与您细致入微、洞若观火的素养必不可分。社会学校的结论将为您的杰出作品加冕，整个学派都将为有您这样的成员而深感荣幸。

德·罗尔森夫人来信中的一段话清楚地指出巴尔扎克受到傅立叶主义影响的主要原因，至今仍很有影响力：

> 每个时代都有它的使命。这半个世纪创造了产业，接下来将创造工作的等级结构。像所有觉得自己有逻辑头脑因而倍感优越的人一样，您偏爱贵族。贵族不能灭亡。天性的区别是显而易见的，像欧文这样的荒谬的人才能说得出这样的话："教育造就了人，当所有的人都接受同样的教育时，人和人就会是一样的。"这就好像每棵树的叶子不同是因为它们受到的照顾有差别。

相反，看看傅立叶是如何留心观察不同职业和使命之间的差别的。他赞同等级制度、不平等，但他主张要用仁爱和友善的关系来团结能力不同的人。

在旧神学和封建世界的背景下，首先第一阶段，工业作为简单的生产潜力，最初是作为蛮力被创造出来的；其次第二阶段，需要构建适合工业的秩序，与必然将这两个阶段混淆的圣西门派相比，这是一个相当大的进步，新秩序的创造是完全基于工作背景的，在这种秩序下，每个人根据不同的能力各就其位，建立一个功能化的等级制度，既不受干扰，也不继承或受到任何其他工业以外的因素的影响。这里的观念与现代政府的观念重叠[1]，而现代政府的一些观念本身就曾受到过圣西门学说的影响[2]。我们甚至可以想象，巴尔扎克可能私下里就是这样的左派人士。在大大小小的报纸竞争的年代，《法郎吉报》的果敢引起了巴尔扎克的强烈兴

1 参见《阿尔伯特·萨维鲁斯》，第 179 页。

2 我们注意到德·罗尔森夫人反对欧文，她批评欧文是天真的平等主义者，这是与一直非常反对乌托邦共产主义的巴尔扎克达成的另一共识。例如，巴尔扎克在 1849 年 4 月 9 日给修女的一封信中宣称艾蒂安·卡贝（Étienne Cabet）设想是"愚蠢的"。

趣，勾起了他 1830 年在政治类报纸上连载的回忆[1]。傅立叶主义是一种有激情的学说，是根据当前事物的秩序建立的关于破坏力的学说[2]，傅立叶主义并不像人们常谴责的那样是一种“反社会的学说”，而由于上面提到的种种原因，巴尔扎克在日常生活中强制自己同该学说保持一定距离。他在 1846 年取笑某些傅立叶主义者[3]并没有改变事情的本质：对于巴尔扎克来说，这是一个无可争议的开始。

四　傅立叶主义者最后的见证

我们能够，而且应该深信，在巴尔扎克去世后不久，正是傅立叶主义者们于 1850 年 8 月 25 日在《太平洋民主报》上发表了一篇署名为

---

1 图森内尔于 1840 年 9 月 22 日写信给巴尔扎克：“您知道《辩论报》借用我们的话，连那些知名报刊也坚定地引用我们的话吗？”三年后，正在写《巴黎报刊专题著作》的巴尔扎克开玩笑说道：“我们创立《法郎吉报》是为了更好地解释傅立叶的学说，《打趣者报》在这门哲学中看到了十篇文章。”他还说道：“圣西门提议把一个富人的钱分给二十个穷人，但傅立叶在世时曾是自己理论的修正者，他的《关于四种运动和普遍命运的理论》宣扬一种非常不同的社会哲学，你们将站着就把钱赚了，脚底不再生茧子，代理人不从客户身上夺去分毫也能发财致富，肉腿自己就能熟，鸡肉自己就能成串，天上掉馅饼也不是没有可能的。你五十岁左右会长出一条三十二英尺的小尾巴，你将优雅从容地操纵它；月亮将生出宝宝，田野中将长出鹅肝酱，云朵将吐出香槟酒，冰雪融化后将成为罗马潘趣酒，奴才将成为法国国王，十个苏将价值四十法郎等等。”显然，巴尔扎克仍然不承认这些巴黎派正在攻击傅立叶及其弟子。

2 在 1841 年的信中，德・罗尔森夫人对巴尔扎克的小说中的韦萝妮克・格拉斯兰（Véronique Graslin）进行了这样的评论：“在二十个、一千个地方，你用可怕的真相描绘了高贵的才能最终如何变成恶行，因为他们实在缺乏有尊严的地方展开行动。”这是对《人间喜剧》中激情的理论和文学实践的完美理解。参见《巴尔扎克的世界》。

3 参见《不自知的喜剧演员》，第 72 页。

梅雷的文章，为以上观点提供了重要的证明。

这篇文章首先从宏观层面展开论述：

> 巴尔扎克将会因其在小说上的成就名垂青史，他的小说生动刻画了各类人物的私生活，开创了一种新文学手法，是一幅具有精确价值的长卷画。没有人能比巴尔扎克更好地刻画这个鱼龙混杂的社会中存在的各种病态问题，他善于刻画由于对传统的盲目遵循而发生的荒诞滑稽之事，在善与恶、美好与可怖之间汲取灵感和营养。

然后，文章重提了 1841 年的通信中已经提出的指责，指责巴尔扎克是一位毫不留情地刻画社会内部“冲突”的现实主义文学家。但很多时候他所做的又仅仅是一种浮光掠影式的描述：“他的栩栩如生的描述后总缺少一个最后的结论。”

但也许巴尔扎克并不想得出这个结论，梅雷的话恰恰证明了这一点：

> 巴尔扎克前来[……]参加我们举办的一次法郎吉宴会，在那次聚会上他承认自己用旧世界的思维方式写作太久，已经无法改变这种墨守成规的思路了。还有一次，巴尔扎克对当时最优秀的剧作家说：您还年轻，您如果写作，应该写和社会思想领域有关的话题，因为那是大势所趋，但在我这个年纪，我不得不说，即使面对这样的现实，我的一切都已经定型了，难以再有什么突破了。

这篇文章写成于左派处境艰难的时代，即使文章中有些“巴尔扎克与我们同在”的感觉，但这种回忆还真不是一种主观感受。在拉雪兹公墓，维克多·雨果说出了后来著名的话，我们今天当然知道这些话是为了回应右翼记者勒米涅 (Lerminier)，他在国民议会中攻击

“文学革命派”是玩弄反社会力量的造反派[1]。“他不知道，不管他喜不喜欢，不管他同不同意，这部伟大巨著的作者是革命作家中的中流砥柱。”在这里，以及在不久的将来，“巴尔扎克都与我们同在！”不再需要过多的溢美之词，他的作品从广度和深度上揭露一切，质疑一切。但傅立叶主义者对巴尔扎克的认可或许赋予了雨果的话一种新含义。在人面对自己的时候，在巴尔扎克面前，即使一切无改于他的承诺，在这个开放的世界里，人们很难相信这位有远见卓识的人无法“预见未来”。

但巴尔扎克自知，与其说他属于他尚未瞥见的开放新时代，不如说他属于过去的这个旧时代，他认为自己无法真正遵守新的时代秩序。当他准备参加法郎吉宴会时，他的记忆一定被唤醒了：1830年，31岁的巴尔扎克正准备参加在塔兰街举行的圣西门派的会议。但一切都为时已晚。对巴尔扎克来说，他的世界是自由主义和工业开始觉醒的时代。而现在是社会主义被唤醒的新时代，虽然社会主义不一定总会胜利，但无论如何，社会主义的推动和反社会主义的镇压将会层出不穷。巴尔扎克的世界以贵族与资产阶级的末代冲突，以及自由社会萌芽和发展的重重困难为标志。他以令人钦佩的远见卓识看到了自己所处的时代的变化：《农民》这部小说证明了这一点。这个变化所形成的另一社会局面，他留给了自己的继任者。在这一点上，他的态度与夏多布里昂颇为相似，夏多布里昂也是一个将未来时代留给后人去理解、去开展行动、去表达的伟人：

> 这些燃烧的新星，它们将照亮怎样的命运？它们的发现是否预示着人类某个新阶段的来临？您不久便会知晓，新的阶级将会诞生，而我对此并不关心，将其束之高阁。新的风暴即将形成，我们预感到新的灾难将来临，这种灾难与已经让我们苦不堪言的痛苦显得有过之无不及，正如重回战场时，需要考虑重新包扎旧伤

1 参见《巴尔扎克式的军队》中让·波米耶所作《“革命作家”巴尔扎克》，1967年。

的问题。不过，我不认为下一次不幸会来临：人民和国王也都精疲力竭了，无法预料的灾难不会降临在法国身上；接下来应该是普遍转型的问题。我们无疑会触及棘手的社会站位问题，社会改革不可能没有阵痛。但有限的阵痛并不意味着彻底革命：这是一场即将结束的重大革命。明日的景象与我无关；明日之事在向其他作家招手：向你们，先生们。[1]

两人的风格固然不一样，但经历却是相似的。夏多布里昂的童年是从小村庄普朗库埃开始的，他经历了路易十六的统治，也曾亲眼看到路易十六被赶下台的下场。正如他在回忆录中所说的那样，这一切和“工业小说”相距十分遥远，但是否也和从国王议会、圣丹尼斯街呢绒制造商到国家工厂一样遥远？如此这般的曲折经历，一生以及身后的作品都有助于理解一个人面对时代变革时无所适从的心情。但有一件事似乎可以肯定：在巴尔扎克脑海中最隐秘的地方，不仅是他的作品对未来新生代伸出双手。这一切只是公共生活领域和私人生活领域中，巴尔扎克自我和日常生活的一部分。然而，在这场最后的竞赛开始之前，我们可以认为，即使在各种不同的表象下，巴尔扎克都是那个为占卜新现实、批判旧事物而竭尽一生的人。

五　伸出援手

至少有一次，人类既不服从依附，也不服从一种深刻的推动，即一种批判的推动、反对的推动，也许他的作品缺少的正是这种态度吧？巴尔扎克曾经似乎让他的心在说话，他同自己、自己的崇拜者、自己小说的整体基调和各个视角都在逻辑上保持一致。直到 1843 年，他在《农民》中谴责了那些神化无产阶级的人：德·拉梅内先生为无产

1《墓畔回忆录》(*Mémoires d’outre-tombe*)。

者说话，所以他的文章有广泛的基础；但是，他不善于跟这些现代的野蛮人讲话，而一个半是马拉、半是加尔文的新斯巴达克，则可能指引他们向攫取了政权的卑鄙的资产者发起进攻。对贪婪的金融资本家和富人来说，幸好这个窝窝囊囊的路德式人物是以《圣经》和预言家的风格出现的，他那卓越的形象高高凌驾于那些被贫苦压得低垂的头颅之上。[1]

这是一段关于我们是谁和我们能拥有什么的精彩辩证。马克思也可能参与其中：也许这也是路易·朗贝尔将军所期待的。

编后记

皮埃尔·巴尔贝里斯（Pierre Barbéris，1926—2014），法国当代著名作家、文学评论家、教育家，马克思主义文学批评在法国的先驱学者之一。他的研究涉及巴尔扎克、莫里哀、夏多布里昂等文学大师，除著名的《巴尔扎克式神话》外，他还著有《巴尔扎克与世纪病：对现代世界生理学的贡献》。作为一位教育家，巴尔贝里斯倡导文学批评应回归文本，灵活运用不同的解读方法解读文本的内在含义，为法国当代文学研究领域的扩展做出了重要贡献。

本文译自：Pierre Barbéris, *Mythes balzaciennes*, Librairie Armand Colin, 1974, pp.86–108。

1《论巴黎报界》。

自由左派走下神坛

作者 [法国]皮埃尔·巴尔贝里斯
译者 张莹 李璐凝 等

一 对1830年大革命的再评价

对自由主义的批评起始于理论上——尤其是在小说中——对1830年大革命[1]的再评价。《人间喜剧》没有展现过群众英雄主义,因为群众英雄主义不是“光荣三日”爆发的必备要素。群众英雄主义只出现在了杰拉尔(Gérard)的话语中,而杰拉尔完全否定了它。查理十世被推翻后,杰拉尔来到蒙泰涅克,说:“爱国心如今只存在于脏衬衣之下。”[2]1830—1831年的文章对这场风暴进行了更加准确的分析。小说通常以戳破对大革命的幻想为结尾,革命后,资产阶级仍保持着神圣合法性。

首先可以明确的是,想发动大革命和为此筹谋的不是人民。在今天,我们知道1827—1828年爆发了经济危机,失业和严冬是人民解放自己,由此登上历史舞台的重要原因。但巴尔扎克从未在小说中展现过普通大众参与七月革命。在他的笔下,大革命是寥寥几人在拉斐特

1 1830年大革命,即七月革命,又称“光荣三日”。1830年7月27至29日法国议会推翻复辟波旁王朝,拥戴路易-菲利浦登上王位的革命。

2《乡村教士》。

旅馆中为推翻波旁王朝而“谋划”的。这些人想要的不过是社会地位的重新洗牌。听听在1824年，斐诺是怎么和卢斯托说的吧。巴尔扎克所描写的对话只有放在特定背景中与后来发生的事一起来看才有意义：一边是真实的历史（大革命已经发生），一边是《人间喜剧》中的世界（斐诺在1830年后和包比诺一起飞黄腾达，被戈迪萨尔视为榜样，觉得自己也能成为和斐诺一样的人[1]）。斐诺在报界得到了一个好位置。仍然处于窘境的卢斯托对他说：“你运气真好。”“要是你尝过我从前的苦处，就不会说这句话了。在这个时代，我倒的霉简直无法补偿：我是一个做帽子的，我父亲至今还在雄鸡街上开店。要我出头，只有来一次革命，否则就得挣上几百万家产。不知道这两桩事情比起来，是不是革命还容易一些。如果我改用你那朋友的姓，事情就好办了。”[2]

除非成为纽沁根，对于一个平民青年——至少对于一个志存高远的平民青年——来说，他的上升道路就这样被阻断了。在奥斯卡·于松（Oscar Husson）的故事中也可以看出这点。奥斯卡因为他的不谨慎，最后进入了骑兵团。在那里，“官衔几乎全包给贵族家庭中的次子幼弟，姓氏前面没有贵族封号的平民很难得到提升”[3]。于是，在“光荣三日”期间，奥斯卡站在了民众一边。乔治·马雷斯特单方面宣称自己也参与了“谋划”七月革命。画家约瑟夫评论说：“这也不足为奇，要是没人参加，革命怎么能爆发呢？……我从来不相信革命是自己爆发的。”最终，我们知道了奈穆尔镇的米诺雷是怎样参与了大革命并借此置办下产业的，知道了这些加蒂奈地区的重要选民是怎么在“二二一事件”后推出一个自由党人[4]，“（法官和镇长）虽有四乡的贵族支援，仍旧被反对派（自由党人）打败”[5]，知道了古皮勒和戴西雷

1《大名鼎鼎的戈迪萨尔》。

2《幻灭》。

3《入世之初》。

4 指拉斐特将军。

5《于絮尔·弥罗埃》。

之后怎么参与了袭击市政厅的那一仗。面粉厂厂主、农场主、商人以及他们的主顾构成了革命战线的主力军，先为了选举来到了枫丹白露，最后在革命期间来到了巴黎。曾有“预言（说）贵族就要倒运，而这正是当时资产阶级的梦想，不料1830年竟使这个梦想成了现实”[1]。抱有这个希望的人数不胜数。这场中产阶级的大阴谋不过是一些像德·玛赛的朋友们（这些人混迹于智者之中，对集体利益嗅觉灵敏，痛恨极端保皇党，十分幼稚，代表人物有认为保皇党必败并全力反对复辟的赛里齐公爵[2]、长久挖复辟政府墙脚的凯勒家族[3]）一样的政治投机家的游戏。从这些人身上，我们能轻松理解《人间喜剧》和维尼想传达并验证了的看法：“掌握政治斗争主旋律的不是无产者，而是资产阶级。”杜·布斯基耶是此类资产阶级的代表人物。在民众的掌声中，他亲自将市政府的白旗打翻在地[4]。作为当地的银行家，他参与反政府部门的活动，要求政府修路、建桥、加强设施建设。他一面忙自己的生意，一面处理公众事务。杜·布斯基耶只是不完全的民主主义者。对他来说，一切都建立在理论之上，“幼子[5]的登台就是法国革命的胜利[6]……这一次，由于行动不像从前那样激烈，山岳派将以比断头台更为可靠的措施打倒贵族。贵族院取消了世袭权，国民自卫军将街角上的食品杂货商和侯爵安置在同一张行军床上，取消了贵族的长子世袭财产制度（这是一个资产阶级律师提出的），天主教会被剥夺了至高无上的权力”，这就是杜·布斯基耶的愿望。在他眼中，自己的胜利必然会带来上述结果。显然，这完

1《入世之初》。

2《十三人故事》《婚约》。

3《赛查·皮罗托盛衰记》。

4《老姑娘》。

5 这里指贵族出身的军官，因为旧时在军队服役的军官多为贵族家庭的幼子。——译者注

6 1830年七月革命后，王族幼支奥尔良公爵路易-菲利浦登上王位，意味着波旁王朝统治的结束。

全是也只可能是资产阶级的目的。民众以及他们的诉求从未成为历史的中心。“1830 年 8 月各种立法上的新发明,在杜·布斯基耶看来,就是 1793 年[1]那些原则最聪明的实施。”这句话要么是对人民的自主性和激情的误解,要么是准确直接地描述了这场革命的真正性质——传承自 1793 年的火星一直未灭,直到 1830 年又重新燃起火苗。巴尔扎克将给予君主制最后一击的这场大革命视为昔日革命精神的重演,但归根结底,杜·布斯基耶们才是最终的受益者。

巴尔扎克的思想发生过巨大的转变。在其 1830 年、1831 年的文章中,他将大革命视为一场为了满足民众利益和需求的伟大运动。随着时间推移,他的看法逐渐改变,认为大革命不过是一场阴谋。作为交换,一系列法令以集体的名义被制定了出来,以重建受到了无政府自由主义冲击的秩序。[2]查理十世和凯瑟琳·德·美第奇一样,是自私自利的现代人无法理解也不想理解的先知。长久以来,人们对大革命一直有着深重的误解。从任何一个角度看,1830 年都不是一个富足向上的全新时代的开端。在《人间喜剧》中,1830 年不只是一个年份。那一年的革命者们无论真诚还是天真,都与英雄主义和自我奉献毫无关系。1830 年革命者们在书中出现的总次数还比不上圣梅里的战士们、米歇尔·克雷斯蒂安以及七月王朝的反对者出现的次数。在新政体实施过程中,人们对大革命产生了新的理解,这一理念很早就对小说产生了巨大的影响。小说的出现又进一步传播了这个观点,使其得到了更多人的认同。

巴尔扎克在作品中明确表示,1830 年的变革没有从本质上改变社会,革命者只是设立了许多机构,以粉饰现实。真正的强权继续着它的统治。伏脱冷在政变前被任命为警察局局长,而在路易-菲利浦统

1 1793 年在法国历史上是混乱的一年。5 月 31 日至 6 月 2 日巴黎市民第三次武装起义,推翻吉伦特派的统治,建立起雅各宾派统治。9 月 5 日法国大革命雅各宾派宣布实行恐怖统治,无数人被处死。

2《乡村教士:农民的苦与乐》。

治时，他仍然是警察局局长。成天在办公室中策划阴谋的毕西沃当上了税务员，但没有人会去寻找因失望离开政府的拉布丹。我们现在知道，后者是臃肿的官僚机构的受害者，但归根结底，他是利用这一官僚机构的资产阶级利益同盟的受害者。值得注意的是，巴尔扎克从未相信过自由党人胜利后，拉布丹能成功实行自己的改革计划。1830 年后，巴尔扎克创作了《公务员》，刻画了一个因盲目相信复辟政府而遭受不幸的受害者。巴尔扎克从未写过这个人物对恢复之前的世界存在希望，或推翻复辟后有可能迎来左派的胜利。多么敏锐的判断！在无人前去寻找拉布丹之时，杰拉尔离开了巴黎，前往蒙泰涅克。他也从未有一刻相信政府将投身于建立“最好的共和国”。真正的革命是拉布丹想推行的改革，这样的革命过去没有发生过，未来也不会发生。尽管摩弗里纽斯们和格兰倒下了，但卡缪索法官还在。包杜阿耶在维莱勒[1]当权这一可悲的时期打败了拉布丹，而后转身为国王服务，投身于最能够庇护他的新君主制。由此看来，革命后，剩下的只不过是一场巨大的混乱，努力、革新、批评全是无用功。1830 年在将个人主义合法化和制度化的同时加剧了社会分裂。《乡村教士》和《公务员》中痛斥的“人人为己主义”前所未有地盛行。证据就是，是金钱造成了 1830 年的变革。金钱本身成了分裂社会的力量，它为人人所求，不再是实现目的的工具而是最终的目标。金钱将 1830 年放上赌桌，革命不过是一场巨大的投机。纽沁根押的法令失败了，菲利浦 · 勃里杜押的成功了。[2] 先来者胜，后到者输。国家重组的意义是什么？杰拉尔还有什么理由要留在巴黎？

塑造出杰拉尔这一角色是巴尔扎克的报复，也是唯一可能的报复。在杜伊勒里宫被占领的几天后，乔治 · 法西[3]白白牺牲了，杰拉尔为了做点实事，来到韦萝妮克 · 格拉斯兰家中，希望在那里从事公正

1 维莱勒（1773—1854），法国保王党政客，曾任复辟王朝首相（1822—1828）。

2《纽沁根银行》《搅水女人》。

3 乔治 · 法西（Georges Farcy），年轻的哲学家，维克多 · 库赞（法国哲学家、比较教育创建时期的杰出代表人物之一）的学生，于卢浮宫被杀。参见《巴尔扎克与世纪病》。

诚实的工作。不看杰拉尔的蠢话和他对一项前途有限的事业的赞同，杰拉尔仍然是一名有可能进行其他革命的青年。尽管杰拉尔同情圣西门教徒，但他没有参加左派反对波林尼雅克的活动。杰拉尔在大革命胜利后离开了巴黎，与之类似，他的创造者巴尔扎克在革命胜利之后，于 1830 年 9 月、10 月[1]离开巴黎前往其他地方，甚至没继续写《巴黎信札》。小说给了巴尔扎克一个渠道，在此，他可以指出历史中的阴谋，原原本本地描述那个时代，不必因此拒绝可能的统一。曾经被完全抛弃的思想在强大的民众之中卷土重来。尽管这本可能造成新的思想分裂，但巴尔扎克发现了一种更为缓和的方法，他设置了一个与自己一样的角色，这一角色负有探寻的任务，不断地迷失又重新找到前行的道路。这一角色视统一如生命，由于无法在社会中找到统一，他会在某地寻找达成统一性的种种方法。理想中的秩序可成为其短期内的庇护所。但谁会不知道被撕裂的群体中的混乱最严重？谁不知道只有在对周围的混乱有清晰的了解时才能建立新的和谐秩序？由于对秩序和统一的向往不可能实现，这个人物只能痛苦地沉浸在理想与现实的差距之中。自 1830 年 8 月始，社会不再需要真正的、完整的人。这一悲伤的预言在 1830 年被德拉克洛瓦[2]证实了。接着一截炉筒子竖在了巴士底广场上，[3]巴尔扎克从未受到过前往巴士底广场——丢社会的脸——大吵大闹的勇士的威胁，这种威胁和夏倍上校威胁要徒步去站在旺多姆广场的铜柱下面大声地喊“我是夏倍上校”性质相同。[4]“如今知识界对七月王朝的用人不当已经有了评断。”[5]此

1 参见《巴尔扎克与世纪病》。

2 欧仁·德拉克洛瓦（Eugène Delacroix，1798—1863），法国著名画家，浪漫主义画派的典型代表。

3《一桩神秘案件》（1842）的前言：“1830 年政权给那么多假爱国者的爱国行为付了款，为七月王朝的英雄好汉们造出了一些荣誉头衔，花费了大量金钱在巴士底广场上竖起一截炉筒子……”（“炉筒子”即“七月柱”。——译者注）

4 参见《巴尔扎克的世界》。

5《神秘之书》（1835）的前言。

前，做出评断的知识界从未真正触及核心。将杰拉尔送往蒙泰涅克虽有必要，又有不足，对未来的人来说，这意味着一切仍有希望，同时也代表着在一个本可能属于我们的社会中，我们受到了束缚。“此刻，19 世纪正受到怀疑的折磨”，天主教正在失去对人精神上的统治。在巴尔扎克眼中，这种现象与 1830 年的变动、与有如“保险箱的信仰”的新教、与文化政策的缺席有直接关联。“我们的创作被当作商品，却既得不到对卡赛尔灯和若尔热锁的保护，也得不到因为糖制品大量出口而对哪一个部颁发的出口奖”，也没有任何打击比利时盗版的措施。“许多作家迫于生计卖身投靠现政权，如此可耻需求的例子，在昨日刚刚上台的自由主义治下，已经远比这一政权所打倒的君主制统治下更多。”正是出于这个原因，巴尔扎克让杰拉尔离开了，作者得出两个非常清晰的结论：

一、蒙泰涅克，是被解放了的地方，没有其他地方能与之相比。

二、巴黎，代表着马尔卡斯的尝试[1]，无论从哪方面来看，都是对自己和弱者的背叛。

为什么巴尔扎克在描述复辟时期的小说中从未展现过人们对自由主义的信仰？为什么他从未按照一个（自由派的）七月党人的视角进行分析？为什么斐诺——一个纯粹的反面人物——是唯一一个寄希望于自由主义的人？为什么他的小说中没有对七月革命的期盼，书中人物要么因此一战成名，要么因此一落千丈？为什么七月革命只可能导致现在的结果，没有第二种可能？这一切都是因为巴尔扎克深深相信：首先，表面的革命是真正革命的降级版；其次，真正的革命与天真的自由主义历史学家想象出来的革命不同，真正的革命采取的是马尔萨斯主义；它扼杀一切，既不想也不能改变大众的生活：

如今知识界对七月王朝的用人不当已经有了评断，因为一位

1 参见上文第 77 页；《神秘之书》前言中的作家让人想到巴尔扎克笔下的人物。

大臣竟在大庭广众之下，让正在文字生涯中奋进的年轻人泄气（该大臣在此生涯中则只是追名逐利而已）；他听任布鲁塞尔对他们施行抢劫，还讥笑他们的事业和计划屡遭失败。这一讥笑本身，等于宣告赦免那些靠吞噬上当受骗者而巧妙致富的人，这些人当然也赦免自己。如果说大臣背叛了文人，教授也背叛了良知：在任何原理中，自由总是酷似自然界本身的；无益文学萌芽的数量之大是精神生产的需要，正如一条鱼甩出几百万的卵，才能生出几条鱼来，是动物传宗接代的需要一样。当内政大臣给自己的一个熟人找个闲差，将他安置在乳母办公室的时候，我们希望他不要躲在自己同事的身后，并且抱怨出生数量太大，责难母亲们没有个个都给法兰西生出天才人物、历史教授来。如果说，内阁中有三个文人，其中还有一个是公爵，文学的物质利益竟然遭损的话，我们就得等待圣弗卢尔的锅匠或者奥日山谷的几个放牛人进内阁了。这些人虽然不懂艺术问题，但是说不定能懂商业问题呢！

诗人，他们是不会反抗的！他们只会默默地死去。那么，就请不要对自杀进行中伤，而为自杀竖起一座祭坛吧！请在上面刻上 Diis ignotis（天神莫测）几个字。[1]

复辟是不合时宜的荒谬产物，它有过时的一面，但也有充满了冲劲和光芒四射的想法的一面：例如，通过天分实现使人敬服；赢得爱与荣耀。让我们看看勃龙代是怎么沉沦的：在有名的大革命后，“只见那愚蠢、浅薄的资产阶级取代了宫廷贵族和无能的复辟王朝人士，政府又恢复了 1830 年以前的老样子”[2]。这就是圣西门建立“一个由企业家取代贵族的政府”[3] 时追求的东西吗？

1《神秘之书》(《路易・朗贝尔》和《塞拉菲达》)(1836)的前言。

2《农民》。

3《关于圣伯夫的信》,1840。

二　自由主义的机理

海外居留地

一个当代的例子足以打动巴尔扎克，成为其反对自由主义的主要例证：海外居留地。这是指新政权成立后，拿破仑的旧部拉勒芒将军逃往美洲，在得克萨斯建立了一个"海外居留地"，麾下那些不可赦免的第一帝国军官中有一部分成了新大陆的开拓者和垦荒者。法国曾为居留地开展全国性的募捐。由此，自由主义有了一个独一无二的机会，可将波旁王朝统治下社会上的卑劣软弱之气一扫而空，完成一项真正的创举。但实际上，庇护所只成了反政府政治斗争中的一项武器。新政府并没有真的想在美洲有所作为，前去开垦的人是君主制真正的受害者和牺牲品。法国的资产阶级凭借自己的力量，在卡西米尔·佩里埃[1]就任前，首次展露了它的真面目。巴尔扎克愤怒地讲述了可怜的老勃里杜太太的惊险经历。她的大儿子菲利浦前往海外居留地后欠了一笔债，还不上无法回来。为了救他的性命，勃里杜太太饱受折磨。很快，菲利浦回来了。"可怜的小伙子和许多人一样受了骗，在'居留地'把钱弄得精光。"[2]无论是对他的母亲、兄弟、台戈安老女人，还是对他自己来说，这都是一场灾难。菲利浦日后彻底成了一个流氓，而"从'海外居留地'回来的人"这一句似乎就能解释他的一切变化。读者们能感受到巴尔扎克的激动："当时叫帝国部队的残兵剩卒去开发得克萨斯，当然是极好的主意。"这一构想总是能让人得出一个结论，如果当时执政党不将自己的利益放在第一位，这个计划本来是可以实现的。巴尔扎克的想法合理又有远见，他坚持认为："事业的失败不在于缺少物资而在于不得其人；否则今日的得克萨斯怎会

---

1 指卡西米尔·皮埃尔·佩里埃（Casimir Pierre Périer，1777—1832），法国政治家，七月王朝时期曾担任部长会议主席（总理）。

2《搅水女人》。

在别人手里成为一个前程远大的共和邦呢？……那时既不少人才，也不缺少土地，不缺少想象力，不缺少忠诚，就是得不到那个骗人的政党援助，他们有的是大宗款子，偏偏对开拓一个殖民地那样的事业一毛不拔。”在赫赫有名的为居留地筹募基金运动中，可怜的阿伽特给了钱，但最终“原来需要五六百万，结果勉强筹到十五万”。这个时候，凯勒们去哪儿了？“自由党的首脑们很快发觉，把咱们煊赫一时的军队的残余送往国外，等于帮路易十八的忙；他们便放弃计划，把一班最忠实、最热情、第一批加入海外居留地的人丢开不管。”对于路易十八来说，最好的莫过于有一支穷困潦倒的军队流落街头，等待时机，向政府发起进攻。这是一段令人厌恶的历史，就像巴尔扎克大力渲染的那样，“在王政复辟的时代，自由党人的那次实验充分证明他们是为了私利，而不是为了民族的利益，他们心目中只有政权，没有别的”。自由党人在复辟时期大权独揽，反对“科布伦茨的人”和国王，他们追求的利益与国家毫无关系。在巴尔扎克作品的字里行间，我们可以感受到一个学会了在政治架构层面思考的人的愤怒。那时，已经有了开发得克萨斯的资源和方法，需要的不过是意志和行动。但自由党人一无所成，因为这不是他们的利益所在，因为他们想要的不过是阶级上升，他们也只为此汲汲营营。与此相较，寥寥几位勇敢的殉道者和雄辩的政治家又会有多大影响？由此，我们理解了为什么拉罗谢尔的士兵、富瓦将军[1]和许许多多其他的人没有出现在《人间喜剧》中，因为自由主义的主要历史中就没有他们。巴尔扎克本身并不喜欢美洲[2]，但对这片土地，凯勒们既不了解也无计划。毕安训医生试图使其成为自己阿尔卑斯山庄园的一部分。学者的叙述——包括自由主义在内——取代了真实的历史，他们固步自封，在面对一个可能实现的未来时，不想也拒绝与人民同进退。

1 富瓦将军（1775—1825），王政复辟时代的自由派政治家。

2 参见《巴尔扎克的世界》。

不自由的自由主义

事实上，《人间喜剧》中，随处可见对自由主义的控诉，巴尔扎克否定自由主义的口号、贬斥自由主义的代表人物，认为自由主义不可能最终实现明确的民主主义（即使在那时，面临着所有能想象出的危险，自由主义没有任何的替代品：要么，沉溺于失望、虚无主义、机会主义，归顺第三共和国；要么，在走投无路时，为了构建现代社会，求诸右派的口号和自由主义将不复存在的空中图景）。对自由主义的控诉构成了《人间喜剧》的血肉，是其深层的机理。今天，我们若真的想了解巴尔扎克作品与现实世界的关系，就必须找到对自由主义的这种批判。自由党人从来不为一般意义上的自由而战。一直以来，自由党人先是任由大家观望和猜测，再一点点蚕食大众的自由和精神。维尼记录了他 1815 年在一个自由主义的沙龙中听到的话：

> 神圣联盟和波旁王朝的联系没有那么紧密，神圣联盟在第二次进攻中也没有耗费很多人力物力来帮助波旁王朝获得胜利。如果我们早就知道这一点，就不会让帝国卷土重来，又统治一百年了。但是，既然事已至此，我们再次行动时就可以采取不一样的方法。日复一日，我们将成功打破他们的货币流通系统，而不再需要通过军队和高级军官来摆脱国王的统治。[1]

雄鹰飞过一座座的钟楼，来到巴黎圣母院的高塔，它象征着表象、传奇、民俗。同样，像维尼说的那样，百日王朝和“资助人”才是问题的根本所在。既然如此，自由主义指的是自由吗？自 1815 年 3 月反波旁王朝运动开始，无论偶然还是必然，对自由的崇尚已成了法国的核心。十五年来，它一直是自由主义的理论基石。那么，自由主义与

---

1 维尼：《未出版的回忆录》（*Mémoires inédits*）（溯及 1852 年的注释，批注“童年，1815 年”）。

追求自由究竟有什么共同之处？令维尼不快的是，中产阶级一度期待帝国的衰亡，又欢庆第一次复辟的到来："我们来到了商业时代，商业时代必然取代战争时代，就像战争时代也取代了之前那个时代。"[1] 伏尔泰的警告部分应验了！伏尔泰曾做过多个预言，其中包括人们将重拾圣西门主义。自由主义反拿破仑不是出于其宣扬的原因，亲拿破仑也不是出于其宣扬的原因。直到政变后，人们才发现拿破仑实际上对社会运动和抽象的施政方案非常陌生[2]，由此也不了解真实的社会情况和自由的重要性。巴尔扎克完全明白了这点：保罗·路易·库里耶的小山村中的农民期盼国王或国王的儿子能重回王座，扫平这不公而荒谬的时局时，巴尔扎克清楚地写道："法国需要和平和自由，不能由一个专制且好战的人统治，"但，"十五年来，人们一边怀念帝国，一边攻击复辟，他们中的大部分在1815年都曾反对帝国和波旁王朝，君主制毁灭后他们才怀念君主制；对于他们来说，君主制不过是一个工具"[3]。自由是具有交换价值的工具，是具有使用价值的标志，自由主义的核心自由不过是一种策略：自由党人将贩卖他们认为比生命更崇高的理想当成了职业。但最后，自由主义究竟是什么？它又能带来和实现什么样的民主呢？

只有在巴尔扎克的作品中我们才能发现这一被证明了的明显事实。在拉马丁、雨果、乔治桑、米什莱以及其他对"社会"怀有浪漫主义情结的作家的作品中看不到这一点。正如维尼所说，19世纪初，法国陷入了革命与民主的潮流，更准确地说，法国通过革命开始了民主化的征程，资产阶级先后逃过了疯狂和解体，获得了权力和荣耀，革命和民主一直是它的代名词。"经济独立能防止多种罪恶诞生。贫穷会使人担忧和多疑，觉得到处都是咒骂和嘲笑，相信自己能获得尊重是

1 本杰明·康斯坦（Benjamin Constant）：《论攻克和侵占意识与欧洲文明的关系》（*De l'Esprit de conquête et d'usurpation dans leurs rapports avec la civilisation européenne*）。

2 参见上文，第226页。

3《路易十八》[1838年《谈话字典》（*Le Dictionnaire de la conversation*）的出版说明]。

一种有效的预防方式。”[1]1815 年，资产阶级在社会中的作用获得了承认（首先，营业税与土地税一样，被列入了取得选举权的税收种类）；1830 年，法国废除贵族阶级，贵族不再被视为显赫的领导阶层，由此，国家的运作不再像之前一样复杂。1820 年，大卫·赛夏仍然为“没有凯勒的家财，也没有德普兰的声望”[2] 而惋惜，而且“即便是这两种势力，贵族还不肯承认呢”。实际上，尽管心中酸涩，贵族们仍不情愿地承认了这些新贵。1831 年，巴尔扎克发现：“今天，思想和工业同这片土地一样丰富多产。”[3]

因土地和家族而骄傲的贵族们承认了功勋和金钱。“资产阶级是法国的主人，他们以更广更深的方式拥有着法国。资产阶级拥有土地，短工们用鹤嘴镐和摆杆步犁为他们推平、分割、耕耘土地……”[4] 这是一个巴尔扎克式的重要预言。[5] 民主？理想和自由的胜利？“梯也尔先生指的是自己统治自己的资产阶级。”[6]

理想中掺入了金钱，而后者成了自由主义真正的依托。

议会外的自由主义

《人间喜剧》没有展现议会外的自由主义。议会外的自由主义指的是烧炭党甚或（中产）社会组建的“助你，上天将助你党”[7] 的自由主义。巴尔扎克展现的是最基本的自由主义，即米诺雷家族信仰的自由主义，这种主义在整个法兰西社会中几经演变。但巴尔扎克没有塑造任何自由主义的“英雄”或殉道者，在他眼中，自由主义者很快彻底堕落了。巴尔扎克于 1832 年写道：“1820 年的反对派在发现他们的阴

---

1 本杰明·康斯坦：《论攻克和侵占意识与欧洲文明的关系》。

2《幻灭》（1836）。

3《两位部长的政策调查》（*Enquête sur la politique de deux ministères*）。

4 维尼：《未出版的回忆录》。

5《农民》。

6《俄罗斯信札》（*Lettres russes*，1840）。

7 “助你，上天将助你党”：为了组织左派选举，成立于复辟王朝末期。

谋反而增加了君主制下政府的力量后，很快意识到了他们应当停止密谋。”[1]

总体而言，法国的资产阶级希望社会安宁稳定，若其想要夺取权力，不会一开始就选择冒险革命。历史上，反对复辟的革命者秉持的不是真正的英雄主义，英雄主义也不是革命的必备要素。况且，很明显，警方“升级”了一些挑衅性的阴谋活动，比如著名的卡隆事件[2]，这次事件给司汤达留下了很深的印象。警方充其量也只能留意是否有人在谋划阴谋诡计。菲利浦・勃里杜参与的阴谋看起来就属于这一类型，至今也没有人明确知道这位早在滑铁卢时期就已获得功勋的上校在其中扮演的是什么角色。[3]巴尔扎克很关心真正影响事态发展的人，逐渐意识到在复辟时期，那些欢庆左派胜利的人只不过在嘴上说自己是左派，或将自己包装成一个革命斗士。自《驴皮记》之后，他再没有谈过拉罗谢尔的士官。[4]报刊控诉社会，自由派的律师们取得巨

1《论保皇党状况》。

2 卡隆于 1822 年被枪杀。他是一场挑衅的受害者。

3《搅水女人》。菲利浦作为同伙被逮捕，但可以用一万两千法郎“买通两个证人，叫他们不开口”。有人告诉菲利浦的弟弟：“你哥哥卑鄙透顶，不管有意无意，反正是在他身上破案的；这家伙诡计多端，我们还弄不清真相。”当然，菲利浦叫屈，并像所有的两面派一样，想要耍一个精巧的花招：“贵族院，法院，政府，上上下下都被我们蒙在鼓里。王上手下的人一个都摸不着底！……”但这些阴谋诡计只会让人瞧不起，玛克斯・吉莱可以当众辱骂菲利浦说：“你干吗要和勃里杜上校提起警察？”巴尔扎克巧妙地没有在书中给出这类问题的解决办法，但他成功指明了这类阴谋诡计的存在。

4 卡斯塔涅在《改邪归正的梅莫特》中为阿姬莉娜偷拿支票，尽管后者不知底细。阿姬莉娜在《驴皮记》中是个交际花，是拉罗谢尔四名士官中一位的情人。《改邪归正的梅莫特》中的故事被设定为从 1819 年开始，即发生在《驴皮记》之前。但这两部作品的实际写作时间值得探究（《改邪归正的梅莫特》比《驴皮记》晚四年面世）。巴尔扎克先塑造了一个被处决之人的情妇的形象，四年后，又重新描绘起了这个人物。巴尔扎克是否忠实地描写了那些 1822 年的殉道者？不，尽管表面上看起来如此。在《改邪归正的梅莫特》中，莱翁不过是个漂亮的年轻人，自然比卡斯塔涅这个老人更讨阿姬莉娜喜欢。就像现实中，这四名士官没一个叫莱翁那样，巴尔扎克在“重塑”复辟时期的这一历史事件时也完全不拘泥于“现实主义”。作者描述阿姬莉娜作为卡斯塔涅情人（转下页）

大胜利，被告被无罪开释，但即使如此，赛特来（Sautelet）[1]仍觉得，上述诸人都不足以和“勇将赛里泽”相提并论：

> 在复辟时期，约摸从1823年到1827年，这位赛里泽专干一项营生，就是放胆在一些文章的末尾署上大名，而这些文章恰被司法当局严加查禁；接着他便锒铛入狱。这也是一个不费吹灰之力便名扬四海的人物。自由党把这位外省先锋称作“勇将赛里泽”。到1828年，他的这份热忱引起了普遍注意，于是得到了酬谢：当年报界赏赐给他一顶热心公益的桂冠，这是专门赏给模范公民的称号。赛里泽想从公益当中谋利；他跑到巴黎，靠着左翼银行家的庇护，先是干代办所，又插手金融交易，靠的是一位自愿身居幕后的金主……[2]

真正的等级制度在这里昭然若揭。即使那时左派记者中有和赛里泽做派不同的人，这些人也影响不了大局。反对派的报刊仍是银行以及更强大的机构的喉舌。这些机构利用它，塑造它，或任由它被攻击。

《人间喜剧》中的议会里，也没有真正信仰一种思想或理论、为美好理想奋斗的政治家。我们在里面看不到历史评价中的曼努埃尔[3]和富瓦将军，也看不到与之相称的小说形象。作者谈到他们俩时，通常是为了讨论他们的功绩导致的虚伪运动，或展现他们怎么在政府中步步高升。小混混菲利浦·勃里杜就对曼努埃尔崇敬有加[4]，柏蒂·克

（接上页）的经历仅仅是为了给《驴皮记》中的交际花一个过去，将莱翁描述为拉罗谢尔的一名军人不过是为了人为地塑造1831年的恐怖氛围。无论如何，这都与作者在1835年的政治倾向无关。

1 1830年《国家报》的经理；参见《巴尔扎克与世纪病》。

2《经纪人》。

3 曼努埃尔（1775—1827），王政复辟时代的自由派政治家。

4《搅水女人》。

洛也让赛里泽将曼努埃尔视为榜样[1]。多么好的参照！[2]只有勇敢又单纯的皮勒罗相信曼努埃尔、富瓦将军和拉菲特一样都是纯粹的好人[3]……作者描述曼努埃尔等人的意义明显在于引出第三个人，即皮勒罗。在部长和议员谋划阻止德·吕卜克斯们的竞选时，影射过曼努埃尔是怎么成为巴黎一所房子的主人并由此支付得了选举税的。[4]一切都是阴谋诡计。至于富瓦将军，作者借小说中一个他同情的人物——老哲学家米诺雷医生——表达了自己的态度。“侄孙德西雷介绍一个推销员来兜售《梅里埃神甫》和富瓦将军的《演讲集》，被他（米诺雷医生）挥诸门外。”[5]此外，斐诺，吕西安结识的野心家，在报社的办公室的墙上挂着富瓦将军、邦雅曼·贡斯当以及“十七位出名的自由党议员”的肖像。[6]小说中曾多次提到捐助款项对他孩子的前程和他本人地位的提升有所帮助。在那些毫无顾忌地挤进泰伊番家客厅的人中，就有一个曾为富瓦将军的孩子们捐钱的财主，聆听那位银行家杀人犯的自白。[7]在皮罗托的舞会中，巴尔扎克提到了圣德尼街上有点愚蠢的资产阶级，他们“为富瓦将军的遗孤捐钱，也为希腊的复国运动捐钱，可不知道希腊人在海上打劫”。勃龙代尤其反对给富瓦将军的孩子捐钱，毕竟连理查·勒努瓦[8]都得不到他人的捐助。[9]“法兰西有时与一个漫不经心的交际花十分相似：为了纪念一个叫富瓦的口若

1《幻灭》。

2 上述人物都是《人间喜剧》中知名的投机者，他们对曼努埃尔的推崇恰好说明了巴尔扎克本人对曼努埃尔的不屑。

3《赛查·皮罗托盛衰记》。

4《公务员》。

5《于絮尔·弥罗埃》。

6《幻灭》。

7《红房子旅馆》。

8 理查·勒努瓦（1765—1839），法国企业家，法国现代纺织业的奠基人。《纽沁根银行》中，勃龙代将其描述为法国历史上唯一值得树碑立传的商人。曾有人为他募捐，但没有人认捐。

9《纽沁根银行》。

悬河的演说家，它送一百万”[1]，由此可知，我们常将表象当作真相。这里再次揭露了巴尔扎克客观上对权力间关系的判断。富瓦将军和曼努埃尔在真实的19世纪究竟有多大的影响？他们在制造丑闻和大事件外还干了些什么？共和党的救世主降临说确实足以让他们出一本回忆录了。雨果就提过，总有一天，一位奥弗涅的子爵会用手抓住曼努埃尔这位左派的演说家。[2]然后呢？传奇不是历史。巴尔扎克让皮罗托和纽沁根取代了曼努埃尔和富瓦将军原本在历史上的重要地位。相较于议会，他更加看重商店和银行的影响。这是正确的，毕竟真正的19世纪属于纽沁根和皮罗托，而非波旁宫中的议员。《人间喜剧》中有议员，但都是拉法埃尔、卢斯托、吕西安或泽·马尔卡斯之流。他们的话语非常生动，和现在的人差不多。没有必要到积灰的《箴言报》或介绍民主主义的官方教科书中找这些人的影子。如果要为巴尔扎克的人物群像中缺失了这部分找一个理由，这个理由应当在描绘自由主义的保罗·路易·库里耶的作品中。1820年，在讨论与报社有关的法律时，保罗·路易·库里耶里攻击了左派的议员。这位议员想要捍卫必要的自由，为了不招部长讨厌，用尽了手段，将周围常常来往的具有良好修养的人玩弄于股掌之中。在读这页的时候，很容易想起之后佩吉对饶勒斯的控诉。保罗·路易·库里耶常用讽刺。啊！相比于华丽辞藻，富瓦将军还不如向省文撇求助！“作为一名铸钟工人，帕斯基耶尔先生十分惊讶，将他的原则放进了口袋；我，小地主，砍了葡萄树，一点也不害怕诚实的人。省文撇厉害！”[3]

但富瓦将军“更喜欢那些秘密名单上的作家”[4]。三年后，保罗·路

1《一桩神秘案件》前言。富瓦伯爵（1775—1825），帝国时期为将军，路易十八时代任议员。他死后，法国为他的遗孀及子女募捐，几星期之内便募集到了一百万。

2 雨果：《惩罚集》。

3《写给审查员的信》。

4 影射司汤达在《红与黑》中设置的知名情节：极右派成员与境外势力联系，希望将法国可能发生的革命扼杀在萌芽之中。

易·库里耶这名葡萄酒酿酒商[1]谈起了曼努埃尔："曼努埃尔伟大了四天。这已经很多了。他在今天还能干什么？他死是为了不失去过去的荣誉。"[2]在这些文字中，我们可以界定这光芒四射的自由主义的范围——与其说它改变了历史风暴的走向，不如说是它引起了风暴。我们不应让那些敢于直面恐怖行为、高声反对白色恐怖的人泄气：但最终，如果极端主义者计划失败，阻止他们的除了富瓦将军们、曼努埃尔们和保罗·路易·库里耶们，还应该有正想挑起事端、以自己的方式追求平静和自由的资产阶级。由此，议会作为民主和自由的工具，产生了内在问题。

三　议会制的机理

这位男爵（纽沁根）就要当贵族院议员了，他把他在国民议会的位置让给了我。

——杜·蒂耶《夏娃的女儿》

选举

巴尔扎克在选举原则上的态度相当顽固。他坚持认为，只有在所有选民绝对平等时，选举才是可能的和有效的。一方面，在数量上均等，如冉维埃神甫所说："他们（选民）应当等量。"[3]另一方面，"只有在人人平等或每个人的知识水平都相同的社会中，选举才有可能"[4]。选举"曾是教会一项卓越的原则"，因为教堂中的选举是在一个统一的框架中进行的。这一判断的确具有内在价值。但更重要的是，这说明，

1 库里耶喜欢葡萄酒，有自己的葡萄园，常自称"葡萄酒农"。

2《保罗·路易，一位葡萄酒商在巴黎写下的手册》（*Livret de Paul–Louis, vigneron, pendant son séjour à Paris*）。

3《乡村医生》。

4《社会教理》（*Catéchisme social*）。

巴尔扎克否定现代社会中的选举是有直接原因的，而基于这些原因，他又一次开始理想化过去的情况。

选举不是不同观点的自由碰撞——参与者们先就某些基础事项达成一致，而后针对国家整体的管理或发展展开辩论。选举只是利益对抗，并且，权力会不可避免地加入到对抗之中，因为权力具有压倒性的利益，又在政治上掌管着国家机器。权力不会希望选举对自己的存在产生威胁（我们说的是真正的、经济上的权力，不是临时的行政机关）。因此，它需要听话的议员。巴尔扎克认为复辟政府干了蠢事，并觉得复辟政府的做法可能是七月革命爆发的缘由之一："政府掺和进选举是一个错误。更聪明的做法是接受一个自主选出的议会。政府应当与之交流协商的就是这种议会。"[1] 然而，1830 年后，掌权的自由党人采取了和复辟政府一样愚蠢的方式。一名检察官若想要更进一步，就必须在选举时投保王党的维莱勒而非自由党的曼努埃尔。[2] 德·吕卜克斯们想成为议员？自由党人觉得他在政府中很有用，但不希望其进波旁宫。一名中右的议员刚刚因为私人原因辞职了？遇此情况，部长往往想要用最隐秘的方式和省长们一起安排好一切，"抢在反对派之前先发制人"[3]。几年之后，这个系统的运作方式仍然非常直接：加佐纳勒曾在比利牛斯为选举投票，因此，行政法院在处理他的官司时表现得颇为世故老道：

"哦！是比利牛斯地区吗？……"年轻人问道，态度严肃起来。

"是的。"加佐纳勒说。

"你们在选举中没投我们的票？……"这位国务活动家注视着加佐纳勒说。

1《论现代政府》。

2《高老头》。

3《公务员》。

“没有，可是您刚才在我面前说的话使我学坏了：我以国民自卫军少校的名誉保证，我会让您指定您的人选……”[1]

在阿尔西，选举的情况得到了更加深入的呈现。

很久以来，阿尔西一直“属于”凯勒–贡德维尔阵营。[2] 在所属大区中，阿尔西是个小透明。但新的野心家打着反对派的旗帜出现了，西蒙·吉盖准备推翻这些偶像。[3] 西蒙·吉盖算不上个危险人物。他夸夸其谈地讲述进步，当众宣称自己不是民主党人。他的策略本就很可能成功，更何况官方的候选人——夏尔·凯勒——在非洲被杀了。但内阁中的拉斯蒂涅伯爵不想议会中的平衡被打破。他立即运用权力将马克西姆·德·特拉伊派去阿尔西，让他负责阻止西蒙·吉盖的竞选，并用尽手段——比如争取正统派的选票——使一个支持政府的候选人当选。专区区长、总检察官、警察局长在绝对的权力下立刻屈从。代理检察官接到命令，必须保证“(其) 管辖范围内的人都投票支持内阁的大选”。由此，他得到了晋升：

“那咱们这些执达吏、诉讼代理人、治安法官、公证人应该投谁的票呢？”代理检察官问道。

“投我给你们指定的候选人。……事关你到芒特去当检察官，我当省长。”[4]

不幸的是，巴尔扎克没有完成这部小说。故事在马克西姆到达阿

1《不自知的喜剧演员》。

2 凯勒家和贡德维尔家都是阿尔西本地的显贵。两家有姻亲关系。《阿尔西的议员》对此有较为详细的描写。在故事发生时，凯勒兄弟银号的老板是德·贡德维尔伯爵的女婿。

3 季斯卡式“反对派”的典例。

4《阿尔西的议员》。

尔西后戛然而止。因此，我们无法继续推进其和《吕西安·勒万》[1]的比较，司汤达在后者中塑造了一个在卡昂执行内阁下达的任务，结果任务失败的角色。然而，我们仍能发现，如果说司汤达更关心的是他笔下的人物（这一角色在尝试了军旅生活后，又尝试进入政坛），巴尔扎克更关心的就是阿尔西。在司汤达的小说中，卡昂不是一个真实存在的城市，故事发生在卡昂还是其他地方并无分别。而在巴尔扎克的作品里，阿尔西行政区才是真正的主角。阿尔西有自己的内陆地带，有自己的背景故事，有自己的优势工业——棉织业。这片土地见证了博维萨热家族的财富积累、马兰的崛起、马兰与凯勒们的结盟、新政权的设立。小说的主人公马克西姆尽管广为人知，仍不过是一个工具人。司汤达想要向读者揭露政府的邪恶。巴尔扎克则满足于展现、拆卸和分析政府的运转机制。《吕西安·勒万》中，选举腐败是一所既可以上也可以不上的大学，在主人公的努力下，这种现象可以被消灭。在巴尔扎克的小说中，选举腐败是一切的中心。腐败与政府的运转机制紧密相连。客观上看，腐败在现实社会中有了滋养的土壤。由于很小的疏忽就足以推选出或打倒一名候选人，纳税制选举[2]简化了这场权力的游戏。关键在于，选民在选举议员时，通常只不过是帮助新封建式强权完成了它们的组建或强化：比如，杜·蒂耶顺理成章地接替了纽沁根的位置[3]；如果夏尔·凯勒当选，就好像是继承了他父亲的贵族封号[4]。如此选举，从何处可以听到底层人民的真实意愿？政权的合法性从何而来？选举之中，竞选者所做出的决定和实现决定的方式常常脱离了选民们的掌控。

运作

议会是选出来的。它工作起来是否有效率？又怎么起作用？

1《吕西安·勒万》是司汤达在 1834 年 5 月至 1835 年 9 月间写成的一部长篇小说。

2 当时法国规定按照公民纳税额来确定选举权，纳税达标者享有选举权。

3《夏娃的女儿》。

4《阿尔西的议员》。

可以明确的是，议会在两个方面起作用：传达地区利益和调节野心阀门。

如果想要预测所做决策的后果，管理国家比统治国家更加合适。议会中，当选者混杂在一起，被分为两个阵营，议员们没有以思想为中心组织起来。议会有自己的计划，并一直维持并捍卫着自己的计划。它很难预测未来，但“立法者应当超越他所处的时代”[1]。1832年，巴尔扎克已经注意到议员无法处理“长时间无成果的艺术论文”[2]。这是一个精心选取的例子，所涉事情虽小，但足以让人了解议会在投资策划和长远规划方面能力不足。“议会与其说是被选出来干实事的，不如说是被选出来捍卫原有计划的；他们想的是政府，而不是国家。”[3]除非是在伟大的变革时代，社会发生巨变，议会才会召开会议，制定具有前瞻性的、符合真实社会利益的法律（由此可以发现巴尔扎克过去对制宪会议的赞赏）。否则，议会往往倾向于马尔萨斯主义，制约了巴尔扎克眼中的真正的国家元首：那些目光长远、对国家整体发展有所考量的人。由此，巴尔扎克怀念起了恺撒政体、“现代”君主制，以及曾经那个有组织有计划的国家。这是一种非常法国式的怀念。巴尔扎克看不惯议会的迟缓和无力，在他心中，科尔贝和拿破仑是两个伟大的人物。巴尔扎克明显反对议会的管理方式：那不是前库特林式的管理，而是权力和意志的象征性管理。一位大臣曾表达过这样的观点：“一位大臣就算想做好事也无能为力。要把事情做出结果来，过程简直慢得没有尽头。”[4]“面对着法庭、反对派愚蠢叫嚣的火力”，议会又能做什么？还是这位大臣说——这位大臣与其说是小说中的人物，不如说是作者的代言人——真正涉及未来的讨论不是没有，但和真正的决策一样，都发生在议会之外。表面上，议会和行政机关负责管理和把控社会；但事实上，决策的关键之处早在议会介入之前便已经确定，议

1《乡村医生》。

2《起点》。

3《乡村医生》（原文中未找到该段）。

4《公务员》；参见《巴尔扎克的世界》。

会和政府参与调控的只是之后的部分。巴尔扎克深度揭露了议会的真面目："就算你们真的做到使贪污一埃居都成为不可能，你们也不能阻止利害关系中的互相勾结。"这已经成了议会外活动的利益集团的现代理论。议员作为管理者，已成虚职[1]，但仍想干点实事；议会不是因要捍卫不同党派的微小利益而受到制约，就是被绕过其行事的各方势力架空。在这两种情形下，议会成了执行机构，要么做一些琐碎平庸的工作，要么计划一些它觉得不错但从来没有实行过的方案。议会本是为了大众而设立的，应当在众人群策群力下制定执政方针。但实际上，少数人掌握着真正的权力工具：资本，生产方式。议会是管理者、掌权人，但接触不到钱：既接触不到地方贵族的钱，也接触不到高级银行的钱。

这样的分析可能会使人得出结论，议会应当介入多个直到现在它仍缺失的领域：巴尔扎克对议会制的批评深入到了社会学的层面。针对那些不断入侵的、压倒性的利益，巴尔扎克十分愤怒，又别无他法，只能再次提出回到过去或指望救世主有空拯救人间。但他针对 19 世纪资产阶级营造出的议会幻象的批评从未停止。

然而，议会和阿尔西的选民一样，有时会维持表象。为此，议会常常批评时政，甚至征集民意。但，在资产阶级纳税选举制中，如果没有真正想要把控建设社会的决心，这种永远不变的手段将毫无意义。议会之所以这样做，不过是为了让其显得重要，使人觉得其是社会中必不可少的机构。巴尔扎克借小说中 1839 年三个人物的相遇讽刺了这一现象："拉斯蒂涅请他坐上他的马车，于是他们和拉斯蒂涅一道走了。这三个人一个是折中主义的副国务秘书，一个是凶狠的共和分子，一个是政治上的无神论者，他们几个聚在一起，自己也觉得好笑。"

"我们破一下现在的规矩，一起去吃夜宵怎么样？"勃龙代问，看来他想重新提倡消夜。

拉斯蒂涅带他们到韦里酒家，把马车打发走了，然后三个人

1 参见《巴尔扎克的世界》。

在桌边坐下，纵谈当今的社会，还不时纵声大笑。[1]

这三个客人中没有一个是国会议员，但他们都必须通过议会来表现和实现他们的野心。随着情节的逐步深入，议员等政客们的游戏在此被无情地揭露：

在女演员（佛洛丽纳）的小客厅里，拉乌尔和勃龙代一面把脚搁在壁炉柴架上烤火，一面分析了1834年法国的政局。究竟哪一派最有成功的希望？他们把所有的政治派别逐一研究：纯粹的共和派，总统制共和派，不要共和国的共和派，不要君主的立宪派，君主立宪派，保守组阁派，专制组阁派，折中右派，贵族右派，正统右派，亨利五世派，还有支持查理十世的右派。至于抵抗派和运动派，在这两派之间没有什么可犹豫的，否则就等于讨论要生还是要死。

死的是运动派，活的是抵抗派。1834年，参与运动派与政治自杀无异。我们可以在以下这句话中再次发现《驴皮记》的主旨：选择运动党就是选择了决裂；否则，就是要打持久战。这就是为什么勃龙代建议拉乌尔通过在新议院里组建一个中间偏左派来解决经济问题——这也是《驴皮记》中政治困境的解决方案。组建中间偏左派后呢？“一旦你被接纳，一旦你进入政府，你就能实现你的抱负，你就能总是属于得胜的那一派。”

现在听听德·吕卜克斯们是怎么说的吧。摆脱债务后，秘书长德·吕卜克斯非常需要成为议员：这一点在书中已明确指出。但无论如何，部长们都想将议员席位控制在自己手中。大家都不告诉他有选区空出了一个席位，但“德·吕卜克斯的土地”所在的那个区的议员告诉了他。文中对此有一番长篇大论作为解释：

您十天之前就知道这议员辞职的消息，可是没告诉我，这可

1《夏娃的女儿》。故事被设定发生在1834年，但小说实际上写于1839年，所以作者是根据资产阶级议会已经运作了近十年的经验来写作的。

是您的不是了；您明明知道，我一心想要坐在正当中（指充当贵族院的中间派议员）。您有没有想过，如果继续让那个党不断吸收怀才不遇的人，我就很可能投身于一种会把您连同君主体制都吞噬的主义中去？……我不知道我有没有才智，但是我有野心。而对这样一个一心只为您好的人，您不同他合作，这是您犯的一个错误！加冕礼倒也极一时之盛，可是以后呢？……以后，唇枪舌剑又重新开始，愈演愈烈。好了，今后涉及您的事，别指望我会站在中间偏左立场，您不信走着瞧！尽管您那省长事先得到反对我的密令！搞了这么多花招，我还是会得到多数的。该是我们互相了解的时候了。有时不打不相识。我将要被封为伯爵，人家也不会拒绝以荣誉勋位的绶带来酬答我的效力。[1]

上面讲的是竞选者是怎么当上议员的。此外，和当记者的理由一样，当议员的理由同样表明1814年的思想风暴在冲击帝国专制政府时，也冲击了前一政权下的蒙昧主义。由此，可以发现，法国革命后的社会中，革命者试图通过新机构的设立与新法律的颁布确立完全的改革；然而，作为改革的种种措施已丧失了其作为工具与手段的基础价值。议会制再也没有任何真正的进步，只有小卒子们在这个系统中飞黄腾达。对德·吕卜克斯[2]来说，1825年和1826年意义重大：意见没有了，剩下的只有利益[3]；自由主义带来了威胁；自由主义抛弃了阴谋；对他来说，自由主义是一条可行的路，向他展现了权力的盲目性；他不

1《公务员》。和在阿尔西的选举一样，权力总想着雇佣自己的省长，而可能威胁到平静局面、反对提前安排好候选人的总是一个守规矩的人；但每个人都只能在自己的领域内守好规矩。

2 影射加冕礼。作为已经发生了的事件（1825年5月29日），加冕礼是在维莱勒任部长最后一段时期发生的，其与德·吕卜克斯发生了争吵。几个月后，查理十世被迫离开了维莱勒而召来了马提尼亚克，由此“证明”了德·吕卜克斯的远见。

3“如今能有什么见解呢？只有利害关系罢了。”这是《烟花女荣辱记》的开场中，德·吕卜克斯在歌剧院里说的一句话。

是利用自由主义的内在价值，而是将它作为获得权力的杠杆。德·吕卜克斯之所以想要成为议员，不是为了成功实施某一纲领，而是为了更好地保证自己的利益和处理混乱的过去遗留下的麻烦。时机对拿当（Nathan）来说甚至更为重要：1834年，新的政体尚未真正受到威胁；因此，如果想在政府系统内部发挥作用，依靠的不是大规模群体运动——这不可想象，也不可能——而是温和的运动和诉求的表达。人民巨大的需求、真正的新兴权力、人的欲望和野心一直存在，但在前途光明的社会中，它们占比不大，不会使得大部分人质疑社会，也不会给社会整体带来巨大的问题。1839年，巴尔扎克在写《夏娃的女儿》时，觉察到人们可能开始对七月王朝产生了较之前稍微强烈一些的质疑[1]，但早在1834年他就敏锐地发现了问题是怎么出现的：议会自将外界大众的呼声关在门外后，便成了野心家的封闭战场。历史证明了这点：七月王朝不承认存在任何与之相似、与"二二一"事件相似的事物；一个真正的反对党如果有组织、符合客观现实需要，在运作中真的激起了群众的热情，是不会通过议会向权力屈膝的。

巴尔扎克自1832年就总结出了这其中的原理："没有与权力作对的议会，只有与部长作对的敌人。"[2] 据此，巴尔扎克推导出：在教会中，选举不会造成混乱，反而有助于加强权威，这是因为"教会人士都是有学问的人，宗教感情使他们遵守纪律，他们的头脑里浸透着同一种体系，他们知道想得到什么，要走向何方"[3]。这里所涉的是选择最好的、最有能力的人来根据法律和确定好的目标进行管理。现代议会制度做不到这一点："对于他们（左翼的领袖们）来说，这次斗争纯属权力之争。"巴尔扎克根据自己对复辟时期的记忆和七月革命后第一批看得见的成果进行写作：需要的不过是隐去几个人和更新一下政府职员。虚假的民主下，议会中的争论不过是为了选出谁来掌握国家的

1 参照下文第303页。

2《论现代政府》。

3《乡村医生》。

领导权。真正的民主是指,人们有可能在理论和实践中质疑一个政体的根基、一个完全否定真正自由的——小说中表现并证明了这点——制度。

由此,两个系统相对立:一个把选举作为加强权威的方法,通过选举,人们自由进行选择,由此政权获得了基础合法性;在另一个里,选举是社会分裂的结果和手段。有可能,巴尔扎克仅把议会的分裂视为现实的映照,表示国家分裂成了多个敌对阵营。他同样非常认同议会的运作方式和人们的野心加剧了国家分裂。然而,巴尔扎克真正认识到的,是社会分裂本可以通过一个鼓励社会融合的制度和公民个人能力的发展来解决,但为了确保政府的持久性和有效性,议会制成了一种加剧分裂的危险手段。[1] 议会制,尤其是复辟时期的议会制,在巴尔扎克眼中原本有助于社会和国家的统一,结果却对统一性造成了破坏。议会制的实行是一个错误,因为实际上,复辟时期的政治就是分裂的政治。然而,如果遵循巴尔扎克的构想,设立符合现实需求和能够解决问题的议会,那么1815—1830年的议会制应该与巴尔扎克自1830年始观察到的不一样,议会应当作为传达整个法国社会负面意见和对极端个人主义的意见的通道。对议会制的肯定必然也是对部分利益和情绪的肯定,议会制的胜利也是这些利益和情绪的胜利。由此,造成的不是新的掌权者,也不是新秩序的建立,而是新的混乱。这就是1832年那番长篇大论的含义,在七月革命前这番话就显现出了重大的意义:

1 在今天,议会制(多数党、政党、提名规则、多数党规则、少数党规则等等)看起来推行得不错,但在19世纪和20世纪初的发达国家中还是奢侈品。政局分裂,社会各个阶层保持均衡,会使得社会结构不稳定。多样化的国家,基于自身的结构和需求,非常适合采取议会制。各阶层紧密连接的国家就不那么需要议会制。可以看到,在今天众多的新成立的独立国家中,只有黎巴嫩采取了西方式的议会制。这是因为黎巴嫩国内教派众多,利益集团和权力集团都不在少数。并且,即使是在族群较多的国家中,发展的必要性也常常会导致权力的集中和加强(先是经济方面,而后是政治方面),与贵族议会制的初衷大相径庭。在巴尔扎克时期,显然不是如此。在当时社会分裂和传统习俗的双重作用下,议会制与自由主义、无政府主义、经济活动和不同的代表有关。

> 一旦——但愿不致如此——资产阶级打着反对派的旗号，压倒了他们出于虚荣心所不服的社会上层，这一胜利将立即招致一场资产阶级支持下的反人民的战斗，而人民不久便会把这个阶级视为贵族，尽管是斤斤计较的贵族，但它的财富和特权会使人民感到可憎，尤其当他们有切身感受的时候。[1]

当然，人民乃至社会的动乱不仅仅是因为资产阶级的“分裂”，也不只是一个错误造成的结果。但确实只有资产阶级会为了革命做如下事情：(1) 发动群众；(2) 正式担任领导角色，为社会中的不幸和困难负直接责任。

即使带有道德主义和主观性的色彩，巴尔扎克的判断基本上仍然是很准确的。资产阶级本身具有混乱的特质，因此，它的胜利也在政府机构中埋下了混乱的种子。议会制的运行不能机械地在组建委员会、投票这一层面实现，这种做法毫无前景。议会制的实行情况与议会的来源紧密相连：“从五百个不同地区不断涌现出来的人，永远不能用同样的方式理解法律的精髓，而法律的精髓只能有一个。”[2]

巴尔扎克没有否认生活的多样性；他否认的是将外国或敌对势力利益拉锯后确定的纳税额作为最高价值，毕竟，像他亲爱的圣西门信徒朋友说的那样，利益是无法协调的。剩下的不过是表面功夫或居中斡旋。竞选者们的天赋与才干，上升通道的免费开放，种种阴谋诡计，这些都不过是自由的幻象，将真正的权力留在了实行者手上。“马克西姆把他们俩都给耍了，”莱翁对他表哥说，“这小子在议会的尔虞我诈中真是如鱼得水。”[3]

议会里安插个耳报神，成为场面上的人。要想知道是否确实如

1《乡村医生》。

2 Una fides, unus dominus（一种信仰，一个主人）。

3《不自知的喜剧演员》。

此，不妨看看：马克西姆·德·特拉伊，在为阿尔西政府好好服务之后[1]，当上了内阁议员（全是计划之内的事），“从前是无赖，现在正在变成大使”，长于策划阴谋诡计；莱翁·吉罗，左派，小团体的资深成员，诚实守信，却消极怠工；然而，同样消极怠工的德·卡那利，自负虚荣、头脑空空的右派，已经当上了部长……至于拉斯蒂涅，不相信自己所服务之政府的大臣，为了不在总统在议会上说废话时笑场而走出了议会厅，他自己心里明白，这一切都不过是骗人的把戏。

表象，溃散，幻觉。巴尔扎克走得太远了：“在那里（英国），讨论是一出政治喜剧，旨在满足民众需求并掩饰在高层自由活动的政权的作用，选举也不像在法国由愚蠢的资产阶级操纵。”[2] 无论如何，真正的生活在他处，而不在议会之中。巴尔扎克不满足于仅仅记录事实，还说了不少诸如此类的俏皮话：“啊！让我们在罪恶中取乐，一定比在善良里争吵来得省心。因此，我愿意用我四十年来在讲坛上的演讲换取一条白鲈鱼，一篇佩罗[3]的童话，一幅沙尔莱[4]的素描。”[5]

争论和虚伪的美好，分裂和欺骗性的闲聊：这一批评性的分析针对的是那些认为议会制已足以满足民主要求的人、资产阶级理论家和左派中的小资产阶级。有没有可能，巴尔扎克没有机会像我们在19世纪末认识到的那样，真正了解普选制以及其中的大党派、靠金钱支持的多个寡头，但不了解纳税选举制是否会削弱他在书中的刻画？正如路易十八所说，“选举方式”无论受限还是普及，在一个通过辩论吸收自然、美丽、优秀、公正成员的体系中，玩法都是一样的。在外界，这

1 在写《阿尔西的议员》之前，作者通过《不自知的喜剧演员》部分重写了这篇未完成的小说的结尾。

2《乡村教士》。

3 佩罗（1628—1703），法国作家，他创作的童话有《灰姑娘》《小红帽》《七里靴》《蓝胡子》等。

4 沙尔莱（1792—1845），法国素描画和石版画家。

5《驴皮记》。

样的玩法肯定会受到争论。这种玩法也不可避免地给这个体系带来了的负面影响。

此外，本杰明·康斯坦1829年写的这段话极好地表现了巴尔扎克和自由主义学者间的差距：

> 我们再也没有能与暂停人身保护令相媲美的出色法律。我们有真诚的选举，而非英国的腐败选举。我们由此免于经受财产集中、贫困和革命带来的不可避免的萌芽。[1]

法国贵族成为势力最弱的一方，而法国资产阶级的特性多种多样。这二者解释了为何斗争往往较为持久，为何追逐打击往往不基于总体法律。凯勒—贡德维尔在奥布省的存在表明法国存在腐败选区，[2] 这个理想的机制也变质了。自此，即使对那些真心实意支持议会的人来说，议会也成了一个充满阴影的房间。一位贵族以高贵的姿态，对巴尔扎克的分析和描写进行了肯定：

> 他们将各自的表演场地作为视野边界
> 议会不过是当选者们乱斗的地方
> 在教堂中徒劳地进行预言
> 人民在远处听着他们争论的声音
> 但看到的却是议会的游戏
> 从他们那麻烦的孩子和妻子眼中
> 看见了无数拳头上升起的蒸汽
> 法案评议委员会委员可能被卷入议会外的风暴这天即将到来

---

1 本杰明·康斯坦，《论斯戴尔夫人和她的作品》。

2 腐败选区是指，1688年至1830年间，因英国下议院未修改选举制所导致的问题选区。当时的英国权贵通过赞助选区的方式，达到在下议院中获取席位的目的。

他们将思想丢向旁听席的风中
风和财富一样盲目
和财富一样翻滚着，将思想一起带走[1]

预言与议会革新和工业创新之间的联系不大（何况它导致的是两次十二月份的革命和对群众革命的冷漠，不是社会革命），人民对这两者都非常陌生。孩子和女人被扔进机器堆中，屈服于暴虐的蒸汽。这是技术和政治上的双重进步。人民由此成为主人们的发明物，而不是生产的参与者。人民被排除在工业革命之外，他们只负责提供劳动力。就像在政治生活中，他们也只负责提供令人畏惧的群众力量，因此，他们时而是右派，时而是左派。只要不希望议会中的讨论无视现代社会中的事实，沦为低廉无意义的条件反射，人民就必须成为议会制的基石。巴尔扎克没有指出社会学上人民的重要作用，我们知道这是为什么。[2]但他描绘出了广阔的现实，以及与议会实行有关的无数可能性，为了求知，不断提问又不断证明。真正的生活和左派不是在波旁宫，而是在常规道路和方法之外找到了表达自我和实现自我的方法。

编后记

本文译自：Pierre Barbéris, *Mythes balzaciennes*, Librairie Armand Colin, 1974, pp.302–312。

1 维尼：《牧人之家》（*La maison du berger*）。

2 参见《巴尔扎克的世界》。

巴尔扎克

作者　[法国]夏尔·奥古斯丁·圣伯夫

译者　范希衡[1]

最近突然逝世而引起普遍悼念的这位名小说家，若是给他做一个真正的研究，就有整大本的书要写，我觉得这个时候还没有到。对于一个现代的大名人，在死神刚把他攫去的时候，人们所能做和所应做的一切，就是把他所由风靡时代，造成影响的那些优点，那些不同的技巧，那些微妙而强大的诱惑力，用浓浓的几笔勾勒出来。我将努力对巴尔扎克先生[2]做这种勾勒的工作，在情绪上摆脱一切私人反感，在尺度上只行使批评所保有的几个权利。

巴尔扎克先生确实是当代的一个风俗画家，也许还要数他是最有创辟性、最合时宜、最能深入的。他很早就把这19世纪当作他的题材，当作他的囊中物；他满腔热情地扑了进去，一直就没有走出来过。社会就像一个女人，她需要她的画家，需要由她独占着的画家：他就做了这种画家；他画她时没有继承一点传统；他革新了画笔的法式与

1 范希衡(1906—1971)，著名翻译家，学者。代表译著有《忏悔录》《法国近代名家诗选》《格兰特船长的儿女》等。本文因翻译时间较早，译名与现今通行译法略有不同。全文尊重范先生的译名和行文风格，必要时加注释说明。——编者注

2 请参阅巴尔扎克的《巴黎杂志》中1840年8月25日关于我的那篇文章。我尽可以忘记它，但是大家要知道，我并不怕别人还记起。像那种评论，在后人眼光里，正好评论着做那种评论的人。——原注

技巧，专为着画这个野心勃勃、搔首弄姿的社会，画这个立意要自我作古、与众不同的社会；唯其如此，所以她曾特别钟爱于他。他生于1799年，在帝国垮台的时候正是十五岁；因此，他曾认识到、感受到那帝国时代。带着儿童眼力所特有的那种明见与深透，这种童年所见，后来又由思考去补充完竣了，但是那早期的明透始终是无与伦比的。有一个与他同年的人曾说："从我的童年时代起，我就带着那么一种感受力去洞察事物的底蕴，就仿佛是一个极细薄的刀片，时时刻刻钻进我的心坎里。"他也可以这样说。这些童年印象，后来在判断中或在画幅中回忆起来，就使人感到其中有着一种奇特感触的老底子，而为这些判断或画幅赋予细腻与生气的也正是这些童年印象。在复辟时期他是青年，他整个地穿越了这个时代，看见了这个时代，占着也许可以算是最好的位置，便于用艺术观察家的身份观察事物，这也就是说，他是从下向上看的，但在群众中，在痛苦与斗争中又是向上看的，带着才智与人性所固有的那种无穷的贪婪，使那些禁脔在最后掌握到、认识到之前，先就无数次地猜测到、想象到、渗透到了；他曾像情郎一样感觉到了复辟时代。与1830年7月的新政权同时，他开始出名，这个新政权，他是以平行的地位看到它的，甚至有点从上往下看的；他就其全貌评判了它，依据其典型人物和最突出的布尔乔亚色相，把它描绘出来，使人为之心醉。就是这样，构成本世纪上半期的那面貌绝不相同的三个时代，巴尔扎克先生都认识到了，都生活过了，他的作品在某种程度上就是这三个时代的镜子。比方，帝国时代的那些老头子们和俏佳人们，谁能比他刻画得更好呢？特别是复辟时代末期的那些公爵夫人们，子爵夫人们，那种三十年华的妇女，她们已经来到了，正以模糊的躁急心情等待着她们的画家，以至于他和她们一遇见，就像通了电流似的相知莫逆——像这些三十年华的妇女，谁曾比他点染得更有风味呢？最后，在七月王朝之下昂起头来的那个布尔乔亚类型，当时的毕乐多之流、克乃非之流，今后将永垂不朽，而现在……唉！却已经相形见绌的那个布尔乔亚类型，谁又能像他那样把它据实写来、淋漓尽致呢？

那真是一片无边无际的园地，应该说，巴尔扎克先生早就准备把它全面写出来了，他也确实把它跑遍了，向各方面搜索尽了，对他的锐气与热情来说，他还嫌地面太窄哩。他不以观察、猜测为满足，他还发明，还时常梦想。他的梦想如何，暂置不论，他首先是以细腻与风韵的观察见赏于他所一直企求着的那个贵族社会的。《三十年华的妇女》[1]《被遗弃的妇女》[2]《女卫士》，这就是他调到要塞来的第一支精兵，他立刻就把城堡占领了。“三十年华的妇女”不完全是一个突如其来的创造。自从有文明社会以来，这样年龄的妇女就占有重要地位，或许还是首要地位。在那个有闲工夫去在一切上面求精致的18世纪，宫廷曾于1763年狂欢节的最后一天举行了一个舞会，叫作“母亲们的舞会”，真正的青少年女性都只许旁观，只有三十岁的妇女跳舞。当时有人曾以这个舞会为题作了一首绝妙的小歌：

花儿开不限在一个月内呀，
所有的玫瑰花儿都是姊妹。

这首可人的小歌最妙的一段是这样：

惯打主意的俏佳人呀，
三十年华正好是芳春；
你们的风韵并没减呀，
却知道更好地来利用：
这真是幸福的好时光呀；
媚得赛当年，爱得更起劲。
十五岁的大毛头呀，
让你们妈妈跳舞吧！

---

1 今译作《三十岁的女人》。——编者注

2 今译作《被遗弃的女人》。——编者注

这是反复句。我们可以看见，18 世纪还是多么轻率地对待着这种依法复权的运动，它只持续了一宵之久。但是 19 世纪就在这上面大做其文章了，它认为三十年华的妇女有其一切的长处、一切的优点、一切定局性的完美，这种理论还只是在今天才开始的。巴尔扎克先生就是这个理论的发明人，写在抒写内心的这一类小说中，这也是他的最实在的发现之一。而他那无穷广大的成功，关键全在这最初的一部小杰作。[1] 妇女们把他后来许许多多的事都马虎过去了，她们在任何场合下，只要他一开口，就相信着他，因为他第一次曾猜测得那么准确。

巴尔扎克先生在法国的成功已经是这样迅速、这样巨大了，而他在欧洲的成功也许还要巨大些，还要无异议些。关于这方面的许许多多的事例，假使能在这里举出来的话，简直都像是荒唐，而实际上却只是千真万确。是啊，巴尔扎克先生画出了他那时代的风俗，而他的成功的本身就是时代风俗的一幅最奇特的图画。说起来已经是两百年前的事了，当 1624 年居尔飞（那赫赫有名的小说《阿斯特勒》的作者）住在别蒙的时候，他收到一封十分郑重其事的信，是德国二十九个亲王或公主和十九个贵绅或贵妇写给他的；这些人告诉他说，他们都采用了《阿斯特勒》里的男女人物的名字了，并且组成了一个“真情人研究院”：他们诚恳地请求他继续往下写。居尔飞遭遇到的事又不折不扣地为巴尔扎克先生重演出来。曾经有一个时期，以威尼斯城为例吧，在那里碰到一块的游客界也妙想天开地采用着他的许多主要人物的名字，并且模仿着他们的生活，在整整一个季节里，人们见到的尽是些什么拉斯迪尼亚克[2]呀，什么朗热公爵夫人呀，什么牟佛利尼丝公爵夫人呀，并且有人保证说，这种逢场作戏的男角或女角之中，有不少的人要把戏一直演到底。这也就是画家与其模特儿之间那种相互影响的相当平常的规律：小说家开始着，他搔到了痒处。他夸大了一点；于

1 请你们只读最初的几版；后来作者想把它扩充起来，反把它弄坏了。——原注

2 今译作拉斯蒂涅。——编者注

是社会就风动了，照做了，就这样。先看来可能像是有点夸大，到最后徒觉其惟妙惟肖。

我所说的在威尼斯发生的事也在许多别的地方以不同的程度重演着。在匈牙利、在波兰、在俄罗斯，巴尔扎克先生的小说成了金科玉律。那点杂在现实里面的稍涉荒唐的成分，从近处看便使要求严格的人们感到美中不足，但距离一拉到这样远，荒唐之处就看不见了，甚至反为小说加上了一种情趣。比方，那些富丽而离奇的家具设备，他凭自己的幻想随便把多少国度、多少时代的精华都堆砌在一块的，一经写出，也就变成现实了——我们看来好像是一个家赀巨万的艺术家的梦想，而别人却就照葫芦画瓢地仿造着——人家在布置巴尔扎克式住宅哩。像这样反应盛名的无数的回声，艺术家哪能无动于衷，置若罔闻呢？他在这些回声中听不到光荣的音调吗？

他相信光荣，他有野心，至少是一种高尚的野心，而这种野心的感觉就使他从他那强壮而丰产的体格里挖掘出全部的蕴藏，耗尽精力，生产着各类的作品。巴尔扎克先生具有大力士的体质和迷恋光荣的那种艺术家的热情。这种体质和热情，为了完成他那庞大的任务，少一点都是不成的。也只有在我们今天才看到这种具有坚毅、强壮的体格的人们，可以说自己限令着自己，要把本身所蕴藏的一切都挖掘出来，并且履行着这种艰苦的诺言，二十年如一日。当我们读着拉辛、伏尔泰、孟德斯鸠的作品的时候，我们不会想到去问问他们是不是身躯壮健、体格坚强。布封是个大力士，但是他的文笔使人感觉不到这一点。那些或多或少可称古典时代的作家们只用他们的思想去写作，只用他们生命的高级部分、纯智慧的部分去写作，用他们生命的精华去写作。今天，由于作家向自己要求一个艰巨的工作，社会也向他要求一个艰巨的工作，并且还限令他短期交货，又由于他必须打得快、打得狠，他就没有时间去那么柏拉图式地玄之又玄，也无法做到那么精微奥妙了。作家的整个的人、整个的体格都动起来了，他的体格一直表现到他的作品里来；他不是用单纯的思想去写他的作品，而是用他的血液，用他的肌肉。在分析作家文才的时候，生理卫生成了不可缺少的一章。

巴尔扎克先生以生理学家自命，他倒确实是个生理学家，虽然不如他所想象的那样严格和精确，但是物质自然——他自己的和别人的——在他那些精神的描写里占了很重要的地位，并且不断地使人感觉出来。这不是我对他的一种指摘，这是一个特征，感染着并标识着当前整个的描绘文学。有一天，韦尔曼先生[1]——当时还很年轻——读他的《蒙田赞》给谢埃斯[2]听，那篇可爱的赞词还是他平生写的第一篇，里面充演了轻灵之气与鲜妍之笔。他读到某一段里有这样一句话："但是，我读卢梭时，生怕把我的眼光放在那种罪恶性的残疾上面停得太久，这种残疾总归是离远点好……"谢埃斯打断他，说："不对，还是让它挨近点好，以便能仔细研究一下。"这是以好奇为第一义的生理学家战胜了以审美为第一义的文学家。要我说吗？我是和谢埃斯一致的。

这也就是说我有点像巴尔扎克先生。但是我却要拉他停下来，我自己也停下来，讨论两点。他的文笔，我爱它在微妙部分的那种蓓蕾初放（我不能找到别的一个名词），使人感到一切都生气勃勃，连纸都飞动起来。但是我不能赞成在生理学名词的掩护下不断地滥用这一个优点，我不赞成那种文笔，太多的时候是痒苏苏而令人发软的、萎靡的、粉红的，具有各种色调的纹理，具有美妙的腐味，如我们的大师们所说，纯粹是亚细亚式的，有些地方比古代优伶的身体还要曲折，还要柔软。

白特栾[3]在他描写的那些场面中，不有地方也后悔没有用被他称为"oratio pudica"（含蓄之辞）的那种具有*羞恶之心*的文笔吗？那种不

1 韦尔曼（Villemain, 1790—1870），法国文学家，著有《法国文学史》。（今译作维尔曼。——编者注）

2 谢埃斯（Sieyès, 1748—1836），法国政论家，大革命时期政治活动家。（今译作西哀士。——编者注）

3 白特栾（Pétrone，？—66），拉丁作家，写当时罗马的侈靡风俗甚详。（今译作佩特罗尼乌斯。——编者注）

恣意把一切动作都写得淋漓尽致的文笔吗？

我要在作为生理学家和解剖学家的巴尔扎克先生身上抓住的，就是在这种体裁里，他所想象出来的至少与他所观察得来的分量相等。他在精神方面是精细的解剖者。他确实找到了些新的脉管；他发现了，仿佛注射了淋巴管的某些部分，这些部分都是一直没有被人注意到的；然而，他也杜撰了一些脉管。在他的分析里，有那么一个时候，真正的、实在的脉管丛完结了，假想的脉管丛开始了，而他并不把真的和假的分别开来：大部分的读者，特别是女读者，也和他一样，把真伪混淆起来了。这里不是着重谈这些分界点的地方。但是，大家都知道，巴尔扎克先生有一种毫不隐晦的偏向，不管在哪方面都欢喜学斯威登堡[1]、王·赫尔孟[2]、梅斯迈[3]、圣日尔曼、加辽斯特罗[4]之流：这也就是说，他易起幻觉。总之，为着继续用我的纯粹物质的、解剖学的形象，我可以说：当他抓到他的题目的颈动脉的时候，他就坚定地、有力地作深入的注射；但是，当他摸错了的时候，他照样注射，仍然把针往里插，不自觉地创造着假想的脉络。

巴尔扎克先生曾以科学自负，但他实际上所特别具有的，却是一种生理学的直觉。沙尔先生曾说得很对："人家老是过甚其辞地说巴尔扎克先生是个观察家、分析家；实则他还更好些或更坏些，他是个通天眼。"他第一眼没有看到的，通常他就失误掉了，思考也补偿不起来。然而，又有多少事物他只要一眼就能看到，并且吞噬下去啊！他跑到你这儿来，跟你谈谈；那么陶醉于自己作品的他，表面上仿佛是那么自满，实际上却善于博学审问以自求进益，善于倾听人言；但是，就是他

1 斯威登堡（Swedenborg, 1688—1722），瑞典神秘派哲学家。

2 王·赫尔孟（Van Helmont, 1577—1644），比利时医生，曾发现胃液。（今译作范·海尔蒙特。——编者注）

3 梅斯迈（Mesmer, 1733—1815），德国医生，动物磁力术的创始人。（今译作麦斯麦。——编者注）

4 加辽斯特罗（Cagliostro, 1743—1795），意大利江湖医生，神秘术的推行者。（今译作卡廖斯特罗。——编者注）

没有听你说话的时候，就是他仿佛只看到自己和自己的思想的时候，他出门时也把他所想知道的一切都带走了，吸取去了，后来他把这一切描写出来，使你惊讶万分。

我曾说，他仿佛陶醉在他的作品里；的确，从他少年时代起，他就不走出他的作品，住在作品里面了。这个世界，一半是他观察得来的，一半是他向各方面创造出来的；这些人物，各级各类都有，都是由他赋予生命的，在他眼光里完全和现实的世界和人物混同起来了，而现实世界和人物只成了他的世界和人物的模糊的抄本。他会见他们，他和他们交谈着，他随时给你引出他们，仿佛都是他所极熟识的，也是你所极熟识的人物一样；他曾把他们这样有力地、这样清楚地创造出来，既有肉又有骨，以至于一经布置好了、发动起来了，他们和他就不再分离了：所有这些人物都包围着他，并且，激情冲动的时候，在他的四周围成一个圈子，拖着他去跳人间喜剧的那个绝大的环形舞，这个环形舞，只要顺便看一眼就使我们眼睛有点发花，而第一个眼睛发花的当然还是它的作者。

巴尔扎克先生特有的那种气魄是需要解说一下的：那是一个富实、丰盛、豪华而充满意象、典型和发明的天性所具有的那种气魄，它再接再厉，永远不知厌倦；他所具有的就是这种气魄，而不是另外一种气魄，这另外的一种气魄，无疑地，是最真正的气魄，它主宰着并控制着一个作品，它使艺术家在作品里仿佛待在他的创造之上。关于巴尔扎克先生，我们可以说他受制于他的作品，他的才气往往拖曳着他如四匹快马拖着车子一样疾驰。我并不要求人家完全能像歌德，经常保持他的云石的额额在狂烈的风云之上；但是他，巴尔扎克先生，他却要求（他曾写出这样的话）艺术家低着头钻进他的作品，就和古尔丢斯[1]钻进那无底深渊一样。像这样的文才行径是需要有很多的兴头和锐

1 古尔丢斯（Curtius），古罗马传说中的人物。罗马地裂，神签启示，必须将罗马的至宝投入裂口，才能复合。古尔丢斯自觉是罗马第一勇士，于是跨马披甲，坠入裂口，裂口顿时复合。

气的，但是也有些要碰巧，有许多乌烟瘴气。

为说明他的真正的文学理论，只要引用他自己的话就成，不假外求：比方罢，如果我拿起他的最后一部小说、也是他的最遒劲的小说之一，就是在本报发表的那部《穷亲属》[1]，我就在他谈波兰艺术家斯顿波克的地方，发现作者心爱的思想以及他的全部秘诀，如果他有秘诀的话。在他看来，“今天的一个大艺术家就是一个无冕之王，就是光荣与幸运”。但是这个光荣不是游戏着，也不是梦想着就可以获得的；它是以固执的劳动和热烈的干劲为代价的：“你脑子里有些意思吗？好得很！我也有些意思……你在灵魂里所具有的东西有什么用处呢，如果你不设法去利用它？”这就是他的想法，因而他永远不惜以最顽强的劳动去写作。创意，他说，就是享受，就是吸着具有魔力的香烟；但是，如果不写出来，一切都会如梦如烟地消失了：“恒常的劳动，”他还说，“是艺术的法则，正如它是人生的法则一样；因为艺术就是理想化的创造。此所以大艺术家、诗人，都不等候订货，不等候顾客；他们今天生孩子，明天生孩子，经常生孩子。由此产生那种操劳的习惯，那种对困难的经常认识，这种认识就维系着他们与缪斯的，与缪斯的创造力的姘度生活。卡诺法[2]生活在他的雕塑室里就和伏尔泰当年生活在他的书房里一样。荷马和飞狄亚斯当年一定也是这样生活着的。”我特意要把这段话引出来，因为，在这些话里尽管表现出沉毅与操劳的精神，令人对巴尔扎克先生起敬，却同时使人赤裸地看到那近代的一面，那种离奇的怠慢态度，他以这种怠慢态度来亵渎着、玷污着他所希图追求的那个至美。不啊，荷马和飞狄亚斯都没有跟缪斯这样姘度；他们所接待着、认识着的缪斯始终是贞静的、严肃的。

“在一切事物上，美永远是严肃的。”波那尔先生曾说。这个权威

1《穷亲属》先是在《宪政报》副刊上发表的。——原注（今译作《穷亲戚》。——编者注）

2 卡诺法（Canova，1757—1822），意大利雕塑家，被尊为意大利雕塑术的复兴者。（今译作卡诺瓦。——编者注）

的几句话于我是必要的。它们像是些不动的、神圣的排柱，我只想用指头向辽远之处指明一下，以便我们对一个奇才之人的赞美和哀悼不跑到容许的范围之外去发挥。

巴尔扎克先生在某一个地方还谈到一些艺术家，说他们有"一种骇人听闻的成功，这种成功足以压死无肩膀、无腰膂揹住它的人们；而这种惨剧，附带说明一句"，而且，"是常常发生着的"。诚然，艺术家有一个比他迟早都要打的那一战还更可怕的考验，那就是胜利的次日。要想经得起这个胜利，受得了这种风靡一时的声誉，不为之震慑或气馁，不动摇，不一成功就罢手，像罗伯尔[1]当年表现的那样，就必须有一种真实的力量，能安之若素，巴尔扎克先生是有这种力量的，他并且曾证明出来。

当人家跟他谈到荣名的时候，他承认他是享有荣名的，并且是现在就已经享有荣名，还不是期之于将来；他有时还很有风趣地谈到自己的荣名。"荣名吗？"他有一天说，"你是跟谁谈荣名呀？我曾认识荣名，我曾见过荣名。我当年和几个朋友在俄国旅行。天黑了，我们就跑到一个府第里去要求借宿，我们一到，女府主和陪同她的那些贵妇都忙着招待我们，这些贵妇之一，一开始就离开客厅给我们拿冷饮去了。在这个当儿，人家就向女居停介绍了我的名字；于是大家都谈起来了，当出去的那位贵妇手里托着托盘进来给我们献冷饮的时候，她首先听到的是'那么，巴尔扎克先生，你是认为……'她又惊又喜，抖了一下，托盘滑手掉下去，什么都打碎了。这不就是荣名吗？"

人家微笑一笑，他也微笑一笑，然而，他心里是领略着荣名的滋味的。这种光荣感在他的辛苦劳动中支持着他，刺激着他。他的门徒中最有才、最可惋惜的白尔纳先生，不久前逝世的，就缺乏这个动力；他带着讥讽、带着美感怀疑一切，他的那么优异的作品就使人感到这种光荣感的缺乏。而巴尔扎克先生的作品，就从艺术家的这种陶醉的本身获得了更高的兴致和更高的热力。一种美妙的细腻竟有了办法透

---

1 罗伯尔（Léopold Robert，1794—1835），瑞士的法国派画家。

过这种陶醉溜到作品里来。

整个的欧洲对于他仿佛是一个大公园，他只要到里面散散步就遇到一些朋友，一些赞美者，一些殷勤而豪华的招待。他拿出给你看的这朵小花，还没有完全枯萎哩，他是那天早晨从狄奥达蒂别墅回来时折来的；他给你描写的这幅画，他是昨天在某一罗马亲王的宫殿里看到的。对于他，从一个首都到另一个首都，从罗马的一个别墅或从伊索拉·白拉[1]到波兰或波希米亚的一个府第，都仿佛只有一步路的间隔。魔棒一指就把他运送去了。人们不能说他这是一个梦；因为，长久以来仿佛是诗人的梦与幻觉的东西，一个热心的女子，他顺便歌颂过的女子之一，把这个梦为他实现了，成为他的幸福了。

当时所有的艺术家都是他的朋友，他差不多把他们全数都煊赫地置于他的作品里。他对艺术品，不管是绘画、雕塑、古像具，都有嗜好，有热爱。当他空闲的时候（而他也常有办法偷闲，白天想干什么就干什么，把夜间消耗在劳动上），他欢喜地去猎取他所谓之佳品。他是逛摊子专家，知道欧洲所有的旧货店，谈起来历历如数家珍。此所以，当他后来在小说里放上这样大堆的古董，在别人会像报流水账一样，而他却写得有声有色、生气勃勃，说得津津有味。他描写的家具都有点像活的，壁衣、地毯都在颤动。他描写太多，但是光线一般说来都还照射在应该照射的地方。就是结果配不上他仿佛特意花上的那许多工夫，读者还是保留下一种印象，觉得曾被感动。巴尔扎克善于设色，善写密集。唯其如此，所以他诱惑了所有的画家，他们都认为他是一个同道者，只是移植在有些迷惑在文学里罢了。

他不很重视批评；他在社会上打开了一条出路，几乎是使批评奈何他不得的，他那股锐气，我相信，不是能受人家控制和指挥的。他在某一地方曾谈到一个灰了心而沦于疏懒的雕塑艺术家，他说："他又变成一个闲散的艺术家了，在沙龙里大吃其香，有许多业余爱好者都向他请教；他和所有的虎头蛇尾的低能者一样，转为批评家了。"这最

1 今译作贝拉岛。——编者注

后一句话，对不做作品、专把时间消磨在侈谈和议论上的雕塑或绘画艺术家来说，可能是真实的。但是，在思想的范畴，巴尔扎克先生的这一句话，后来又常出现在整个一派青年文学家的笔下的（我请他们原谅），却是有失公正，并且是一个错误。然而，要想给大家证明某人如何如何是或不是低能者，这始终是一个很微妙的问题，我们还是撂去不谈罢。

就巴尔扎克先生而论，一个真正的、诚恳的、聪明的阿利斯塔克，如果他能经受得起的话，对于他究竟还是很有用的；因为他那种丰富而繁缛的天性只知酣纵淋漓，不知自加检束。在一部小说中，有三件事要注意：性格、情节和笔法。性格呢，巴尔扎克先生极善安排，他使人物生动，深深地刻画着他们，使之不可磨灭。有放大处，有细密处，这有什么关系呢？他们本身都具有生存力量。跟着他，我们认识了许多机灵的、妩媚的、俊俏的并且还欢情洋溢的人物，在别的时候也认识了一些极丑陋的人物；但是，丑的也好，俏的也好，一认识，我们就能保证永远不会忘记他们。他不以曾写人物为已足，他还予他的人物以绝妙的、奇特的命名，使他们永远深印在人们的脑海里。他非常重视这种给人物命名的方式；他按照斯脱纳[1]的意见，认为名字有某种神秘的力量，对人物的性格形成和谐或讥讽。像那些马乃夫之流、毕克休之流、毕乐多之流、克乃非之流等等，他这样称呼他们，都是根据一种说不出的模糊的谐音，使之人如其名，名如其人。性格之后就是情节。在巴尔扎克先生的作品里，情节常常弱下来，它脱轨，它夸大。他在情节上不如在性格构造上成功。至于笔法，他的笔法是细腻的、精微的、流畅的、绘声绘色的，与传统笔法绝无相似之处。我有时自问，一个笃实的头脑，一直饱读着那种平常的、要言不烦的好法国散文，一个今已不可得见的、专读尼告尔和布尔达路培养出来的头脑，专爱着这种朴质的、庄重的、谨严的——如拉伯鲁埃尔所说——言近旨远的文笔，像这样的头脑读着巴尔扎克先生的书该要作何感想了？他会整整一

1 今译作斯特恩。——编者注

个月都感到头昏脑涨的。拉伯鲁埃尔还说过，表达任何思想都只有一个词是好的，必须找到这一个词。巴尔扎克先生写作时似乎不知道拉伯鲁埃尔的这句话。他有些成串的词语，活泼的，不安的，凭一时高兴想来的，永远不肯定局的，一些试用的，仿佛在摸索中的词语。他的印刷人知道得很清楚；他的书付印的时候，他总是改而又改，每校一次稿就改一次，改个没有了时。在他的手里，模子本身都仿佛在不断地沸腾着，铁浆在里面不能定型。尽管已经找到理想的形式了，但他还要寻觅。

最诚恳的批评，一个朋友的、一个伙伴的，就像他和蓝拜尔[1]那样要好的朋友的批评，能叫他接受一点稍求简洁的概念吗？能把这种概念输灌到他那文才的奔流里，使他压缩一点、控制一点吗？

我绝对不是想要他放弃他那种滔滔不绝的文路，倒愿意他时刻记住这几句我认为对任何艺术、对任何文学都是必要的箴言："明净是大师们的油漆。"（佛夫那格）

"艺术品只应该表出净化灵魂，高尚地愉悦灵魂的东西，多一点也不成。艺术家的情感只应该以此为对象，其余一切都是假的。"（白蒂娜致歌德母亲函）

"良知与天才是一家人：慧巧只是旁系亲属。"（波那尔）

最后还有一点，他是那么赞美拿破仑的，这个伟大的范例被搬到、被反映到文学里来，曾眩惑着他，和它曾眩惑许许多多其他的人一样，我倒很希望他好好地一下子丢开他那些狂妄的比较，那些只宜于逗乐孩子们的竞赛，如果他一定要在军事上找他的威力的理想，我就希望他有时也向自己提出这样一个问题——这问题提得相当好，可以列入任何法语修辞学教本："谁是最美的，一个亚洲的征服者，后面拖着无数的部落呢？还是杜伦先生带着三万人保卫莱茵河呢？"

各人有各人的天性，不要强求罢，既然死亡已经结束了他的文学生涯，我们对这个已逝的才华，就接受它留给我们的这份丰赡而复

1 今译作朗贝尔。——编者注

杂的遗产罢。“《欧日妮·格兰苔》[1]的作者将会永生的。”《费梅妮夫人》[2]、《波桑夫人》的父亲，我简直要说她们的情人，将在最秘密、最精选的闺阁书架上保留着他的位置。凡是追吹、逐胜、寻开心的人们，凡是向那拉伯雷式的都尔人[3]寻求豪爽的讽刺劲头的人们，绝不会忘掉那些大名鼎鼎的《戈迪微尔》(Gaudissart)，那些绝妙的“毕乐多”以及整个的他们那一窝子。我们可以看见，各人都能找到各人所喜爱的人物。假使我面前有篇幅的话，我倒愿意在这里谈谈巴尔扎克先生的最后一部小说，我觉得这是最卓越的一部，如果不是对当前社会最阿谀的一部的话。《穷亲属》给我们显示出这个雄健的文才达到了他的最高的成熟阶段，写得笔歌墨舞，痛快淋漓。他沉酣着，他泳游着，如鱼在渊，无往而不自得。从来没有人把人类的这副乱七八糟的烂摊子翻得那么透，摆得那么显，《白苔表妹》(Cousine Bette)[4]这部小说的第一部分有些人物性格极其真实，也有一些夸大之处，像作者通常几乎不能避免的那样，首先是白苔，这部小说就是以她的名字命名的，她就是这种夸大之一：这个可怜的女孩子，先只是佛日地方的一个简单的村姑，穿戴得不好，打扮得又差，粗里粗气的，有点忌妒心，但是心眼儿并不坏，也不怎样卑鄙龌龊的，很不像后来那个女子，有一个时期竟一变而为美丽的交际花，而且是那么心术不正，那么穷凶极恶，真正是个母雅哥，母李查三世[5]！在实际生活上不可能是这样的；这个女子是《飞拉谷斯》和《特来兹》一流的货色，我们的腐化堕落的社会容不了这些残酷的仇恨与报复。当然，我们造的孽不算轻微，然而我们犯的罪还不是那么严重。但是这小说里的其他性格都是真实的，深切地真

1 今译《欧也妮·葛朗台》。——编者注

2 今译《菲尔米亚尼夫人》。——编者注

3 巴尔扎克生于杜尔城（Tours），距拉伯雷出生地施农（Chinon）仅数十公里。

4 今译《贝姨》。——编者注

5 雅哥（Iago），莎士比亚悲剧《奥赛罗》里的人物；李查三世（Richard Ⅲ），莎士比亚的同名戏剧的主人翁。两人都是大奸巨滑的典型。（两个人物今分别译作伊阿古、理查三世。——编者注）

实的，首先是那位许乐伯爵，那么疯狂地爱女人，这种疯狂的爱竟一步一步地把这个君子引上丢脸的道路，把这个老头子引入卑鄙的境地；还有那位克乃非，各方面都绝妙，格调、姿势、谐谑，布尔乔亚的邪恶充满着他的仪表和气焰。因为，在这里，我们要注意，我们已经不只是看热闹、看笑话，甚至也不只是看人类的狂诞行为了，硬是用邪恶做动力，硬是用世风的颓敝做小说的材料。作者整个地钻了进去；看他那样兴致勃勃，我们在某些地方简直可以说他是游戏在颓风敝俗之中。有几个高尚的、动人的场面迫使读者流泪；但是全书以凶暴的场面为主；污秽的汁液洋溢着；那些寡廉鲜耻的马乃夫之流到处发臭。这部杰出的小说，单独地研究一下，会引起无限感慨，不但感慨着巴尔扎克先生一个人，也感慨着我们大家，因为我们大家都是一种肉感文学的或多或少神秘的或公开承认的产儿。有些人是雷内的子孙，他们把他们的唯感主义放在神秘主义下隐藏起来。像蒙上一层云雾，另一些人就干脆把他们的唯感主义裸露出来了。

巴尔扎克先生时常想到华脱·斯考特[1]，这位伟大的苏格兰小说家的天才，据他说，曾强烈地刺激了巴尔扎克。但是，在这位可爱的魔术大师的浩如烟海的著作之中，难道他就一点也没有认出，如拉马丁先生说得那么妙的吗？

高贵的情感扬起在这些文章里
像百花深处的各种不同的香味

难道他就没有呼吸到在那些作品里循环着的，就是透过人欲的冲突也还循环着的那种纯洁的、健康的氤氲之气，那种有益卫生的气流吗？我们一读完《穷亲属》之后便立刻感到需要在这种气流中浸润一下，需要另读一点清纯而康健的作品，需要沉酣在弥尔顿的某一章诗里，如这位诗人所说，沉酣于清明澄澈的流水之中。

1 今译作沃尔特·司各特。—编者注

如果是在一篇较完备的文章里我能畅所欲言的话，倒应该把巴尔扎克先生的文才和他的最著名的同时代作家和桑夫人[1]、欧仁·徐[2]、仲马等人的文才，做一个详细的比较，表明他们之间程度不同的真正关系。在另一个截然不同的体裁里，但对人性的看法却也绝无美化或阿谀之处，梅里美先生倒很可以被拿来作为格调与文笔上的对立面，作为巴尔扎克先生的反衬。

梅里美先生对于人性，也许不比巴尔扎克先生更看得起些，如果有人曾似乎诬蔑了它，也绝不是梅里美先生会来替它辩诬的。但是他这个人有审美力，很机敏，有严格正确的感觉，就是意思上想过了头，笔底下也还能含蓄、能审慎；他唯恐自己落到可笑的地步，正如巴尔扎克先生不怕做得可笑；并且，在人们所赞美的笔头明净、笔力刚健、笔锋廉悍那些优点之中，稍觉可惜的就是兴头不够，而巴尔扎克先生则兴致太多了。人们简直可以说，在梅里美先生身上，是完美的社交家，是古人所说的*君子人*很早就拘束住了艺术家。

桑夫人，还用说吗？是比巴尔扎克先生更伟大、更老练、更坚劲的一个作家；她在表达方式上从来不摸索。她是个写自然与风景的大画师。以小说家而论，她的人物性格时常是在开始时掌握得很好，刻画得很好；但是他们很快地就转向某种理想，属于卢梭派，有了系统气。她的人物不是从头到尾都生活着的；有那么一个时候，他们转入模型状态了。她永远不诬蔑人性，却也并不美化它；她要提高它，但是为了要把它放大，她就勉强它、扩张它。她特别责怪的是社会，她贬抑整个的阶级，以便显出究竟还有些好的个人，而这些个人，不论怎样着意写，依然是半抽象的。总之，她在表达上与描写上拿出来的那种大师的老练手腕，不能同样地在人物性格的体现上也拿出来。不过我说这个话还应该有适当的保留，因为她有太多的妩媚而自然的境界和场面了。至于风格，这在她是第一流的、极品的天赋。

---

1 即乔治·桑。——编者注

2 今译作欧仁·苏。——编者注

欧仁·徐先生(我们把社会主义者丢到一边,只谈小说家)也许在造意、在丰产、在结构方面都能与巴尔扎克先生并驾齐驱。他极善撑起庞大的框架;他有些人物性格也是活生生的,自然地或勉强地互相联系着;特别是情节和杂剧式的变化手法,他非常善于运用。但是,细节往往写得很差;它们也是相当多、相当有变化的,但是比起巴尔扎克先生来就显得不够细致、不够深挖,观察得不够创辟、不够新颖。他也有欢情洋溢之处,并且在这方面碰到一些成功的、自然的典型人物;但是,除此而外,他还爱、还偏爱荒唐怪诞之事,太欢喜描写它们。在两人的作品里,可都不要盯住找健康的人性,他们专爱在腐败的或矫伪的上面动手术。欧仁·徐没有巴尔扎克那么会写,没有他写得那么好,甚至也没有他写得那么坏,没有他在坏的上面写得那么精微奥妙。最后。他还有个错处,就是他不肯专一听信他自己的天赋本能,而要去参考当时流行的思想体系,在他的最后几部小说里为这些体系做宣传,这是巴尔扎克先生所绝不肯做的。至少,巴尔扎克先生只服从于他的本能,于他所最喜爱的灵感,日益以不妥协的艺术家身份埋头于这些灵感之中。若论才气纵横,巴尔扎克先生始终只凭着自己的纵横才气。

至于仲马先生,大家都知道他那种非凡的兴致,他那种滔滔不绝的劲头,他那种导演的高明手段,他那种灵机默运、永远波澜纵横的对话,那种轻灵的叙述,不断地流走着,能够破除障碍,一泻千里,毫不松懈。他画着大幅的画作,从来不使自己的笔头感到疲乏,也不使读者虑到疲乏。他写得热热闹闹的。他拥抱,但不像巴尔扎克先生抱得那么紧。

与后面三个人相较,巴尔扎克先生是抱得最紧、挖得最深的。

二月革命给了巴尔扎克先生一个明显的打击。精雅文化的整个建筑,如他一直梦想着那样的,仿佛完全垮台了;一时,欧洲,他个人的欧洲,对他来说,也和法国一样,要靠不住了。然而,他已经又爬起来了,并且想着要就近描绘这个新社会,在它所呈献出来的第四种形式下去描绘它。我倒很可以把他那部未来的小说,他那计划中的最后一部小说，他每一谈这部小说就眉飞色舞的，我倒很可以把这部小说的纲要在这里写出来。但是何必又来一个梦呢？他已经因心脏病逝世了，正如今天在那些太热情地耕耘了生命的人之中许多人都死于心脏病一样。不到三年前，苏列也就是以同样的病死去的，我们如果不提到一下苏列就显得太不公平了，既然我们现在是把这种文学的主要作者都集中在一块。

在这种文学所产生的许多作家之中，巴尔扎克先生是最丰产的一个，同时，毫无疑义，要数他最善发明，他这一死，也许正是时候可以宣布说，这种文学已经提供了它的学派，完成了它的时代了；它已经贡献出了它的最雄健的，几乎是巨灵式的文才；不管是好是坏，我们今天可以相信它的主要的汁液已经耗尽了。至少让它停一停吧，让它休息一下吧；希望它也让社会有时间在极度紧张后稍微休息一下，随便在哪一个门类里再整一整仪容，向别的具有较新鲜灵感的画家提供些翻新的画幅。近几年来，在这种活跃的、吞噬一切的、燃烧一切的文学所产生的最有干劲的作家之中曾展开一种强烈的竞争，形成了一种疯狂的竞赛。报刊上长篇连载方式迫使作者每新写一章都要给读者一个大的震动，因而把小说的效果和调门提到了一个极度的、使人失望的、不能长久支持的音阶。让我们休息一会儿吧。我们一方面赞美着那班文才未获得更好的发展条件的人们竟能从他们本身想出了他们的办法，另一方面，我们为我们社会的前途，期望着一些同样广阔却较缓和、较能慰情的画幅，同时为画这些画幅的人们，期望着一个较能使他们定心的生活，和一些不是更细腻而是更温和、更自然而健康的，更宁静的灵感。

编后记

夏尔·奥古斯丁·圣伯夫(Charles Augustin Sainte-Beuve，1804—1869)，法国19世纪文学批评的代表人物之一，其文学评论涉及法国16—19世纪的众多重要作家作品，他常以“肖像批评”和“传记批评”的方法写文学评论，还创造性地将自然科学方法用于文学批评，其中《莫里哀》《伏尔泰》《斯塔尔夫人》《特奥菲尔·戈蒂埃》《维克多·雨果在1831》《秋叶集》《巴尔扎克》《波德莱尔》等评论作品最为著名。圣伯夫“观察敏锐，见解精辟，描写风趣，语言机智，充满个性”，为后世法国乃至世界文学研究和文学批评提供了大量珍贵的资料。

本文选自夏尔·奥古斯丁·圣伯夫:《圣伯夫文学批评文选》[1]，范希衡译，南京大学出版社，2016年，第952—966页。

1 原书译名为《圣勃夫文学批评文选》，夏尔·奥古斯丁·圣勃夫著。为保持本书译名前后一致，此处改为更加通用的“圣伯夫”。——编者注

圣伯夫与巴尔扎克

作者　[法国]马塞尔·普鲁斯特
译者　王道乾

巴尔扎克是圣伯夫不重视、不赏识的同时代人之一。你在皱眉头了。我知道你不喜欢巴尔扎克。在这一点上,你并没有全错。巴尔扎克,他的心性情感,其中确有庸俗的一面,而且是这么严重,生活也未能使他有所提高。不仅在像拉斯蒂涅初经涉世那样的年龄,他把生活目标定为低下志欲的满足,或者说,即使有较高尚的抱负,低下的野心也夹缠其间几乎不分彼此。而且,在他死前一年,他一生中伟大的爱情,他热爱十六年之久的韩斯迦夫人,他们的结合即将实现,这时他在给他妹妹的信中谈到这件事还是使用这一类词句:"好了,洛尔,如果愿意的话,客厅可以打开来,邀集社会上流人士前来,他们一定会发现这里有这样一位夫人,仪态端庄,彬彬有礼,像是一位王后,她出身名门,与最高门第有亲谊之好,又有教养,才貌兼备,这在巴黎是决不可小看的。支配一切的重要手段在这里都已齐备……对我来说,当前的大事,且不说感情(不成功,无异是在精神上置我于死地),不是得到一切,便是一无所有,只能是孤注一掷,你还要怎样……心灵、思想、雄心,十六年来我梦寐以求的东西我必须得到;如果这无限的幸福我不能得到,我就什么也不要,什么也没有了。不要说我贪爱豪奢富有。我爱的是吉祥路[1]上的豪华以及相关的一切:一个美丽、富有、出身名

1 巴尔扎克于去世前三年(1847),在巴黎吉祥路购置住宅一所。

门的女人，还有极好的亲谊关系。”[1] 他在另一个地方也以同样的措辞谈到韩斯迦夫人：“她还随身带来更为可贵的社会方面的利益（且不说财产）。”在《幽谷百合》中，他笔下最为突出的理想型妇女，“天使”德·莫尔索夫夫人，临终时曾经给一个男人，她所钟爱的青年费利克斯·德·旺德奈斯留下一封信，这封信在巴尔扎克的记忆中是神圣的，甚至多少年过去以后，还说“这是一种令人肃然起敬的声音，在深夜静寂中突然发出震响，一个崇高的形象站在我的面前，向我指出一条真正的道路”[2]，这已经成为他艺术追求的座右铭了。对此人们是不会感到意外的。因为巴尔扎克知道，他必须为我们刻画出一位圣女的形象。但是他没有想到，在社会上取得成功在一位圣女眼中算不上是崇高的目标。当他向他的妹妹以及外甥女们夸示和一个可敬的女子即他所爱的女人建立亲密关系就可获得种种利益的时候，这种亲密关系能否为她们呈现出尽善尽美的境界，则取决于行为态度的高尚，注意严守年龄、地位的差异等等，至于剧院入场券如“意大利歌剧院、歌剧院和喜剧歌剧院预订座位”一类事是不包括在内的。拉斯蒂涅看中他的婶娘德·鲍赛昂夫人，向她坦白了他的坏心思说“你是能够为我做不少事的”[3]。德·鲍赛昂夫人对此并不感到意外，只是一笑置之。[4]

我还没有说到他的语言的庸俗。语言的庸俗在他是十分严重的，甚至败坏了他的遣词造句，他使用的词组也有损于对话，使对话显得相当粗俗。“红桃J吃进”，应该说“红桃J清一色”。描写德·阿泰兹大吃一惊时说“他脊背上直发冷”[5]。在上流社会的读者看来，他笔下描写的女性人物具有深刻的社会真实性，如“旺德奈斯从前的那些女友，

1 巴尔扎克于1849年3月22日自波兰写信给他的妹妹洛尔·絮尔维尔。

2 见《幽谷百合》（康拉德版第二十六章）。

3 见《高老头》第六章。

4 普鲁斯特此处有注：精神上的这种微妙处，请与诺阿耶夫人的小说《新的希望》（*La Nouvelle Espérance*，1903）的女主人公相比较，当男方似乎是向她求爱时，说“成全我做成这桩好婚姻吧”，她所表现的是一种惊愕。

5 见《卡迪央王妃的秘密》。

德·埃斯巴夫人、德·玛奈维尔夫人、达德莱夫人，还有几位不甚知名的夫人，她们都对费利克斯的幸福心怀忌恨；恨不得把她们顶顶漂亮的拖鞋都给他送去，好叫他倒霉”[1]。他每次试图掩饰这种庸俗性，每次都是做出庸俗人士的那种高雅，如多愁善感的姿态，手指故意支在额上，就像坐马车去布洛涅森林可怕的大块头证券投机商那样。还要说什么“亲爱的”，不说再见，竟说什么“卡拉”“阿迪欧”等等。

在福楼拜的书信中某些方面你有时也可以发现那种庸俗气。但至少在主要的方面并不是这样，因为他知道：作家终生追求的目标是在他的作品中，其余一切无非是“用于描写幻象”。巴尔扎克则是将生活上的成就与文学上的成就等量齐观置于同一层次。巴尔扎克在给他妹妹的信中说：“我如果不是因《人间喜剧》成为伟大人物，那么我一定以这次取得成功成为伟大人物（指与韩斯迦夫人的婚姻得以实现）。”[2]

你看，庸俗很可能就是他的某些形象描写的动因。其实，我们当中一些人即使确有提高，想要抵制庸俗的动机，并严加防范，给以净化，那动机仍然可能改头换面保持下去。甚至野心家真正有了理想的爱情，贪求之心也不会有所变化，真可叹惜！爱情毕竟不是他生活的全部，往往只是青春时代的一个美好时刻。作家只能以这一部分生活写成一本书。大部分生活被排除在外了。因此，我们在拉斯蒂涅的爱情、旺德奈斯的爱情中能看到怎样的真实的力量，那就必须懂得拉斯蒂涅、旺德奈斯是怎样一种人，他们是冷酷无情的野心家，他们全部生活就是斤斤计较与野心勃勃，他们青年时代的小说（是的，不仅是他们青年时代的小说，而且还要加上巴尔扎克的小说）在他们一生中早就被一笔勾销了，他们每次想到这一切往往是一笑置之，这一笑就是什么都想不起来的

1 见《夏娃的女儿》第四章。

2 见前引 1849 年 3 月 22 日信。在此，普鲁斯特有注：按照福楼拜、马拉美等人的观点，真实性仅仅给予我们很小的满足，并使我们局限于渴求真实性极小的一部分，由此，是不是可能出现一种与之相反的错误？就像有人经过长期有效的蛋白质饮食制（按：此处 régime d'albumine，七星丛书版写作忌盐饮食制 régime déchloruré）感到需要盐，正像野蛮人感到“嘴里难受”，据保罗·阿达姆先生说，他就扑向其他蛮人吞吃他们肉中的盐分。

人的那种笑，其他的人，以及扮演过这类角色的人，谈起与德·莫尔索夫夫人这一段经历，甚至像谈论任何一种经历一样，是不会动感情的，因为这段经历在他们生活中早已淡漠褪色，没有留下任何记忆。按照世情与经验，人生一世，有了这种感情也无非是所谓爱情无常，青春年少偶入歧途，野心、肉欲也有它应有的地位，这一切全是无谓之举，等等，这就是说，最理想的情感，在野心家那里无非是他自己的野心多重幻化的棱镜，这一切也许以无意识的但又是惊人的方式显现出来，也就是说，对于最枯燥无味的冒险家来说，这是客观的显示，而对他本人来说，由他本人去看，则又是主观性的，他自以为是一个理想的情人，这也许是一种天赋，甚至是一种本质性的姿态，作家出于本能经过准确构思以庸俗方式写出较高贵的情感，作家自以为是在描写人生幸福、梦想的实现，但对于我们讲的仍不免是这种婚姻的世俗利益。他的个人通信和他写的小说不应截然分开，区别看待。他笔下的人物他认为是一些真实的人，他也许还要认真争辩说葛朗利厄小姐、欧也妮·葛朗台在哪些方面是优秀的、好的，对此，人们已经谈得很多了，但我认为，他本人的生活就是他以完全相同的方式写成的小说。现实生活（我并不完全同意这一点），与他小说中写的生活（对作家来说，这才是唯一真实的生活），两者之间并不存在严格的界限。在他写给他妹妹的信中，谈到与韩斯迦夫人结婚有种种可资利用的机缘，不仅像是一部小说的结构，而且所有人物也像他书中写的那样都已设定，而且经过分析，描写成形[1]了，因为动因已使情节发展趋于明朗化。巴尔扎克企图在他的信中向她表明他对待她的方式就是他的母亲在他幼小时对待他的方式，指明他不仅有债务，而且还有一个负债累累的家庭，这样，巴尔扎克就可能把婚事毁掉，而且可能促使韩斯迦夫人另行选择婚姻对象，他在《图尔的本堂神父》中写的其实就是他可能做的："你了解雕刻家的处境，机会本来是有的，政府减少了定货，工作中断，艺术家欠下的债务虽然没有清偿，最后还欠大理石制造商、制造粗坯的石匠的钱，他打算再去

---

1 法洛瓦本此处写作 décrits（描写）；七星丛书版为 déduits，意为经过推理论证。

工作，清偿这些债务……已经结了婚的兄弟来信透露说这位兄弟正在为老婆孩子奋斗；又说一个妹妹婚姻不幸在加尔各答陷入困境；最后他还得到其他消息说这位雕刻家还有老母，需要赡养……”

不妨设想：在这样的处境下，另一桩婚姻出现。这个年轻人于是转危为安，债务的折磨不存在了，三万法郎进项到手，成了代理检察长。絮尔维尔太太和她的丈夫做什么呢？一方面他们看到的是一个贫困的家庭，前途未卜；另一方面，他们也找到一个好机会，索菲成了总检察长的妻子，有三万利弗尔进项。

雕刻家于是受到人们千恩万谢，心中暗想：“真是见鬼，给我写信干什么，我那个在加尔各答的妹妹也是见鬼，来信说什么处境艰难！我的兄弟，你放心好了！你看大家不是很好嘛！我的这桩婚事给我带来财富，首先给我带来了幸福；这些琐碎小事随它去吧。”在另一处这就成了《绝对之追求》中急于寻找罗马人开采过的矿藏的布局[1]。同样，他的妹妹、妹夫，他的母亲也像是小说中的人物，这就是他生活于其中的小说《伟大的婚姻》[2]，这部小说我们也是乐于欣赏的（他的母亲面对着他，当然是崇拜的，但对于这类伟大人物决没有那种动人的谦卑，这些伟大人物面对他们的母亲时也忘记自己是天才人物，始终都是母亲的孩子，一如母亲也忘记他们是天才人物）[3]，同样，他的许多绘画，无

1 1838年4月，巴尔扎克在撒丁岛计划开采罗马人铅矿旧址，准备以此提炼纯银，并企图怂恿其妹絮尔维尔一家共襄此举。普鲁斯特在此有意将巴尔扎克个人生活经历与其作品相互对比。据七星丛书版注，普鲁斯特手稿误将撒丁岛写作西西里。

2 这是普鲁斯特对巴尔扎克婚事虚拟的一部小说名称。

3 普鲁斯特此处另有注文。他说：“一个像我这样的人的母亲，而且当他谈到他对她的感情、对她的谦恭敬爱之情，就像他描写德·莫尔索夫夫人、天使般的理性天性一样，对这样一个理想人物竭力加以推崇、抬高，充实，但杂质依然难免：一个理想的女人，对他来说，仍然是一个喜欢有陌生人把她双肩紧抱的女人，很懂又很会玩弄社交手腕，他的天使就是鲁本斯笔下的天使，有两个翅翼，又有很有劲道的头颈”。“我可怜的母亲与我断绝关系时说：她的爱是根据我的行为确定的（作为一家之主的母亲是不是爱一个像我这样的儿子）。这位母亲曾给她的这个大卫或普拉迪埃或安格尔的儿子写过一封信，信中仍然把他当作一个小孩来对待，说她爱他是有条件的。”

论是陈列在他的画廊里的，还是威埃兹绍夫尼亚看到的，都须收罗到吉祥路的住宅去，这些绘画也成了“小说中的人物”了；每一幅画都成了一小段故事叙述的内容，收藏家说明书上讲解的对象，由激赏进而转化为奇思异想的目标，这些绘画仿佛不是挂在巴尔扎克的画廊里，而是挂在邦斯或克拉埃的陈列室中，或者陈列在修道院院长夏珀卢简朴的书房之中，巴尔扎克的这些小说把这些画幅当作小说人物加以描写，即使是一幅无足轻重的科伊佩尔[1]，“画廊也决不会因此而减色”，同样，毕安训也完全可以与居维叶、拉马克、热弗鲁瓦·圣·伊莱尔[2]相等同，就像是实有其人的医科专家一样。至于邦斯舅舅或克拉埃的家具陈设，与他在吉祥路或威埃兹绍夫尼亚的陈设品相比，只是写得不是那么富有情感、真实和带有幻想色彩罢了：“我收到贝尔纳·帕利西[3]为亨利二世或查理九世特制的餐厅喷泉；这是他首批制品之一，也是收藏中的珍品，价值连城，直径有四十至五十厘米，高有七十厘米，等等。吉祥路小宅即将送去格勒兹[4]一幅极美的肖像，是波兰最后一位君主画廊中的收藏品，两件卡纳莱托[5]的作品原属于教皇克莱门特十三世，两件凡·赫伊絮姆[6]、一件凡·戴克[7]，三幅罗塔利的油画——罗塔利可说是意大利的格勒兹，克拉纳赫[8]的《犹滴》是极其出色的作品，等等。这些绘画作品都是 di primo cartello（一流作品），陈列在最好的画廊里也绝不逊色。”“这幅荷尔拜因[9]在画廊里显得多么不同凡响，三百年过去还是那么鲜明完美。”“荷尔拜因这幅《圣彼得》雄浑

1 科伊佩尔（1661—1722），法国画家。

2 居维叶（1769—1832），法国动物学、古生物学家；拉马克（1744—1829），法国博物学家；热弗鲁瓦·圣·伊莱尔（1725—1810），法国博物学家。

3 贝尔纳·帕利西（1510—1589 或 1590），法国陶器制作专家。

4 格勒兹（1725—1805），法国画家。

5 卡纳莱托（1697—1768），意大利画家、雕刻家。

6 凡·赫伊絮姆（1682—1749），荷兰画家。

7 凡·戴克（1599—1641），佛兰德斯画家、雕刻家。

8 克拉纳赫（1472—1533），德国画家、雕刻家。

9 荷尔拜因（1497—1543），德国画家、雕刻家。

俊美，公开出售可以卖到三千法郎。”他在罗马卖了“一幅塞巴斯蒂亚诺·德尔·平波，一幅布龙齐诺和一幅极美的米尔韦尔特[1]”。他还收藏塞弗勒瓷器，“这些大概都是送给拉特雷伊[2]的礼品，因为同类制作工艺只能贡献给一位享有盛名的昆虫学家，这真是一大发现，是我从来不曾遇到的机会”。在另一处，他还谈到他的枝形吊灯，“原属一位德国皇帝的用具，因为灯上有双头鹰纹样”。关于他的玛丽王后肖像，据说“不是科伊佩尔的作品，而是他画室的学生的手笔，朗克雷[3]或另一学生；说它不是出于科伊佩尔手笔只有行家才有这种鉴别眼光”。“在我的工作室还有一些真迹，上面有一位可爱的公证人的亲笔签名，笔迹不免有点矫揉造作。”“有一幅表现路易十四诞生的画稿，意味深长，一幅《牧人礼敬图》，牧人的头饰是当时的流行款式，再现了路易十四和他的廷臣。”他的一幅《马耳他骑士》，“光彩夺目的杰作之一，这些杰作就像是提琴演奏者一样，成为画廊中引人注目的光辉。画上的一切无不完美和谐，提香的独创性保持完好如初；最可赞叹的是画上的服装，按照行家的说法，衣服里面装着一个活人……塞巴斯蒂亚诺·德尔·平波是画不出来的。不论怎么说，这些都是意大利文艺复兴时期最上乘的作品，在色彩上拉斐尔派画风已有长足发展。不过，你若没有看到我的格勒兹的妇人肖像，请相信我，你就不可能了解什么是法国画派。从某种意义上说，鲁本斯、伦勃朗、拉斐尔、提香也未必能与之比肩。在这一类样式当中，是可以与《马耳他骑士》相比美的。圭多[4]的一幅《黎明》，是完全遵循卡拉瓦乔[5]的路子画的，在表现手法上很有力度。这让人想到卡纳莱托，不过比他更宏伟就是了。总

1 塞巴斯蒂亚诺·德尔·平波（1485—1547）、布龙齐诺（1503—1572）、米尔韦尔特（1567—1641）：均为意大利画家。

2 拉特雷伊（1762—1833），法国博物学家，有昆虫学专著。

3 朗克雷（1690—1743），法国画家。

4 圭多（1575—1642），意大利画家、室内装饰家、雕刻家。

5 卡拉瓦乔（1573—1610），意大利画家。

之，至少对我来说[1]，这是不可同日而语的”。“我有一套华托[2]的餐具，牛奶壶是漂亮极了，还有两个茶叶罐”，“我见过格勒兹最美的一幅画，是他画的热弗兰夫人像，还有两幅华托画的热弗兰夫人像：三幅画价值八万法郎。此外还有两幅极好的莱斯利：雅克二世及其第一位夫人的画像；一幅凡·戴克，一幅克拉纳赫，一幅米涅亚尔[3]，一幅里戈，都是了不起的，还有三幅卡纳莱托，原为国王定购，一幅凡·戴克是韩斯迦夫人的高祖父直接从凡·戴克那里定购的；多么了不起的画呀！伯爵夫人[4]希望三幅卡纳莱托放在我的画廊里。还有两幅凡·赫伊絮姆，有钱也买不到。波兰这些大世家藏有多少宝物啊！”[5]

这种处于半高度的真实性，对于生活来说未免过于玄虚，对于文学来说，又显得太实，在他的文学中我们品味到的愉悦感往往与现实生活提供给我们的愉悦感受不相一致。巴尔扎克提到一些著名医生、大艺术家，往往将实有其人的姓名与他书中人物混杂在一起，这并不完全是出自幻觉，巴尔扎克说“他有克洛德·贝尔纳、比夏、德普兰、毕安训[6]那样的天才”，一如前所列举的画家，把人物外形真实的立体感和逼真的背景在画面上混淆不清了。这些真实的人物经过这样处理往往就不那么真实了[7]。他笔下人物的生命力实在是巴尔扎克的艺术效果在起作用，并给作家提供了一种不属于艺术范围的满足。他谈起他们就像是真实人物一样，甚至是一些著名人物，“已故著名的部

1 普鲁斯特注：巴尔扎克常说“至少对我来说”。邦斯舅舅说话也是：“至少对我来说这是一件非常好的作品。”大概他的母亲经常这样对他说：“当你说起这一类事情，你要说：至少对我来说。”

2 华托（1684—1721），法国画家。

3 米涅亚尔（1612—1695），法国画家、室内装饰家。

4 即韩斯迦夫人。

5 以上各段引文皆引自巴尔扎克 1846—1849 年书信，不一一详注。

6 克洛德·贝尔纳（1813—1878），法国生理学家；比夏（1771—1802），法国著名医生、解剖学家和生理学家。德普兰、毕安训二人为巴尔扎克小说中人物，都是医生。

7 法洛瓦注：此处系从手稿中另一处引来插入此处。

长德·玛赛[1]，独一无二的伟大政治家，是他发动了七月革命，拯救法兰西也只能是他”。他一时得意扬扬像一个暴发户，拥有众多名画十分自得，不停地吹嘘画家谁谁如何如何、卖什么价钱，一时又天真得像个小孩，给他的玩偶命名，就像它们真是有生命的活人一样。他甚至突然直呼其名，若是人们不再谈起他们，他就叫出他们的小名，即使是卡迪央王妃（“的确，狄阿娜看来不像是二十五岁”），德·赛里齐夫人（“谁也追不上莱奥蒂娜，她简直在飞”），或是德·巴尔塔斯夫人（“《圣经》上的？菲菲娜惊奇地答道”）。这种不拘礼节直呼其名带有庸俗性是不难看出的，这绝不是什么高雅，如讲到葛朗利厄小姐，让她称德·纽沁根夫人“克洛蒂尔德”，巴尔扎克说，“用小名相称这种方式，表示她虽然是高里奥家的姑娘，但与那个阶层往来密切”。

圣伯夫责怪巴尔扎克拔高了特鲁贝尔神父，写到最后竟把他写成类似黎塞留那样的人物，等等。他还指摘伏特冷这个人物，还有其他许多人物。这不仅是对这些人物的敬慕和拔高，使这些人物在其所属的类型中显得高出一筹，如毕安训与德普兰、克洛德·贝尔纳或拉埃奈克[2]相提并论，德·格朗维尔先生与德·阿盖索[3]并列；而且也因为巴尔扎克对伟大人物有他自己十分珍视的理论，这种理论的错误之一是：人物虽然伟大，但环境缺乏伟大性，实际上，这正是他作为小说家一心追求的目标，即制造一个匿名的故事，分析某些历史性人物的性格，考察他们在历史动因之外的表现，从而说明推动他们走向伟大表现的恰恰还是历史的动因。巴尔扎克的观点就是这样，这没有什么可奇怪的。当吕西安·德·吕邦泼雷自杀前写信给伏特冷说：“如果上帝愿意，那么这些神秘的人物就是摩西、阿蒂拉[4]、查理曼大帝、穆罕默德或拿破仑；如果上帝想让一代人彻底衰败，那么他就只能是普加乔

1 德·玛赛，巴尔扎克小说中人物。

2 拉埃奈克（1781—1826），法国著名医生。

3 德·阿盖索（1608—1715），法国法官、政治家。

4 阿蒂拉（约395—453），匈奴人王。

夫、富歇、卢韦尔或神父卡尔洛·埃雷拉[1]。永别了，永别了，但愿你们在人生道路上能超越于希梅内兹[2]、黎塞留。”吕西安像巴尔扎克一样，说话太多，不同于其他一般人，所以不再是真实的人物。尽管巴尔扎克笔下人物纷纭复杂、不可思议，而就其自身而言却具有同一性，这种情况出现是有其一定原因的。

举例来说，巴尔扎克笔下的类型与个别人物相比是不多的，所以人们感到他笔下一个人物不过是同一类型人物换个不同姓名罢了。朗热夫人有时似乎就是德·卡迪央夫人，莫尔索夫先生也就是德·巴日东先生。

我们在这些人物的面貌上不难看到巴尔扎克本人，对此我们报以会心的微笑。因此所有用来让小说人物更像实有的人物的细节描写引出了相反的效果；把这些人物写活，巴尔扎克感到十分自豪，毫无必要地历数他们得到陪嫁财产多少，并与《人间喜剧》其他众多人物发生姻亲关系，这些人物同时又被看作实有其人，在他看来，这种手法似乎可以一举两得：“德·赛里齐夫人没有被接纳（尽管是出生在龙克罗家族）。”由于人们看出巴尔扎克在玩弄手法，所以对不接纳德·赛里齐夫人的葛朗利厄家族这些人物的真实性也就不那么信以为真了。艺术家玩弄手法所能产生的生动印象是否可信须看艺术作品表现生活的力度给人的感受如何！艺术作品永远都是如此，所有过于真实的细节只要稍有歪曲，如在蜡像馆中，作品就有可能被这些细节所断送，艺术性也就所余无多了。所有这一切，都与特定的时代有关，表现出来的是时代的外在遗存物，是以非凡的智力对其深层内容的鉴别，所以在小说的欣赏趣味丧失之后，小说作为历史文献的新生命由此开始。当《埃涅阿斯记》对于诗人无话可说的时候，可以让神话研究者流连忘返，佩拉德、费利克斯·德·旺德奈斯以及其他许多人物也是

1 普加乔夫（1742—1775），俄国农民起义领袖；富歇（1759—1810），拿破仑手下的警察首脑；卢韦尔（1783—1820），法国鞍具制造工人，因刺杀法国王朝最后的贵族贝里公爵而被处死刑。神父卡尔洛·埃雷拉，即伏特冷。

2 希梅内兹（1436—1517），西班牙高级教士。

一样，我们已经感到他们没有多少生命力了。阿尔贝·索雷尔[1]却对我们说：有必要在这些人物身上研究执政府时期的警务治安制度或复辟时期的政策。小说是可以提供这种帮助的。当我们怀着不愉快的心情离开小说人物的时候，正是巴尔扎克让人物滞留下来在其他小说中再度出现之时，于是人物渐渐削弱淡化，好像变成了一场梦，就像人们在旅途中结识的朋友即将分手，但又知道他们还在同一列车中，不久在巴黎又会再见；索雷尔告诉我们："这不是梦，不是的，请仔细研究他们，这是真实，是历史。"

阅读巴尔扎克的作品，我们还会不断感受到那种激情，几乎可以说，那种激情需要给以满足，只有杰出的文学才能缓解我们精神上的这种激情。巴尔扎克[2]描写上流社会的一次晚会，作家的思想在那里处于支配地位，按照亚里士多德的说法，我们参与社交活动的欲念在这里也可以获得某种满足。他的作品的标题本身就带有这种肯定的标志。对于许多作家来说，作品的标题多少是一种象征、一种意向，应从普遍的意义上去理解，应比阅读一本书的内容更富有诗意，但是，对巴尔扎克来说，情况恰恰相反。一本令人赞叹的书，书名叫作《幻灭》，谈起来这个美好的题目就具体化为"失去的幻想"了。意思是说：吕西安·德·吕邦泼雷来到巴黎，判定德·巴日东夫人十分可笑，外省人习气很重，那些新闻界人士又是一些狡猾的骗子，生活十分艰难。幻想完全是个人性质的、偶发的，幻想破灭可能使他陷入绝境，这种幻想给这部小说附加一种强烈的现实标志，标题的哲理性诗意因此削弱。书的标题必须从字面上去理解：如《外省大人物在巴黎》《烟花女荣辱记》《老叟情爱价几何》等。《绝对之追求》，"绝对"一词不如说是指某种魔咒、炼金术之类，不是指哲学上的什么内容。这算不上是什么问题。这部书的主题宁可说是写灾祸，而不是写一个感情融洽

1 阿尔贝·索雷尔（1842—1906），法国历史学家、作家。

2 法洛瓦注：原稿此处空白。无疑应是一个人名，例如"托尔斯泰"。七星丛书版认为此处应为"巴尔扎克"。

的家庭中展开的某种利己主义激情，何况不论激情的目标是什么，这种激情在这样的家庭中毕竟难以避免。巴尔塔扎尔·克拉埃可说是属于于洛、葛朗台一辈人。巴尔扎克所写的就是一个患神经衰弱症病人的家庭生活场面，看来他是能够描绘这种类型的图画的。

风格是转化改造工作的鲜明表征，是作家的思想对真实性所发挥的作用，对巴尔扎克来说，就风格本义而言，他是没有风格的。在这个问题上，圣伯夫是彻底地错了，他说："这种风格一向讨人欢喜、软绵绵的，神经质、带有玫瑰红、布满纹理的种种色调，这种风格有一种妙不可言的腐败气息，如我们的大师所说，完全是亚细亚式的，比古代哑剧演员的躯体有些地方更加破碎不整、更是柔弱萎靡。"[1] 这种说法是再错也没有了。譬如福楼拜的风格，真实整体的各个局部整合为同一实体，各个侧面广阔展开，具有单一的光泽，其中绝不带有任何不纯的东西。各个侧面因此都有折光性能。任何事物都可以呈现，是映现，是绝不会歪曲完整均质的实体的。任何不同的东西都在其中被转化并加以吸收。在巴尔扎克则不同，风格所未完形的各种成分同时并存，还没有被融合转化吸收，风格并不能暗示、反映什么，风格只是解释。风格借助最有力的形象进行解释，但不是将形象连同余下的一切融合起来，是形象使人理解他所要说的内涵，正像人们在谈话中要求得到别人理解一样，如果他有某种谈话本领的话，人们一般谈话并不特别注意整体的和谐，也不关心参与与否。巴尔扎克在他的信件中说过："好的婚姻如同奶油：一不小心就会落空失败，"他正是通过这一类形象，也就是说，给人强烈印象、准确但又令人感到惊奇的形象去进行解释，而不是暗示，这类形象并不从属于任何美与和谐的目的，他在小说中有这样的写法："德·巴日东先生的笑就像是一些即将爆炸的炮弹爆炸了，"等等[2]，"他的脸色出现了瓷器有光封闭在里面烘热了的那种

1 七星丛书版注：见《星期一丛谈》第二卷。

2 见《幻灭》。

色调。”[1]“总之，抓住一个特征来刻画这个人，必须像惯于处理大买卖的人士重视价值那样重视特征的价值，这个人，他戴着一副蓝光眼镜，用来遮掩他的视线，借口是防止强光反射保护视力。”[2]

事实上，形象之美，其中是有思想的，不论思想是多么微不足道，所以德·莫尔索夫夫人给费利克斯·德·旺德奈斯信中写了这样一些词句：“为了用一个形象深深刻印在你的富有诗意的心上，但愿这个数字具有一种不可估量的重大含义，它是刻在金子上的，是用笔写出来的，它不是别的，它就是这样一个数字。”[3]

如果他仅限于寻求使我们弄清一个人究竟是何等样人的特征，而不想将之融入完美的整体，那么，只须提供确切事例不必解释可能有什么含义就可以了。对德·巴日东夫人的精神状态，他是这样写的：“她在想象雅尼纳的帕夏；她真想在苏丹王宫和他斗一斗，找个什么大家伙缝进口袋往水里一丢。她记恨埃斯泰尔·斯坦霍普太太，这个没有男人的地方的装腔作势的臭娘们。”同样，他并不满足于激起我们对某件事的情绪，他还迫不及待地要给这件事定性，如：“他的表情可怕。当时他的眼色很是庄严。”他讲述德·巴日东夫人的种种品德，反复加以说明，说到最后竟夸张得成了外省不值一提的东西了。他还要像德·埃斯卡巴尼亚伯爵夫人那样补充说什么“的确，夕阳西下简直是一首伟大的诗”等等。[4]在《幽谷百合》中也是如此。巴尔扎克自称《幽谷百合》“是他的建筑中加工最好的石料之一”，人们知道，他要求印刷厂每次给他打校样多至七八次，他是那么急于说出事实，以致句子的处理也只好听之任之。文句是有内涵的，只有这样读者才可能有所领悟，而这一点是否能做到，又须看文句如何，如：“尽管天气炎热，我还是走下草地，再去看看安德尔河和河上的小洲，还有山谷以及山

1 见《朗热公爵夫人》。

2 见《幻灭》。

3 见《幽谷百合》。法洛瓦注：手稿中这一段原是一个旁注，现插入正文。

4 以上所引均见《幻灭》。

谷坡地，对此我仿佛成了一个热情的赞美者。”[1]

巴尔扎克对他思想中各种意念的闪现都要加以运用，但又不把它们融合到风格文体之中给以协调，从而暗示出他所要表达的意蕴。不，他总是和盘托出，一吐为快，呈现出的形象是那样不协调，虽然形象本身是精确合理的，不协调与精确合理两种情况并存。“德·夏特莱先生就像是甜瓜，一夜之间由绿变成黄的了。”“人们总不能把X先生和一条冻僵的蝰蛇相比较。”

他认为词句不是由某种特殊材料构成的，一般谈话、知识等对象所形成的一切应该从中廓清，让人无从辨认才好，他总是在一个词语上再附加上词语固有的概念，写上词语在他心中引起的反应、思考。如谈到艺术家，他立刻就把他所知道的有关艺术家的一切以同位语方式一并写出，谈到塞夏尔印刷厂，紧接着就说有必要让纸张配合法兰西文明之需，法兰西文明正面临着大辩论全面展开，并取决于个人思想能持续得到表达——这是真正的不幸，因为人民只想少做多得，等等。像这样，他把种种感想一一写出，带有庸俗性也就难以避免，这些感想本身往往也是平庸乏味的，又是出自这样一种天真，在一个文句中不免显得滑稽可笑。有些属于“特殊用法”的词组习语等，在句子中各有特定用法，并提供一定的信息，这些词组习语本身因此带有一定的严肃性。如在《夏倍上校》中，多次涉及“诉讼代理人正常勇于任事，对诉讼代理人合乎情理的不信任”这样的问题，巴尔扎克对此做出解释的时候，不问方式方法；他在书中写了一句“原因就在这里”，接着，洋洋洒洒写了整整一章。同样，他还做出归纳，判定这一切我们都应该知道，绝无回旋余地：“自从达卫结婚后第二个月，他大部分时间算是消磨过去了，”等等。“修女在给阔人安排的圣母赞歌中在音乐上掺进若干动听的展开部，其中有些不同的节奏流露出某种人性的欢乐。”“音乐的动机带有女歌唱家华彩段那样的光彩，她唱歌就像鸟雀一样不停地在跳跃”，等等。

1 见《幽谷百合》。

他什么都不加掩饰，有什么说什么。人们在他的作品中看到“无言”取得很好的效果反而会感到意外。龚古尔对《情感教育》曾经感到意外，而我，我对巴尔扎克作品中的伏笔也感到惊奇。“你认识拉斯蒂涅吗？真的？……”

巴尔扎克很像是这一类人，听到一位先生谈到德·奥尔马公爵就认为他是在说“亲王”，谈到一位公爵夫人（duchesse），就认为说的是“公爵的夫人”（Madame la duchesse），还有，看到一位先生将帽子放在客厅的地上，还没有听到别人说这就是亲王之前，就认为那一定是亲王，在不知道他的称号是巴黎伯爵之前，他就认定人家说的是儒万维尔亲王或夏特勒公爵，以及其他什么习惯说法，有人说，“他是公爵，您为什么说他是亲王？为什么您叫她公爵夫人像一个仆人说话的口气”，等等。不过，一经知道这是习惯用法，他们就以为一劳永逸地知道了，或者，想到他们也曾提出异议，于是依样画葫芦也去劝说他人，并且兴致勃勃地解释说上流社会习惯用法他也是刚刚才弄清楚的。他们模仿行家说话那种专断口气，与巴尔扎克说什么可做什么不可做如出一辙。如介绍德·阿泰兹认识卡迪央王妃的情况：“王妃对这位名人绝不说一般俗人讲的那种恭维客套话让他讨厌。像王妃这样格调高雅的人物倾听别人谈话的仪态尤其与众不同。在晚宴席上，德·阿泰兹的位子被安排在王妃一侧，王妃非但没有效仿惯作媚态的女人过分的节制饮食，而是津津有味地吃着……”又如介绍费利克斯·德·旺德奈斯认识德·莫尔索夫夫人的情况：“德·莫尔索夫夫人谈话一开始就谈地方上的情况，收成的好坏，她所谈的，我觉得都很陌生。一个女主人在自己家里如此行事，证明她缺乏教养……不过，几个月过去后，我才明白这是多么富有意义……”在这些地方，至少说话的这种坚定口气是很能说明问题的，因为这里所争辩的仍然是习惯规矩之类。他的判断总是保持原状不加改变，如说：“在上流社会，痛苦和不幸是没有人注意的，全看话是怎么个说法”——他的解释是：“德·绍利厄公爵在他的书房里发现德·葛朗利厄公爵在等他，说：‘怎么样，亨利？’（这两位公爵彼此你我相称，直呼其名。这是谈话中一种微妙的差别变化，发明出来是为表示彼此亲密程度的，防止那种法国式不拘礼节的亲热，让自尊心出丑。)”必须说明的是，正像基督教新教文学家赋予教会对待文学家的作品某种权力，这种权力连最严厉的教皇对待正统主义也不曾想到过，巴尔扎克竟授予公爵种种特权，就连身居高位的圣西蒙也会为之愕然：“公爵匆匆看了卡米佐夫人一眼，权位极高的贵人分析一个人甚至可以洞察到他灵魂深处，公爵就是用这种眼光看人的。哎呀！法官的老婆若是知道公爵有这种本领就好了。”如果在巴尔扎克的时代，公爵们当真有这种本领，正像人们所说，其中有什么不同也就一清二楚了。

有时巴尔扎克并不直接表露这种赞赏之情，这种赞赏是由他极少几个字激发出来的，他的赞赏是借着出场人物表现的。巴尔扎克有一篇著名的短篇小说，题目叫作“妇女研究续篇”。小说由两个故事组成，没有什么大场面，几乎所有巴尔扎克的人物都安排在叙述者周围，就像法兰西喜剧院周年纪念、百年纪念演出“应时剧”这类“仪式”中出现的场面一样。每一个人物都上来讲一段话，像是死人之间的对话，而描绘的却是整整一个时代。人物一个接一个地出现。德·玛赛开始讲他的故事，说政治家是一种冷血怪物。“您给我们解释解释为什么法国政治家这么少，杜德莱老勋爵这样说。”德·玛赛接着又说：这种怪物其所以如此，全靠了一个女人。“我认为我们是搞乱政治，不是搞政治，德·蒙柯奈夫人笑着说。”“德·纽沁根男爵夫人说，如果那是涉及一次爱情历险，我就要问：没有经过深思熟虑，千万不要一刀两断。”“约瑟夫·勃里多大声说道：深思熟虑，完全相反，……”“德·赛里齐夫人说，她并不想吃宵夜。”“哎哟！饶了我们吧，您的那些警句吓死人，德·冈夫人笑着说。”接着，德·埃斯巴侯爵夫人，德·图希小姐，德·旺德奈斯夫人，布隆代，达尼埃尔·德·阿泰兹，德·蒙特里沃侯爵，阿达姆·拉金斯基伯爵等等，相继发表他们的高见，就像剧团的成员在莫里哀纪念演出时从诗人胸像前鱼贯走过献上一片棕榈叶一样。不过，这一群人，是巴尔扎克有意让他们聚在一起的，因为巴尔扎克本人就是这一群人的代表，他们又是他的代言人。德·玛赛曾经有过这样的考虑:“唯一的真正的爱情会产生一种类似进入静观状态的肉体上的冷漠。心灵使一切变得万分复杂,于是他就自己跟自己绞脑汁,弄出各种怪念头,造成种种事实,弄出许多痛苦,这种嫉妒心既迷人又讨厌。”一位外国的内阁大臣凭记忆想起这种评论有真理包含在其中不禁笑出声来。随后,他以一段不太美妙的比较结束了他对他的一个情妇的描述,这种比较巴尔扎克当然是喜欢的,因为在《卡迪央王妃的秘密》中可以找到相同的写法:“在最美的天使一般的女人身上永远隐藏着一个猴子。”巴尔扎克说:一听到这个话,所有的女人都眼睛下垂,像是被这个经过冷酷的观察得来的残酷的真理刺伤了。

德·玛赛又说:“我度过的那一夜、那一周,我什么都没有对你说;我承认我是政治家。——这话说得非常清楚,所以我们没有什么赞叹可以表示。”德·玛赛接着又解释说,他的情妇装作好像只爱他一个人:“她没有我就活不下去……总之,她把我看作他的上帝。”女人听到德·玛赛这样说,看到自己是被玩弄了,一定表现出被冒犯受到伤害的神色。德·玛赛又说:“正派女人可能授人以柄,受到伤害,但伤是伤不到她的。”“所有这一切,千真万确,卡迪央王妃说。”(最后这一句话可能已由卡迪央王妃证实了。)另一方面,我们在巴尔扎克的书中欣赏到精彩的场面,他是不会不让我们知道的,他一定会这样写出来:“这种特殊的精神只有在巴黎盛行……巴黎是这种趣味的首都,只有巴黎懂这门学问,它能把一场谈话变成一场舌战……巧妙的回答,机警的评论,绝妙的嘲弄,入木三分的描绘,层出不穷,让你得到美巧的感受,回味无穷。”(这一点巴尔扎克显然说得很正确。)不过我们并不永远像这类读者那样急于去赞赏。不错,我们并不像他们那样直接参与叙述者的那种模仿,巴尔扎克提醒我们说,没有模仿,“这种引人入胜的即兴表演”就无法表达了。巴尔扎克告诉我们德·玛赛总是“随身带着种种表情、头部的姿势以及带有暗示的撒娇弄痴”,或者“勃隆代在开玩笑中装模作样,女人对之忍俊不禁”,对巴尔扎克的这些说法,事实上我们的确不能不相信。

巴尔扎克唯恐我们对这些文字取得的成功体会不到。“这种自然的呼声从宴会上宾客那里得到回应，激起他们的好奇心，这种好奇心本来就已经奥妙无穷地在激动着……一句话就能在所有人身上引起骚动，新闻记者描写议会演说把这种情况叫作：轰动。巴尔扎克是不是想为我们描述德·玛赛在我们不曾亲临的那次晚会上讲故事取得的成功？或者只是简单地写他没有具体描写的种种令人赞赏的情景？也许两者兼而有之。我有一个朋友，是我认识的人中一个不可多得的真正有才华的人，他也有巴尔扎克那种极其动人的豪气。有一次他给我讲到他在一家剧院讲演，我没有参加，他说他不时停下来自己拍手，听众于是跟着鼓掌。他演说时是那么狂热，那么兴奋，讲得那么长，我相信，与其说他在为我忠实描述那次大会，不如说他也像巴尔扎克那样在为自己热烈鼓掌。

但是，所有这一切，热爱巴尔扎克的人确实是喜欢的；他们也会笑着说：“阿梅莉这个下贱的名字”，“《圣经》上的，菲菲娜吃惊地重复说”，“卡迪央王妃在梳妆打扮上是最有本事的女人”。热爱巴尔扎克！圣伯夫就非常喜欢对什么叫热爱某人下定义，这一次他是大有可为了。因为，对其他小说家来说，人们总是那么归顺于他、热爱他，人们接受托尔斯泰就像接受一个比自己更伟大更坚强的人那样接受他的真理。巴尔扎克，他的庸俗性，人们知道，开始时往往令人感到不快；继后，渐渐就喜欢他、爱他了，于是对这种天真，他本人就是这么天真，人们也就含笑接受下来；人们固然是热爱他，不过也带有一点嘲笑，这嘲笑是混在亲切爱意之中的；人们了解他的怪癖，知道他的种种毛病，这一切人们也是喜欢的，因为这正是他性格上最突出的特征。

巴尔扎克在某些方面始终保持一种缺乏组织的风格，人们可能认为他没有设法使他笔下人物的语言客观化，或者客观化了，但未能时时注意特殊的个性。情况恰恰相反。他一向是把他对历史、艺术等等的看法不加掩饰地和盘托出，把极深的用意加以掩藏，并让他的人物语言描述中的真实性直接表达出来，因为说得非常精致细腻甚至不会引起人们的注意，对此他又不去予以指明。美丽的罗甘夫人[1]有着巴黎女人那样的才智，对于图尔这个城市来说，她又是省长夫人，当巴尔扎要她说话的时候，如她对罗格龙家中内情说的一些笑话，只有她说得出，的确是属于"她"的，而不是巴尔扎克的！

教士开的玩笑，伏特冷唱的"特兰—拉—拉—特兰—特兰"，德·葛朗利厄公爵与主教代理官帕米埃谈话中表现出来的那种低能，如"主教代理官说：德·蒙特里沃伯爵死了，这个胖人狂吃牡蛎令人难以置信。——他吃了多少？德·葛朗利厄公爵问。——一天十打。——不难受吗？——一点也不难受。——啊！了不起，了不起！爱吃这玩意儿没有让他得上胆结石？——没有，他很健康，他死于意外事故。——意外事故！天性叫他贪吃牡蛎，牡蛎对他说不定是不可缺少的"。又如吕西安·德·吕邦泼雷，即使是讲悄悄话，也带有那种俗不可耐的快活情绪，青年时期缺乏教养留下的那种怪味，但伏特冷喜欢这种东西："吕西安想，他是会玩布伊奥特[2]的。""入迷了。""天生的阿拉伯人！""吕西安对自己说：'我要让他什么都捞不到。'""这是个狡猾的家伙，比起我来，他更不像是教士。"实际上，喜欢吕西安·德·吕邦泼雷的不仅是伏特冷一人。还有奥斯卡·王尔德。可叹的是，生活在后来才让奥斯卡·王尔德懂得他受到的痛苦远比书籍带给他的痛苦更为尖锐更加沉重，早期王尔德说过（他那时说"自从有了湖畔诗人一派，泰晤士河上才有雾"）："我生活中最大的痛苦是什么？《烟花女荣辱记》中吕西安·德·吕邦泼雷的死。"其实奥斯卡·王尔德处在他一生最辉煌时期[3]对吕西安·德·吕邦泼雷有这种偏爱和同情，其中自有某种独特的戏剧性在内。他的确对吕西安动了感情，读者如果从伏特冷的眼光即巴尔扎克的眼光去看，也是一样。有这样的眼光，他可说是一位特选的读者，比起大多数读者来，他的确是完全具备这种眼光的上

1 见《皮埃雷特》。

2 一种牌戏。

3 法洛瓦注：自此句至本段结束系自手稿中另一处选出插入此处。

选的读者。人们一定会想到，若干年后他本人也成了吕西安·德·吕邦泼雷。吕西安·德·吕邦泼雷在巴黎锒铛入狱的结局，他在上层社会辉煌生涯的彻底崩溃，已有事实证明他一直同一个死刑犯保持密切的关系，吕西安·德·吕邦泼雷的结局无非是王尔德即将到来的结局的预演罢了——只是王尔德当时并未觉察，这倒是实情。

在巴尔扎克的“四联剧”[1]第一部最后一幕（巴尔扎克的小说一部自成一体的不多；他的小说都是一组一组循环组成的，一部小说只是其中的一个组成部分[2]），每一句话、每一个举动都包括有伏笔，有种种隐情在内，这一切巴尔扎克并没有告诉读者，但写得很有深度，而且引人入胜。这种伏笔写法引起一种十分独特的心理效应，一种难以言传的微妙的心理作用，只有巴尔扎克能够做得到，此外没有人可能达到这样的效果。所有这一切，由伏特冷在路上叫住他不认识的吕西安那种举止方式可以看出，他注意的仅限于吕西安的身形体貌，一直到这种无意的举动，即身不由己地挽起吕西安的手臂，这一切并没有透露出生活中关于他对人的支配、两人结盟的学说不相一致的确切含义，等等，还有伏特冷那种伪装成胖教士的模样，在吕西安看来，上述的含义就被美化了，伏特冷的看法或许也是这样，自有一种不可明言的思想隐含其中。写到把有字迹的文件一口吞下肚去，对有这种狂热的人物所写的一段题外话，即写伏特冷这一类人最喜欢的那种学说，隐秘必须尽量不向外泄露，他们的性格特征不是写得很好吗？写得最好的是这两个旅行者从拉斯蒂涅城堡的废墟前经过那一段，也是写得最美的，这是无可争议的。对此我说是“同性恋的奥林匹欧的忧伤”[3]：他

1 在古代希腊，由三部悲剧一部讽刺剧组成。

2 普鲁斯特注：巴尔扎克手法是，情节酝酿阶段缓缓推进、展开，主体一步一步扣紧，然后闪电般收拢结束（《金眼姑娘》《萨拉金》《郎热公爵夫人》等），同样还有时间的穿插（《朗热公爵夫人》《萨拉金》），很像是不同时期的熔岩混结在地层之中。

3《奥林匹欧的忧伤》是雨果著名长诗，后两句即为原诗第 13 行。据七星丛书版注，参见《追忆似水年华》第二卷第 1050 页，夏尔吕在同一诗句中竟看作是“鸡奸者奥林匹欧的忧伤”。

深愿再看到那一切，泉水旁的池塘[1]。人们知道，在《高老头》中伏特冷在伏盖公寓控制拉斯蒂涅的计划虽未见效，但现在却试图施之于吕西安·德·吕邦泼雷。他虽然没有取得成功，但拉斯蒂涅毕竟已经卷入他的生活；伏特冷叫人杀了泰伊番的儿子，让他娶了维克多丽娜，后来，拉斯蒂涅与吕西安·德·吕邦泼雷相仇，伏特冷装出一副假面孔，要拉斯蒂涅想一想伏盖公寓某些事，并强迫他对吕西安进行保护，甚至在吕西安死后，拉斯蒂涅还经常派人到某一陋巷去会见伏特冷。

若不是巴尔扎克笔下许多人物在他多部小说中一再复现，这种深受赞赏的创造，这样的效果，是无法取得的。这就像是从作品深处射出一道强光，照在一个人的全部生活之上，以其凄切混浊的光芒，一直照射到多尔多涅乡村别墅和这两位旅人旅程中途驻留之地。圣伯夫绝对不会理解多部作品保留人物这样的做法，他说："这样的意图最终将他引向错误的观念，而且完全违背欣赏兴趣，我的意思是说，让人物如同熟知的不说话的配角在几部小说中反复出现不符合欣赏要求。只有出新才不致挫伤好奇心，不会破坏出乎意料所具有的魅力，而出人意料是小说吸引人之所在。因为人们看到的不是时时都是那些相同的老面孔。"[2]巴尔扎克的天才所包含的思想，圣伯夫也不会理解。可能有人提出：巴尔扎克的思想亦非一蹴而就。巴尔扎克的成套小说其中有一部分是后来才放进去的。这又何妨。《耶稣受难日奇迹》是瓦格纳构思《帕西法尔》之前创作的乐曲，后来才纳入《帕西法尔》。但是，这些附加部分，这种锦上添花之美，在他的作品的各个分开的部分，天才突然发现了这种新的关系，各个分开的部分因此结合起来，共生共济，再也分不开了，这不正是天才无比奇妙的直觉吗？巴尔扎克的妹妹曾经讲到他获得上述思想时是多么高兴，他开始写他的作品前

1 七星丛书版注：可参阅《幻灭》第十二章，该章有一处写道，"他出于好奇心，想在这条小街上走一走，他看什么都十分感兴趣，比吕西安在那里等一个西班牙神父的兴趣更大"。

2 见圣伯夫《当代人物肖像》。

怀着巨大的欣喜之情我也同样感受到了。一道强光出现，照射在他的作品上，作品的各个不同部分本来一直是暗淡无光的，现在一下变得生机勃勃，五色缤纷，而光源仍然是出自他的思想。

圣伯夫的批评在其他方面其荒谬也所差无几，圣伯夫指摘巴尔扎克“文体上放纵”，不幸圣伯夫缺少的恰恰是这种“文体上放纵”，圣伯夫还责备巴尔扎克缺乏趣味修养，这在他本人来说也是极其明显的，他常常引出一个句子作为例证，句子原属于一些写得很好的片段，在巴尔扎克那里这类片段所在多有，思想熔铸于其中，文体风格与之交融一致，句子依傍其间密不可分，如说这些老姑娘“居住在城里，她们的生活情况犹如一株植物千千万万毛细管渴求叶片上的露水，她们急于要探听每家的消息、秘密，大力吸收，再把打探到的大量传闻、隐私传给特鲁贝尔神父，就像绿叶吸收新鲜空气传输给植物的茎一样”[1]。几页之后，圣伯夫又发现有可指摘的句子：“这就是图尔全城沸沸扬扬女人密谈毛细管向外抛出的一些语句的内容。”巴尔扎克居然对女人的弱点，即青春年华消逝（《三十岁的女人》）大加奉承，作品因此受到欢迎，圣伯夫认为他取得成功的原因竟是这样：“我的一位十分严厉的朋友说：亨利四世一个城市一个城市征服他的王国，巴尔扎克先生却是以种种弱点征服他的不正常的读者。今天是三十岁的女人，明天是五十岁的女人（还有六十岁的女人），后天则是萎黄病患者，在克拉埃家族，则是畸形女人，”等等。巴尔扎克在法国各地受到欢迎，风靡一时，圣伯夫说“这是因为他利用巧妙手法选择不同地点展开他的故事情节”。在索缪尔，将有人在一条街上向游客指出欧也妮·葛朗台的住房，在杜埃，也许有人已经指明哪里是克拉埃的住宅。作为一个淳朴的图尔人，格勒纳迪耶尔[2]的所有者，一定会得意扬扬为之笑容满面。作家把他的人物安排到各个城市活动，取悦这些城市，赢得好感。

1 见《图尔的本堂神父》第九章。

2 这一住宅名称已被列为巴尔扎克《风俗研究·私人生活场景》中一部小说的书名。

谈到缪塞说他喜欢糖果和玫瑰等等，圣伯夫说：“居然喜欢那么多的东西……”他的意思是一目了然的。[1] 但是他对巴尔扎克规模宏伟的构思、描绘图景的丰盛繁富也十分不满，说那是杂乱无章的堆积：“拿掉他的故事《三十岁的女人》《弃妇》《新兵》《格勒纳迪耶尔》《单身汉》，拿掉他的小说《路易・朗贝尔》《欧也妮・葛朗台》，他的杰作，还剩下大量作品，一大批故事，各类小说，什么滑稽小说，经济小说，哲理小说，磁性感应小说，神智学小说！”[2] 但这一切，正是巴尔扎克作品的伟大之所在。圣伯夫说：巴尔扎克是全力投向 19 世纪的，一如全力投向他的主题，他说社会是一个女人，需要她的画师，而巴尔扎克就是她的画师，他在描绘她的时候完全不顾传统，为描绘这个野心勃勃搔首弄姿的社会他对自己所运用的方法、技巧进行了全面革新，因为这个社会是空前的，无可比拟的。但巴尔扎克并不满足于做出这样的描绘，至少不满足于描绘出单纯意义上的忠实肖像。他的作品培育着美好的观念，关于完美绘画的观念，如果你愿意的话（因为他一直思考着存在于另一种艺术形式中的艺术），就像这样，在他的作品中孕育着绘画效果，即绘画的观念。正像他在绘画效果中发现某种完美的观念，同样他也能从一部作品的观念看到某种完美的效果。他反复观赏一幅绘画，画上呈现某种引人注目的独创性，赞叹不已。现在，我们不妨设想这样一位文学家，他具备某种特定的观念，凭借各种知识，处理同一题材，不下二十次，竭力想创作出某种深刻、精细、有力、具有决定性和独创性、激动人心的作品，就像莫奈画五十幅大教堂、四十幅睡莲一样。一个狂热的绘画爱好者，有时也会一时兴起向往自己也有画出一幅令人倾倒的绘画的意念。一个观念毕竟是一个观念，是一个具有支配力量的观念，而不是像圣伯夫所说，未经事先设想画出的图画。按照他的这种观点，相比之下，福楼拜甚至连预先酝酿的观念也没有了。请注意《萨朗波》《包法利夫人》的色调。一个主题开始出现，他不满

1 普鲁斯特注：他专喜欢谈这一类事情，对夏多布里昂他也曾谈到这一类事情。

2 见圣伯夫《当代人物肖像》。

意，于是重新开始，继续工作。所有伟大作家在某些点上是彼此相通的，相似的，就像是全人类只有唯一一个天才人物生活在不同的时期，尽管有时不免也有不相一致之处。但福楼拜与巴尔扎克是相似的，因为他说过："我必须给费莉西泰[1]一个光辉的结局。"

巴尔扎克小说写生活中千百种事物，在我们看来，偶然性未免过多，但他表现生活的真实性却赋予这种种事物以一种文学价值。偶然性的规律正好在他的作品中得到自由的展开。巴尔扎克笔下种种事件、人物，我们不去谈它。不是吗，别人没有谈，我们两人从来不去多谈。但是，譬如说，一个生活不幸的女人读巴尔扎克，对一个并不认识的国家却产生了真诚的爱意；或者，譬如一个有不光彩的过去的人，如一个在政治上名誉扫地的人，来到另一个国家，这里没有人了解他的过去，他结交了许多朋友，周围关系相处甚好，于是他想到，要是这些人追问他是何许人，他们一定会弃他而去，他必须设法避开这样的风暴袭击。他要离开这个风景区，在这种地方不需多久那种令人不快的了解真相的事就会落到他的头上，他孤独一人带着忐忑不安的愁闷心情上路了，不过他也有他的欣慰之事，因为他正在阅读《卡迪央王妃的秘密》，他知道这不过是参与某种文学描写的情境，由此获得某种美的享受。当车子沿着大路在一片秋色中行进，把他带到信任他的朋友那里去，这时心绪不安之间就混有某种感人之处，如果世上没有诗，爱情的烦忧也就没有魅力了。按理说，人们责备他的种种罪愆，如果都是天性中所必有，那么他的忠实的朋友德·阿泰兹、拉斯蒂涅、德·玛赛声名扫地他一定也是不堪忍受了。各种情境中偶然的、个人性质的真实性可能把一些人专有的姓名加在众多的情境之上，例如拉斯蒂涅娶了他的情妇但斐纳·德·纽沁根的女儿为妻，吕西安·德·吕邦泼雷在被捕前娶了德·葛朗利厄小姐，伏特冷继承了吕西安·德·吕邦泼雷的遗产，这份财产原是他想方设法为吕西安弄到手的，就像德·朗

1 福楼拜短篇小说《一颗单纯的心》中的女主人公。

蒂[1]的财产建筑在红衣主教对一个阉人的爱情上一样，这个小老头人人都来拜见他，他积累的一份财产是惊人的。他就是用这种精微深细的真实性[2]让人们在后来仍然能够称道：这是多么真实！这种真实性是他从上流社会生活表层采集而来，无不具备概括面相当大的普遍性品位。（在《夏娃的女儿》中，德·旺德奈斯夫人和蒂埃夫人两姐妹，她们的婚姻如此不同，她们彼此仍然相互敬爱，大革命以后，妹夫蒂埃不是贵族出身，却成了贵族，而费利克斯·德·旺德奈斯则不然——两位阿姨，德·旺德奈斯伯爵夫人和侯爵夫人，因为姓氏相同竟遇到许多令人不快的遭际。）还有更为深刻的真实性，如帕基塔·瓦尔代斯，她爱上了一个像女人样的男人，和他一起生活，就像伏特冷供养的那个女人一样，她每天可以见到她的儿子萨勒诺弗；又如这个萨勒诺弗娶了德·莱斯托拉德夫人的女儿。以上种种，在戏剧的表层情节之下，却是肉欲与情感的神秘法则在运转。

对他的作品做这样的解释，有一件事令人感到不安，这就是以上所说的恰恰是巴尔扎克在他通信中从不涉及的，他在书信中虽然谈到他几部作品认为是卓越的，谈到《金眼姑娘》口气极其鄙视，对《幻灭》的结局，我曾经谈到那个令人赞叹的场面，巴尔扎克竟不置一词。夏娃这一人物[3]，在我们看来，无何可取之处，据说巴尔扎克认为这是又一独特的发现。这很可能恰巧是我们今天的文学与他写出的作品之间有所相似的缘故。

圣伯夫对待巴尔扎克永远都是这么做的。他不谈巴尔扎克写的三十岁的女人，却大谈与巴尔扎克不相干的三十岁的女人[4]，他对巴尔塔扎尔·克拉埃（《绝对之追求》）写上几句之后，便大谈现实生活中的某一个克拉埃，此人也留有一部关于他自己的“绝对之追求”的作

1 见《萨拉金》。

2 法洛瓦注：自此句至括弧内文字系从手稿另一处引出插入此处。七星丛书版无。

3 即《幻灭》中与达卫·塞夏尔结婚的夏娃·夏尔东。

4 七星丛书版中普鲁斯特在此处括弧内注明：引自有关《母亲们的舞会》中一段。圣伯夫原文见《星期一丛谈》第2卷，第348页。

品，圣伯夫大段大段引这个小册子上的文字，这当然谈不上什么文学价值。他凭他那种文学弄着玩玩的虚伪恶劣的观念居高临下错误地判断巴尔扎克对《贝姨》中斯坦卜克的严肃态度，巴尔扎克认为仅仅是艺术爱好者是不会有所成就、有所创造的，艺术爱好者并不理解艺术家须为艺术献身这样的道理。巴尔扎克说："荷马……与缪斯姘居共处。"圣伯夫看到这个说法大为恼怒。这句话也许不尽妥切。但事实上，对于过去的杰作的阐释只能根据创作作品的人的观点，保持一定距离，以学术上的尊重态度加以审视，而不应是其他。自上一个世纪以来，文学创作外部条件可能已有变化，文学家职业可能也发生变化，成为更为专一更为专心致志的事务，这是可能的。但是创作活动内在精神的规律不会改变。说一位作家像上等人物那样爱好艺术弄弄文学以欢度余年，也可能不时展现才华，这完全是一种虚伪的天真的想法，这就好比说一名教徒通过高超的道德生活以便上到天堂能过快乐的世俗生活一样。只有像巴尔扎克那样理解古代伟大人物，才能接近古代伟大人物，像圣伯夫那样理解古人，离古代伟大人物就远了。那种玩玩文学艺术的观念是什么也创造不出来的。贺拉斯无疑更与巴尔扎克相近，而与达吕先生或莫莱先生相去甚远。

编后记

马塞尔·普鲁斯特（Marcel Proust, 1871—1922），法国20世纪著名小说家，其主要文学作品是《追忆似水年华》，"在生命的表面背后……突然出现了真实的生命（它是喜悦的化身）……需要表现这个不可感知的、无形的、转瞬即逝的现实"，被评论界称为"意识流"小说，也被认为与现实主义文学有着紧密的关系，尤其在其著名的文学批评著作《驳圣伯夫》中，认为艺术家的任务在于"把习惯使我们视而不见的不朽的真实从潜意识的记忆中找出来"。

本文选自马塞尔·普鲁斯特：《驳圣伯夫》，王道乾译，上海译文出版社，2023年，第148—183页。

小说的空间

作者　[法国]米歇尔·布托尔
译者　张裕禾

近几年来,批评界开始承认小说创作在探索时间方面特有的意义,开始承认小说这门艺术同另一门主要用时间来表现的艺术——音乐之间的亲密关系。从一定的高度来考虑,我们必然会看到,大部分的音乐问题在小说中也相应地存在,音乐的结构可以在小说中加以运用。我们现在还仅仅处于摸清这两种艺术之间关系的初步阶段,但门已经打开了。

音乐和小说可以相互借鉴。对小说进行评论已免不了要借用音乐的部分词汇,反之亦然。过去一直是经验之为,今后只要系统地去做就行了。因此,音乐家读些小说是大有裨益的,小说家有一些音乐概念也越来越有必要。再说,所有的大作家至少都曾感到有此必要。

有什么奇怪的呢?如果小说要想把人类社会反映得稍微完整一些,还其本来面目,从而在实际上对其产生影响,那就必须向我们描述这样一个世界:在这个世界里,不仅会出现音乐,而且不可避免地,小说要让我们看到某些人物与音乐厮混的时刻:赏乐,习乐,甚至制乐,都是同他们生活中的其他部分联系在一起的,即使他们自己并没有意识到。

至于小说的空间,其意义并不亚于其他艺术,与其他探索空间的艺术，特别是绘画艺术之间的关系，也是十分亲密的。小说不仅能够，而且有些时候应该容纳这些探索空间的艺术。

诚然，反过来也是可以的。我真诚地希望有一种音乐，一种绘画，能容纳小说的内容，能鉴定小说的内容。

在论及书本向我们提供的小说世界本身之前，我试图说明一下，书本展现在我们想象中的空间是如何寄居在真实的空间之中的；我在真实的空间里读着书，出现了想象的空间。

在小说里或乐曲里，不论实质怎么安排，都要把阅读或聆听的习惯时间暂时取消才能做到。人物之间保持的任何空间关系也是这样，人物在这种空间关系中的种种奇遇，我要同我周围的场所拉开距离才能领略。

我在小说中读到有关房间的描写时，我身边的家具就在眼前，但我不看它们，它们让位给了透过写在纸上的文字符号涌现出来或浮现出来的家具。

像人们所说的那样，我手中拿着这本“书”，浮想联翩；种种联想萦回脑际，驱之不去，使我神游他乡。

我对自己所处的地方不满意，只有在这种情况下，想象中的他乡才使我感兴趣，才能在脑海里待下来。在我目前所处的地方，我感到百无聊赖，拿本书阅读，我本人就可以不用离开这地方。所以说，小说中的天地是把想象中的“他乡”具体化了，想象中的“他乡”是现实环境的补充。

只要地球表面还有地方未曾勘探，那不为人知的地方就一定会经常闯进人们的脑海，并且必然充满了各种幻想。奥林匹斯山顶上面住着诸位神仙。凡是陌生的地方都充满了可怕的或奇妙的怪物：这里是狮子。因此，但丁的整个“阴间”是他的宇宙论中的空白部分之一，属于目前达不到的地方，属于已经知道的天涯海角以外的地方。事实是，无论什么样的探险旅行，只要给我们带回珍禽异兽，带回香料和稀有矿物（这些正是我们所缺少的），就会把遥远和神奇更紧密地联系起来。

因此,我们空间里的一切虚构好比是旅行一般,在这一点上,我们可以说,这正是一切小说作品的基本主题。凡是给我们讲旅行故事的小说,较之不能形象地表现阅读场所和故事将我们带入的境界之间的距离的小说,都要更清楚,更明白。

当旅行者出门远游,滞留在那些梦寐以求的小岛上时,他梦中见到的是他的祖国,他怀念祖国,祖国以崭新面目出现在他的梦中。从远方在我眼里变得近在咫尺的时候起,近在咫尺的地方就具有了远方的力量,而远方对我来说就显得更加遥远了。现代现实主义的第一个伟大时期,即西班牙骗子无赖小说或伊丽莎白一世时代小说的时期,正好同最早的环球航行的探险发生在同一时期。地球是圆的,如果再继续向同一方向前进,地平线后面出现的将是我航行的起点,但这是崭新的起点。

因此,现实主义小说的基本距离,不仅仅是旅行,而且是环球航海旅行。离作者向我们描绘的地方并不远,围绕地球旅行的整个旅程缩短了,变得近了。

在这往返的旅行中(凡是阅读都意味着做这种旅行),被描写的地方代表了一个站,这个站与我所处的地方可以有各种各样的空间关系。小说的距离不仅仅是一种消遣,而且可以给生存的空间带来一些十分奇特的变化。由于这本奇“书”,我脑子里出现了外省,出现了俄国。于是我周围事物的安排完全变了一个样子。我从一个地方神游到另一个地方,甚至从一家神游到另一家,多么方便啊!在神游到的一个个地方,什么样的娱乐,什么样的歌声不可以有呢?!

像巴尔扎克这样的作家,小说中描写的环境同读者所处环境之间的关系,具有特别重要的意义。巴尔扎克非常清楚读者的确切位置在哪里,而且是从这个基本条件出发来安排小说的结构的。

巴尔扎克首先是为巴黎人写作的。对巴尔扎克所讲的故事,我们要想做出真正的评价,即使我们设身处地,也必须设想我们置身于这座城市里,这城市是他所设计的所有距离的出发点。让我们回顾一下《高老头》的引子吧。巴尔扎克说,读完这本书后,“巴黎内外也许有人会掉几滴眼泪”。这句话的意思当然不仅包括眼泪往肚里淌和在众人面前流眼泪，而且也包括城里有人掉泪，城外也有人掉泪，就像下一句说明的那样：“出了巴黎是不是还有人懂得这件作品？”

这种使读者产生联想的空间性常常是十分模糊的。书中同我们说话的人物，或者书中向我们谈起的人物，是在“某处”只交代这一点。雾障很快就会消散的，因为我们知道，人们在客厅里、厨房里、森林里或沙漠里说话和行动的方式是不一样的。因此必须把“背景”告诉我们，也就是说把场所的特征告诉我们。

像在过去的舞台上那样，先是用个牌子，上面写着“美丽的地方”“迷人的树林”“可怕的森林”。“街头”或者“房间”就够了。后来说明变得越来越细，必须让我们知道是什么样的房间。你说是美丽的地方，那是怎么个美法呀？我们需要细节，要人家让我们看到这种背景、物件、家具的样品，能做招牌的样品。哪种房间呀？我们可以看到某种式样椅子的房间。

一件东西的有无可以具有符号的意义。“房间里有一把椅子，一张破床，一只跷脚的大衣橱，就这些。”那么，我们知道没有桌子。

至此，我们所看到的这间卧房仍然是一个形象不具体的容器，一个袋子；那里面胡乱堆着东西，叙述者一个一个朝外拿，拿到什么是什么。但我们很快就要求知道这些东西所处的状况如何：家具与家具之间靠得很紧，或者靠得不紧，中间可以过人，人会碰着腿；家具一件件看得很清楚，或者互相挡着看不清；有的在右边，有的在上面，有的构成一个孤立的角落。

为了使家具各得其所，就必须把平常不提的一些细节或者一些物件交代清楚，以便在想象的空间里树立准确而稳定的形象。

最有效的办法之一是引进一位旁观者，一双眼睛，他可以固定不动，待在一个位置上。在这种情况下，我们就会读到一些相当于照片的段落。或者他在移动，他在活动，我们就会读到相当于电影或绘画的段落。

小说家如果把他的画架或摄影机放在他所描绘的空间的一个点

上，画家所遇到的取景、画面安排和透视之类的种种问题，他也会遇到。为了表现景深，小说家同画家一样可以在许多手法中进行选择，最简单的办法是把几个不动的景色淡淡地重叠在一起。所以巴尔扎克在描写伏盖公寓时，先使我们的头脑里有一个色彩阴暗的印象：

……挤在华·特·葛拉斯军医院和先贤祠之间的那些小街道格外清静，两座大建筑罩下一片黄黄的色调，改变了周围的气氛，圆顶投下的肃杀的阴影使一切都显得暗淡无光……特别是圣·日内维新街，仿佛一个古铜框子，跟这个故事再合适也没有。为求读者了解起见，尽量用上晦暗的色彩和阴沉的描写也不嫌过分……

然后，巴尔扎克使我们置身街上，目睹他向我们展示的建筑物：

……公寓侧面靠街，前面靠小花园，屋子跟圣·日内维新街呈直角……

接着是公寓的正面：

四层楼外加阁楼的房子正面是用粗沙石砌的，偏粉的那种黄颜色差不多使巴黎所有的房子都不堪入目。每层楼上五扇窗子，全是小块的玻璃，细木条子的遮阳篷撑起来高高低低，参差不一。

加上房子其他三面的描写之后，就转入房子的内部。巴尔扎克写出了每层楼各个不同房间之间的关系，从而画出一幅横面的建筑图，或者说得更确切些，建筑物剖面图：

客厅侧面通到饭厅，饭厅和厨房中间是楼梯道，楼梯的踏级是用木板和彩色地砖拼成的。

在一一交代每间屋子里的家具之前，饭厅里依稀可辨的家什几乎失去了各自的特征，样样都沾满了油腻，里面的阴暗气氛比其他地方还要浓重，以至墙壁也无法把家具真实的轮廓衬托出来。

话得说回来，这间客厅虽然叫你恶心，同隔壁饭厅相比，你还会觉得客室很体面、芬芳，好比女太太们的上房呢。那饭厅全部装着护壁，往日油漆的颜色而今已无法分辨。上面沾着一块块形状古怪的油渍。靠墙立着几乎黏手的食器柜……[1]

巴尔扎克不仅善画背景，而且善画人物。他在《绝对之追求》里对巴塔扎尔·克拉埃宅子的描写堪与荷兰画家们媲美：

大理石画廊总是打扫得清清爽爽，地上铺着细沙。画廊尽头是内院，方形，宽大，地上铺着大块的青瓷砖。左边是洗衣房、厨房、下房；右边是柴堆、煤炭和附属建筑。附属建筑的门、窗、墙壁饰有图案，极其整洁。阳光从四面白柱交叉的红院墙上筛下玫瑰色的反光和色调，使每样东西的外形和细微末节都显得雅不可言，奇幻之至。

下面是他“画”的炼金术士夫人的肖像：

这时候，即使是位蹩脚画家来给这位女士画像，凭她那满脸痛苦和忧伤的表情，也肯定会画出一幅杰出的作品来。她身体的姿势和她双脚前伸的姿势……

巴尔扎克从衣着描写到面容，就像临摹静物一样：

1 以上引文均取自傅雷所译《高老头》，但鉴于行文上的需要，译者在个别地方对译文做了改动。

这张刚毅的面孔最显著的特征是有一副像鹰嘴一般弯曲的鼻子，鼻梁弓得太高，仿佛里面没有长好。但鼻子敏锐得无法形容，鼻中隔薄得几乎透明，灯光照上去红通通的。

对同时代的或同一个环境里的画家和小说家，通过物体安排、色彩效果等等在空间构成的形象进行对比研究的意义，难道还需要强调吗？

对背景来说是这样，对一个更广阔的地域上那些不同背景之间的关系来说，也是这样。正如我们可以不管标志房间特点的各种家具的确切位置一样，我们也可以听任大楼、城市或地方的形象也像袋子那样模糊不清，但我们却不能不弄清各个房间之间地理位置上的关系。

彼埃尔和朱丽叶特原来在父母亲家里，下一章则到了咖啡馆里。另一位小说家也许会向我指出这两个地方所处位置的关系是怎样的，从一个地方到另一个地方可以怎么走，这两个人是怎么去的。

研究这些不同地点的并列关系，研究这些段落，可以发现许许多多的问题，行程和速度的概念在这里是至关重要的。

某人可以乘飞机，另一个人只能步行，这种差别自古以来就存在——请想一想中世纪拥有一匹马所具有的重要意义，但是，自从有了先进的交通工具以来，这种差别扩大了，复杂了。一座城市就是一整套的行程，对驾驶汽车和用脚行走的人来说，规定是不一样的。可以绕道，可以抄近路，可能遇到障碍，随着时辰和日子不同，交通繁忙的程度也不同。有些地方建立了交通网，有些地方没有，有些地方沿途有加油站，有些地方必需事先备足汽油。

只要把那些静止的场所并列起来，就已经可以构成十分有趣的“主题”。音乐家把曲子写在五线谱上，横向是时间的进展，纵向确定不同的乐器。同样，小说家也可以把不同人物的故事安排在分层的建筑物里，比如在巴黎的一座大楼里，不同事物或事件之间的垂直关系可以同笛子与提琴之间的关系一样具有表现力。

当我们叙述这些场所的动态时，当我们叙述从一个场所到另一个场所之间的行程、后果、速度时，可以衍生出多少内容来呀！可以挖掘得多深呀！因为这时我们又遇到了刚才提及的那个旅行的主题。

在那个个人亲自走过的空间里，在那个由于发明、完善、推广和运用了新交通工具而被打乱了的空间里，又重叠着由于通信工具的改变而被打乱了的想象中的空间。

在我居住的城市里，许多其他城市通过各种各样的媒介出现：指路牌，地理教科书，来自其他城市的物品，谈及其他城市的报纸，表现其他城市的图片、电影，我对其他城市的回忆，使我神游其他城市的小说，等等。

对每个地方来说，世界其他地方的出现都有一个特殊的结构，因为实际上的比邻关系可能同本来的比邻关系完全不一样。离我家几公里远发生的事，我可以只通过新闻社、编辑、印刷商来了解，而这些人离我有好几百公里远。

目前由于建立了航空线，对那些乘得起飞机的人来说，从巴黎到纽约，比从巴黎到一个偏僻的法国村庄，要更快些，更方便些。同样，消息通过中心和枢纽传递的数量因为集体甚至个人的不同是有很大差别的。某人有电话，另一个人没有。大家都知道，司汤达在《吕西安・娄凡》里是如何利用电报的。

所以，有些地方是传播消息的场所：许多其地地方都知道，如圣・米歇尔岭[1]。有些地方是接收消息的场所，那里知道许多其他地方的情况，如地理研究所。有些地方是收集、编排和分发消息的场所，因此使其他地方之间建立了新的关系。今天的巴黎市无疑仍是这些最重要的中心之一。

一个地方对另一个地方产生这种威力时，艺术作品，不论是绘画还是小说，总是起了特别重要的作用。因此，小说家如果真想阐明我们空间的结构，就不得不使用艺术作品。他人（真实的或假想的他人）作品里这方面的特点，小说家是能够弄清楚的，而且可以用多种办法

1 法国西部著名的旅游胜地。

来加以吸收；不仅他人作品中做到的可以通过借鉴在自己作品中做到，而且可以从中汲取教益，然后利用自己的经验来加以解释。因此，在空间问题上同在许多其他问题上一样，别人的作品是一面镜子，是作者借以进行自我批评的敏感点。

当然，首先是在想象的空间里小说起了本质的变化，但信息是怎样影响进程和事物的，谁不明白呢？在小说创作中物体怎么会在实际上移动了位置，行程怎么会改变了次序，谁又不明白呢？

编后记

布托尔（Michel Butor, 1926—2016），法国小说家、散文家，法国"新小说"理论家和代表人物。从把"哲学和诗学结合起来"的《米兰巷》到真正的"新小说"《变》（获当年的勒诺多文学奖），再到《日程表》、《度》以及重要文学批评著作《文集》（其第一卷即获法国文学批评大奖），其创作丰富多样。评论作品涉及众多法国和外国作家，他对巴尔扎克的现实主义文学艺术手法进行了独到的解读，因此也是法国巴尔扎克学的重要评论家之一。

本文选自柳鸣九编选：《新小说派研究》，中国社会科学出版社，1986年，第112—120页。

巴尔扎克和现实

作者　[法国]米歇尔·布托尔
译者　黄晋凯

一

我之所以兴致勃勃地来谈论巴尔扎克，是因为有人常常将他作为一件唬人的法宝，以威吓当代小说中一切革新、创造的意图。他们幼稚可笑地用所谓"巴尔扎克式"的小说来反对现代小说，亦即反对所有 20 世纪的重要作品。但是，我们不难看到，当今的这种所谓"巴尔扎克式"的小说，实际上只不过是拾取了巴尔扎克作品中的糟粕，而只有普鲁斯特、福克纳等人，才堪称这位伟人近五十年来真正的继承者。

其实，那些把巴尔扎克的大名当作盾牌来挥舞的批评家，那些一心想成为逆巴尔扎克潮流而动的小说家，对他的了解是微乎其微的。他们读了《人间喜剧》里三两篇大家翻来覆去谈论过的作品，如《欧也妮·葛朗台》或《都尔的本堂神甫》等，便浅尝辄止。不幸的是，一些相当通达、相当进步的人士，也被这种宣传搞得手足无措，他们一方面反对对巴尔扎克的极不全面的理解，同时又指责我们是要动摇巴尔扎克的绝对统治，要搞"反巴尔扎克"。

当然，正如人们所说，这样一部鸿篇巨制确实是非常难以卒读的，读者往往只是各取所需。通读巴尔扎克全部作品的人十分罕见，可这又是做出真正评价所必不可少的。幸亏只读过两三卷就妄图评判普鲁斯特作品的人是越来越少了，但在某些颇有教养的人物当中，仍时常可以听到这样的议论："巴尔扎克，噢，我当然没有全读过。——是啊，您没读过他自己否认的年轻时代的作品，也许您也没读过《笑林》和他的剧本，可是，既然您在谈论巴尔扎克，既然您用巴尔扎克来反对我们，或是您反对巴尔扎克，那么，您至少应该读完《人间喜剧》这部未完成的巨著的所有部分吧？——我起码读过五六部。——什么？这样您就在谈论巴尔扎克，而且还有了关于巴尔扎克的整套理论？这可是不够严肃的；您怎么能只读过波德莱尔的五六首诗，并且还不知道是否选择得当，就来谈论波德莱尔呢？要是这样，可就糟了！"

总的来说，我们可以这样认为，巴尔扎克无疑是一个非常伟大的作家，但并非十全十美。这就有点像我们常说的，维兹兰的玛德兰教堂是一座令人叹为观止的建筑，但并非其中的每块石头都同样富有情趣。即使在今天，也只有很少的读者能够把握这个作家的整体，人们只是依据某些部分来做出判断，而这些部分被孤立地切割开来，当然就无法与砌建成维兹兰圆柱或墙壁的石头相媲美了。

不过，那种从《人间喜剧》里只选出孤立的两三部分，而将其余部分都从美学观点上予以贬斥的做法，在近百年的文学史中毕竟是无关宏旨的。《人间喜剧》中好与坏的分界线，对保罗·布尔歇，或是普鲁斯特、波德莱尔等，也并不完全适用。总之，对巴尔扎克的作品断章取义或全盘否定的做法，现在都该停止了。至于巴尔扎克和当代小说中最大胆的形式之间的联系，我们大体可以提出这样的论断：假如随意从《人间喜剧》中抽出一本小说，我们很容易指出它与当代小说相连之处，指出它落伍或超越时代之处。但是，窥其全貌，我们就会发现，这些作品的丰富性和所体现的勇敢精神，远远超出了迄今为止我们对它的准确价值的判断。对于我们，这简直是取之不尽的宝藏。

巴尔扎克作品的革命精神，远非浮浅的、断章取义的阅读所能理解。它所具有的新意，一部分已在19世纪得到了系统的展示，另一部分，则是在20世纪最富独创性的作品中才产生了回响，而这种丰富的创造力还远远没有穷尽。

二

现在，我们就先来看看，巴尔扎克是一位多么自觉又多么全面的革新者，作为小说家，他十分认真地对待创新，并把技巧和技巧的创新看作是无止境的，是必然要为各种意想不到的事变所左右的。显然，他远非某些人所误会的那样曾自囿于学院派，他的伪弟子们倒真是陷入了其中而不能自拔。

众所周知，《人间喜剧》中有一条完整的天才人物的画廊：天才的画家，天才的音乐家，天才的罪犯；当然，不可能缺少天才的小说家。在这座未完成的建筑里，小说家始终是个并不十分惹人注目的角色，但他还是有机会提出了关于"新小说"的宣言。他叫作大丹士。在《幻灭》第二部《外省伟人在巴黎》里，他遇上了吕西安·德·吕邦泼雷。吕西安来自昂古列姆腋下夹着的十四行诗集《玛格丽特》和一份历史小说《查理九世的弓箭手》的手稿。大丹士是一组脚踏实地的天才青年里的中心人物，他们与名声显赫的报界形成鲜明对比。这时，报界是准备拉拢那个外省青年，最终为的是将他置于死地。吕西安请大丹士读他的小说，大丹士对他讲了如下这番话：

> 您正走在阳光大道上，不过您的作品还得修改。您要不想只成为沃尔特·司各特的模仿者，就得另辟蹊径，可现在您是在模仿他。您和他一样开场用长篇的谈话引进人物，然后才是描写和情节。这两种对立的因素，是一切激动人心的作品都必不可少的，您却把它们放到了最后。将它们颠倒一下多好呢！冗长的对话在司各特笔下能显得非常精彩，您却写得暗淡无光，不如干脆用描写来代替，我们的语言是擅长描写的。但愿您的对话能产生预期的效果，为前面的铺垫锦上添花。尽快进入情节，有时从侧面，有时从结尾入手来处理您的题材，总之，为避免千篇一律，应

> 当经常变化您作品的提纲……从查理曼开始,每个历史朝代都至少需要一部作品来描写,有的还需要四五部,像路易十四、亨利四世、弗朗索瓦一世等。这样,您就可以写出一部生动的法国历史,您描绘服饰、家具、房屋、室内景象、私人生活,同时赋予它们以时代精神,而不必吃力不讨好地讲一些尽人皆知的事实。我们多数国王在民间被歪曲了;您正好纠正这种错误,成为您的特色。在您的第一部作品中,应当大胆地恢复凯瑟琳伟大、卓绝的本来形象,可您却迁就至今仍存在的偏见而牺牲了这个人物……

我们知道,巴尔扎克自己在令人惊叹的三部曲《关于凯瑟琳·德·美第奇》里努力实现了大丹士的计划。十分有趣的是,我们从这段文字里可以看到,许多在今天被视为巴尔扎克式的小说,巴尔扎克自己却早就认为这是对沃尔特·司各特的拙劣模仿。并且,他还强调了我所说的形式变化和对形式不断探索的原则。但,巴尔扎克对他的伟大前辈们所取得的决定性胜利和对其束缚的摆脱,是通过他极其独特的创造表现出来的,这种创造完全改变了他作品的结构,使他把沃尔特·司各特式的小说变成了他小说中的一个部分或一个章节。这就是人物的再现。凡是愿意超脱被滥用来评论巴尔扎克的那种书生观点的人,1842 年的《前言》这篇精彩的文章是不可不读的。在这里,他重申了那些他曾赋予大丹士的思想,并加以系统化:

> 这样,沃尔特·司各特就把小说提高到了历史哲学的地位。……但是,他没有想象过要建立一个体系,而是仅凭创作热情或创作的逻辑发展来确定他的表现方式。因此,他没有想到把他的作品相互联系起来,以构成一部完整的历史,其中每一章就是一部小说,每一部小说就是一个时代。这位伟大的苏格兰人当然不会因为缺乏这种联系而稍显逊色,但是,看出这一点,我就看到了有利于完成我们作品的那个体系,以及实现这一体系的可能性。

在沃尔特·司各特和其他巴尔扎克认为是经典小说家[例如：龙冉[1]、拉伯雷、塞万提斯、普雷沃神父[2]、理查孙、笛福、勒萨日、玛克福孙[3]（巴尔扎克把他看作小说家）、卢梭、斯泰纳[4]、歌德、夏多布里昂、斯塔尔夫人、邦雅曼·贡斯当[5]和贝尔纳丹·德·圣皮埃尔[6]等]的作品中，他发现了通过一个传奇人物来表现一个历史时代的可能性，以及通过将各种奇遇联系到一起的一系列人物来表现一系列历史时代的可能性。当他看到这些人物不仅能表现各个时代，而且能表现不同的"种类"时，他又把纵的发展变为横的联系。这就是说，他逐渐放弃了表现整个人类发展史的计划，而集中于描写当代社会，描写那个他眼看着越来越富有的世界。人物再现的方法为描绘这个世界的图景提供了可能性，这一技巧，至少是十分有益于小说的简洁，它大大缩减了用别的方法必将极为冗长的描述。

他曾这样提出问题："一出社会为它提供了三四千人物的悲剧，怎样才能引人入胜呢？"

首先，很明显，这个社会包容的人物要多于三四千；其次，要细致地研究这所有的三四千人物也几乎是不可能的。这样，就必须使一个人物能够成为整个阶级的代表，对他在某一环境下的描写，要同样适用于另一环境。如果需要，譬如说，表现一个公证人的悲剧，就没有必要再描写他的家庭情况、婚姻生活，只要参看已经有过这方面描写的其他作品就足够了。

人物再现的原则首先是使笔墨经济，但是我们也可以说，其异乎寻常的结果将会从根本上改变小说创作本身的性质。

因为，每一部单独的作品都要通向另外的作品，在这部或那部小

---

1 龙冉，公元2世纪末希腊小说家，生卒年月不详。

2 普雷沃神父（1697—1763），法国小说家。

3 玛克福孙（1736—1796），英国作家。

4 斯泰纳（1713—1768），英国作家。

5 邦雅曼·贡斯当（1767—1830），法国作家。

6 贝尔纳丹·德·圣皮埃尔（1737—1814），法国作家。

说中出现的人物都不会就此止步,而又会在其他小说中再现,我们从这里又可以获得对他们更多的认识。

从这个整体的每一部分,无论是这一部或那一部小说,我们所能得到的无非只是对有关事件的表面理解所必不可少的一点认识;由于阅读另外一些出现同样人物的作品,我们就有可能得到进一步的认识。因此,在阅读了大量其他小说之后,这一部或那一部小说的结构和意义也会随之发生变化。在初读时,由于对巴尔扎克世界的无知,我们会感到某个故事只是单线条的,而且有点幼稚可笑;以后,当我们从不同的侧面研究了作品的主题后,才会发现原来这还是整部作品的焦点呢!

所以,我们面对的是片片相连的无数平面,人们可以在上面信步漫游。

这就是人们常说的小说的可变性。这是一个由许多部分组成的整体,我们几乎可以按照我们所愿意的任何顺序来着手研究;每个读者都可以在《人间喜剧》这个世界里截取一段不同的旅程。这就像是拥有多处入口的一块场地或一堵围墙。我们看到,巴尔扎克作品中人物再现或小说之间相互连续的手法,与像《追忆似水年华》等人们称为长河小说的相比,表现方式要更为多样。长河小说的不同单元、不同卷册,都是按年月顺序排列的。按照这种顺序,后一卷中人物出现的时刻,总要和前一卷中他们消失的时刻相吻合。

对于巴尔扎克,这种事件和小说各单元间的编年顺序,只是多种可能的组合方式中独特的一种,由《幻灭》、《烟花女荣辱记》和《伏脱冷的最后化身》等作品构成的《人间喜剧》的支柱之一,使这种独特的方式变得人所尽知。可是,我们也知道,要想真正领会《烟花女荣辱记》,还必须从旁参看《高老头》和《纽沁根银行》。

在草拟《人间喜剧》时,巴尔扎克根本没有遵循编年的顺序,他只是逐步探究着在他眼前发展变化着的现实的各个侧面。人物再现的手法,他是后来才不断运用的。读者也不可能找到一种阅读方法,使《人间喜剧》变成一部简单的编年史。尤其是那些个别地完成的作品，时序的安排更是变化多端。要是我们注意巴尔扎克世界里的几个主要人物，无论是按照什么顺序来阅读，我们都会看到，他们所经历的事件是以不同的时序来表现的。正如大丹士所说，“有时从侧面，有时从结尾入手”。马拉美所梦想过的，而在他抒情诗的领域里未能实现的那种“书”，巴尔扎克在小说领域里早就提供了光辉的典范。

三

不过，人物再现原则的意义不仅在于几乎是必然地要引起对小说结构的探索和小说结构形式的增加，而且，由于成功地把真实的人物引进了小说世界，它还为解决小说与现实的关系问题提供了绝妙的出路。我们应当看看，巴尔扎克的人物形象是怎样逐渐脱离开真实的人物的，在研究现实的同时，他又是怎样有条不紊地安排虚构的。

因为他的描写都是标明历史年代的，所以，他就不可避免地要经常引进一些与这个或那个民族、与这个或那个时期密切相关的人物。譬如，为了确定一个时代，他就必须谈论拿破仑或是路易十八。这些都是最常见、为大家所熟知的历史人物，自然也就不存在把他们替换掉的问题。人们从事实出发认识这些历史人物和他们的历史真实性，不仅可能，而且不可避免地会超出《人间喜剧》中某部小说或整个小说世界所提供的材料。

这一特点对小说家是极为不利的，面对这类人物他是不自由的，他不能用和他确切地知道的情况相违背的事件来构想这些人物，或把它们强加于这些人物，否则他就会遭到这样或那样的文献的驳斥，最严重的是，他甚至还会被指控犯了造谣诽谤罪。他不能张冠李戴，因为这些人物都是独一无二的，否则就是歪曲了只有他们才能代表的那种形势。

在社会阶梯的另一端，我们看到的人群几乎都是可以随意替换的，如守门人、公证人。小说家想要创造一个户口册上没有而又的确十分真实的公证人的形象是轻而易举的。因此，在这样的人物身上，他可以充分自由地驰骋他神奇的想象力。

这样，就有了两个极端：一边是像国王和皇帝这类不可替代的人物，因为他们个人的性格已经人所皆知，小说家不能再增添什么；另一边是默默无闻的人物，小说家只要想象合理，便可随心所欲，因为他们的性格特征是可以更换的，他们总是多数而又都是平凡的，我们也不知道这个或那个人的姓名。

在这两极之间，存在一个非常有趣的地带，这就是知名人士。我所说的是那些其名声将在作品中起作用的人物，像一些诗人或画家。他们的名声是不能不考虑的。但他们为数众多，以他们当中的某一真实人物为蓝本，再给他们增加一个虚构的同行也是可能的。

例如，在巴尔扎克谈论与他同时代的文艺界时，他就不能不提到拉马丁、维克多·雨果等，不然读者就会不承认这个文艺界。但是，如果他要谈论一个个别的诗人，他又不能直接抬出拉马丁，谈论小说家也不能直接抬出乔治·桑，因为在这件或那件事上，他有可能会遭到造谣惑众的指控，于是，他就用化身来取代他们：加那尼，或加米尔·莫班。

不过，这些复制品必定会越来越远离他们的原型的。作家们的声名得显，有关他们的事情日甚一日地为公众所了解，很明显，这就会和《人间喜剧》对这类人物的描写区分开来。

由此，我们可以把这类形象的塑造分为三个阶段：首先，他们是同类人物中的一个样本，像其他诗人一样的诗人，一个普通的诗人，就像一个普通的公证人一样；但是，普通的诗人往往是平庸的，而这位诗人应当具有鲜明的个性，这就必须吸收真实人物身上的独到之处来塑造作品中的形象；往后，这个以真人为模特儿的人物的特征与其原型分开了，加那尼与拉马丁分开了，以至巴尔扎克在列举作家时会把他们相提并论。这样，他就开始不仅仅代表这个或那个现实存在的诗人，而是完全有可能代表在现实中并不存在而又应当存在的诗人，从而填补了现实中的空白。他的特点比现实中的同行们要显得更加清晰、明白。因此，在《人间喜剧》成书的不同阶段，在再版时，巴尔扎克就用加那尼取代了拉马丁，这个人物变得更有名气了，“人物”这个词的意义也更加准确了。

巴尔扎克曾这样写道：“读者在看到《高老头》里再现了某些过去出现过的人物时，他们会明白这是作者最大胆的创新手法之一。它赋予整个虚构的世界以生命和运动，即使这个世界中绝大部分的人物原型会去世和被人遗忘，这些人物形象却很可能继续生存下去。”

这样，从一部部单独的小说看，真实的人物要求我们注意全部文学、报纸和日常的谈话，重要的虚构人物则要求我们注意其他的小说，注意那些与其关系密切的文学作品。这两类人物仿佛组成了两个同心圆：真人这圈较大，人数众多，在这里我们看到了拿破仑、路易十八、拉马丁和维克多·雨果；《人间喜剧》这一圈里，所有的关系似乎都缩短了，在这里我们看到了伏脱冷、拉斯蒂涅、加那尼等。与社会研究的每一个侧面相比较，这个整体自然要更接近真实：一个虚构的人物在一部小说和其他小说之间的联系，不正和一个真实的人物在《人间喜剧》和生活现实中的联系恰恰相同吗？

四

小说之间的这些关系是异常复杂的。只有在同样的现实中，主体与客体之间存在着某种有意义的联系时，虚构的人物才能代表真实的人群；只有在同样的现实中，由于具有一定的声望，一些诗人已经成为这部分或那部分诗人的代表时，巴尔扎克作品中才能出现虚构的诗人；只有拉马丁代表和取代了所有同类的诗人，并在某些方面给他们也带来了声誉时——我们姑且不论他还代表了相当数量的其他人——加那尼才能代表和取代拉马丁。

相对艺术表现来说，真实世界也有一个完整的结构，小说家只需把它加以突出：巴尔扎克把《社会研究》分成若干部分，就像是这一结构的倒影和移位。

当我们在《私人生活场景》里看到一些段落被安排在巴黎或外省，其中还杂有军事或政治生活的片段时，我们就不能不对这种随意分类的表象感到惊讶：《私人生活场景》《外省生活场景》《巴黎生活场景》《政治生活场景》《军事生活场景》《乡村生活场景》。其中每一部分都是明显地和其他部分相通的，它们的界限只是为了突出某些关系的典型性，因为这些关系可以在外省、巴黎或军队里得到最好的说明。显而易见，《私人生活场景》是以尽可能简明的方式展现在读者面前的，正因为此，巴尔扎克把它放在了作品的开头：一切都围绕着婚姻这个主题，它们具有非常明显的道德意义，旨在启迪青年人，使他们避免必然会带来不幸的错误。

在整部作品中，《私人生活场景》是最接近一般年轻读者的日常生活的，背景在巴黎或在外省，完全取决于所述故事的需要。巴尔扎克在《外省生活场景》里强调背景和地理环境的切合，其首要目的是让不大了解外省现实的巴黎读者能有所了解。而这种实录般的环境描写，同时也包含着更深入的研究。因为，所涉及的每座外省城市，都显示了所有其他城市面貌的特色。每一座城市都掌握了，结果写出的就像是一座普通的城市，一座与所述故事相适应的城市。在这样一座城市里，故事就能够或可能找到最富有意义的形式。

外省城市所处的地位几乎是相等的，只有以特别清晰的手法将它们的作用区分开来，这些或那些城市的面貌才能得以再现。与它们相比，巴黎的地位自然是得天独厚的，它和其他城市毫无共同之处，它和其他城市之间的关系也不是对等的，可以说，巴黎是集大成者，它集中体现了那些城市的共同特点。巴黎和法国其余地区相比，就像《社会研究》和现实生活相比一样，这是它们的梦想，它们的小说。这座波浪般起伏的城市，本身就是一部小说，是小说般的现实。而《社会研究》里出现的种种难以置信的事件，决非仅仅会使异邦人感到不可思议，正如《外省生活场景》并不是只让那些对其一无所知的巴黎人感到离奇，而是会让所有的巴黎人都感到不可思议一样。巴黎人在《私人生活场景》里看到了自己的形象，而《外省生活场景》里环境的变异一定会使他们感到不适，尽管他们能够对付自己城市里等待着他们的更大的变异。

巴黎反映了所有外省城市的面貌，而相对每座城市来说又是独一无二的，一位知名人士代表了其他人，而相对每一个人来说也是独一无二的；同样，《政治生活场景》正是《巴黎生活场景》必不可少的补充（我们已经看到这部分作品当初遇到了什么困难）；巴黎不仅是其他城市的代表，而且是它们的梦想；同样，有些社会存在也是其他存在方式的梦想，在其他存在方式中只能遏制着的因素，在这里却得到了爆发。巴尔扎克曾说过："在这三部分[1]里我描绘了社会生活，余下的事情就是要表现一些超越常规的例外的存在，它集中概括了几个人，甚至是所有人的利益，这样，就产生了《政治生活场景》。结束这幅广阔的社会画面之后，难道不应该再描绘一幅处于最激烈状态中的社会画面吗？或是为了防御，或是为了征服，使这个社会已经失去了常态，由此，又有了《军事生活场景》。"

从《私人生活场景》，到《巴黎生活场景》《外省生活场景》《军事生活场景》，从常见的存在方式，到越来越特殊的存在，变异越来越强烈，社会的复杂性也越来越明显。不过，也有例外，在《军事生活场景》里，我们也会看到一些事件，它使个人完全摆脱开社会的复杂性，并使他们重新回到了光秃秃的土地上。从读者习以为常的存在方式出发，还会引出另一种变异，它能使读者更深入地了解全貌。通过《外省生活场景》的道路，并没有返回巴黎，而是继续伸向远方。它把我们带到了这样一个地方，和那里相比，读者生活的地方简直就是小说和梦；这个地方的基本特点之一，就是人们什么也不读，因此，小说就根本无法直接对它讲话；对于小说来说，这是绝对的"另一个"，是一堵必定要碰的墙；这里，所有判断的不可动摇的基础、最终的评价、对语言的最大限度的抵制等等，这一切，在地理上与我们近在咫尺，而精神上却远如

1 指《私人生活场景》《巴黎生活场景》《外省生活场景》。——译者注

天涯；这是在城市的街道上绝对见不到的，只有在两座城市之间才能碰上的蛮人：由此产生了《乡村生活场景》。

五

为使我们认识真实，巴尔扎克讲述了不曾发生过的故事；为使我们理解真实的人物，他创造了和真人相似的人物，堪称同类人的样品；这种样品形象鲜明，又会构成新的类型，使我们能更好地把握各类人群和各种力量的作用。单独的个人和各色人群的情况是一样的，巴尔扎克也要创造各种虚构的人群，为了赋予人物以真实性，他还必须解释为什么这些人群是不为大家所熟知的。因此，在《巴黎生活场景》和《政治生活场景》里，黑社会就成了他的基本主题，或者说，他的基本工具之一。人们会由此看到，《社会研究》中的世界怎样逐步离开了现实生活，从而形成了一个虚构的世界，它是对现实世界的补充和说明。

至此，在我们涉及的所有小说中，脱离真实的情况只局限在某些范围之内。尽管这些故事令人惊讶，使人不适，但至少对巴尔扎克来说它们是真实的。这不仅仅是因为，一般地说它们是符合本质规律的，而且它们还是植根于巴黎沙龙里的谈话资料的。所有的事件，在人们的谈话中，在报纸上，在各种各样的新闻里都是有案可查的。我们也可能从这个或那个朋友的嘴里听到过这个故事。这个故事不仅是可能的，而且其可能性只局限于狭窄的地理范围（法国，在《阿尔贝·萨瓦吕斯》中有一部分例外地在瑞士）和历史范围（大体是自大革命以来）内。

为了谈论真实的人物，有时最好是借用虚构的人物；为了谈论最近的事件，必须要引用过去的事件；同样，为了让人抓住日常生活的某些方面，最好的办法常常倒是将其置于光怪陆离之中。某些十分难以详尽叙述的联系，不妨用惊魂摄魄的缩影来表达。正像一个杜撰的人物能够代表众多的真实人物一样，一个明显是杜撰的事件也可以概括整个研究。

在《人间喜剧》第一部分里出现的这种对现实的浓缩，在第二部分，即《哲学研究》里继续延续着。这部分共同的特点是与日常生活的距离扩大，脱节更加严重了。

为了勾画出《人间喜剧》的世界与巴尔扎克写作时的现实之间的关系，我们摄取了这两个同心范畴的图像。而这种关系反映在《人间喜剧》内部，整部《哲学研究》又成了《社会研究》内部关系的第三范畴；它对《社会研究》的作用，就像《社会研究》对现实生活的作用一样：阐明和浓缩。

我们曾看到，在描绘遍布于《社会研究》里的虚构人物时，巴尔扎克使用了一种极为简练的手法。我们在《哲学研究》里看到的荒诞的或发生在很久以前的事件同样如此，而且更有过之。这两类作品中的联系是异常明显的。如果考察一下一些艺术家的形象，我们就会很容易理解这一点。我们清楚地看到，法朗奥弗或冈巴拉，这两个令人难以置信的画家和音乐家，怎样在一定程度上概括、明确和发展了第一部分作品中出现的画家和音乐家的形象。

《哲学研究》就像是位于《人间喜剧》中的反射焦点，其作用在于解释这部作品里某些最离奇的部分，以及至今仍被理解得很糟的部分。我想谈谈巴尔扎克曾十分重视而今天被视为伪科学的某些科学的重要性，如拉瓦特的相面术，或是加尔的骨相学。巴尔扎克式的简练，即以一个人物，甚至一副面孔来代表一种类型的做法，更密切了外貌与人物的职务、气质等之间的关系。在《人间喜剧》中，这些关系服从于比在现实中更为单纯的法则。今天，在我们看来，加尔和拉瓦特学说的推广无疑是幼稚荒唐的，但，作为假想的科学，这些学说却恰好在巴尔扎克的作品里显示了它的全部价值，它们使小说内部的联系系统化了，而运用于现实生活中，它也只能有相面的价值而已。其他还有动物磁力学、电学、思想的物质力量等等理论。所有这些都被不同程度地运用到《人间喜剧》里了。《塞拉菲达》里体现的斯威登堡的假想的哲学笼罩着全部《哲学研究》，我们不难看出，这些假想的科学和假想的哲学是怎样反映出巴尔扎克世界的特点的，它们又是怎样成为这个世界和现实之间的关系的一种权宜的解释的。

对于任何一个对小说理论感兴趣的人来说，所有这一切就是一座巨大的、几乎未被开发的矿山，那里蕴藏着无数的范例和问题。

六

但是，巴尔扎克思想的运动并未就此而止：《哲学研究》之后，还有《分析研究》。这无疑是他作品中最被忽视的一部分，理由也很简单，它不过初具雏形。但是，要想全面评价巴尔扎克的计划，我们就不能不对这一部分加以考虑。

在 1812 年的《序言》中，巴尔扎克宣称："最后，在寻找了——我没有说是'找到了'，社会发展的动因之后，难道不应当再思索一下自然法则，看看各种社会究竟在什么地方偏离或接近了永恒的法则，偏离或接近了真与美？"稍后，他再次谈到《哲学研究》，并说："在这之上，将是《分析研究》。对此，我还无可奉告，因为它只包含了一部作品：《婚姻生理学》。近期，我要完成两部同类作品，首先是《社会生活病理学》，然后是《教育界剖析》和《论德行》。"在 1845 年的计划里，他又加进了《关于 19 世纪的美德的哲理性和政治性的对话录》。这些，他都没有发表。我们只看到了《分析研究》中的另一本：《夫妇纠纷》。仅仅这些题目，就向我们表明这些作品与通常所说的小说是迥然而异的。我们谈到的这两本，是充满定理和公理，又配以小幅画面的幽默教科书。这是些抨击世风的小册子，它们产生于社会调查之末，旨在改造这个社会。运动发展到《哲学研究》又出现了回流，我们在论战的意图中又看到了日常生活。我们所谈到的这两本书本属于《私人生活场景》，但用的却完全是另一种笔调。

现在，各个范畴的图像展示得还不够充分，因为整部作品还在运动发展，《分析研究》和《乡村生活场景》相依，《哲学研究》与《巴黎生活场景》相连，我们必须抛开这些图像，才能阐明《分析研究》的独到之处。这应当是整部作品的实际结论，是突出的尖端，是作家揭示的各个要害方面的直接反映。由于巴尔扎克思想的不断发展，他努力实现这个计划，又不得不总在用新的空格来扩充这个计划，因此，我们就完全可以理解，为什么这一部分始终停留在萌芽状态。

众所周知，巴尔扎克的政治思想最初是十分反动的，正像他自己所说的，他的构思是要"恢复过去存在的原则，因为它们是永恒的"，他还毫不含糊地颁布了他所说的这些原则："我是在两个永恒的真理的光照下写作的：宗教，君主政体。当今的事故都表明这二者的必要性，所有明智的作家都应力图将我们的国家向这个方向引导。"

但，我们也知道，具有明显的斯威登堡色彩的基督教，与官方教堂里的基督教是日益背道而驰的，而本来意义上的君主政体，也使他越来越感到不满意。他的大量小说创作的成果，正在于不断深入地对他声称要遵循的原则提出质疑，他越来越清楚地看到这些原则与他所追求的真理相去甚远。作品变幻无穷的运动，引起了一次深刻变革，引起了对现实生活的印象的革命，它使作家在政治上超越了他原来提出的目标。

巴尔扎克的作品本身就是摇摆不定的，我们不妨认为，他的创作将所有后世的小说引向了混乱，我们只不过是步其后尘而已。这是一张我们可以依靠的坚实的跳板，在当今的创新中，只有少数不能在这上面找到它们的征兆和论据。因此，在今天，只有很少的书能（比他的）更有助于丰富一个小说家的思想，更有助于读者去了解当代小说的问题，请注意，切莫误会，我说的正是：巴尔扎克。

编后记

本文选自柳鸣九编选：《新小说派研究》，中国社会科学出版社，1986年，第94—110页。

第二辑

世界各国巴尔扎克研究

巴尔扎克作品中被抑制的返乡
——法国复辟时期拿破仑的来生

作者　[德国]安娜-里萨·迪特尔
译者　张晓迪

"因为在婚姻中,就像在文学中一样,所有艺术都在于过渡的优雅。"[1]

"这是否意味着在逆境中的某个时刻,爱不再可以实现?"[2]

一

如果不提及巴尔扎克的《人间喜剧》就几乎无法设想,在瓦尔特·本雅明的《拱廊街计划》中有这样的注解:"从拿破仑的战争机制到复辟时期和平政体之间的过渡。一座雕塑展现了'士兵耕作者'……"[3]简单的评论隐藏了这样一个观点:法国1814/15至1830年间复辟的君主制不仅以"革命后"的方式,而且也以"拿破仑后"的方式来定义自身,这又意味着:战后时期[4]。人们对复辟进行的研究近期

1 巴尔扎克:《婚姻生理学》,海因里希·康拉德译,1969,第212页。

2 亚历山大·克鲁格:《爱的尝试》。

3 瓦尔特·本雅明:《拱廊街计划》。

4 参见詹妮弗·豪雅:《士兵是受害者还是小人?法国保皇派小册子中的复员、男子气概和家庭》,《军事历史杂志》80(2016),第121—144页,此处:第122页。

才关注到这一点，而本雅明经常能够提前认识到新的观点。复辟政府必须掌握从战争到和平的过渡，正如本雅明委婉的表述所暗示的那样：和平不仅简单地意味着没有战争，而且意味着一个可以积极塑造的状态，一个需要“政体”的状态。对于这样一个政体，就产生了一个问题（鉴于圣战和外国武装人员的威胁，这一问题在今天成了热门话题）：返乡士兵在和平时期应该做些什么？

本雅明的注解也为这个问题提供了答案：对“士兵耕作者”的暗示。“士兵耕作者”是复辟时期的文学和艺术中特别流行的形象。他们要从事农业工作，用往日的征战换取可以耕种的土地。借助《圣经》和古典文献来看，这一形象展示了一个理想化的退伍军人，他适应于和平时期的风尚，并通过“把剑变成犁头”[1]的方式来为祖国付出全力。然而，与此同时，对于拿破仑的仰慕者来说，“士兵耕作者”也适合成为他们怀旧的投影屏。因为失败的统帅拿破仑在滑铁卢大败后被流放到圣赫勒拿岛，他可以作为（流亡的）“士兵耕作者”的典型。[2]

1 用农业工具代替战争武器可以追溯到《圣经·旧约》中的一句著名的话，这句话出现在《以赛亚书》中，这里指的是神圣的耶路撒冷的幻象，它是永恒的和平之城：“他们在那里将把剑变成犁头，把矛变成镰刀。”维吉尔的格奥尔基卡属于“士兵耕作者”这一主题的古典模型。这首说教诗歌呼吁通过和平的工作来恢复被战争动摇的世界。对维吉尔来说，农业成为秩序和文明的象征，并成为军事行动的光荣替代品。拿破仑战争结束后，通过“士兵耕作者”的主题展现出来的法国与维吉尔的格奥尔基卡所关注的内战结束后的罗马共和国处于相似的境地。在这两个时期，文学和艺术所体现的都是一个疲于战争的社会对和平的渴望。

通过对拿破仑退伍军人的描述来塑造自由反对派所主要依据的第二个古典模型是传奇的罗马将军辛辛那图斯，他在帮助他的军队取得胜利后重返田野工作。在复辟时期，辛辛那提斯被认为是爱国主义和忠诚的理想体现，堪称典范。他履行了一个好公民的双重职责，他在战争中捍卫祖国，并在和平时期通过务农来养育它。参见妮娜·阿萨纳索格鲁-卡尔梅尔：《悲伤的辛辛那提斯：帝国之后，士兵犁夫作为拿破仑退伍军人的肖像》，《艺术杂志》60（1986），第65—75页，此处第65—66页、第68页。

2 据说拿破仑在医生的建议下在圣赫勒拿岛上投身园艺和田野工作，就像是19世纪20年代的一些版画所美化的那样。那一系列对“士兵—农民”在美国流亡的描述与这种类型的图画很接近。“庇护所”是1818年由三百名拿破仑前士兵在（转下页）

贺拉斯·贝内特画的务农士兵是这一主题最著名的肖像画之一。一个强壮且还很年轻的男人，留着拿破仑军官典型的胡须，站在照片稍稍向左推移的中轴上。他站在乡村环境中，在废墟和多云的天空下。他沮丧地看着观赏者。在背景配色中占主导地位的灰色营造出阴郁的气氛。男人的衣服体现出他半士兵半农民的混合身份：裤子和工作罩衫表明他是田间劳动者。但在工作罩衫下，一件三色的拿破仑制服引人注目，头上戴的是典型的拿破仑士兵的帽子。头盔位于他前面的地面上，他手里攥着的是法国荣誉军团配有星状勋章的红丝带，他一定是在战友的坟墓中找到它的。头盔和红丝带完成了拿破仑式主题的材料配备。在他旁边的耕作工具和在右边背景中的两匹马（由农民驱动）指示着农业劳动。[1]

这些素材组合形成了一种叙事：这位前士兵用犁刀意外地掀开了拿破仑士兵的坟墓。这一点我们可以从图片左边隐藏在灌木丛中那倒下的十字架看出。图片中表现的沉思的瞬间使相互矛盾的解释都成为可能："士兵耕作者"悲伤地沉思，他可以在想象中复兴军队的名声和民族的伟大，可以在想象中使已故士兵的事迹生动起来，荣誉军团的徽章所纪念的就是这些事迹。军事理想在非英雄主义的复辟时期已经不存在了，而这个忧郁的农民仍然迷恋着它。当对这幅与拿破仑有积极关系的图片进行了这样的阐释时，当下的和平就不是一种富足的状态，而是一种匮乏的状态，辞职的退伍军人忍受着这种

（接上页）得克萨斯州建立的法国定居点的名称。对于在复辟时期不再在法国居住的拿破仑返乡士兵来说，美国是乔治·华盛顿的国家，正如拜伦勋爵所说的那样，"西方的辛辛那图斯"辞去了美国总统的职务，以便在他的庄园上享受退休的时光；作为前军事领导人，他是美国"士兵耕作者"的先驱。得克萨斯州的拿破仑殖民地只存在了很短时间，该殖民地是由法国自由反对派捐款资助的。不到一年后，定居点崩溃，之后西班牙军队才占领了拿破仑退伍军人所占领的地区。在法国复辟期间，"庇护所"成为神话，自由的市民阶级执着于此，它也是大量的当代诗歌和图画追忆的对象。参见阿萨纳索格鲁-卡尔梅尔，第70—73页、第75页以及雷夫·布劳法布：《边疆地区的波拿巴主义者：墨西哥湾沿岸的法国流亡者和难民》。

1 参见阿萨纳索格鲁-卡尔梅尔，第65页。

状态。

但是这一图片的主人公也可能在思考拿破仑的扩张计划给法国带来战争的毁灭性破坏以及巨大损失。这一观点从背景中高耸的废墟墙壁中得到证实。它危险地靠近着主人公,光落在墙上。那么这张图片就成了送葬者的肖像,而拿破仑就成了其负面的相关点。以这种方式解释,这位退伍军人哀悼的结果将是放弃他对拿破仑的忠诚,并接受波旁国王的和平。

背景中的废墟抓住了站在前面的这位具有双重身份的人物的矛盾心理:作为碎片,作为石制的伤口,它们一方面是破坏的迹象,另一方面,包围它们的绿色(在左侧的前景中,以及在左侧废墟上生长的细小植物的形态中)指向生长。士兵的姿势模仿了废墟的形状:他的右膝盖和右手臂弯曲的角度与墙的突出部分所呈的角度相同。这位归附和平的士兵不仅靠在废墟上,而且似乎与废墟一起成长,并逐渐变成了废墟。这是一个过渡(就像巴尔扎克的环境理论那样),它使人物和周围环境彼此相似:人物使周围环境得以说明,周围环境则包含了人物。[1]“士兵耕作者”本人似乎是废墟,是毁灭与成长,怀旧与未来之间的废墟。这是一幅讲述复辟时期状况的画作。

犁被放置在如此靠近农夫的地方,使得(象征阴道的)犁柄和(象征阳具的)鞭子相互交叉,阻碍了他去向旁边的道路。于是,与其说农业工具指向对国家土壤的生产性利用,倒不如说它们将“士兵耕作者”关在里面,并限制了他的活动半径。建筑和工具形成了一个封闭空间,几乎迫使士兵耕作者处在一个内向性的位置。在战后,返回的退伍军人过上积极生活的可能性受到质疑。[2]

在这幅画中,军事声誉触及了它的致命反面。根据这幅画现在的

---

1 参见巴尔扎克在《高老头》中著名的人物肖像:退休金持有者沃克尔夫人:“一言以蔽之,她的整个人都在阐释她的退休金,就像是她的退休金说明她这个人那样。”

2 我感谢萨莎·罗斯曼对贝内特画作的精湛评论。

标题："和平与战争"[1]，战争与和平相互交织。战争永无止境，就像犁在地上留下的鸿沟一样，战争侵入和平。贝内特的"士兵耕作者"将复辟时期拟人化为"双重时期模式"[2]，拟人化为涉足现在的过去，拟人化为战争与和平，破坏与增长之间的过渡与两者的交叠。"作为农民的士兵"这一主题吸引了君主制的支持者和拿破仑的支持者。前者从中读出了对拿破仑失败的悔恨，并在士兵中辨认出忠诚的臣民，他们是履行和平工作的典范。后者则完全赞成退伍军人的爱国理想，于是退伍军人成了市民自由主义反对派的影子。[3] 对他们来说，品行高尚的"士兵耕作者"形象是一个可喜的机会，可以挽救那些战争返回者的不良声誉。[4]

分裂的人物形象创造了一种从两个方面进行诠释的开放性，这可以解释该主题在当代流行的原因。自 1819 年以来，这一主题不仅出现在素描和绘画中，而且出现在大众诗歌、歌曲、小说和戏剧（尤其是歌舞剧）中，并最终占领了日常生活中的装饰领域。巴尔扎克后来这样描述对"士兵耕作者"的大量消费情况："'士兵耕作者'带来了相关的版画、炉前挡热板、壁钟、青铜制品和石膏像的泛滥。这是对拿破仑和他的英雄们的命运的比喻，这比喻在流行小调和剧院小歌剧中终结。'士兵耕作者'为相关人士至少带来了一百万的收益。今天，在偏

1 近年来关于拿破仑的最重要的著作之一正是通过这种比较来解释拿破仑的失败：军队统帅拿破仑没有意识到法国人对和平的渴望有多大。参见蒙罗·普莱斯：《拿破仑，灭亡》，恩里科·海尼曼和海克·施拉特勒译，2015。

2 雨果·弗里德里希：《法国小说三部经典》，1960，第 114 页。

3 这幅画是由奥尔良公爵所拥有的，这是很恰当的。奥尔良公爵后来成为"公民国王"路易-菲利浦，他于 1830 年成为七月王朝的首脑。作为资产阶级君主制，这个政府像"士兵耕作者"的角色一样，是一个混合体。

4 因此，"士兵劳动者"不能免遭嘲笑。尼古拉斯·沙文是最典型的"士兵耕作者"的例子。他无私地参与了拿破仑的军队，在和平时期却变成顺从的农民。他对拿破仑的过分崇拜使他成为众多歌舞剧嘲讽的对象。"沙文主义"一词源于这位沙文，这位过度的爱国者。参见杰拉德·德·普米热：《沙文与沙文主义：寻找神话》，《历史与记忆》6/1，1994，第 35—72 页。

远省份的小角落，人们仍然能够在墙纸上找到士兵耕作者。”[1]

随着时间的流逝，“士兵耕作者”真的来到了贝内特放置在其前面的墙壁上成了法国各省流行的墙纸图案。对拿破仑矛盾的、胜利—创伤的记忆可作为小摆设来供消费。这些轻描淡写的以军事为主题的庸俗工艺品削弱了战争的暴力，化解了所谓的拿破仑返乡士兵对复辟秩序所构成的威胁。

二

贝内特的“士兵耕作者”所表现的分裂贯穿了复辟的岁月。[2]重叠的、相互冲突的返乡形式使这个时代处于持续的紧张状态。一方面，与波旁王朝有关的流亡者返回家乡，他们在革命前逃离了法国，并在复辟的君主制中要求拥有原来的权力地位；另一方面，在复辟秩序中没有合法位置的拿破仑士兵返回家园。归国局势的这一特殊性再次表明，作为战后时代的复辟时期同时具有两种性质：革命后的和拿破仑后的。拿破仑返乡士兵模棱两可的处境使他们成为美学上有吸引力的对象，成为“现实主义文学”偏爱的返乡者形象。

复辟的君主政体面临着克服社会分裂的艰巨任务。波旁王朝的

---

1 巴尔扎克：《搅水女人》，弗朗兹·黑塞尔译，苏黎世，1998，第64页。

2 复辟时期在文学研究和历史研究中受到的关注很少，这可以用其“时代错误的插曲”来解释。（古德伦·格斯曼、休伯图斯·科勒：《1815—1830年间的法国；创伤或者乌托邦？复辟的社会和革命的遗产》，1993。）最近二十年的文化历史作品证明了对复辟的兴趣，参见谢丽尔·克伦：《政治与戏剧：法国复辟中的合法性危机，1815—1830年》，2000；让·伊夫·莫里尔、马丁·里德、让·克劳德·永：《重思复辟》，2005；娜塔莉·舒尔兹：《想象中的复辟：路易十八——法国君主制的代表》，2006；伊曼纽尔·富雷克斯：《法国的眼泪，浪漫主义时代的政治之丧，1814—1840》，2009和安娜·卡拉：《作为当代史的革命：复辟时期的法国大革命回忆录》，2014。我专门研究了恢复对法国文学中“文学现实主义”发展的重要性，参见安娜-里萨·迪特尔：《尼洛斯—伤口—恢复：司汤达和现实主义的出现》，2018。

君主开始使君主贵族的旧法国与从革命和拿破仑统治中崛起的新法国和解。自身也是归乡者的路易十八从流亡中返回,“为的是结束革命的最后创伤”[1]。根据这个比喻,复辟将自身视为治疗剂,视为通过政治手段来使伤口愈合的工程。复辟后的君主政体始终与两个他者(即革命和拿破仑统治)有所关联。

对革命中皇室暗杀和恐怖统治的创伤性记忆、拿破仑去世后在后代中矛盾性的存在、重建的君主政体由于拿破仑长达一百天的空位而造成的中断、在别列津纳河畔以及最终在滑铁卢阵亡的大量士兵:对立的过去导致了当下这一易爆的混合物,这一混合物将重建的君主政体的融合力推向极限。复辟被君主制“最终失败的幻象”[2]折磨,也就是说,被恐惧,被可能会演化为内战的分裂的恐惧所折磨。从一开始,复辟的君主制——一种彻彻底底的忧郁形式——似乎就接受了自己即将被1830年七月革命引向终结。值得注意的巧合:“文学现实主义”的出现可追溯到1830年,即复辟失败的那一年。

当下,各个时间层相互渗透和叠加,为了“历史地进行讲述”而去借助历史事件及其历时排序已经不再必要了。相反,像司汤达和巴尔扎克这样的作家现在更感兴趣的是各个时间层在当下的存放状况,即对这些时间层的共时结构进行美学处理。巴尔扎克大约在复辟结束时写成的散文,通过以文学的眼光捕捉最近的过去在当下的继续存在,塑造了“作为历史的现在”[3],也就是说,由于革命和拿破仑而造成的众多死者幽灵般地现身,侵袭着复辟时期。并且正如贝内特在绘画中深刻地捕捉到的那样:这些死亡使复辟时期呈现为悲伤的,甚至是

1 这就是路易十八在1824年3月23日的开幕致辞中所说的话,参见阿尔穆特·弗兰克-波斯特伯格:《十多亿移民:复辟时期法国的移民补偿,1814—1830》,1999,第115页,注释421。

2 娜塔莉·舒尔兹:《被提醒的告别,对法国人复辟忧郁的尝试》,载于:彼得·霍雷斯、阿明·奥扎尔、克里斯蒂娜·舍尔:《统治的丧失和权利的下降》,2013,第157—171页,此处:第162页。

3 卢卡奇:《历史小说》。

被死亡所占据的时代。[1]

联合与遗忘，这是路易十八国王的核心公式。已签署的宪法确定了这位从流亡中归来的君主的融合意愿能够怎样转化为社会实践：通过统一和集体遗忘，遗忘所有使君主制“中断”[2]的事物。遗忘更确切地意味着禁止对革命时期和拿破仑统治时期进行研究，甚至不能提及它们。此外，在1814年之前所犯下的任何罪行都不会受到惩罚。大赦和健忘症在复辟的法国联系密切。文学和艺术发展出美学策略，来破坏国家规定的遗忘行为。对此，“士兵耕作者”的存在是一个例子，巴尔扎克的散文也是一个例子。

战胜国认为“稳定、内部安定”的法国对于欧洲的和平十分必要。[3]路易十八也在战胜国的压力下将遗忘当成了自己的座右铭：“我忘记了一切。所有的法国人都是我的孩子。”[4]他这样做依据的是“宽容与遗忘”的传统。这种传统可以追溯到古希腊罗马时期，但由于种种原因，它在革命后的法国不再有效。[5]无效的原因之一是“过去”频繁地以内在的，但主要是实体的形式出现，这在复辟时期的巴黎和法国各省都是显而易见的：成千上万的前拿破仑士兵和军官回到复辟的法国，并单凭他们的现身就惩罚了遗忘的谎言。

那一时期的文学作品通过展示历史造成的伤口，回应了官方对伤口愈合和遗忘的渴望。巴尔扎克对复辟时期进行文学阐释，其独特之处在于他是通过复辟的假想敌——拿破仑来描绘它的，更确切地说，是通过拿破仑战争的返回者来描绘的。这些返回者是对“遗忘”提出

---

1 关于此：富雷克斯（Fureix）。

2《宪章》，1814，第5页，作者的翻译。

3 雷纳·马尔科维茨：《斗争中的过去：1814/1815年—1830年间的复辟》。

4 引自卡拉，第297页。“遗忘”的诫命被任意废除，集体记忆可以加强君主制。因此，复辟的王权陷入了持续的矛盾之中，这一矛盾在对处死玛丽·安托瓦内特和路易十六事件的庄严纪念中变得明显。路易十八利用纪念死者这一行动将自我表现成一个原谅已经犯罪的国家的温和君主。

5 参见马尔科维茨，第118页、第121—121页。

最大挑战的分裂人群。巴尔扎克关于归国者的文章使“士兵耕作者”的理想化形象直面复辟政治的严酷现实主义。

在处理拿破仑老兵的问题上(这是一个引发争议的国内政治问题),遗忘表现出其最残酷的一面。君主政府有意拒绝让拿破仑的前士兵融入社会。路易十八使一万两千名帝国军官领取半饷,并禁止他们用工作弥补这一损失。国王还解雇了一万名军官。大多数情况下,这些老兵得不到或只能得到微不足道的退休金。[1] 总共有超过二十万名士兵被迫退伍或在 1814 年和 1815 年间作为逃兵到达法国。据估计,总共有多达一百万的法国士兵返回家园,并力求重返平民生活。[2] 如果他们实际上退居农村并在那里进行农业劳作,那么通常情况下额外的收入是那样少,以至于生存几乎都不能得到保证。因此,这些为法国卖命的士兵将重返他们未曾为之奋斗过的政治秩序,这一政治秩序并不欢迎他们,也不承认他们的成就。相反,这些返乡者作为复辟君主制的潜在威胁,受到地方当局的严格监视。

巴尔扎克在第一帝国被遗忘之前保留了帝国的“碎片”。在他的作品中,拿破仑战争的返回者代表了时间的叠加,这是复辟时期的典型特征。它们体现了一个承载着历史的当下,不同的过去一起挤在当下。最令人印象深刻的可能是著名的退伍军人夏倍上校(1832)的形象,他在埃劳战役中受了重伤,被错误地宣布死亡并被运送到万人冢,他凭借自己的力量从中挣脱。回到巴黎,夏倍要求在法律上恢复其身份,即撤销其死亡证明和恢复其复辟前的身份。[3] 但是他所返回的社会却想忘记他。阿多诺在巴黎写的关于农民的文章适用于

1 参见马尔科维茨,第 116 页;布莱恩·约瑟夫·马丁:《拿破仑友谊: 19 世纪法国的军事博爱、亲密关系和性生活》,2011,第 152—157 页。

2 参见娜塔莉·佩蒂陶:《帝国的明天,19 世纪法国的拿破仑士兵》,2003,第 88 页。关于实际上有多少拿破仑士兵返回法国,在研究中存在分歧。豪雅总结了不同的数字。

3 凯茜·卡鲁斯对这部小说的法律意义进行了深刻的研究,参见《死者的主张: 历史,闹鬼的财产和法律》。

前士兵们："农民进城时，一切都告诉他：不开放。"[1] 在复辟的君主制中，这个最终在巴黎郊外的救济院中居住的"拿破仑时代的近卫军老兵"不被允许回国。他的颅骨裂开，"从一端到另一端的疤痕使他成为可怕的、面目丑陋的人，这条疤痕从头的后方开始，直到右眼上方才结束，一条宽阔的通红的疤痕"[2]。也就是说，他在埃劳战役中被俄国人用军刀切开的伤口在文章中作为一种图像，代表了拿破仑时期的自我与拿破仑后的自我的分裂。这是一种巨大的、无法再合上的分裂。他的归乡失败等同于他个人恢复的失败，这指向了政治复辟的失败。

在德语语言文学中更不出名的是巴尔扎克提早两年出版的中篇小说《永别》，巴尔扎克用这部小说为现实主义、复辟与归乡之间的联系奠定了基础。这部小说是本文接下来要考察的中心。像夏倍上校一样，《永别》中的人物也似乎是拿破仑时代的幽灵。故事刻画了一对饱受战争创伤的情侣，他们幽灵般的存在侵袭着复辟时期，并使自革命和拿破仑帝国灭亡以来席卷整个法国社会的裂痕得以保留。[3]

三

巴尔扎克几乎没有一部作品像《永别》一样，它成了不同的读物

---

1 西奥多·W·阿多诺:《巴尔扎克读物》。

2 巴尔扎克:《夏倍上校》,恩斯特·魏斯(Ernst Weiss)译。

3 裂痕也可以在巴尔扎克的其他文字和人物中找到：例如，在复辟期间因不积极而被谴责的拿破仑将军蒙特利沃身上(《朗热公爵夫人》)。在著名的桥梁建造者冈德林身上，他冒着生命的危险在别列津纳河上建造一座临时桥梁，以使法国士兵能够从俄罗斯撤退。在没有养恤金的情况下，他返回了他位于高山上的家乡，并在那里挖了泥土并建造了桥梁(《乡野医生》)。最后，在老兵布里道身上，他从美国受挫而返回，成了"庇护所"里的"士兵耕作者"。他放弃了拿破仑的理想，以不知廉耻的野心家的身份升入了复辟时期的最高级的圈子(《搅水女人》)。

竞赛和文学理论论战的舞台。[1] 在激烈的阐释性论战中，显而易见的事情被忽视了。在复辟失败那年写成的这篇小说给出了可供品读的复辟肖像。这一肖像将复辟描述为战后时期，在这一时期延续的战争使和平蒙上阴影。根据这一论点，归乡对于第一帝国的遗民来说并不意味着一条摆脱战争暴力的出路，而是战争暴力在复辟时期困难的和平中的延续。这篇小说显示了复辟的君主制的分裂及其试图弥合这一分裂的尝试。它使历史重大转折之间的过渡变得显而易见，以此来削弱战争时期与和平时期、帝国与复辟之间表面上的差异。

不同的时间层次的叠加（这是已经提到的这个时代特征）将叙述分派到双重时间叙述模式上，将所叙之事分配为框架叙事和嵌入叙事。框架叙事发生在 1819 年的法国偏僻地区，并延伸至 1830 年结束。对于这一接近文本产生当下的框架而言，被雨果・弗里德里希视为巴尔扎克现实主义特征的"现实主义"标准[2] 是合适的。嵌入叙事可以追溯到 1812 年的别列津纳战场上，拿破仑军队遭受了灾难性的失败，这一失败为俄国战役画上了创伤性的句号。

叙述的两个时期分别适合不同的写作方式：用于最近的战争历史的嵌入叙事以历史小说的类型讲述，就像历史小说在浪漫主义时期流行时那样。而当下的框架叙事则首次尝试了现实主义的描述方法。文章允许浪漫主义历史化的段落与现实主义段落交替出现，通过这样的方式，"拿破仑的战争机制"就逐渐变为"复辟时期的和平政体"。这一方式标志着一个作品传记性的转折点：《永别》是巴尔扎克在《人间喜剧》中最早加入的著作之一，他在读者眼前实施了从浪漫主义向现实主义过渡。这篇小说融合了他早期历史小说的风格，例如《舒昂

1 桑迪・佩特里总结了关于《永别》的争论：《巴尔扎克帝国：历史、精神错乱和现实主义文本》，载于：珍妮特・勒瓦里・斯马尔主编的《历史批评与理论的挑战》，1993，第 25—41 页，此处：第 28—30 页。珍妮特・贝泽总结了巴尔扎克的中篇小说所经历的不同诠释：珍妮特・贝泽：《再一次"永别"，从重复到死亡》，《巴尔扎克之年》，2006，第 55—66 页，此处：第 55 页。

2 弗里德里希，第 27 页。

党人》(1829),但在框架叙事中,它留下了在沃尔特·司各特的训练下所形成的风格,并建立了现实主义散文,这种散文使他在1830年后创作的小说大放异彩。[1]

这篇小说的第一部分开始于1819年夏天。两名男子在法国南部省份狩猎时迷路:菲利普·德·苏西,拿破仑军队的将军,在别列津纳惨败后被囚禁于西伯利亚,不久前他才从西伯利亚返回。他的朋友德·阿尔邦侯爵是复辟政府的议员。在森林中他们遇到了一座偏僻修道院的废墟,在修道院的花园里,他们看到了可怕的幽灵。这个幽灵原来是一个疯女人,说着一个她似乎不理解的单词:"永别"(Adieu)。菲利普认出了那是他的前情人,然后昏倒了。德·阿尔邦首先照顾菲利普,然后返回修道院。在那儿他遇到了疯女人的叔叔,叔叔在小说的第二部分向他讲述了在俄罗斯发生的军事灾难,这与斯蒂芬妮的故事有关。

倒叙部分描述了聚集在别列津纳河岸的大部队后卫军从莫斯科撤离后所处的悲惨境况。饥饿、寒冷和精疲力尽使部队士气低落。当俄国人发动进攻时,他们冲上了桥,桥是他们自己人临时建造的。在人群的重压下桥倒塌了,成千上万的士兵落入别列津纳河中。菲利普想到了一个点子:建造一条木筏到达河的另一岸。筏准备好后,筏上的空间只够再容纳两个人。为了拯救他的爱人斯蒂芬妮及其丈夫,菲利普放弃木筏上的位置。当她与菲利普分开时,斯蒂芬妮对他大喊"永别"一词。当她的丈夫掉入水中并被浮冰切掉脑袋时,她重复着这个词。

时间回到现在,叔叔向德·阿尔邦讲述着斯蒂芬妮失去了理智,成了士兵"玩物"的故事。斯蒂芬妮逃离医院后,1816年叔叔在斯特拉斯堡偶然间与斯蒂芬妮再次相遇,此后便一直悉心照顾她。小说的第三部分讲述的是菲利普尝试治愈斯蒂芬妮的精神错乱的故事,她的

---

1 参见莫里斯·塞缪尔:《实现过去:巴尔扎克的〈永别〉的历史和奇观》,《表现》,79(2002),第82—99页,此处:第84页、第94页。

精神错乱表现为一种兽类的状况，表现为智力、意识和记忆力的丧失。菲利普的努力失败了，几个月后他的爱人仍然不认识他，在这之后他决定采取激烈的措施：在他的土地上，他详细地仿照别列津纳战役建造了战场，并在伪装成士兵的农民的帮助下再现了他们创伤性分别的场景。斯蒂芬妮被这一场面震慑，并确实因此重新获得语言和意识，她认出了自己的爱人并立即死去。十年后，菲利普自杀。

小说的标题就已经否认了成功返回家园的可能性。“永别”在法语中具有三个含义，它可以指告别、丧失和分裂的经历，这些经历可能被设定为最终的且不可更改的。[1] 因此，该词似乎是“返乡”精确的对立面，“返乡”与问候、失而复得和统一联系在一起。标题从一开始就使故事中的人物被迫告别。最初的“永别”在菲利普和斯蒂芬妮的重逢中存活下来，在空间上合并以后，两者之间的分隔仍然存在。渴望爱的将军和用动物的方式表达自己的女人再也无法聚集在一起了。菲利普依然失去了心爱的人，从菲利普的角度来看，和这个疯女人在一起并没有结束他失去爱人的状态。暂时的分离——他的无能为力和心因性疾病，她对他的逃离——这决定了他们重逢的节奏，他们会在重建的战场上最终告别。

如果人们跟随标题词所展示的，并在小说中多次暗示的超验痕迹，那么标题所指示的是死亡之后的回归，是被转移到所描绘世界（天堂）的回归。天堂当然始终是没有轮廓的。[2]《永别》听起来让人联想到附着在文章中的死亡。不想要走向终结的是战争灾难，战争结束后它仍在主人公的生活中持续着。因此，标题象征着一个不可挽回的间隙，一个不能够再封闭的裂痕，这一裂痕将个人历史与集体历史联系起来。“永别”是斯蒂芬妮所遭受的创伤的名字，这一创伤使她在整个叙事中成为孤独者，成为活死人。她不是返回家园，而是作为她自身的幽

---

1 类似于贝泽，第 57 页。

2 当斯蒂芬妮去世时，叙述者在她的脸上意识到了天堂未来的光芒，“通过死亡传播出闪光的美丽，短暂的佛光，也许是光明的未来的保证”。（巴尔扎克：《永别》，雨果・卡茨译，1998，第 248—310 页，此处：第 308 页。

灵再次出现。对她来说，人的特征，在小说中指的是女性的特征都已经消失了。像贝内特的“士兵耕作者”一样，巴尔扎克的女主人公是帝国的废墟。写在她身体上的创伤使她成为受到创伤的法国的比喻。由于别列津纳战役的失败而受到创伤的法国必须告别帝国的声誉与光彩，它在复辟君主制忧郁的现实中已经丧失了作为大国的自我认知。

这是巴尔扎克式讽刺的一种效果：女主人公重复了十次包含最终结局特征的标题词：“《永别》就只是这样一个文本，并未最终完结。”[1]由此产生的是结尾的过度：过多的死亡、过多的激情使文本的氛围总是从悲剧性转变为喜剧性。同时，对读者来说，标题和文本之间的关系作为这篇小说和复辟时期的基本原则反复出现。

四

读过《永别》的人都无法避免问自己一个问题：框架叙事和嵌入叙事之间如何相互关联。首先引人注目的是两者在排版上也通过空白来标记彼此之间的间隙。读者会有这样的印象：小说与现实性和历史性散文的零散拼接有关。鉴于嵌入叙事中无法令人信服的视角变化，这种印象被加强了。令人出乎意料的是，此处一个声音开始叙述，这个声音无法在小说中分配给任何一个人物，但对战争中发生的事拥有全知视角。第一个矛盾：叔叔作为斯蒂芬妮的故事的叙述者被引入小说，并声称是与斯蒂芬妮一起从俄罗斯撤退的一个步兵把斯蒂芬妮的故事告诉他的，但此人在嵌入叙事中并没有出现。他被一位旁白叙述者所取代，其语调让人联想到塞古尔的《1812 年拿破仑与大军的历史》，这是拿破仑历史学的著名例子，它为巴尔扎克的战争文学作品提供了素材。[2]第二个矛盾：如果这位叙述者在嵌入叙事的第二部分中

1 贝泽，第 58 页。

2 参见雷切尔·舒：《巴尔扎克的〈永别〉中的疯狂与军事历史》，《法国论坛》，26/1（2001），第 39—51 页，此处：第 40—41 页。

占据某个角色的受限视角，那么这个角色不是斯蒂芬妮，而是菲利普，尽管在这里讲述的应该是斯蒂芬妮的故事。[1]在文中斯蒂芬妮的创伤性故事起源的段落，一位叙述者占据了文本。他像是从虚无中突然出现一样，并且作为军事历史的机械降神，他打破了叙事的逻辑。由此显而易见的是双重的缺席：没有斯蒂芬妮的故事，也没有她在那个故事中的视角。"永别"是斯蒂芬妮唯一的痕迹。它在文章中标志着叙事的可能性，同时也标志着叙事的空缺。视角的飞跃产生了叙事的不连贯性。这样看来，文本分裂成了不均衡的部分。

然而，再看一看就会发现，框架叙事与嵌入叙事是由众多令人不安的相似之处联系在一起的，这些相似之处使帝国与复辟，战争与和平相互适应。在小说的最后部分重建的别列津纳战场是这些对立面相互对峙的壮观高潮。菲利普将俄罗斯的战场装配到官方已经和平化的复辟法国，这是一种军事形式的农业劳动。这就像是一幅"士兵耕作者"爱好和平活动的讽刺画。对于那些战争返回者在和平时期提出来问题："做些什么？"，这部小说的结尾给出了答案："表演打仗！"数百名农民伪装成拿破仑的士兵，"劳动者"变成了"士兵"，"犁头"变成了"剑"。战争再次回归，为的是治愈创伤。斯蒂芬妮再次被遗弃在俄国，以便她最终可以回到法国。"创立战争"的目的是治愈，这一行动将战争的暴力转移到"治愈"，就像这篇小说最后一部分的原始名称那样，并且它失败了，这使其接近于复辟时期的政治治愈。以这种方式来看，《永别》是一部扭曲的归乡小说。

很容易忽略这样一个事实：巴尔扎克的这篇小说是从一开始（而不仅仅是在惊人的结局处）就将拿破仑的战役和臆想的和平复辟时期置于同等的关系中。在这里，战争（嵌入叙事）到狩猎（框架叙事）的

1 舒还注意到别列津纳情节中叙事视角的偏差，但将该现象作为"第三人称视角"掩盖了。问题不在于故事是第三个人讲述的（就像在框架中一样），而是叙事者突然出现，将叙事纠缠在逻辑矛盾中，因为他采用的叙事视角与叔叔引入的叙事视角不符。参见舒，第40页。

转移，即基于作为共同第三方的暴力的转移，具有决定性的重要意义。在这篇小说的中部可以主要通过暴力的后果来读懂战争的暴力：拿破仑士兵的战斗精神受到破坏，他们精疲力尽，消极地屈服于死亡。这样的战争暴力在框架叙事中以狩猎的形态卷土重来。“士兵耕作者”的形象通过“为祖国服务”这一宗旨在战争与和平之间建立了理想的连续体，而清楚明了的暴力事实构成了从士兵向猎人转换的基础，并促成了小说的三个部分之间的联系。暴力的主题弥漫在整个文本中，引起了人们的广泛关注。[1] 它触及“分裂”的语义场，文章将这一语义场像主旋律一样拼写出来[2]，因此暴力的主题超出了狩猎隐喻，它似乎得以在这一隐喻中发泄自我。

在巴尔扎克的作品中，狩猎代替了和平的农业劳动，成为贵族在和平时期的消遣：从战争中回来的菲利普不是“士兵耕作者”，而是“士兵猎人”。根据不对称使对称秩序更加稳定的原则，该框架将嵌入叙事的气象转向了框架叙事的反面：在小说的一开始，法国仲夏的炎热与俄罗斯冬季的寒冷对立，另一方面这炎热让人想到别列津纳河畔的大火。[3] 小说以菲利普为他已经筋疲力尽的狩猎同伴德·阿尔邦加油开始：“走啊，中间派议员，向前进！”[4] 没过多久，菲利普提议追捕一个野女人，他没有认出这个野女人就是斯蒂芬妮：“走！让我们追赶这个黑白相间的女人去，前进！”[5] 狩猎时一句首字重复的呼喊，两个人物被菲利普驱赶及猎捕。德·阿尔邦在菲利普的管理之下显得像是一只灰猎犬，[6] 众所周知，那是一种狩猎犬。而斯蒂芬妮却被比作各种动

1 参见贝泽，第 56—61 页和露西恩·弗拉皮耶-马祖尔：《巴尔扎克〈永别〉中的重复与暴力》，载于：皮埃尔·拉福格：《写作实践：向让·高登提供的诗歌和文学史的混合》，1996，第 157—166 页。

2 参见贝泽，第 60—61 页。

3 参见弗拉皮耶-马祖尔，此处第 159 页。

4 巴尔扎克：《永别》德语版第 248 页，原文第 973 页。（原文指法语原文。）

5 同上，第 256 页，原文第 979 页。

6 同上，第 251 页，原文第 975 页。

物，其中多次被比作雌鹿[1]，这种动物在古希腊罗马时期和中世纪就被看作猎物的化身。

小说从第一个词开始就将狩猎和逃跑的动态引入文本中，并将其视为性别战争的隐喻。当菲利普昏倒的时候，德·阿尔邦用步枪开枪。他以暴力的方式进行呼救，这促使了斯蒂芬妮的逃亡："（她）像箭一样快地逃跑，像受伤的动物一样发出恐怖的尖叫声。"[2]当菲利普带着一定的愿望靠近她时（他希望她认出自己），这种逃跑在小说的最后一部分就不断重复。这个疯女人对于这种靠近的反应是借助植物群来进行逃离："然后，她从乌木树旁边逃到了洋槐树旁边，然后从那里逃到了北欧冷杉树旁边来进行自救"，菲利普对此评论说："她！竟然不认识我！逃离我！"[3]随后的驯服尝试并不能令菲利普满意：糖可以使他成功地将"野兽"变成"宠物"，但不能将动物变成女人。

在小说《永别》中狩猎使爱情与战争紧紧联系在一起，由此，战争与和平，框架叙事与嵌入叙事之间虚假的转折就被磨去了。狩猎是对因战争而扭曲的性别关系的隐喻，但与此同时，它也是一场战争的写照，在这场战争中，英雄主义变得"兽化"，法国士兵像动物一样被"猎杀"。死亡笼罩在别列津纳河畔临时搭建的营地上，士兵在营地上如同行尸走肉，他们聚集在河边，好像聚集在一个活着的群体坟墓中。对于转变为动物的人们来说，睡眠、食物和保暖的基本需求已经至关重要，只要进军的俄国人在这方面给他们一点满足，他们就任人宰割、必死无疑了。叙述者将在菲利普的指导下建造的救生筏被称为"诺亚方舟"，这也使兽化的特征与渡过别列津纳河的逃亡联系起来。

插入的战争情节集中在逃亡者身上，叙述者在俄罗斯猎人身上只花费了几句话的笔墨，就将其排除在外。这种单方面的、有偏向性的对狩猎的刻画加剧了这种不对称性，而这种不对称性构成了每个

1 斯蒂芬妮在初次登场时被与老鼠、鸟、松鼠、猫、狗和母鹿相比。参见巴尔扎克：《永别》德语版第257—262页、第294页、第301页，原文第979—982页，第1004页。

2 巴尔扎克：《永别》德语版第262页，原文第983页。

3 同上，第296页，原文第1005页。

狩猎事件的结构：“对动物来说致命的危急境况对狩猎队来说仍然是一种游戏的乐趣。”[1]在向框架叙事过渡的过程中，不对称性转移到性别差异上，这“致命的危急境况”最终也在延后的自杀中赶上了菲利普。在《永别》中，性别关系的不对称并不简单地仅仅意味着女性是被动的、逃亡的，男性是主动的、狩猎的。巴尔扎克采取了更为激进的方法：他抹去了女性的主体地位。没有一个女性的归乡主体来与男性战争返回者相对。斯蒂芬妮不会思考，也不会说话（除了标题给出的，毫无意义的声音序列“Adieu”）。疯狂，她被还原为物体的状态，她变成了男性属性和欲望的投影屏。文本中的女人仅通过男人（人物和讲述者）为她创造的图像而存在，并转变为动物，她的出现主要表现为顺从的、奔放的、充满诱惑力的身体：“身体上的献身和动物的不稳定性……这些在伯爵夫人身上展露了灵魂的完全缺席。”[2]

就是这具动物特性多于女人特性的身体在小说的框架部分和嵌入部分之间建立关系：文章将拿破仑部队在从俄国撤退的过程中的兽化经历转移到这个动物—女人的身体上。这个疯女人浪漫化和美化了战争的现实，这些现实在小说的中间部分并没有被修饰，但小说也并没有对历史进行赤裸裸的全方位的描写。塞古尔所描绘的同类相食的场景在历史上是有争议的，巴尔扎克省略了这样的场景[3]：兽性并没有发展到让士兵由于饥饿而残食同类的程度。但他们会杀掉自己的马来充饥，这使菲利普发出“野蛮人”[4]的指责。动物和人之间界限的真正崩溃是以框架叙事中的斯蒂芬妮为代价的，并由此延迟到复辟时期（作为臆想的战后时期）：女主人公在自己的身体上承担了男性战争失败的结果。[5]在巴尔扎克看来，这个动物—女人似乎是“士兵耕作者”的补充，因此也是拿破仑之后的时期的另一个形象。她像“士

1 罗伯特·苏特：《通过暴力、狩猎与批判》，2015，第 18 页。

2 巴尔扎克：《永别》德语版第 292 页，原文第 1003 页。

3 参见舒，第 41—42 页。

4 巴尔扎克：《永别》德语版第 270 页，原文第 990 页。

5 参见舒，第 42—43 页。

兵耕作者”一样使分裂与过渡统一在自身之中。[1]

五

斯蒂芬妮发疯的肉体是批判的对象。菲利普抱怨她本人在战争前和战争后的差别。一段谈话再次将嵌入情节和框架情节连接起来，它源于在俄国的战争。当菲利普看到他所爱之人坐在别列津纳河畔的火堆旁时，尽管（或者正是因为）存在困境，斯蒂芬妮的模样还是挑起了下面的疑问：

“确实，她一点也不像人类。[……] 她曾是迷人的女人，是情人的骄傲，还是巴黎舞会的女王吗？哦！即使是她最无私的朋友的眼睛，在这堆亚麻布和碎布中也再也看不到任何女性特征。”[2]

在第三部分也有类似的：

“如果她在疯狂中保留一点女性气质，我会忍受所有事情。但是她总是看起来野蛮甚至不知廉耻……”[3]

显得真正可怕的并不是前恋人在战争中经历过可怕的事情并遭受了严重的创伤。真正可怕的是她不再符合那一时期女性的理想形象：女人首先必须能够促成男人的身份认同。从战争中返回的女人在战争中以戏剧性的方式失去了她的女人特性，这在父权制逻辑中（如上所述）意味着她人性的丧失。尤其沉重的是：作为士兵的“性玩具”[4] 是她的耻辱，这意味着美德和荣誉已经丧失。滥交对于妇女的

---

1 对于一个过渡人物的宗教维度（这个人物要在从猎人到圣人的转变中放弃暴力），文本中出现了狩猎的守护神“圣休伯图斯”，菲利普在中篇小说的开头提到过这个守护神。他的名字将神圣的长得相似的人与巴尔扎克的混合人物形象联系在一起，后者并未摆脱暴力。巴尔扎克：《永别》德语版第 249 页，原文第 974 页。

2 巴尔扎克：《永别》德语版第 278 页，原文第 993 页。

3 同上，第 303 页，原文第 1009 页。

4 同上，第 290 页，原文第 1001 页。

声誉是毁灭性的，即使是发生在非自愿发生的情况下。这是自相矛盾的，因为溃散的拿破仑士兵持续地虐待女性。因此，“像驱逐动物一样”[1]驱赶斯蒂芬妮，并对她的战争创伤产生决定性影响的敌人不是俄罗斯军队的成员（就像人们可能认为的那样），而是本国的士兵。此外，如果人们将斯蒂芬妮亲眼看见自己的丈夫被一块浮冰切下头颅这件事看作是引发她创伤的事件，那么也是正确的。伯爵从木筏上掉了下去，因为竹筏是被自己的士兵“用这种暴力”[2]推向对岸的。

在这种背景下，俄罗斯人在嵌入叙事中的位置空缺是合乎逻辑的。造成斯蒂芬妮创伤的猎人可以在逃亡的人中找到，这一点在文章中毫无疑问。与在战争期间相比，从战争中返回的女人在返乡途中所受的创伤更多。在她的故事中，这创伤是长达四年的折磨，是持续的灾难。[3]这篇小说开始时的狩猎场景至此在另一种光芒下呈现了：巴尔扎克借此场景似乎也在映射性暴力的一种特定形式，即无人陪伴的女人从战争中返回时受到自己军队的男人的威胁。他们从被猎捕的男人转向对女人进行猎捕的男人——在战争中以及在和平时期。

如果在狩猎中两性之间的关系显示为统治关系，那么这就以一种特殊的方式适应于复辟时期。这一时期一方面是要抹杀关于拿破仑的记忆，但另一方面是接管他的法律：路易十八接管了拿破仑的法典，保留了其原名。这意味着《民法典》第 213 条（反映了拿破仑性别政治的保守）仍然有效：“男人必须保护妻子，女人必须服从丈夫。”[4]本

1 巴尔扎克：《永别》德语版第 290 页，原文第 1001 页。

2 同上。

3 这个灾难在法语中已经成为谚语般的存在：根据拉鲁斯词典，“别列津纳”是一个表达“完全失败”“灾难性失败”的俗语（作者的翻译）。

4 性别不平等现象在法律对通奸行为的处置上得到了进一步体现，《刑法典》（1810）（复辟政府像接管拿破仑的《民法典》一样接管了这部刑法法典）规定：妇女的不忠被视为比男人的不忠危害更大。如果一个男人的情人与他和他的妻子住在同一所房子里，尽管他因通奸会受到处罚，但只能被罚款，但通奸的女人必须为她的罪行承受最高可达两年的监禁惩罚（《刑法典》的第 337 条和第 339 条）。

条款所赋予丈夫对待妻子的权利与父亲对（未婚）女儿的权利相同。[1]《民法典》宣布如已婚妇女为未成年者，必须服从丈夫，即家庭领袖的统治。从法律上讲，已婚妇女与未成年人以及因“弱智”、“精神错乱”或“暴怒”而丧失行为能力的成年人处于同一水平（《民法典》第489条）。法律将女人限定为服从的角色，这将拿破仑的统治与复辟时期，以及嵌入叙事的女性规范与框架叙事的女性规范联系起来。

如果把《民法典》考虑在内，那么斯蒂芬妮的精神失常的爆发（指的是横跨别列津纳河时）似乎是从一种法律上受认可的未成年状态过渡到另一种未成年状态：从已婚妇女过渡到失去丈夫的精神病妇女。这种情况下，她不仅被比作动物，还多次被比作儿童。[2]菲利普抱怨的反差，即那个拿破仑统治下曾是“情人的骄傲”的女人与疯狂生物之间的反差。这个疯狂的生物，或者作为“动物”或者作为“孩子”在复辟时期的花园里跑来跑去。从法律上讲，这一反差被证实是假的反差。所有这三种存在方式在法律上都被确定为未成年状态。作为动物—孩子—女人，《永别》为女性主角提供了事由，来表现对其行为能力的三重剥夺。这可以理解为对妇女在《民法典》中地位的尖锐批评。

巴尔扎克在《婚姻生理学》（1830）（即他在1824年至1826年间，也就是在撰写《永别》之前不久撰写的婚姻手册）中，深入研究了拿破仑的法律。他的这本讽刺性的小册子可以说是19世纪20年代兴盛的婚姻文学中最著名的例子。其在本质上是一篇尝试探究女性不可避免的通奸的文章，并为丈夫提供了避免这种通奸的策略，或

---

1 参见佩特里，此处：第31、38、40页。佩特里正确地提到了《民法典》，但他忽略了《永别》中三角人物状况的特征：死去的丈夫，受虐的寡妇，愿意结婚的恋人。当佩特里谈到巴尔扎克的主角遭受的性暴力时：“在一种性别中不能容忍的性冒险，但在另一种性别中可能可以被理解”，很显然，在他的分析中虽然包含对当代性别政治的考虑，但并不能与适当的解释学敏感性保持平衡。

2 巴尔扎克：《永别》德语版第261页，原文第982页。

者——更有可能——是控制通奸的策略。[1] 根据巴尔扎克清晰的结论，女人这种不能被抑制的、易受拐骗的特性使婚姻变成了长时间的“内战”[2]。巴尔扎克的小册子中所表达的对婚姻的批判性反思对他后期的小说产生了影响，其在《永别》中就留下了细微的、很容易被忽略的痕迹。

斯蒂芬妮，一个通奸的女人，与她的丈夫和情人一起开始从俄罗斯撤离。恐怖的战争将此设为背景。她违背了忠诚义务，对此作者在文中并未做出评论。她的丈夫“自三天以来就突然陷入一种幼稚的状态”[3]，并没有履行保护妻子的职责。因此，菲利普在别列津纳的情节中就已经占据了丈夫的位置。他将保卫情人的生命视为一项英勇的任务，一项勉强将其丈夫也包含在内的任务。然而，悲惨的是，菲利普不管在战争中还是在和平中都没有保护好他的情人，这使他又一次与斯蒂芬妮缺席的丈夫相像。引人深思的是渡过别列津纳河畔失败这一事件发生的时间顺序：在菲利普看到斯蒂芬妮的丈夫穿着“笔挺的将军制服”[4] 现身后，菲利普决定放弃救生筏上的位置来救斯蒂芬妮的丈夫。然后，斯蒂芬妮放弃了与爱人一起殉情的愿望（“和你一起死！”），并同意他的牺牲：“他们意见一致。[5]” 两人同意彼此的想法意味着他们尊重军事和婚姻的社会等级划分：将军的地位高于军官，丈夫的地位高于情夫。[6] 在与菲利普的告别中（“‘永别！’她说”[7]）斯蒂芬妮通过在告别中同意菲利普的决定而履行了自己服从的义务：“女人应该服从她的丈夫”，正如《民法典》第 213 条所说的那样——或者

1 参照帕特里夏·迈纳尔迪：《丈夫，妻子和爱人：19 世纪法国的婚姻及其不满》，2003，第 68—69 页。

2 巴尔扎克：《婚姻生理学》德语版第 257 页，原文第 1121 页。

3 巴尔扎克：《永别》德语版第 275 页，原文第 991 页。

4 同上，第 289 页，原文第 1000 页。

5 同上，第 289 页，原文第 1000—1001 页。

6 参见弗拉皮耶-马祖尔，第 161 页。

7 巴尔扎克：《永别》德语版第 289 页，原文第 1001 页。

像巴尔扎克本人在这篇小说的原始标题“女人的职责”中所表达的那样。点题的“永别”（adieu）也会让人联想到“adultère”（通奸之爱）。斯蒂芬妮在横渡别列津纳河时放弃了她的通奸之爱，这符合她的义务的要求。

然而，女性的应尽义务和男性的牺牲被证明是毫无意义的。额外的死亡是对责任和牺牲的回应。斯蒂芬妮的丈夫不仅从木筏上摔下来，这本身就可能会导致他因溺水而死亡，而且在此过程中他还被切下头颅。渡河的场面堪称小说的原始创伤场面（这是对革命中许多被斩首的人的奇怪回忆），它确定了文本中暴力和死亡之间解不开的结。横跨别列津纳河这一事件打破了人物的色情三角：西伯利亚流放（情夫），死亡（丈夫），不受保护的返乡（寡妇/情妇）。因此，在别列津纳河畔的失败不仅通过宣告拿破仑凯旋队伍的终结来分裂历史，而且还亵渎了拿破仑所创立的婚姻法，尤其是其中所规定的女性的义务。拿破仑是军队的统帅，也是设定《民法典》的人，他在小说《永别》的背景中扮演的是抓线人的角色，他将连接性别政治与战争，把连接框架叙事和嵌入叙事的线抓在手中。

六

如果人们总结已经进行过的论证过程，那么很显然归乡并不意味着某些事情将要结束，而是某些事情（即与战争相似的暴力关系和逃亡）将会继续。战后复辟时期积极塑造的不是和平，而是转化为游戏形式的暴力，例如狩猎、疯狂和最终被重置的场景。战争的暴力并没有像“士兵耕作者”所展示的那样得以升华，只是在寻找其他的展现方式。在巴尔扎克的中篇小说中，法国人对和平的渴望所得到回应是战争在和平时期的延续。归乡似乎是一种运动，它不仅弥合了战争与和平之间的鸿沟，而且还铲平了这些对立状态之间的差异。

拿破仑以军队统帅和《民法典》修订者的双重身份，成了一段历史的背景角色。这一角色使拿破仑战争与拿破仑后的和平联系起来，更确切地说，两者主要显示为平等的关系。追捕关系是混乱的，并蔓延到归乡的情境之中：俄罗斯士兵追捕法国人，法国人追捕自己的同志，但主要是法国女人。小说将暴力的描述完全集中在法国人的视角上，借此，当前的中心政治冲突被标记为法国内部的冲突，更确切地说是性别冲突。这样，《永别》也可以回答那一时期的恐惧幻想，即回答被巴尔扎克展现为性冲突的内战。

巴尔扎克在他的小说《钱袋》中将此处暴露出来的“过渡的艺术”描述为复辟时期的特征，描述为“政治上不稳定性如此高的时代的本质”[1]。作为从生活中汲取审美的明显例子，叙述者提到了一件“既不是民用服装也不是军事服装”的连衣裙，“它可以交替地被误认为是两种中任何一种”[2]。作为农民服装和士兵服装之间的摇摆，这种过渡的艺术也影响了在本文一开始所分析的贝内特的画作《和平与战争》。以渡过别列津纳河的创伤性经历为出发点，巴尔扎克在《永别》中着眼于俄罗斯与法国之间、帝国与复辟之间、战争与和平之间的过渡，同时又将针对框架叙事和嵌入叙事之间关系的叙事性反思写入其中。

在《永别》的中心段落响起的歌曲《去往叙利亚》将这种过渡的艺术转化为声学。1810 年，这首歌创作时，拿破仑埃及战役依然留下了持久的痕迹。它在帝国时代非常流行，在复辟时期是禁忌之歌，在第二帝国成为非官方的国歌。它在抒情诗的风格中结合了骑士的英勇事迹和他们对爱情的展望。不同寻常的是巴尔扎克是如何将歌曲整合到文字中去的：菲利普使用这首歌作为引兽的叫声。他向藏在花园里的情人吹口哨，她随着这首歌的旋律接近菲利普，她闻到糖的味道。和这首歌紧紧连接在一起的是“对他们爱情场景的记忆”[3]，斯蒂芬妮像忘记其他一切一样忘记了这些记忆，这像是对遗忘政治的比喻。遗

---

1 巴尔扎克：《两个新嫁娘》《钱袋》，恩斯特 · 桑德译，1965，第 242—276 页，此处：第 258 页。

2 巴尔扎克：《钱袋》德语版第 258 页，原文第 427 页。

3 巴尔扎克：《永别》德语版第 299 页，原文第 1007 页。

忘与记忆在斯蒂芬妮和菲利普对歌曲的不同演绎中不可避免地连接在一起。当菲利普在当时显得漏洞百出的复辟和平中吹奏《去往叙利亚》(这首歌在当时会被认为是拿破仑的代名词)时,巴尔扎克就又一次将帝国与复辟之间的过渡放在聚光灯下。时代的叠加成了美学原则。拿破仑的出现也笼罩了对遗忘的描写——这是巴尔扎克在这首歌的试奏中出现的令人意外的高潮。即使是对斯蒂芬妮遗忘的最令人印象深刻的描述,也唤醒了对拿破仑英雄主义的回忆。因此,即使记忆、意识和语言在复辟过程中被删除了,关于拿破仑的记忆也为自己铺平了道路:它作为旋律、声音,通过听觉延续了下去。

编后记

安娜-里萨·迪特尔(Anna-Lisa Dieter),德国罗马语言文学博士,作家、策展人、法语翻译,曾在慕尼黑大学和康斯坦茨大学任教。2018年起,其工作重心向博物馆转移,曾就职于德累斯顿德国卫生博物馆、慕尼黑新自然历史博物馆,2024年1月起就职于洪堡大学的洪堡实验室。此外,她还为多家报纸、杂志和出版社的专题版撰稿。其最新著作《苏珊·桑塔格》于2022年出版。研究方向:法国复辟时期政治与文学的关系、浪漫主义与现实主义之间的过渡等。

本文译自:Anna-Lisa Dieter, *Verweigerte Heimkehr bei Balzac—Zu Napoleons Nachleben in der französischen Restauration* (1814/15–1830), Springer, 2018, pp.181–202。

乔伊斯和巴尔扎克：工业大生产时代的艺术家肖像

作者　[瑞士]大卫·斯普尔
译者　朱宾忠　周小川

首先，让我再次提及这个不同寻常的名字：保罗·德·考克。在巴尔扎克的小说《幻灭》(1837—1843)[1]中，一贫如洗的记者艾蒂安·卢斯托需要一副新手套参加晚会，于是将寄来供他写书评的几本崭新的小说卖掉，其中一部小说的作者就是文坛新秀德·考克。卢斯托未曾打开德·考克的小说就写下了这篇书评，为的是把书卖掉。[2]小说开始几页之后，卢斯托的编辑要他把这篇书评写得可以跟另一位著名的热门小说家维克多·杜桑[3]相提并论，因为编辑与一位刚刚买了两百本这部小说的书商达成了一项协议，该书商想"打造出一个(与杜桑)具有同种风格的新作家"。虽然卢斯托和他的编辑费罗都是虚构人物，可杜桑和德·考克都是历史人物，他们都是当时最受欢迎的作家。在法国大革命[4]后因公共教育引入而造就的新兴小资

1 小说的前三个部分最初是分开出版的，分别是：《幻灭》(后改名《两个诗人》)(1837)，《外省大人物在巴黎》(1838)以及《伊芙和大卫》(后改名《发明家的痛苦》)(1843)。这三个部分最终在1843年版《人间喜剧》第八卷中以《幻灭》为名合集出版。

2 英译《幻灭》，H.J. 亨特译，企鹅出版社，1986，第255页。

3 同上，第267页。

4 尽管在19世纪30年代之前法国公立学校的创办举步维艰，但作为1793年法国宪法的序言，《人权宣言》使得公立教育得以全面普及。有关这个问题的相关文献有两个：雷内·格雷维特的《法国当代教育的兴起》，北方大学出版社，(转下页)

产阶级读者群中，他们找到了受众，即门房、男仆、厨师，以及无聊的家庭主妇[1]之类的人。乔伊斯在《尤利西斯》第四部分向我们也展现了这种读者形象，她就是莫莉·布鲁姆，她早上一边在床上看书，一边要她丈夫从卡佩尔街图书馆借回另一本小说："再来一本保罗·德·考克的。他的名字不错。"[2]莫莉对小说的品味与布鲁姆对视觉艺术的品味如出一辙；床上挂着一幅题为《仙女之浴》的画作，这幅"精妙的油画杰作"是《摄影点滴》复活节专刊的随赠品。

作品中对一个商业上很成功的小作家的偶尔提及证明乔伊斯受到了巴尔扎克的影响，哪怕只是间接的影响。在其由二十几部小说组成的、被命名为《巴黎生活场景》的小说里，巴尔扎克首创了现代都市小说。作为第一个创作这类作品的人，他满怀雄心要把当代城市环境中的一切生存条件包罗进小说里；在这种环境中，小说人物个人的志向受到更强大的社会和经济现代性力量的制约。这种影响力不仅能以从小店主到内阁部长的众生相的全景视角看到，还以最精确的细节客观地表现出来：我们都对巴尔扎克小说人物的街道地址非常清楚。我们可以跟随他们的步伐游遍整个巴黎，而乔伊斯的读者也可以跟随其小说人物游历都柏林。

然而，作品提及德·考克与现代都市生态的一个特别层面相关：文学占据了一种文化现象、一种职业及一种经济生产力形式的地位。在这种情况下，没有哪个小说家比巴尔扎克更有权威也更为冷峻地对文学活动进行分析，他描绘了文学生产过程的各个方面，从作家的灵

（接上页）第1789—1835页，第7章《教学效率探究》，以及马丁·莱昂斯的《19世纪法国的读者和社会》，帕尔格雷夫麦克米伦出版社，2001，第1章《19世纪法国的新读者》。

1 尤金·德米雷考特、保罗·德·考克，哈弗出版社，1856，第37页。

2 里昂撰写的有关19世纪通俗小说女性读者的那篇文章有助于我们在历史语境中理解莫莉的读书习惯。莫莉在培养这种习惯的过程中固然离不开丈夫的鼎力相助，但由于所处社会阶层的原因，她对保罗·德·考克的品味却是完全受到了当时普兰斯女性的读书氛围影响。

感到作品的撰写、出版、评论、广告和图书销售[1]的复杂事务都囊括在他的创作里。住在舒适郊区别墅里的德·考克,是世界上懂得怎样获取成功的一个典范。相比之下,巴尔扎克的吕西安则像乔伊斯的斯蒂芬·德达勒斯一样,成了不成功的范例。然而,巴尔扎克此举并不仅仅是对文学生产过程的侃侃而谈,正如卢卡奇所论,巴尔扎克的目的在于记录"文学的资本化"和文学生产的精神[2]。在巴尔扎克的作品中,文学乃至抒意的情感,都被资本的力量转化为商品,这种力量改变了现代生活的各个方面。这并不是巴尔扎克留给像乔伊斯这样的后世作家的最重要遗产。鉴于历史和地理环境的差异,乔伊斯自己虚构的艺术家们一定也发现他们自己同样面临着巴尔扎克首次提到的这种现代资本主义环境,因此他们必须与之妥协,否则就不能适应形势。有了对巴尔扎克背景的理解,阅读乔伊斯也就有了独特的兴味:在资本化和政治化的社会环境中,这种阅读实践使得乔伊斯处理艺术自主性问题的方法变得一目了然。

皮埃尔·布尔迪厄最为系统地对作为一种社会现象的艺术自主性课题进行了研究,其理论需要在此做简要的总结。在《艺术法则》中,布尔迪厄将 19 世纪中叶存在的文学领域定位成一个自治域,尤其是在福楼拜的《包法利夫人》(1856)和波德莱尔的《恶之花》(1857)两部作品出版之后。布尔迪厄的论点是,从那一刻起,该领域受到一套规则的约束,这些规则独立于影响整个文学领域的经济和政治力量之外,或完全与之相左。总体来说,人们开始认为,艺术家是一个不同于贵族和资产阶级的全新社会实体。即便如此,在文学领域内,作家们自身在权力和特权上仍然存在着差异。特定的作品或体裁,根

1 克里斯托弗·普伦德加斯特注意到,在《幻灭》及其续集《烟花女荣辱记》(1847)中,所有包括理念、思想和观念的东西都成为卖点,而"做生意"则成为推动小说大多数角色创作和完善的动力。克里斯托弗·普伦德加斯特:《模仿的规律:巴尔扎克、司汤达、奈瓦尔、福楼拜》,剑桥大学出版社,1986,第 87—88 页。

2 卢卡奇:《巴尔扎克和法国现实主义》,保罗·拉沃译,弗拉诺瓦·马斯佩罗出版社,1967,第 51 页。

据市场法则或政治制度而非按照艺术本身的规律，价值被贬低。因此，到本世纪末，分期出版的刊物、戏剧作品和流行小说被人贬低为市井文学，而象征主义诗歌和福楼拜的小说则被视为接近“纯粹艺术”[1]的理想之作。在福楼拜本人看来，要使他自己的文学具有独立性，就要采取一项必要措施，那就是与无所不在的德·考克们保持距离。用布尔迪厄的话说，德·考克的现实主义在于“要以英雄形象树立自身形象，以此来取悦公众，而这种心态只有在小资产阶级的日常生活中才有所体现”[2]。事实上，根据福楼拜的说法，写一部像《包法利夫人》这样人物角色具有外省生活那种平淡无奇和多愁善感的特点的小说存在着两种风险：小说可能像德·考克的叙述那样平淡无奇，也可能成为“夏多布里昂化的巴尔扎克”——一种以夏多布里昂的行为方式[3]在外省生活的浪漫主义模式。福楼拜相当坦率地阐明了这个问题：

> 我若不以一种深刻的文学形式来展现它，我目前在写的东西就有可能像保罗·德·考克的一样。但是，怎样才能对这种本来就写得很好的日常对话进行润色呢？[4]

福楼拜的解决方案就是采用一种与现实主义和浪漫主义都背道而驰的形式，一种恰恰是致力于“着意书写平庸”[5]的解决方案，以反讽的方式把平庸写到极致，这使得他的第一部伟大小说具有了独创性。

---

1 布尔迪厄援引鲍德莱·雷在1862年写给福楼拜的一封信：“波德莱尔（这个名字）就是奥古斯特·巴比尔、特奥菲尔·戈蒂埃、班维尔、福楼拜、波德莱尔，简而言之，就意味着纯文学，您怎么可能想不到呢？”布尔迪厄：《艺术的规则：文学领域的兴起与结构》，苏珊·伊曼纽尔译，政治出版社，第63页。

2 转引自布尔迪厄：《艺术的规则》，第90页。

3 同上，第93页。

4 同上。

5 同上，第94页。

从乔伊斯与巴尔扎克的关系入手来解读乔伊斯，与福楼拜有什么关联呢？答案是：一方面，乔伊斯碰到了一个与福楼拜所遇到的相类似的问题：在创作像利奥波德和莫莉·布鲁姆这样的人物（他们的心理直接来源于小资产阶级的日常生活）时，若不能通过充分书写平庸来凸显自己的艺术自主性，他就要冒重蹈德·考克模式的风险；另一方面，艺术自主性问题和文学领域的内在差异已经被巴尔扎克以一种深刻而又客观的方式在《包法利夫人》出版二十年之前就加以定义了。巴尔扎克已经预见到了像斯蒂芬·德达勒斯这样的人物，为了当一个艺术家而不得不做出很多牺牲，并选择对很多事情予以拒绝。

《幻灭》的故事发生在19世纪20年代波旁王朝复辟时期。印刷商、出版商、书商、记者、戏剧经理、小说家和诗人彼此之间的互动形成了这一历史背景下的文学场域，有两个人物的出现象征着艺术的自主性与制约它的经济力量之间的斗争。其中第一个是吕西安，他是小说叙事的中心人物，一位来自外省身无分文的年轻诗人。他来到巴黎，决心一展自己的才华、发财致富并在首都的贵族圈中占据一席之地。巴尔扎克给这一部分取名《一个来自巴黎郊区的大人物》，这对吕西安在出版界所遭受的待遇构成一种反讽，吕西安为了出版他仿照沃尔特·司各特风格创作的诗集和历史小说而遍访出版商。但在与形形色色的书商和出版商打交道的过程中，他备受冷遇和蔑视；他很快就摈弃了这个世界看重文学价值的理念，因为书商需要的只是从他们的投资中快速得到回报。卢斯托是一位对文学界已经失望透顶的年轻作家，他向吕西安解释了这一切，对书商来说，“书只是一种风险投资。内容越精致，销售量越小”[1]。

由于文学理想遭遇挫折，吕西安想涉足报业，他首先想到的是用它打开通往文学的成功之路。“我就不能从事报业吗？这样就可以

1 英译《幻灭》第277页。

卖掉我的诗集和小说，然后再从中跳出来。”[1] 这显然行不通，一旦涉足这一新行业，吕西安就无法抗拒书评者的特权所带来的诱惑，哪怕这种权力是多么微不足道。为了报复出版商达里亚特对其诗集的拒稿，他猛烈抨击达里亚特推出的一本新小说，而小说的作者确实有文学才华。出版商不得不买下吕西安的诗集，以免再受其打击报复，但他只是买下他的诗集，根本不曾付梓印刷。然而，吕西安成了更有权力的人策划的一场阴谋的受害者：有人承诺给予他贵族头衔，他无法抵挡诱惑，退出了奉行自由主义的共和党党刊而投入保皇派阵营。这样一来，他成为以前盟友的死敌，而保皇党又因为他早先对他们的攻击而与他割席。他遭受羞辱，无依无靠，身无分文，灰头土脸地逃离了巴黎。

在巴尔扎克对王朝复辟时期文学领域的描述中，该小说中的另一个重要人物是丹尼尔·德阿特，他是福楼拜和波德莱尔前代作家群（他们已经宣布自己与资产阶级社会秩序分道扬镳了）中一颗最为璀璨的明星。德阿特虽然穷困潦倒，但他却把精力投入到文学和哲学研究中，投入到一部小说的创作之中，而这部小说也完全是为了“探索语言的奥秘”[2] 而写。德阿特在小说中的作用是表明在文学领域坚持艺术自主性的立场，并充当自我牺牲的崇高榜样，而这一点吕西安既没有勇气，也没有耐心去模仿。在读过吕西安的历史小说手稿之后，德阿特鼓励吕西安重写：“如果你不想模仿沃尔特·司各特，你就必须自己独创一种不同的写作方式，而你却模仿了他。”[3] 他看到了这位年轻作家的光明未来，但这要求他完全献身艺术并以牺牲自己为代价：“经过十年的不懈努力，你会名利双收的。”[4] 德阿特的天性里有着“不假虚饰的崇高”和“毫不张扬的美德”，这将艺术独立的理想提升了一个道德维度。将德阿特塑造成一位品格高尚、从事小说创作的艺术家对巴

1 英译《幻灭》第 279 页。

2 同上，第 214 页。

3 同上，第 213 页。

4 同上，第 214 页。

尔扎克所从事的工作非常重要，他正在努力为小说争取合法艺术的地位，因为长篇小说当时主要在报刊的副刊上刊载，常常与新闻报道联系在一起，依然被看成一种商业化的文学形式。[1]

如果我们承认巴尔扎克毕生从事的宏大工程具有为小说正名的功能，那么仍然有一个问题悬而未决，那就是“德阿特是如何融入到巴尔扎克小说本身所揭示的物质关系体系中的”。德阿特想要退出这个体系，但正如西奥多·阿多诺所说，这个系统“需要每个人都成为顾客”[2]。阿多诺还写道，在巴尔扎克众多迷失的幻觉中，其中一个就是把个人看成独立的自我，他只受外部社会力量的影响。然而，巴尔扎克的人物所受到的（比如，职业和收入方面的）利益驱动却是源于个体心理和社会出身的双重作用，并受到“封建——等级地位和资产阶级——资本主义操纵”[3]的多种影响。阿多诺的观点并非是庸俗的社会决定论。与此相反，在巴尔扎克的作品中，人类命运和社会角色之间的分歧变成了不可知的东西；[4]事实证明，这对于高尚的、充满活力的德阿特和野心勃勃的吕西安来说也同样如此。作为一个狂热的保皇派，德阿特遵从一种艺术传统，这种传统是从贵族的秩序中继承下来的，它蔑视市场，偏爱受过良好教育的小圈子，因为在这个群体中他的同仁才得以安身立命，而他并非没有世俗的抱负。如果德阿特能向吕西安承诺他将在十年后名利双收，他也算是同时在为自己做着长期投资。当他出现在《人间喜剧》中其他地方，尤其是《卡迪央王妃的秘密》（1839）中时，德阿特已经是1830年七月革命运动的一分子，一位享有贵族名号的作家，并在众议院里占有席位。[5]甚至还有一位美丽的公主爱上了他。如果德阿特是巴尔扎克艺术家理想的自画像，那么他同时也象征了巴尔扎克想要拥有的一切：天才、认可、财富、权力、

1 转引自布尔迪厄：《艺术的规则》，第114页。

2 西奥多·阿多诺：《文学笔记》第1卷，哥伦比亚大学出版社，1991，第122页。

3 同上，第130页。

4 同上。

5 巴尔扎克：《卡迪央王妃的秘密》，富媒出版社，1844。

社会地位和爱。用布尔迪厄更为冷峻的话来说，他已经完成了一个华丽转身——从一个被支配领域（文学）的被支配方转向了支配领域（政治和新贵领域）的支配方，而同时保有天才作家的名声。他的长期投资已经得到了回报。

在写《幻灭》之前的几年里，巴尔扎克小说中所描述的那些很有权威的位置巴尔扎克自己大都曾经占据过。在波旁王朝复辟时期，他做过印刷商、剧作家、新闻从业者、书评家、一名以罗恩勋爵和霍勒斯·德圣奥宾这样不可思议的笔名发表作品的通俗文学写手、一位以"生理学派"代表人为人所知的通俗文类生产者，只是在《舒昂党人》于 1829 年出版后他才成为一名真正意义上的严肃作家。从这一段经历中获得的认识在巴尔扎克的成熟小说中有所反映。在巴尔扎克的世界里，新闻和文学圈并非只是两个泾渭分明的体系[1]，他还向我们展示，文学圈虽然在自己占有主导地位的圈子里能实行自己的审美价值标准，却同时要受制于更大的文化生产领域中的新闻系统。正如《幻灭》中出版商达里亚特所说，"我是个文学投机者［……］我运用手上的权力和我花钱买的文章发起一千法郎的风险投资，而不是仅凭两千法郎的投资来做一个专栏"[2]。因此，文学上的成功离不开好的文学评论，而这种评论又得仰仗像达里亚特这样强大的出版商。巴尔扎克列举了一系列历史上成功的例子，仅凭刊在《辩论专刊》这类杂志上的一篇评论就能让书店的书架上受冷落的一本书火起来。然而，根据卢斯托的说法，记者和艺术家一样都受到体制力量的影响："文学成功的关键不是创作本身，而是剥削他人的创作。报业经营者是承包商，我们（记者）是他们的泥瓦匠。"[3] 正如马克思所说，真正的权力不在于生产，而在于生产资料的所有权。

然而，巴尔扎克的天才不是体现在抽象地分析权力关系方面，而

1 英译《幻灭》第 252 页。

2 同上，第 273 页。

3 同上，第 262 页。

是体现在他通过与资本相关的日常生活场景来再现这些关系的能力上。例如，他对图书业的描写生动地再现了博伊斯画廊繁忙的交易活动。复辟时期的这条商业拱廊成为荟萃新书店的中心，这些书店像售卖各种新巧货品的商店一样，迎合着最新的消费时尚。巴尔扎克生动再现了吕西安这样的小说创作新手能与本杰明·康斯坦这样的名家不期而遇的环境。我想强调一下这种环境的两个特点：第一是存在以吸引公众的注意力为目标、有着彩色图形和图像的广告招贴画，它们的设计极具原创性，因此“有一个被叫作收藏家的疯子竟然搜集了全套的巴黎海报”[1]。巴尔扎克告诉我们说，这种宣传手段是出版商们发明的，目的是直接影响公众，以此节省在报纸上做广告或发评论的开销。作为乔伊斯的先行者，巴尔扎克再现了这些广告的真实文本，将它们的设计描述为“全新的原创之作”，这吸引了吕西安羡慕的目光：

> 《列昂内德》，维克托·杜桑奇著，精印5卷
> 价格：12法郎[2]

将这些广告视作“全新的原创之作”[3]的巴尔扎克如果能够穿越到后世，会理解利奥波德·布鲁姆想要创造一种新型广告的欲望：“用最简单、最有效的手段搞出来的一种新型海报［……］简单明了，一眼就可以看出，与现代生活的快节奏高度协调。”

博伊斯画廊另一个值得注意的特点是这里存在卖淫活动。巴尔扎克指出，博伊斯画廊与王宫（当时是证券交易所所在地）紧邻，妓女们为了揽客，可以毫不费力地从交易所转到拱廊，从而在资本、商品和卖淫之间建立起真正的象征性关联。在《幻灭》中，吕西安和卢斯托很自然地就与科勒莉和弗洛琳这样的妓女混在了一起。但除了作

---

1 英译《幻灭》第368页。

2 同上，第215页。

3 同上。

家和妓女之间的这种转喻关系之外，通过将作家的生计与资本主义制度压榨条件下的卖淫两相比较，巴尔扎克还使其增加了一种隐喻的维度。因此，愤世嫉俗的卢斯托告诉吕西安，粗俗的商业性作品就像“在街角冻坏的可怜妓女”；次等文学则与被包养的妓女相对应；至于快乐的文学（一流文学），它就像一个才华横溢却傲慢无礼的高级妓女那样对前来寻花问柳的绅士主顾们颐指气使。这样的类比可能是出自卢斯托，而非巴尔扎克，但这种看法在巴尔扎克就后来的现代文学史所提出的全面而深刻的文学经济观中占据了一席之地。

乔伊斯对现代世界的文学生产有着自己的看法，但与巴尔扎克一样，这意味着对作为纯粹艺术追求的文学进行分析时，需要将其与新闻和广告等其他形式的写作方式，以及与政治权力甚至卖淫联系起来。最重要的是，乔伊斯和巴尔扎克有一个共同点，他们都清醒地认识到文学是一种其生产深受所在社会和经济条件深刻影响的活动。这种意识在乔伊斯的第一幅艺术家肖像中是再明显不过了。[1] 在故事《一朵小云》中，巴尔扎克式的新闻与文学之间的对立关系在伊格纳修斯·加拉赫和小乾德勒的对话中得以生动地表现出来。加拉赫是一位举止招摇的新闻从业者，而小乾德勒则是一位温言软语却怀有文学理想的办公室职员。从世俗的角度来看，加拉赫更有权势，在伦敦新闻界地位显赫，对巴黎了如指掌，身体健壮，魅力四射，虽然有点招摇卖弄。然而，根据小乾德勒关于艺术应有的感性标准来看，这位胆怯的办公室职员却感觉到自己占有优势：“朋友身上有些他以前没有注意到的粗俗气。”在布尔迪厄的世界秩序里，小乾德勒在被其他力量主宰的文化生产领域里，在对作家梦的追逐中，占据着支配地位，而作为记者的加拉赫则代表着占主导地位的、主宰着文学生产的资本主义秩序。小乾德勒的朋友“四处游荡而春风得意的生活”一时间打破了性情敏感的小乾德勒内心的平衡，他对老朋友的矛盾情感反映了两人

1 以这些小说的见刊时间排序。《一朵小云》写于 1906 年。从时间顺序来说，艺术家的画像更早的出处是乔·海恩斯写于 1905 年的《会议室里的常春藤日》。

因处于文化生产领域中不同地位而具有的内在的紧张关系。乔伊斯以巴尔扎克同样的方式提供了一个完美的例子，展现个体利益如何产生于真实却不可预测的个体心理与社会力量的结合。

故事一开始，小乾德勒就憎恶对实现自己理想极为不利的环境，这种情感经历极具艺术家特质。当他走到科利斯餐厅与加拉赫会面时，“他的灵魂就对枯燥无味的卡佩尔街产生反感”，他在格拉特坦桥上所看到的“鄙陋低矮的房屋”也反映了他自身贫困和艰辛的境遇。然而，他却不清楚自己是否能写出一些原创的东西，“一想到某个萌生灵感的诗意时刻，他的内心就像婴儿的希望一样充满了活力”。于是，他就开始想象自己成为艺术家时的样子：

> 他也许永远不会受欢迎：他心知肚明。他不能左右人群，但他可能会吸引一小圈志同道合者的想法。英国评论家们也许会从他诗歌中忧郁的语气中认出他是凯尔特流派的一员。

这些句子集中体现了文学与文学条件之间的复杂关系。小乾德勒以巴尔扎克小说中德阿特的方式首先拉开了自己与能够左右人群的“流行”作家之间的距离。然后，他幻想着自己与一个恪守文学自主原则的志同道合的小团体休戚与共。然而，他的最终想法却局限于典型的 20 世纪爱尔兰作家模式。他足够精明，清楚地知道如果没有得到英国评论家的认可，爱尔兰同行小圈子在文学领域根本无足轻重，而吸引他们关注的最现实的方法就是迎合英国人关于爱尔兰文学的理念：他们“会从他诗歌中忧郁的语气中认出他是凯尔特流派的一员”。换句话说，小乾德勒的艺术自主梦受到了极大限制：作为一个作家，即使他能摆脱市场的压力，成功地获得一定程度的独立，但在外省城市都柏林的文学圈中，他仍然要受到来自首都伦敦的政治力量的影响。

总之，小乾德勒的文学生活之梦事实上只不过是无奈的幻想而已。他和加拉赫一起喝罢酒，回家后就打开了一卷拜伦诗集，仿佛借此延长他对自由的幻想。这种时刻不会太久,因为孩子的啼哭又强有力地把他拉回到家中的现实处境中:“没用的,没用的!他终身就是个囚徒。”可当小乾德勒的妻子怒气冲冲地回来时,他那暗自抗议的权利也被剥夺了。他眼中满是悔恨的泪水,这表明他内心对环境的逆来顺受已经完全将他禁锢起来了。

小乾德勒所过的都柏林的小资生活正是《一个青年艺术家的画像》中斯蒂芬·德达勒斯所要竭力躲避的陷阱之一。作为一部艺术家成长小说,这部作品与巴尔扎克的小说有异曲同工之妙,虽然 1900 年都柏林的困境与 1824 年的巴黎不尽相同,但它们都讲述了一位年轻诗人在世间奋力拼搏的故事。即便如此,乔伊斯还是以他自己的方式诠释了巴尔扎克小说中主要关注的问题:在一个由敌视某种观念的制度主导的现代世界中,如何将这种艺术观念付诸实施的问题。我们会看到,在斯蒂芬与他所处时代和地方的制度进行互动的行为方式中,至少能找到巴尔扎克作品中年轻人的影子,因为这种行为方式至少部分是由后者身上的某些元素构成的。

年轻的斯蒂芬对拜伦和雪莱这两位人物的崇拜,一如吕西安对安德烈·切尼尔诗歌的崇拜,而此时吕西安还是安古莱姆偏僻小镇的一名印刷工学徒。两个年轻人都在他们的诗歌化身中找到了从周遭精神贫困中解脱出来的契机。同样,吕西安的诗人气质也与没落贵族的庸俗生活显得格格不入,同时这也与他在印刷厂做苦工的身份极不相称。他受邀参加了巴格顿夫人的社交晚会并朗诵诗歌,无奈他的表演却遭受嘲弄和冷遇。“朗诵不错……但我更想打惠斯特牌。”[1] 斯蒂芬的许多体验与吕西安的颇为相似,他发现,自己对拜伦声誉的捍卫招来的不过是蠢货同学们的一番嘲笑。之后,我们也发现斯蒂芬精神恍惚地朗诵着雪莱的几句诗,诗文正好能表达他此时感到的孤寂以及与他父辈世界的隔阂,给他一份友情的安慰,赋予他“强健的男性特质”。就吕西安的情况而论,真正摆脱外省生活的沉闷和愚蠢是以移民到巴

1 英译《幻灭》第 88 页。

黎的传统形式实现的，德·巴金顿夫人代表着唯一能让他的才能得到公正评价的地方。她诚挚地劝说他，语含嘲讽地说道：“告诉我外省有什么好作品！每一代人里都会崛起一个星群，你还不赶紧去占一席之地？”[1]在首都取得文学成就的前景以这种方式向他展现出来，对吕西安来说是一种神启。在安古莱姆，他就像生活在沼泽地岩石下的一只青蛙，然而在巴黎这个对才子绽开笑容的地方，“他将从才华出众的人士那里得到兄弟般的拥抱”[2]。

正如我们在乔伊斯小说的结尾所看到的，从爱尔兰向外移民，如同从法国外省移居巴黎一样，历史悠久，所以对于斯蒂芬来说，成为艺术家的最佳途径就是移民。安古莱姆之于巴黎，正如都柏林之于斯蒂芬想去的任何地方。[3]在他准备离开的前几天，农家出身的学生达文问他是否真的要离开，并问为什么。斯蒂芬在日记中记下了他的回答：“告诉他去塔拉最短的路是经由霍利黑德，那是一个进入大不列颠岛的港口。”总之，这里我们可以看出斯蒂芬与吕西安的文学抱负有着重要区别。一方面，斯蒂芬具有讽刺意味地把英国商业港口与古爱尔兰的神话相提并论，这是对农家弟子达文的轻微嘲讽，因为他崇拜“爱尔兰的悲怆传说”并排斥一切英国的东西。另一方面，塔拉成了斯蒂芬理想的目的地，这一想法符合他作为愤世嫉俗的爱尔兰艺术家的自我定义，因为他是一个致力于从精神黑暗的状态中拯救其种族的人。而吕西安一旦离开安古莱姆就不会回头，人们感觉到，无论斯蒂芬走到哪里，他都不会忘记从吉尔达街凝视枫树酒店的窗户时向自己提出的问题，他想象着爱尔兰贵族们“乐享清平”的样子。

> 他该怎样才能触及他们的良知，或者说怎样才能在他们的女儿们与乡绅们生儿育女之前施加自己的影响，好让她们养育出一

---

1 英译《幻灭》第141页。

2 同上。

3 在《画像》中，斯蒂芬的真实去向并未言明。

个不那么卑微的种族?

从文学作品的实际效果看,无论其表达得多么隐晦,斯蒂芬话语中隐含着的民族解放意义在小说的其他地方都有所重现,比如,其著名的结束语就如是说:他将勇往直前,锻造其种族"未曾问世的良心"[1]。因此,将斯蒂芬的思想与为艺术而艺术的唯美主义混为一谈是错误的,即便两者都坚持艺术家的自由和自主性原则。

这种理想主义本身与吕西安的世俗野心几乎没有什么共同之处,却更接近丹尼尔·德阿特的精神,他竭尽全力地从古代和现代哲学财富中学习所有知识,因为"他想成为一位深刻的哲学家,就像写喜剧之前的莫里哀一样"[2]。然而,就实际情况来看,斯蒂芬与德阿特的相似性却表现在他系统地排斥生活中不能促成他艺术抱负的方方面面。德阿特靠为传记性质的词典、百科全书和自然科学著作撰写文章糊口度日,他写得尽心尽责,所得报酬却很微薄。他的写作量不多也不少,刚好能满足他维持生计和追求思想的需求。[3] 他的这种生存方式使得他必然会对很多东西产生排斥:与吕西安不同的是,德阿特排斥由畅销小说、书店、出版商和报纸构成的商界以及由贵族沙龙组成的社交界,并且以此来维护他的独立性。在《画像》中,斯蒂芬也有一系列的拒绝行为,虽与德阿特的有所不同,但只是因为 19 世纪末都柏林的社会和政治秩序与世纪初的巴黎社会和政治秩序具有结构性的差异。

斯蒂芬告诉他的大学朋友克兰利,说他不会投身任何他不相信的

1 在《现代主义、民族主义和小说》一书中,伯里克利斯·刘易斯为民族主义者斯蒂芬正名,与路西安·德·鲁伦普雷不同,斯蒂芬认为自己才是国家的救赎者。依照这种解读,爱尔兰人的良知好像就没有被上帝创造过,这如同在说上帝成了摆设一样:"[斯蒂芬]会在从国家那里习得的价值观中,而不是从无所不在的上帝那里,看到可以让他的灵魂摆脱虚无实现价值的起始之路。"伯里克利斯·刘易斯:《现代主义、民族主义和小说》,剑桥大学出版社,2000,第 39 页。

2 英译《幻灭》第 214 页。这里暗指巴尔扎克的《人间喜剧》。

3 同上。

事务，不管它们是以"我的家庭、我的国家、我的教堂"为名义与否。他只以个人和艺术自主之名从事活动：这些抵制行为是他能够"以生活的某种方式或以自己喜欢的方式自由表达艺术"的一个条件。这里所提到的三个机构（家庭、国家和教堂）构成了斯蒂芬必须与之斗争的社会秩序的主要力量。对于家庭或家族，我们从斯蒂芬与他父亲疏远关系的例子可以看出，父亲希望他的儿子与"脾性正常的朋友"交往，并询问他为何不加入划船俱乐部。在斯蒂芬对父亲职业的详述中，有更多证据说明了这种隔阂：

> 一个医科生、划桨手、男高音、业余演员、大嗓门的政治家、小地主、小投资者、酒鬼、一个好人、一个会讲故事的人、某人的秘书、酒厂管事的、税吏、破产者，现在他还是一个对过往一切大唱赞歌的人。

在巴尔扎克的某部小说中应该为西蒙·德达勒斯预留一席之地，因为他能够在他那个时代的社会、经济和政治秩序中占据一系列并不起眼的位置。但斯蒂芬在背诵他父亲的简历时却充满讽刺之意，这说明他在一定程度上摈弃了自己破落的士绅出身。关于爱尔兰，斯蒂芬对文学、语言和政治中的民族主义运动毫无兴趣。斯蒂芬认为在他的世界里，即使是达文这样民族主义运动中最优秀分子也是智力低下，感情迟钝，眼睛露出村中农民害怕宵禁时那种"呆滞恐惧的神色"。斯蒂芬在他的日记里写道："一群土老帽。"正是由于达文坚持要他学习爱尔兰语，斯蒂芬才再次激发而宣告自己的独立宣言：他拒绝用自己的一生为抛弃了自己的语言、接受另外一门语言并任由一小撮外国人来统治他们的祖辈"还债"。

斯蒂芬最重要的抵制对象是教会，它在《画像》中的作用与巴尔扎克作品中新闻界的作用是一样的：两者分别在巴黎和都柏林代表权力机构，艺术家必须宣布自己从这种机构中独立出来才能确保其社会性和象征性独立。然而，两位作者通过不同形式的叙事结构来解决这一问题。巴尔扎克塑造了两位有抱负的年轻作家,一位(吕西安)没能抵挡住媒体的诱惑,而另一位(德阿特)则在他的神圣目标的追求上始终如一,泰然自若。乔伊斯的解决方案比这种道德优缺点对立的单纯实例说教要复杂得多:斯蒂芬抵制教会的作用,但同时也将其象征性内容化为己用。作为一种职业,牧师更有利于解开斯蒂芬的普罗米修斯气质之谜:“无数次他将自己视为牧师,如此他便能够平静而谦卑地行使令天使和圣徒们无比敬畏的巨大权力!”他对这种权力充满希冀,但他也同时意识到要坚决抵制它,这使得他能够响应艺术的召唤,以艺术为使命。然而,他关于艺术家的观念仍然受牧师的职业功能所影响。例如,在小说高潮处的海滨那一幕,斯蒂芬下定决心要以艺术追求为使命,场景充满了宗教的语言和意象,他对“天神”呼喊,他看到海滩上那个女孩,视其为“有限人生青春和美丽的天使”。即使斯蒂芬的命运不受社会或宗教秩序的约束,他对自由的理解依然依赖于这些秩序的象征性话语,他要做一名“具有永恒想象力的牧师,将日常生活的面包变形为永生的、光芒四射的躯体”。

斯蒂芬选择了他的使命,像巴尔扎克作品中的年轻作家那样,但他仍然面临着与现有文学领域之间关系的问题。我们记得,对于吕西安和德阿特来说,这是一个回避德科克式的流行模式和司各特风格历史小说的问题。在《画像》中,司各特再次以一个身份可疑的模范形象出现,这从乔伊斯在图书馆场景中塑造的一位读者形象上可以判断出来。在这里,一位据说有着乱伦贵族血统的“身材极其矮小”的人宣称道,“我爱老司各特(……),我认为他的东西写得漂亮”。这看起来就好像是说,司各特在斯蒂芬这样的年轻作家眼中身价跌落,就像这位畸形的崇拜者的身躯一样矮小。然而,在斯蒂芬自己所处的时代和地域,文学领域中更富影响力的人物是 W.B. 叶芝。当斯蒂芬准备上大学时,叶芝的第三本诗集就已经在伦敦和纽约出版,他已经与格雷戈里夫人和爱德华·马蒂恩一起创建了爱尔兰国家剧院。大体上说,叶芝之于斯蒂芬就像司各特之于吕西安:年轻的作家必须要抵挡模仿上一代大作家的诱惑,必须尝试以不同的方式进行创作。斯蒂芬关于这个问题的意识在一条日记中有所流露。在提及叶芝的诗歌《他记起被忘却的美人》(1899) 中那位隐含的讲述者时，斯蒂芬如是写道：

> 迈克尔·罗巴特记起被忘却的美人，当他用臂膀紧紧拥她入怀的时候，他所紧紧搂住的是早已从世界上消失的那种美。不要这样。坚决不要。我想要揽入怀中的，是那种世间尚无的美。

必须承认，作为一份美学声明，这意思相当模糊。但就厘清斯蒂芬的立场而言，这有一种优势。它能将斯蒂芬的一系列抵制行为 (家庭、祖国、教会) 扩展到他自己国家的文学领域中。哪怕是跟某个艺术圈有一定关系，他都要予以抵制，他要自成一派。

在《尤利西斯》中，我们发现斯蒂芬已然从巴黎回国，他的文学生涯却并不比八十年前吕西安在这同一座城市所取得的成就更大。斯蒂芬的地位问题，或者说在文学领域缺乏一席之地的境遇，通过图书馆里的那段插曲得以直接表现出来。在那里，他应邀来与那个时代的几位历史人物一比高低：爱尔兰国家图书馆馆长托马斯·莱斯特，作家约翰·艾格灵顿 (真名威廉·柯克帕特里克·马吉)，散文家和月刊《达纳》的编辑、作家乔治·罗素 (笔名 A.E.)，以及时任图书馆助理馆长的凯尔特学者理查德·贝斯特。这四人构成了都柏林文学机构的重要组成部分，作为一个群体，他们将文学生产领域、出版领域和获取文学作品的体制化的公共通道连接起来。从这一点来看，斯蒂芬有关《哈姆雷特》自传体起源的阐述对莎士比亚的研究意义就并非那么举足轻重了。相比而言，它对显示斯蒂芬与其听众所掌握的制度权力之间的关系方面倒是意义更为重大。斯蒂芬虽然颇具才华，但他的观点很快就被边缘化了，如果说未被完全摒弃的话。斯蒂芬的演讲进行到一半时，最重要的时刻来到了：罗素起身离开，前往《爱尔兰家园报》报社开会，他将于次年出任该报编辑 (1904 年下半年，该社出版了乔伊斯的《修女们》)。他离开的时候，艾格灵顿提醒他别忘了出席当天晚上在乔治·摩尔家举行的文学聚会。从小说和历史的角度来看，被邀请赴会的人构成了20世纪早期都柏林文学群像，所有的人都志得意满，自以为是。因此，它与德阿特在《幻灭》中的艺术圈形成了鲜明的对比。

斯蒂芬被排除在这一群体之外，表现在很多方面：他没有收到参会的邀请，人们当着他的面讨论即将召开的会议，就好像他跟这事毫不相干一样，即便他早已为艾格灵顿的《达纳》投过稿。此外，莱斯特还提到，罗素正在"收集一群年轻诗人的诗歌，准备出一个集子"，其中包括培德莱克·科拉姆和詹姆斯·斯塔基的作品，并计划开展一场值得由巴尔扎克关注的，结合文学创作、商业出版和新闻宣传的运动：乔治·罗伯茨正在做商业部分。朗沃思将在《每日快报》上吹吹风。但斯蒂芬又一次被排除在外，虽然对这些过程他并非毫不关心。"看见了吧。记住啊！"他自言自语道。在这段故事的后半段，我们看到了他被排除在外的可能缘由。在离开图书馆的路上，马利根不无得意地告诉斯蒂芬，说他写了一篇关于格雷戈里女士的作品的负面评论，而她是叶芝的庇护人，这可能引起了不利反响："你写文章批评了那个老娘们格雷戈里之后，朗沃思大病一场［……］她在报社给你找了份工作，而你却口无遮拦，让她出丑。你就不能用点叶芝的手法吗？"这里提到的《都柏林每日快报》的编辑欧内斯特·朗沃思，就是那位要为艾格灵顿编纂的青年诗人诗歌集吹吹风的人。

这个故事在历史上有一个对应的版本：在1903年3月26日的《每日快报》上，乔伊斯写了一篇书评，嘲讽格雷戈里夫人的作品《诗人和梦想家》。据乔伊斯的兄弟斯坦尼斯洛斯说，这篇评论见刊时署的是乔伊斯姓名的首字母，原因是朗沃思不想对此承担个人责任。因此，小说中朗沃思对斯蒂芬的不满取材于现实生活中他与乔伊斯之间的不睦，并且原因也相同。而罗素编纂的青年诗人的诗集则是在关于格雷戈里夫人的书评发表一年后，也就是1904年4月之后，才以《新诗集》的名字问世，而乔伊斯并无作品收录其中。乔伊斯在小说中描述这些事件时，并未坚持说在斯蒂芬对爱尔兰文学界的冒犯与其作品未被收进青年诗人诗集之间存在着因果关系。斯蒂芬作为新闻从业者的傲慢所招来的报复为其雄心勃勃的文学追求带来了挫折，这刚好与吕西安所遭遇的命运相同，后者因为写文章支持保皇派而反对新闻记者和图书出版商政治上的自由联盟，从而断送了自己的文学前程。但通过将这两起事件与朗沃思的名字联系起来，乔伊斯还是给了人们一种这样解读的可能性。然而，斯蒂芬和吕西安的区别在于，斯蒂芬的创作是出于审美理念，而吕西安的创作只是为了讨好贵族。从另一个层面讲，乔伊斯和巴尔扎克之间是在历史事件和历史环境相互关联的方式上存在着差异。在巴尔扎克的作品中，一切都是在由贪婪、激情、复仇、嫉妒和野心驱动的体制性经济行为中联系起来的，因此一切都在这一体制的大一统的逻辑驱动下发生。相反，在乔伊斯看来，事情可以相互独立地发生，除开发生在同样的时间和空间里，它们之间没有什么确定的关系。正是出于这个原因，乔伊斯并不认为在斯蒂芬的行为和他随后遭遇的逆境之间存在着必然联系：《每日快报》的评论与斯蒂芬被排斥在罗素-穆尔文艺圈之外的因果关系是不确定的。尽管如此，很明显，这两起事件都能说明斯蒂芬在爱尔兰文学领域的边缘地位。这个地位是他自主选择的，是他在别的抵制行为之外进一步拒绝“用叶芝的手法”写作的结果。

乔伊斯在这一领域的边缘地位成为其讽刺诗《神圣职能》的主题，此诗写于 1904 年 10 月他离开都柏林前往欧洲大陆的两个月前。该诗是对乔伊斯眼中文学人物虚伪的妥协和浅薄行径的猛烈抨击，这些人物在《尤利西斯》的“锡拉和查利布迪斯”片段中都现身了：叶芝、格雷戈里夫人、乔治·罗素、奥利弗·圣约翰·戈加蒂、培德莱克·科拉姆、约翰·艾格灵顿、乔治·罗伯茨、詹姆斯·斯塔基。至于乔伊斯本人，他的职责是充当“通便的泻药”或“小集团的下水道”，为的只是让“他们圆自己的美梦，而他们的脏水则由我来运送”。换言之，在这场文学复兴中，只有存在一个离经叛道者，那些扬扬自得的表忠行为才有意义，而表忠者获得救赎的条件就是对叛道者的谴责。在离开都柏林之际，乔伊斯确认了自己的处境是“没有同伴，没有朋友，形单影只”，然而他重申了自己骄傲的挑战姿态：

他们把我从他们的门口一脚踢开，

我的灵魂更将他们拒于千里之外。

因此，乔伊斯在文学创作领域的地位与斯蒂芬的地位是一致的，这正如巴尔扎克的地位至少在理想意义上与丹尼尔·德阿特的地位相匹配一样。

在《一个青年艺术家的画像》和《尤利西斯》这两部作品中，乔伊斯认为像斯蒂芬这样感性和富于艺术理想的作家在现代文学生产中是无立足之地的。从第十七章开始，他从故事中隐退，这似乎证明了他实际上的边缘地位，虽然其潜在的地位提高了：他行踪不定，走入暗夜进入那迷幻的音响世界，“离开的步履声在天地间回荡，犹太人的竖琴乐音在空旷的小巷中回响”。因此，他既是一个字面意义上的实际离场者，也是一个在苍天与大地之间、在犹太人与爱尔兰人之间（“犹太人的竖琴”这个称呼将犹太人与具有象征意味的爱尔兰竖琴联系起来了）、在艺术与尘世之间象征性的统一体，这个统一体由“空旷的小巷”[1]这样具象的时空中音乐的“回响”表示出来。这里所暗示的是：倘若艺术家在文学生产的世界里没有一席之地，那么他在更为广阔的世界里就会有所作为；他的任务——如果我们追随着他走出乔伊斯的故事之外——就是以批判的、与世界拉开距离的艺术形式来为那个世界重造存在的条件，如同《尤利西斯》所做的那样。巴尔扎克已经用他的方式这样做了：他“通过自己的创造离这个世界越远，对这个世界抨击得就越多”[2]。但乔伊斯与巴尔扎克之间有一个最终的区别不容忽视。在巴尔扎克的《人间喜剧》中，对城市社会广阔天地的艺术创造获得了一种广泛的总体性形式，一个功能齐全的复合体，在其中所有的一切都彼此联系，没有任何事物，甚至包括丹尼尔·德阿

1 本文全部讨论参见吉耶梅特·布伦斯：《动作的文体风格：文学叙事中的身体与动作》，BHMS 出版社，2008，第 35—48 页。

2 阿多诺：《文学笔记》，第 25 页。

特的作品，最终能独立于这个系统之外。巴尔扎克以彻底的毫不留情的方式追寻阿多诺所谓的“个体之间所有关系的物化，它将人类的品质转化为润滑油以维护这架机器的平稳运行，造成普遍的异化和自我异化”[1]。乔伊斯追随着巴尔扎克的脚步，但只跟了一半的路程。他也创造了一个同样的小说世界，在这里，人物和事件从一部作品到另一部作品反复出现，似乎整个人间喜剧尽被纳入宏阔的视野之中。但是与巴尔扎克的世界不同的是，乔伊斯的世界依然是一个由碎片化事件组成的世界，事件之间不存在任何确定的因果关系——正如日常生活中大多数这类事件一样。最终，乔伊斯似乎意识到任何全局性的统一系统都是无用的，所以他给每一部作品留了一个开放性结局，这种开放性大到足够产生出最后那部“开放性作品”[2]《芬尼根的守灵夜》。

编后记

大卫·斯普尔（David Spurr，1949—），瑞士日内瓦大学文学院英语系终身荣誉教授，巴塞尔大学、苏黎世大学和冰岛大学等高校访问学者。研究方向英语文学和比较文学，主要研究文学与艺术间的关系，论文在十七家国际知名期刊获刊载或转载。参与编写、出版《诗歌的安慰：关于生与死的十个教训》《建筑与现代文学》《乔伊斯和现代性的场景》等多部专著，其中《建筑与现代文学》获美国现代语言协会颁发的奥尔多和珍妮·斯卡格利奥内比较文学研究奖。

本文译自：David Spurr，“Joyce and Balzac: Portraits of the Artist in the Age of Industrial Production”，*European Joyce Studies*, Vol.19（2011）：42–59。

1 阿多诺：《文学笔记》，第 32 页。

2 参见翁贝托·埃科同名文章中对开放戏剧的定义。翁贝托·埃科：《开放戏剧》，孟菲亚尼出版社，2000。

大师的教诲：巴尔扎克与亨利·詹姆斯

作者 ［英国］大卫·热尔韦
译者 杨文慧 朱宾忠

本文[1]有两个宽泛的论点值得马上提出。当我们进一步了解相关语境之后，你们也许会想再回顾这两点。首先，当年轻的詹姆斯开始把巴尔扎克当成写作素材时，后者在英国还不算是多么有名气。若是非得用个什么词来形容他的话，与其说声名显赫，不如用丑闻遍野来得贴切。他是斯温伯恩之流倾慕的那类法国作家。狄更斯了解他的一些作品，但大部分英国小说家们却并非如此。乔治·艾略特向詹姆斯归还《高老头》时，曾浑身战栗地称该作为“可憎之书”。甚至连夏洛蒂·勃朗特也厌恶他。当巴尔扎克用了不到二十年时间写完《人间喜剧》而于 1850 年去世时，令人羞愧的是，在英国，没有任何一家报纸或期刊发布过哪怕是一篇他的讣告。即便是在今日的英国，巴尔扎克的小说也不能算是为人所熟知。很多人读过他的两三部作品，但他毕竟有大约九十六部作品；尽管巴尔扎克在小说史上是个大人物，但对于绝大多数的英国读者们而言，他仍属于未知的领域。然而，同詹姆斯一样，巴尔扎克的任何一位仰慕者都会告诉你：没有单独某部小说能够代表他，对巴尔扎克的评价必须通过阅读大量的作品来完成。他创作的小说和故事数量众多，类型各异。可英国人常常不太喜欢巴尔

1 本文是诺丁汉特伦特大学演讲稿的修改版。

扎克这类擅长鸿篇巨制的法国作家，而更偏爱司汤达和福楼拜，珍视他们的风趣、理智与品味。或许英国人感觉自身正缺乏这些特质吧。比如这一点便适用于艾略特，我们如今也能举出类似的例子来。毋庸讳言，我们不应责备詹姆斯固执地以这种方式看待法国文学，但我们仍需参透那句老生常谈的言外之意："语义不明的可就不是法语了。"

从这一点进一步延伸出一个普遍的观点。我们往往认为詹姆斯是那种用词微妙、文笔细腻的作家；他对语言细微之处的处理和灵巧的技法将巴尔扎克衬托得格外粗俗。然而，当他写到巴尔扎克时，却一次又一次地强调后者旺盛的精力、宏大的雄心和对广阔图景的掌控力。也许，他在福楼拜身上找到了艾略特在他身上发现的些许特质。然而，很显然，巴尔扎克身上某种别的东西，以更为宽广的维度，吸引了他。此外，在描写巴尔扎克艰苦卓越的努力时，他也清楚地亮出了自己作为小说家的雄心。倘若我们认为詹姆斯所言非虚，那么我们也许会发现自己想要弄清楚，如下的想法是否毫无依据：我们更多地以看待巴尔扎克作品的方式来看待詹姆斯的小说，而不是把这些作品视作简·奥斯丁小说的改进版。这可能是个太大的问题，在此难以展开，但我们又有了一个充分的理由去阅读詹姆斯笔下的巴尔扎克——此举不仅会增进我们对巴尔扎克的理解，还可以扩展和修正我们看待詹姆斯本人的方式。也许，巴尔扎克能帮助我们打破粗鲁的赫伯特·乔治·威尔斯对他的戏谑呢？威尔斯曾将他形容成一头试图捡起豆粒的大象。

我不确定自己真的相信存在任何被称作"英国小说"的东西，至少超过了某一界限以后是不存在的：小说家们把自己局限在一定国籍之内。菲尔丁尊崇塞万提斯，巴尔扎克推崇司各特，冯塔纳和埃萨·德·盖罗斯敬仰福楼拜。我们知道，《战争与和平》在多大程度上应归功于司汤达和《大卫·科波菲尔》；普鲁斯特从乔治·艾略特和哈代那里，和从他的法国前辈们那里学到的一样多；二十一岁的陀思妥耶夫斯基翻译了《欧也妮·葛朗台》。尽管如此，没有一位伟大的小说家能像亨利·詹姆斯那样如此受惠于巴尔扎克这样一位外国前辈。他对巴尔扎克作品的阅读并不只是一个文学问题，也非练习写作技艺的学徒生活的一部分。在他的笔下，巴尔扎克几乎就像是自己的家人；有时，他仿佛在书写着自己，自己的想象。在詹姆斯看来，巴尔扎克不只是某位法国小说家，还是法国的象征，显现出法国社会的整体面貌。在他的后期作品中，这一点表现得尤为明显。他在《使节》中对巴黎进行了极具巴尔扎克风格的描绘，以角色德·维奥内夫人为例。然而，这种影响太过深远和无处不在，仅仅通过几个特定的例子无法加以概述。而且，在其发展的每个阶段，我们都需要对之进行批判性的考量。詹姆斯是亲法的，但他可绝不是仿造版的法国人。在阅读巴尔扎克时，他常是不留情面的。他自豪地称自己为“批判性的批评家”。而正是首先在评论巴尔扎克的时候，在测试他足以远远地预见这种批评能力的局限性和长处之时，詹姆斯得以发现自己想要的小说形式。他的批评是最具创意的，蕴藏着学问，而不只有评判。

我们在这里无法恰如其分地谈论詹姆斯在阅读巴尔扎克的作品时所有的感兴趣之处。巴尔扎克对詹姆斯最明显的影响体现在后者早期的小说作品中——在《罗得里克·哈德孙》与《幻灭》，或《华盛顿广场》与《欧也妮·葛朗台》之间的关系中——也存在于诸如他在《金碗》中对物质财富之类的迷恋等。在19世纪80年代，詹姆斯新近受到左拉的影响，巴尔扎克的影响因而变得更为复杂，却依然在自然主义的表面下继续活跃着：《卡萨玛西玛公主》中的海恩辛斯·罗宾逊仍是一口伦敦东区口音的吕邦泼雷。因此，想要弄清楚詹姆斯作品中的巴尔扎克因素，就如同试图击中一个移动的目标。例如，这种因素同样可能出现在现实主义色彩较弱的文本中，在像《大师的教诲》这类有关文学生活的喜剧宗教寓言中，或在晚期的荒诞寓言作品《丛林猛兽》里。文学史可能使大家简单一致地认为：巴尔扎克是位“现实主义者”。但是，在詹姆斯眼中，巴尔扎克代表了许多不同的意义。因此，“影响”不只是将小说技巧作为有限的表演曲目，或是展现一系列明显相似的对应情节。《人间喜剧》中抓住其想象力的不只是巴尔扎克的小说本身，而是普遍意义上具有所有可能性的小说形式——城市小说和外省小说，贵族和律师、牧师和乡村贫农的小说，作为奇幻故事和恐怖剧的小说，以及哲学小说——太多样化而无法被定义为单一的"影响"。

在此，我有时间考虑的唯一事情就是詹姆斯在整个职业生涯中写的关于巴尔扎克的几篇文章，以及两篇极具暗示意味的故事：《玄妙的杰作》和《大师的教诲》。我会顺便提到若干篇幅较长的小说，如《贝姨》和《悲惨的缪斯》，它们也探究了作家和艺术家们令人忧虑的生活。继歌德的《威廉·迈斯特》（令人遗憾的是，这部伟大的小说如今已被忽略）之后，巴尔扎克是首位深入挖掘生活的艺术这一主题的小说家，而詹姆斯则从巴尔扎克的止步之处重拾起此话题。的确，这些有关巴尔扎克的文章可以说是将作家的职业生涯当作对该主题的说明。换言之，尽管此话题看似有限，却打开了一扇大门，呈现了将巴尔扎克视作一个整体的另一话题，帮助我们认识为何詹姆斯称他为"我们所有人之父"。詹姆斯从这位前辈身上学到的最多，如身为小说家的意义，以及小说创作会得到的奖赏和付出的代价。

我们在这些情况下讨论"影响"，不如用"自我发现"一词来得合适。作家通过阅读他人的作品来发现自己的思想，而不像学者或批评家们那样，仅仅去了解作家的想法。普鲁斯特在关于拉斯金的一篇文章中，对此过程做过经典的陈述。真正的"影响"是"一种处于神赐的恩典状态中"：

> 这种自发的受支配状态是自由的开始。通过试着在心中创造大师曾有的感受，来发觉自己的感受，没有比这更好的方法。付出了如此巨大的努力之后，我们的思想，与大师的思想，一同显露出来。

由此可以断定，有时影响并非在模仿他人的作品时自己显露出来，而是作家发现了前人未做之事，和未经之机遇。《尴尬年月》中的伦敦看起来或许与巴尔扎克笔下的巴黎有所不同，但伦敦的腐朽仍然可以回溯到某种紧紧缠绕着拉斯蒂涅的东西。只不过，詹姆斯选择通过南达·布罗肯汉姆那双纯洁无瑕的眼睛，隐晦地表现出来。同样地，他从左拉和龚古尔两兄弟那里得到了灵感，将他们致力于描绘穷人生活所使用的现实主义应用到对上层社会的刻画中。的确，普鲁斯特自身也做了类似的跳跃，从《情感教育》的世界转移到奥丽阿娜·德·盖尔芒特的沙龙中。

詹姆斯和普鲁斯特等小说家们从巴尔扎克身上得到了启发，在作品中展现艺术家生活的主题，原因之一在于：他们由此得到了一个难得的机会去探究作家因想象力而受到的诸多磨难，而不像之前的小说家们那样，思绪被社会阶层这类偶然事件所占据，因而分了神。在《悲惨的缪斯》中，当尼克·多默辞去了国会议员的席位而成为一名画家时，他抛弃了从家族承袭的社会身份。弗朗霍费在《玄妙的杰作》中是一位画家，也仅仅是一位一意孤行的画家。只有失败的艺术家，如《大师的教诲》中的亨利·圣乔治，才可以被视为中产阶级。换言之，艺术家给予了巴尔扎克和詹姆斯等人某种逃离生活逼真性的庇护所，至少，提供了一种既能超越传统的现实主义，又能忠于创作对象的方式。当我们观看尼克·多默作画时，进入我们眼中的并非他的社会地位或角色，抑或是财产，甚至连人际关系也不是，而是当他俯身在画布上创作时的“转过去的后背”。这种洞察是巴尔扎克式的。《人间喜剧》中的大作家达尼埃尔·德·阿泰兹身处社会之中，却以超然的判断力独立于社会之外，毫不受其风尚之影响。在巴尔扎克的绝大多数小说中，至少会有一个角色拥有这种看待事情的视角——穷亲戚、像高老头一样的受害者，甚至是像伏脱冷这样的犯罪大师——他们被置身于人群之外，孑然一身。当巴尔扎克坐在桌前写作时，他也成了同样的角色，有着超然的理解力。他浓墨重彩地描绘了一个社会，不希望我们仅仅是按照社会的标准来观看和评价。詹姆斯的描写范围或许有些窄，但二者之间却明显存在密切联系：有一条很清晰（如果说复杂的话）的脉络，从贝姨估量她的富亲戚们的奢靡，延伸到《在笼中》的女主人公，那个充满想象力的电报女孩。即便我们仔细一点，不会错将贝姨的嫉妒与电报女孩的想象相混淆，这种说法依旧站得住脚。然而，对詹姆斯而言，他依然想对现实主义者巴尔扎克提出一个基本问题：他最终的世界是否太过牢固与实在，或者过于真实，以至于他或他的角色无法以任何一种方式持续地从外部观察或俯瞰这个世界？他创造的世界是否太过成功，以至于这世界最终塌陷了，压倒在他身上？这就是詹姆斯在自己的小说实践中，从《人间喜剧》中发现的大问题，而此疑问并不好回答。因此我将试着逐步来解读。

正如居维叶和杰弗莱·德·圣伊莱尔将自然世界符码化一样，巴尔扎克也许曾试图将社会符码化，以便“在文明的国度竞争”。但这并非他追求的全部（在那些现实主义理论家们的眼中除外）。他的理想并不那么受限，也不太能分门别类；而是与拉伯雷的更为相似，后者来自都兰，是另一位擅长鸿篇巨制的天才。请注意，所有这些小说，如《驴皮记》《绝对之追求》，以及剩余的全部作品都沉迷于获知生活的秘密：生命力。如果说巴尔扎克的一部分是社会学家，那么同样重要的另一部分则是某种超然的哲学家。像《玄妙的杰作》这样的故事，既可以看作对17世纪艺术世界的再现，也可以是一则有关艺术本质的永恒寓言。这或许是因为詹姆斯笔下的巴尔扎克主要是位现实主义者（正如他在当时大多数的法国批评家们看来，也是位现实主义者一样），于是，他倾向于淡化巴尔扎克想象中的二元性。他越来越意识到：巴尔扎克将自己埋藏于在极其真实的现实中，结果作品的成功反而将他变成自己的受害者。在詹姆斯看来，在巴尔扎克的世界无法呼吸到更新鲜的空气，因而无法将现实世界转化为传奇世界：“当他试图描写抽象东西时，创作的前提便与他作对起来。”因此，某种警示故事总是蕴藏在关于巴尔扎克的赞美诗中，詹姆斯正是通过这种方式对自己说：“天助我也！”。在巴尔扎克眼中，法国变成了整个世界；而对詹姆斯而言，世界最终超越了任何一种国家表现形式。比如，当梅茜去法国时，她进入了一个自己想象中的新世界，而不仅是沉浸在布洛涅每日的现实生活中。同样地，最初读到《波士顿人》[1]的读者们深感震惊，因为该书并未从波士顿人的角度描绘这个城市。在巴尔扎克的作品中，由浸润于环境中的作家充当向导，读者们大多数时候可以以巴黎人的身份来感受这座城市。但是美国小说家们却只有爱·伦坡和霍桑等少数前辈作家，不可避免地会较少地像巴尔扎克那样受限于国籍和预定的环境。对美国人来说，国籍只是一种可能性，需要虚构出来。就拿《一位贵妇的画像》中伊莎贝尔·阿切尔和梅尔夫人之间颇具意味的对话来说，当伊莎贝尔说自己根本不在乎卡斯帕·戈德伍德的房子时，梅尔夫人说：

> 那是你还不太懂事。要是你经历过我这么长的生活，你就会看到，每个人都有他的外壳……世界上没有孤立的男人或女人……我们所谓一个人的‘本身’是什么？它从哪里开始，又在哪里结束？它注入了属于我们的一切，然后又流回来。

对此，伊莎贝尔并不同意：

> 任何属于我的东西都不能成为衡量我的尺度，相反，那是一种限制，一种障碍，一种完全带有偶然性的东西。

她或许并非真是自己在此处假扮的单纯的理想主义者，但是詹姆斯很明显地认可她的感受：社会环境无法为她可能成为的样子设限。另一方面，梅尔夫人则是处处从物质方面着眼，正如詹姆斯对巴尔扎克的看法一样。当然，该小说的微妙之处在于，它能采纳双方的观点。不过显而易见的是，伊莎贝尔代表了这部小说精神层面上的推动力。

1 詹姆斯在他的《笔记本》中对《波士顿人》做了简短的记录，该条目暗示了一点：不论小说的灵感多么具有巴尔扎克风格，“其主题却是民族性的，典型的。我希望创作一则极具美国特色的故事，一则体现我国社会状况特征的故事”。

现实和现实主义从不是故事的全部。詹姆斯被巴尔扎克笔下的法国深深吸引,但他不曾想过描绘一个类似的美国。这对普遍意义上的法国小说来说皆是如此。爱玛·包法利从她永镇的房子窗口俯瞰大街,绝没有享受到伊莎贝尔渴望的那种自由与欢欣。小说家须在不被现实所限的情况下去唤起现实。在詹姆斯看来,爱玛和弗雷德里克·莫罗的问题在于,他们从未被允许走到自我的终点。这正是他自己的写作方式,即通过设计,让这一切皆有可能发生。没人能像另一位旅居国外的美国人 T.S. 艾略特那样,将这种设计描述得如此精当:

> 他的浪漫主义意味着,对于想要观察的事物,他的观测结果并非不完美……准确地说,它来自一种执拗地坚持着的理想。这种理想折磨着他。而对理想社会的憧憬附着在他身上,让他着了魔……在结局中,没有人能更意识到——带有更多的善意,或更少的怨恨——可能性与事实之间的差异。

传奇不只是逃避主义。有时被简单地展现为一种虚构技巧——所谓的"中心意识"的设计——实际上完全是一种基本的道德选择。于是,选择开放式结局的詹姆斯们拒绝欧洲小说对封闭感的执着。相反,巴尔扎克是选择最终的和不可逆转式结局的小说家:注定要毁灭的欧也妮·葛朗台,失去一切、无依无靠的于洛男爵,悲惨离世的吕西安·特·吕邦泼雷。弗朗霍费意识到毁了自己的杰作后的自杀之举便是典型的例子。另一方面,在《大师的教诲》中,我们直至最后一刻,仍会疑惑圣乔治下一步会写些什么。

话说到这儿,将詹姆斯对巴尔扎克的回应视作简单或快速的,都极具误导性。从某种角度上来说,他近乎花费了整个职业生涯,将小说从巴尔扎克转向了他自己想要它去往的方向。没人能低估最初的吸引力。总体来说,巴尔扎克对詹姆斯而言,代表着艺术家的原型:不屈不挠,忘却自我,沉浸在自己的作品中,直至现实与想象融为一体、合二为一。据说,临终前,巴尔扎克叫的不是自己在现实生活中的医生，而是《人间喜剧》中的名医皮安。参加完他朋友朱勒·桑多的妹妹的葬礼后，他说："让我们回到现实——欧也妮·葛朗台在做什么呢？"他如此疯狂而又令人无可指责地深陷于自己的作品之中，这一点使他区别于英国小说家萨克雷和特罗洛普。这二人看低自己的作品，视之为虚构之物，并没那么严肃。巴尔扎克给予了詹姆斯无法从英语中寻找到的某种东西。不喜欢巴尔扎克强烈的情感的读者们常常将之视为某种偏执，然而，在詹姆斯看来，这正是对想象的忠诚。让我来引用一段有名的段落吧。批评家称赞了巴尔扎克进入角色的能力，并对比了萨克雷对待贝琦·夏普居高临下的态度。这段话与华莱丽·玛奈弗有关，她是《贝姨》中"穷奢极欲的情妇"：

> 他无论何时都坚定地热爱着拥有另外一种身份的感觉，一种被挖掘、被假定、被同化的身份——他享受着这种感觉，正如当手套大小合适时，手所感受到的那种惬意……他喜欢的是完全进入这种构建的意识之中……他渴望去展示……巴尔扎克爱他的华莱丽，正如萨克雷不爱他的贝琦，或《潘丹尼斯》中的布兰奇·艾默利一样。不过，他提示不要去揭露她……全部的重点是 la faire valoir，即给予她价值，正如萨克雷的态度恰恰相反，他心怀一种积极地揭露和贬低可怜的贝琦的欲望。(《巴尔扎克的教诲》)

萨克雷想要"确保你做出道德评判"，而巴尔扎克却因人物内在的活力而热爱她，并不考虑道德或品位。这种热爱比逼真性或技艺更深刻，后两种都是萨克雷拥有的。这种热爱使华莱丽在令人惊叹的自我主义中毫无疑问地焕发着活力。她面对着我们，不是一个需要我们去解剖的角色，而是另一个无法简化的神秘心灵。不能仅仅将她当作像贝琦一样的女冒险家而一笔勾销。

詹姆斯切入《贝姨》的方式典型地体现了他经常进入小说内部的运作机制的欲望，去看它是如何被创造出来的，但将之仅仅视作他对"小说艺术"兴趣的一部分未免不恰当。小说家和批评家所争论的这种“沉浸”,更接近于一种幻觉。詹姆斯将巴尔扎克看作英雄的缔造者,就像罗丹那座著名的雕像的造物主一样,但同样打动他的还有他的创造活动所包含的道德性。他尊重福楼拜奥林匹亚式的冷静;而在巴尔扎克身上,他欣赏一位小说家卷起袖子,投身于冲突之中的粗陋。如果说,福楼拜教会了他如何写作;那么,巴尔扎克则让他懂得了身为作家需要做些什么。首先一点就是:写作会让艺术家付出怎样的代价。巴尔扎克从未从作品中抽离,不像斯蒂芬·德达勒斯所说的那样漠不关心地修剪着指甲;他与那些亲眼所见的受难者们一同受难,这就给他增添了痛苦。在某种程度上,他是作者与替罪羊之间的十字架。在他最好的小说之一《邦斯舅舅》的结尾,我们发现,他完全陷入了事件之中。小说的结尾处用面无表情的斜体字写着一句简单却感人的话:请原谅毫无创作力的作家之错!我们常常会忘记,一位作家在对自己来说如此重要的时刻能说出这样的话语,对詹姆斯,比对讽刺作家福楼拜有着更多的意义。他根本没有控制自己的故事,而是彻底地、无我地陷入故事之中了。

换言之,只有把詹姆斯从福楼拜和巴尔扎克那里所得到的借鉴放在一起看,人们才能充分地理解詹姆斯所言的小说的“技艺”为何意。过于冗长和凌乱的故事不仅结构松散,也无道德聚焦点。这是他对《名利场》的抱怨。在其创作晚期,我们常发现他会将作者们寄来的小说重写,而且他的形式批评几乎总会包含一个道德意图。这就是他所说的“再现”的一部分,对巴尔扎克来说也是如此,只不过并不完全是一回事。詹姆斯的小说同样根植于物质世界——安德烈·纪德认为,他是最典型的注重物质世界的小说家——但他并不将现实当作目的来处理,而巴尔扎克有时似乎会这么做。正如《使节》结尾处在河边的斯特瑞塞一样,他拼命想要逆流而上,去挽救些什么。现实仿佛是蹦床,而非一堵砖墙。《美国人》的序篇中有着经典的系统性阐述:

在我看来,现实代表了我们迟早不可能不理解的事物……另一方面,传奇代表着我们永远无法直接了解的所有事物,这些事

> 物拥有着全世界所有的天赋、所有的财富、所有的勇气、所有的睿智和所有的冒险；它们只能通过我们思想和欲望的迂回与诡计来到我们身边。

小说家的技艺在于砍断连接“传奇”与“现实”之间的“缆绳”，却不让我们看到这个过程。“托词”有一种积极的意义。从这个角度上来说，在詹姆斯眼中，巴尔扎克似乎为他创造的真实世界所包围。在《法国诗人与小说家》中，詹姆斯开玩笑地说：《人间喜剧》的主要角色是五个法郎。如果说，现实可以解放想象，那现实也可以是想象的陷阱。现实主义是小说不可或缺的准备，却不是小说的最终目的。

在这点上，任何想到詹姆斯自己的小说作品的读者也许会深感疑惑。他早期小说对行为方式的精雕细琢，和对现代生活的详细注解很难用以解答所有疑问。比如，鬼魂故事《欧文·温格雷夫》、奇幻小说《死者的祭坛》和寓言故事《地毯上的图案》，更不用说《梅茜的世界》深入挖掘了一个更加主观而非现实主义的真相。那么，从巴尔扎克到《圣泉》，我们如何得知这一点呢？在他的晚期作品中，现实主义有着更为成熟和复杂的变形，人们很容易得出这样的结论：巴尔扎克只将面包和黄油，即自己艺术的基础，给了詹姆斯，詹姆斯则逐渐将它们改造得面目全非。我怀疑，很多读者会认为“巴尔扎克的教诲”只不过是逼真性而已，似乎可以将巴尔扎克浓缩为一段话，也就是《高老头》中关于伏盖公寓的那段著名的开场白。人们总是忍不住去猜想：即便是玛奈弗太太这样的角色，也不见得有更多的意义。

对这句老生常谈最好的回击就是：巴尔扎克既是一位幻想家，又是一位现实主义者。最先发现这一点的人当中有波德莱尔，他是另一位被现代都市所纠缠的作家：

> 我常惊讶地发现，巴尔扎克的光荣在于他作为观察者的美誉。因为在我看来，他的主要美德就在于他是一位幻想家，一位充满激情的幻想家。所有的角色都被赋予了使他充满活力的生

命热情……在巴尔扎克的作品中,即便是看门人也是有天赋的。他笔下人物的头脑里充盈的意志,似乎要从口鼻处溢出了,正如巴尔扎克本人一样。(《浪漫派的艺术》)

事实上,巴尔扎克的很多小说都浸润在斯威登堡式的唯灵论中,《路易·朗贝尔》《塞拉菲达》和《驴皮记》等可能对年长的亨利·詹姆斯有吸引力。在这些哲学小说中,其中最优秀的当数《绝对之追求》这部极富戏剧性的作品;小说背景设置在17世纪的佛兰芒,这个背景真实而又丰富,恰如《欧也妮·葛朗台》中的背景一样。实验室里炼金术士的狂热让人回想起被酒桶围绕的葛朗台老爹和牛顿的玄奥研究。这些小说在詹姆斯的时代并不引人注意(尽管它们得到了叶芝的尊敬),但是,除了詹姆斯选择忽略的巴尔扎克的某一面之外,它们还有着更多的暗示。这些小说拒绝在幻想与现实之间画上任何清晰的界限,从这一点上的确能看到将来的詹姆斯的影子。在我看来,似乎最可信的是:巴尔扎克的这一面携带了梅茜和斯特瑞塞等角色的种子,而不只是将他们视作对巴尔扎克式现实主义的背离。这当然就是为什么詹姆斯要向我们强调:斯特瑞塞的名字是刘易斯·兰伯特,与巴尔扎克自传中的哲学主人公路易·朗贝尔的属于同一个词。像刘易斯·兰伯特这样的角色只会做巴尔扎克笔下很多其他角色和巴尔扎克本人常做的事:他根据自己的想象创造了世界。和简·奥斯汀的爱玛和堂吉诃德一样,他是一个"绘梦者"。如果我们讨论巴尔扎克的现实主义,就需要将其与他所声称的计划"在文明的国度竞争"区别开来。想象的真相高于事实的真相。在巴尔扎克的笔下,守财奴与浪荡子和炼金术士一样,都是空想家。有次去莫斯科访问,他有机会去纠正自己曾犯下的一个错误。他说:历史学家犯这样的过错也许可以被原谅,但小说家却不可以。这个例子是说,像梅茜和斯特瑞塞这样的绘梦者也学到了"巴尔扎克的教诲"。

不过,这就是有必要进行区分之处。在巴尔扎克的任何一部小说中,最不具詹姆斯风格的时刻就是在这种时候:事件占据了主导地位，驱使一切向不可避免的结局发展，如贝姨收回欠款，以及吕西安在阁楼里面对自我。幻觉被现实所刺穿。在詹姆斯看来，这种结局尽管震撼，却切断了小说家与故事的另一半之间的联系。小说家给现实下了定论，阻止了它该有的暗示意义。就好像是，周而复始地存在着的巴黎世界遮蔽了天空：

> 然而，有种感觉总是萦绕在脑海中，挥之不去：命运使这斗士闭上了嘴。他将自己锁了起来——这当然是他的过错——还丢了钥匙……巴尔扎克可打不"开"。在他看来，祖国是多么伟大富饶、地处中心、正常有序，充满了无限的社会复杂性，也孕育了充足丰裕的土地、海洋和天空。他出生于斯，他的种族也繁衍于斯。然而，我们似乎看到他的灾难来临——天空向他压了下来。

作品缺乏通往"另外一个世界"的出口，这是詹姆斯不肯向师傅效法的。我相信，任何视巴尔扎克为现实主义者的人也会有同样的反应。比如，波德莱尔就是这样。正如我刚刚所暗示的，有大量证据可以证明：在现实主义色彩不那么强烈的小说中，巴尔扎克非常注意寻找将幻想世界置于现实世界之上的方法。毕竟，这正是寻找哲人石的意义。而且，我们还可以在现实主义小说中找到相关的提示。如假冒的艺术家们，以《贝姨》中的吕西安和雕塑家史丹卜克为例，还有像作家德·阿泰兹这样未受邪恶浸染的单纯之人。[1] 这些角色也许不那么有趣，但他们对将文学普遍商品化现象的蔑视却堪称典范。一本正经地抵挡诱惑也许不太适合气氛活跃的小说，但是，詹姆斯在将尼克·多默设定为《悲惨的缪斯》的男主人公时，几乎冒了一模一样的风险。我们可以说，像德·阿泰兹这样的角色无法激发关于"另外一个世界"的想法；但是不可以说，巴尔扎克根本就没这样尝试过。

1 詹姆斯在《小说家笔记》中对《包法利夫人》的记述泄露了福楼拜对女主人公的一丝敌意，正对应着他对贝琦·夏普的看法。

早先我提到，巴尔扎克常为那些生活在社会之外的角色们提供空间，因为我认为詹姆斯也许要努力更彻底地认同他的世界，而其实他并没有那么正当的理由这样做。那个世界的一个方面，其坚实性的全部含义，就是它最终会浓缩成多小的一点。累积起来的财富会一而再、再而三地丧失。在所有的资产中都存在着一种真空状态，人物起初忽略它，之后却被无情地吸进去。如果说，它是一个坚实的世界，那它也在令人不安地变化着，永远地运转着。帝国、复辟、资产阶级，然后呢？即便是以如此贪婪的方式积聚的金钱，也会不可避免地烟消云散。想要计算巴尔扎克笔下挥霍在交际花身上和赌桌上的钱财数量，或者最终被毁灭的上流社会家庭，殊非易事。他的世界尽管坚实，却总在分崩离析的边缘。几乎可以说，小说家和炼金术士一样，似乎努力地想要敲碎这个世界，直至其露出本质。我们很容易明白，为什么巴尔扎克的现实主义能够吸引像詹姆斯这样一位来自一个无确定文化的美国作家。但此景象是可怕的。也许，詹姆斯回避了它？巴尔扎克不设定“另一个世界”，这是不是一种将忧虑理性化的方法？如果是，那么巴尔扎克，这位将自己囚禁于自己所造世界中的现实主义者，其观念对于詹姆斯而言，将是一个可以方便的、可资退守的防御机制。它使詹姆斯能够施展出自己与人不同的天赋。

此时我想到了《使节》中的一个场景，当时斯特瑞塞在河边的小酒馆里看到查德和维奥内夫人游移到视野中。他心目中美好的画面被改变了，但并未被完全破坏。他对自我愿景的理解并不仅是虚假的：如果他的小兰比内特无法做出解释，那么物质场景本身也无法解释斯特瑞塞所看到的。他的想象力使被歪曲的事显得崇高。正如维奥内夫人领悟到的：大多数时候，当事实似乎无法挽救时，我们需要这样的想象力。如果这样会带来传奇的结局，那它也是一种深刻的喜剧想象力的标志。（在我看来，詹姆斯在《使节》的结尾处比在《鸽翼》的结尾处与自我的相处更自在。）换言之，现实与想象是体验连续体的一部分，它们之间并非像《幻灭》和《情感教育》两部小说之间那种非此即彼或是二元对立的关系。正如艾略特认为的那样，这正是使他的作品更具美国性，而非欧洲性的一点。这并不是说，与巴尔扎克相比，他或斯特瑞塞都是逃避主义者。斯特瑞塞有他自己的反讽之处，那是一种为了仁慈而培养出来的心照不宣的单纯。而且，正如他最后明确告诉玛丽亚·戈斯特利的那样，他和德·阿泰兹一样有能力放弃："那是……我唯一的逻辑。从整件事中，为我自己得到些什么。"乐观需要勇气，正如悲观也需要勇气一样。不论我们选择了怎样的结局，它都是开放式的，而非我们从一开始就看到的被放弃的结局。精神的韧性和沮丧、幻灭一样，都是对现实的真实性的一种可能的回应。想象力是一个幸存者。然而，吊诡的是，这个意想不到的结果从某种角度上来说依旧极具巴尔扎克的风格，尽管他的作品具有更加无情的现实主义色彩。除了通过相信他人的想象之语，詹姆斯还能到哪儿去寻找人类的欲望能够重塑世界的证据呢？在两位作家那里，尤其在他们关于作家和艺术家的小说中，我们发现，他们坚信艺术家既可以创造生活，也可以复制生活。二人都深入挖掘了一个流传已久的 19 世纪神话：从歌德的浮士德到荷尔德林的普罗米修斯，到伯恩·琼斯版本的皮格马利翁，再到哈代的《意中人》。比如，我们从詹姆斯身上瞥见了这一点，最早可追溯至《罗德里克·赫德森》，在雕塑家雕刻的卡特琳娜·莱斯科的半身像上。

自罗丹以来，巴尔扎克就被认作是那种大腹便便的普罗米修斯，向他的角色们吹入生命气息：玛奈弗太太就是浮士德的特洛伊海伦。在他关于艺术家的最著名的故事之一《玄妙的杰作》中，他使用了皮格马利翁的故事。在该作中，一位年长的画家弗朗霍费对波尔比斯的圣徒画像加以润色，使其栩栩如生，显露出她红润的面容，捕捉到围绕她的气息。此举惊呆了佛兰芒画家弗朗索瓦·波尔比斯："你的作品是不完整的……普罗米修斯的火炬在你手中熄灭了多次……"画像的如此转变，让人以为弗朗霍费似乎有赋予生命的神奇天赋。人们发现，他在自己的杰作《不羁的美女》上花费了十年光景，意在向全世界一劳永逸地展现自己的天才。他一直不停地对画作进行修改和添加，就像塞尚仅画一个人体模特的胸衣，就画了超过了一百次。但当他最终同意波尔比斯和普桑来看他的画作时，他们只能从中辨识出一堆令人费解的线条。他在作品上投入得太多，反而毁了它。不过，在“无形的迷雾”中，一只完美的活像真人的脚能够证明弗朗霍费的天才：“这只脚露在那儿，就好像某个用帕罗斯大理石雕塑的维纳斯的半截身子露在遭火劫的城市废墟上一样。”这是一则关于艺术自身局限性的寓言吗？或是关于皮格马利翁最终的无能的？或者，更微妙一些，是关于真正的艺术家能将自己的想法在作品中展现出几分的？波尔比斯和普桑惊骇地看到了因努力的方向错误而导致的结果。但是，故事也许有着更加令人深思的寓意，那就是：想象注定要失败，却也许又以某种方式被失败本身证明为正确的。尽管弗朗霍费并未创作出什么，还烧掉了自己的画作，但他的失败依旧是艺术努力的象征。故事留下了许多尚待讨论的问题，但这个特别的“大师的教诲”本身的晦暗却是显而易见的。当詹姆斯写作《罗德里克·赫德森》时，他的心中应该就有这样的想法，而塞尚则深深地认同它的主人公。埃米尔·伯纳德告诉我们，当他承认“他就是小说中的人物时……他受到了极大的触动，眼睛里充溢着眼泪”。此外，为该故事做插画的毕加索相信，弗朗霍费在大奥古斯坦街上的房子就是他在 1937 年创作《格尔尼卡》时居住的房子。两位画家都感受到了这种亲近的关系，艺术家孤注一掷，有时，创作和空虚之间仅有细微的差别。只有真正的艺术家才能承受弗朗霍费这种量级上的失败。而且，在小说的结尾，他的绝望和自杀也许既来自他未能说服他的倾慕者们，也来自再也找不到灵感。事实是，公众无法看到地毯上的图案，并不意味着图案不存在。该故事富含悖论，提醒我们，一个人只有仔细地思考想象的失败和成功，才能真正地描述想象本身。想象力既是一个诅咒，又是一个祝福，正如皮格马利翁发现的那样。巴尔扎克和詹姆斯都太明白这一点了。《玄妙的杰作》创作于《人间喜剧》的写作初期，远远早于巴尔扎克确信他能够真正完成这部巨著之前。而且，即便斯特瑞塞能从那崩塌的纸板屋里抢救出些什么，《圣泉》吸血鬼般的叙事者仍和弗朗霍费一样精神错乱。《堂吉诃德》之所以是第一部伟大的小说是有原因的。

詹姆斯将很多巴尔扎克式的关注写入了《大师的教诲》，这是关于艺术家生活的最风趣的故事之一。小说家亨利·圣乔治年轻时投身于艺术，后来，为了养活妻子和家人，他安定下来，写作一些粗制滥造的文艺作品。他看起来像是“一个幸运的股票经纪人”。故事的反讽之处在于：除了志向远大的年轻小说家保罗·欧沃特，没人能分辨出他的作品是好是坏。只有圣乔治明白，他不仅失败了，还欺骗了自己的缪斯。这位老师告诫学生道：

> 切记我的教诲——因为这确实是一个教训。不要在年老时成为我这个样子——我这副压抑而可悲的样子，崇拜着虚假之神！……市场的偶像；金钱、奢侈品和“尘世”……

正在这时，保罗遇见了一位迷人的年轻女郎玛丽昂·梵科德，她正迫不及待地想要见他的老师。尽管心仪于她，保罗还是决定出国完成自己的第一部杰作，而不是留在英国坠入爱河。两年之后，他完成作品后归国，发现圣乔治太太已然离世，老师则与玛丽昂再婚了。失败的艺术家获得了活生生的奖赏，保罗对自己的损失唯一的安慰就是他的艺术：玛丽昂是“生活”本身，她属于“贿赂和奖赏的光明、富足的世界”，而保罗则注定会成为一名“被褫夺公权的僧侣”。

这是嘲讽，还是老师为了文学而在拯救自己的学生？想要创造生活的欲望总是以某种方式与生存的能力相冲突吗？这种二元对立在这个时期一再出现，如在惠斯勒和托马斯·曼那里，在叶芝的小诗《选择》中：

> 人类的理智
> 被迫去选择
> 完美的人生
> 或作品的完美……

罗德里克·赫德森通过同时成为艺术家和拥有卡特琳娜,结果毁了自己;尼克·多默放弃了威斯敏斯特的议员席位和对茱莉亚·达娄的爱之后才开始看起来像位真正的画家。我们能够看到的艺术家的全部就是他背对着大众、俯身画板的后背。当艺术家生活时,他们不创作;当他们创作时,就停止了生活。因此,艺术家的生活是无法展现的。看不见的德·阿泰兹和自我放纵的吕西安相比,二者本质相同,只不过前者是悲剧,后者是喜剧。二人比他们看上去的更为亲近,巴尔扎克在自己早年身为雇佣记者时就对此再了解不过了。一种本身就是艺术作品的生活,就像《悲惨的缪斯》中唯美主义者加布里埃尔·纳什的生活,根本就不是艺术。纳什的原型是奥斯卡·王尔德,因此,王尔德对吕西安之死的反应就具有双重意味:"这种悲伤,我从来就无法完全摆脱……我就是在放声大笑的时也会想起它。"但对于保罗·欧沃特这样的詹姆斯式艺术家,想象力就是一种他不得不在上面吊死自己的十字架。弗朗霍费被迫无望地挣扎着创造生命,同时消耗掉自己的生活,这是相同故事的一个更为集中浓烈的版本。失败与被排斥笼罩在真正的艺术家头上。看看福楼拜和塞尚的生活吧。即便是巴尔扎克自己也在临终时承认,他所体验到的的最深刻的情感是胆怯。他每成功地创作一部小说,就有一部未能创作出来,或者中途放弃了。

因此,让两个故事如此不同的并非它们的本质,而在于詹姆斯更加轻微的笔触,在于他那神秘莫测的幻想气息。《大师的教诲》也许有道德寓意,但它并不像巴尔扎克的故事那样正经八百、充满告诫意味。它认真而诚挚,不过,这种真诚在精神上却带有玩笑的意味。但它依然与巴尔扎克有着深深的共鸣。尽管它致力于小说的"伟大形式",它却带有一丝警告:当心想象力可能会为它的仆人预留下可怕的果实。与弗朗霍费一样,也许最后什么都没给保罗留下,正如斯特瑞塞一样。而且我们永远无法确定尼克是否会过得更好一些。即便是那些信任想象力的人也永远无法确定他们的信任是否会得到回馈。浪漫的现实主义者最后比我们想象的更接近现实主义者。

然而，两则寓言仍在情感上有着很大的差别。在巴尔扎克版本的皮格马利翁故事中，尽管故事具有悲剧性，但雕塑家赋予了雕像以生命，且更进一步地向浪漫主义的方向有所发展。弗朗霍费对他的《不羁的美女》产生了强烈的性欲，正因为此，他不愿向朋友们展示这个作品："这简直是可耻的卖淫！我和这个女人已经生活了十年，她属我所有，属我一人所有。她爱我，我在她身上每画一笔，她不是都要对我嫣然一笑吗？"这种欲望并非仅是追求美学形式的比喻说法，而是一种真实的性欲情感。这就是为什么弗朗霍费答应展示自己的作品时提出一个条件，那就是普桑要说服他的情人吉莱特当裸体模特。而且，如果说弗朗霍费因发现自己无法获得一位真实女性的芳心而备受打击，那么吉莱特也极为震惊地发现，她还不如弗朗霍费的作品对普桑的吸引力大。如果艺术不能持久，那么爱情也不能。这个故事讲述了一种令人不安的双重欺骗，因为它暗示了艺术无法与性欲分开：创作和生活不可分离。而在詹姆斯的笔下，这种性欲情感仅停留在一个更为假定的层面上。保罗也许放弃了他的爱情，但首先一点是：我们绝不知道这种感情的强烈程度。圣乔治迎娶玛丽昂的真实含义并非他在性爱上得到了满足，而是她也许给予了他力量去创作另一部杰作而已。保罗依旧不安全，尽管他的小说大获成功；如果他的老师"展示出他最高水平的作品"，他就会感觉到"被出卖了"。他也许会"表示欣赏"，但那只能证明圣乔治的观点，即"自然让他投身于理智，而非个人情感"。这种颇具讽刺意味的前景令人兴奋，不过，它仅仅将性欲情感容纳进来，使其成了艺术的替代品。这令人想起了安德烈·纪德谨慎的观点，他称詹姆斯为"烹饪大师"，这是一类在法国比在英国更常见的艺术家。在纪德看来，詹姆斯风格的形式，尽管处理巧妙，却依旧极为孱弱。他抱怨道，詹姆斯的角色们都是"生着翅膀的半身像"："肉体的分量全部消失不见，全是蓬松杂乱的浓密容貌，全是荒野的黑暗"。也许，当我们将玛丽昂·梵科德与"不羁的美女"和吉莱特相比时，她也是一尊"生着翅膀的半身像"，迷人可爱，引人注目，但最后却是头脑空空。《大师的教诲》与《玄妙的杰作》之间的共鸣使其看起来更为理性，在高雅喜剧的层面也比较闪烁其词。尽管詹姆斯尊敬巴尔扎克，但或许总有一些教诲是他不肯从巴尔扎克那儿学习的。

然而，也许，与其说艺术本身具有欺骗性，不如说艺术家本人的想象力并不可靠。结局中圣乔治扬扬自得的英俊面容凸显了他真正的空虚。他与巴尔扎克笔下虚假的艺术家们之间的相似更加不同寻常，因为人们认为他更具喜剧性。但是，就像王尔德在他的道连·格雷画像中所发现的那样，他的身上也有悲剧的暗示。他的堕落是真实的，并非仅仅是一层涂上的油彩，而是可怕的自我背叛。故事的反讽之处在于：假冒的艺术家告诉我们真正的艺术家应该是什么样的。这就是为什么关于他的艺术可能自我救赎的暗示令人如此困惑。和弗朗霍费一样，他的失败标志着他是（或曾是）一位真正的艺术家。所有艺术都注定会失败，而伟大的艺术家们最了解这一点不过了。在巴尔扎克版本的故事开头，弗朗霍费向波尔比斯解释了为什么他的圣徒像失败了，尽管年轻的普桑认为该作很了不起。具体的实施永远无法与起初的设想相符。爱情也是如此，普桑很快将会发现这一点。但这并不会将设想完全抵消。在弗朗霍费花费过多心血的帆布画板上，始终存在着一只无法磨灭的栩栩如生的脚。概言之，毫不意外的是，当詹姆斯面对着《人间喜剧》的庞大结构时，他会感到巴尔扎克的胜利也是一种失败：

> 再次回到巴尔扎克那里时，我们明白，他的精神将自己变成了一座牢笼，他不得不一直转过来，又转过去。他常常步履蹒跚，走起路来像是一个被罚做终身苦力的罪犯一样。牢笼就是那个复杂却又确定无疑的法国世界，它将自己从里面牢固地建立起来，连上方的屋顶也如此牢不可破。

我们不应将这段话简单地视作一种批评，一种安置巴尔扎克的方式。两位小说家都太清楚，皮格马利翁试图要做的，比艺术家被给予的更多。然而，尽管前景是灰暗的，甚至正因为此，他们也相信，通过努力，可以将自己的想象变成现实，正如皮格马利翁一样。这就是为什么，尽管詹姆斯在很多方面都比巴尔扎克教导的做得更好，他依然将这位前辈视作"我们所有人的大师"。从来不存在这样一位小说家会被取代的问题。而且，尽管作品中有瑕疵，任何热爱他的作品的人今天依然会想起他。

编后记

大卫·热尔韦(David Gervais, 1943—2015)，大学期间就读于剑桥大学的克莱尔学院，后于多伦多大学任助教，并从事教育出版工作。1967 年，热尔韦赴巴黎求学，获得博士学位。1971 年至 1990 年间，执教于英国雷丁大学英文系。大卫·热尔韦的学术成就主要集中在英法文学、文化的比较研究上。他的批评文章语言朴实干练，观察细致稳重，饱含热情与才识。他深谙法国文学，却始终保持独特的英国性。热尔韦在学界一直非常活跃，担任《剑桥季刊》主编达三十四年之久，是备受尊崇的学者和文学批评家。

本文译自：David Gervais, "The Master's Lesson: Balzac and Henry James", *The Cambridge Quarterly*, no. 4 (2004) : 315–330。

福克纳、巴尔扎克和圣言

作者　［美国］迈瑞尔·霍顿
译者　罗城　朱宾忠

在威廉·福克纳的作品《蚊群》中，一位知识分子称赞奥诺雷·德·巴尔扎克，说他是一位“不会因翻译而受损”的作家——这个说法耐人寻味，因为福克纳所能读到的巴尔扎克译作其实鲜有佳品，并且，我们也并不知道他首先读到的是巴尔扎克的哪部译作。福克纳的祖父藏有巴尔扎克的一些图书，青年时期的福克纳读了多少本，我们不得而知。但他自己的藏书里那本最老的大部头《人间喜剧》可能就是当年的书籍之一，因为在这本书里有他用家族最初的姓“Falkner”的亲笔签名，这意味着他阅读此书时还比较年轻。这本书是1896年由波士顿的利特尔 & 布朗出版社出版的一百周年纪念版；我推测该书的其他各卷在1942年菲尔·斯通的房子失火时被焚毁了，这一年也是福克纳的创作中断的一年。如果这位青年上校有这部百年纪念版的巨作，那么我们应该承认他可能受到过更为密切的影响。福克纳在1925年以前读过其祖父的藏书，但是他自己有一本1925年出版的《人间喜剧》（由布莱克公司出版），这本书其父亲穆里签过两次名，但均未注明日期，这表明这本书是重新购置的或者是一个置换本。穆里于1932年8月去世，威廉在第二年的某个时候以其姓氏的新拼法“Faulkner”在书上签了名。

福克纳逝世时藏有由杰比出版公司出版的不完整的《巴尔扎克

小说》的图书馆版（1897—1899，费城，包含有《都兰趣话》和《人间喜剧》），也就是我在这里引用的版本。[1] 他没有在这套二手书上签名，可能是因为之前的一位主人已经在此题了名。乔治·戈登·巴特尔（1868—1949）是北卡罗来纳州人，也是弗吉尼亚大学的校友，他在曼哈顿的法律、政治和慈善圈子中名声显赫；这位为了加盟民主党而改名乔治·戈登·里迪的纽约人，在后来的水门事件中确实得以彰显大名。不幸的是，我们现在只能推测当初福克纳为什么要买这些书，又是如何入手的。对于第一个问题，斯通家失火之事可以看作是一个貌似合理的解释；如果确是如此，那么有理由断定他是购买了巴特尔家的那套书作为替换品。至于如何买到的，有两种可能，交易的时间则更难以确定。巴特尔在弗吉尼亚州有一座避暑别墅，死后安葬在里士满，所以也许他的一些收藏品流入了当地市场，甚或到了福克纳的朋友弗吉尼亚州的收藏家林顿·梅西手中。然而，福克纳直到 1957 年才开始在夏洛茨维尔居住，并且有文本证据表明，他并没有等十五年才补置那套书。一个合理的猜想是，他的出版商与巴特尔一家相熟，后者促成了这桩交易，但是这就意味着巴特尔在 1949 年去世之前就出手了这套书。福克纳在修订 1942 年出版的《去吧！摩西》时仍在参照着（或者凭记忆引用）那部百年纪念版，故事中讲道：当巴克叔叔向索芬西巴小姐卑躬屈膝时——他“拖着脚”——福克纳在这里是借用利特尔 & 布朗公司出版的《塞萨尔·比罗特》，这个故事里有一位年轻人“胆小地拖着脚是因为‘他的挚爱’塞萨琳在那儿”[2]。

早年接触到巴尔扎克的作品可能使福克纳易于接受菲尔·斯通的教导，也许这有助于解释这两位年轻人之间的友谊。在 1962 年 6 月 1 日的一封信中，斯通告诉理查德·亚当斯：“巴尔扎克对［福克纳］的影响可能比其他任何人的都大”，但是这话用来说他自己也是

---

1 另作说明处除外。其中，33 卷集中的第 19 卷、第 28 卷和第 31 卷的两个部分均已丢失。

2 杰比出版社的译本译为：“他胆小地拖着脚，因为他想起了塞萨琳。”

不错的。斯通于1913年以大四本科生的身份进入耶鲁大学，可能在1914年或1915年的夏天开始阅读他兄弟拥有的一个巴尔扎克译本，该译本出版商不详。也许那场火灾烧毁了斯通自己的那套巴尔扎克；唯一现存的是《塞萨尔·比罗特的兴衰》，我们无法确定这本书是不是他兄弟所收藏的那套书中的一本，但是传记作家苏珊·斯内尔说斯通只读过巴尔扎克的英译本。[1] 他迷上了巴尔扎克，"成了这位作家的信徒"，1916年W.H. 赖特写的一本书中突出表现了他的这种热情，称他教福克纳"把正确阅读巴尔扎克视为一项重大的审美考验"。《创造性意志：美学的哲学和句法研究》是一本汲取柏拉图唯心主义（有时亦称理性与分析）思想观念的论著。如今的读者会发现这本书平凡无奇，但其章节标题"Sic Itur Ad Astra"（因此我们走向星星）引人关注，其对艺术家克罗的提及使我们想起了《坟墓里的旗帜》里的"克罗的复制品"。更为明显的是，赖特在把巴尔扎克奉为试金石时创造了一些术语，引申出了巴尔扎克和福克纳的读者们所熟悉的美学原理：真正的艺术家在慢慢创造"一个微观世界"，并且"在创造这一宇宙的过程中，创造者自己也得到了的提升"。斯通在1945年将赖特的美学推荐给了马尔科姆·考利，但是接触过斯通遗孀的斯内尔相信他应该在更早的时候就与他们分享过了。大概在1922年，斯通和福克纳一起读了《人间喜剧》的每一卷，并且也曾和他们的朋友贝丝·斯托克大声朗读其中的许多卷；同样地，我们仍然不能确定他们读的是什么版本[2]，但斯内尔说："他们在研读巴尔扎克活动结束时，福克纳和贝斯·斯托克对《创造性意志》掌握到足以通过一场考试了。"

斯通在20世纪30年代陷入了财务困境；大概是在那时，这位律师在《人间喜剧》的一个段落旁写下"我深有体会！"，该段落详细描

1 斯通的《塞萨尔·比罗特的兴衰》是纳什维尔的威廉·布泽尔从他的遗孀那里购买的，她慷慨地允许我仔细对其进行检查。

2 很可能是福克纳和斯通1896年的那些版本。

写了赛查·皮罗托应付债权人的苦恼。在此期间，他敦促妻子阅读巴尔扎克的作品，他在30年代中期把史塔克·扬的热门流行作品《红玫瑰》与巴尔扎克、菲尔丁和萨克雷的作品相比较，直言不讳地告诉扬说，他的书甚至连《人间喜剧》里沉闷的《幽谷百合》的活力都没有。[1]然而，直到二十一年之后，斯通才讲出图兰吉奥的影响力之深远；1956年4月16日，他对克利夫顿·法迪曼说："我当时让比尔[2]主要以巴尔扎克为范，虽然我现在意识到巴尔扎克应该是以新的面貌出现了，但是比尔并没有怎么追随和效仿他。"这位律师说"意识到"（realize）这个词时，用的是现在时，而最后的那个分句也语义含糊，这都让我们感到困惑，但是看来斯通认为他和朋友合力"修正"了这个法国人。可以肯定的是，一些证据似乎在挑战这一说法。斯通和他的妻子认为，福克纳的《小村》主要情节取材于一个发生在拉斐特县的故事，并且"对福克纳送给菲尔阅读的手稿里关于艾克·斯诺普斯和他的牛情人的描写表示满意"。但证据与此相矛盾：斯通并没有向考利表示满意，他还说故事中的那个小插曲显示福克纳"完全缺乏审美品味"，他也没有提及当地的那个事件。斯通可能从未意识到这种母牛题材与《人间喜剧》中的《沙漠激情》之间的联系，正如罗克珊德拉·安东尼阿迪斯在1970年所指出的那样。在《沙漠激情》中，一名士兵与一只豹子以情侣关系同居（福克纳在《寓言》中对此情节有所借用），然后在一次情人间的争吵中杀了她。当然，他前后不一致的说法也有可能表达出一种为情绪所左右的矛盾心态：斯通想在朋友成功的时候吹嘘自己对于其成功所起到的作用，同时又要坚守年轻时做出的保密承诺。假如福克纳对自己的文学资源的来源有所担忧的话，他最终必定会怀疑是他的朋友泄露的（他确实隐晦地这样做了）。这也可以解释为何当艾米莉·斯通问福克纳是否打算将最新的《斯诺普斯》世系小

1 斯通的留言和扬的回复的日期分别为2月7日和20日。杰比出版社的编辑詹姆斯·塞恩斯伯里在他写的巴尔扎克的《生平简介》中多次比较了不同的小说家。

2 比尔是朋友们对威廉·福克纳的昵称。——译者注

说献给她的丈夫时,这位作家的回应是不置可否。

菲尔·斯通启动了威廉·福克纳对巴尔扎克的批判性继承,而他(菲尔·斯通)后来又借赖特和巴尔扎克来批评福克纳的作品。斯通曾是福克纳的第一本书《大理石牧神》的幕后推手,直到1945年,他对《坟墓里的旗帜》的设计仍赞赏有加,认为这种设计隐含在小说结尾处"光荣的死亡"一词中,有几分神秘感。然而,在1942年4月(在收到《去吧! 摩西》一书不久之后),他开始抱怨福克纳后来的部分小说缺乏连贯性。当然,抱怨现代主义的人倒不止斯通一个。三年后,在写给美学导师考利的一封信里,他赞赏莎士比亚和巴尔扎克的风格受其题材支配,但抨击福克纳的风格是"矫揉造作",而福克纳其人也缺乏美学理论。斯通在信中还认为考利的一篇论文的观点不准确,该论文断言"[福克纳]后期的小说中存在……相互关联的模式"。这位律师(菲尔·斯通)说福克纳的长篇小说没有"整体的设计感",但是认可其短篇小说,愉快地暗示说他在短篇小说里看到了一些模式。在1956年4月给法迪曼的一封信中,同样征引了三部《人间喜剧》里的小说,说它们风格各异,并且通过对比,再一次指责福克纳的小说"缺乏设计"。一年后,在致詹姆斯·梅里韦瑟的一封信中,他再次对这位往日门生的长篇小说进行攻讦,说它们缺乏巴尔扎克式的设计,但是对其短篇小说并无微词。

巴尔扎克非常多产,因此《人间喜剧》里有些小说不可避免地比另外一些小说打磨得更加细致,但是与斯通不同的是,当今大多数读者,如同福克纳一样,不会觉得这些翻译作品的风格有何明显不同。福克纳欣赏这位法国人的写作方式,称其特色为"用笔端写作"。尽管如此,斯通的批评还是将我们引向了福克纳采用的《人间喜剧》的设计。

在讨论巴尔扎克本体论时,罗兰·列·休恩和保罗·佩龙谈到了一个人,他们认为他为《人间喜剧》写过或者帮助巴尔扎克写过该书的两个引言:

[菲利克斯]戴文[1]的序言呈现了双重的描述性的隐喻，一重是**风俗研究**艺术馆，一重是石头砌成的纪念碑，它金字塔式的建筑结构模拟了整个《人间喜剧》连续性的呈现过程。**道德研究**，也就是绝大部分故事，构成其基础，**分析部分**最小，是其顶点，**哲学研究**是其中间过渡部分。这种图式化[和其他证据一起]……暗示一种理想化的观念，即**知识是从结果推导至原因，再推导至原则，直至完整的形式**。

W.H. 赖特教导说，"生发所有思想的源头"是"哲学观"，《人间喜剧》的哲学观是柏拉图理念论和新柏拉图主义，外加早期希腊思想、斯威登堡基督教、牛顿物理学和那一时期的法国生物学理论。无论如何，菲尔·斯通能够识别和解释该作品的古代渊源；他所受的教育包括连续七年的希腊语学习和两年的大学拉丁语学习，其中肯定包含研读柏拉图思想，这种思想不仅有助于《人间喜剧》的建构，而且还渗透在赖特的书中，例如，他在书中声称，"伟大思想的产生与伟大形式的产生相类似"。巴尔扎克从沃尔特·司各特那里借来的东西之一就是亚里士多德式的形式和内容。《人间喜剧》中的小说《老姑娘》改变了福克纳的情节转折方式，启发了他对昆丁·康普森的自杀情节设计，他姐姐的人物角色设置，对艾米丽·格里尔森予以免税的情节设置，以及"新瓦卢瓦"这个名字的拟定：

德·瓦卢瓦："那么，勒维孔特先生要来这儿定居咯，有人说。"

德·罗伊斯维尔："是的，先生。我来找房子。"（米勒·科尔蒙转过身，手里拿着杯子。）"我必须有一个大房子。"（米勒·科尔蒙给了一杯咖啡。）"足够我一家人住。"（房间在老姑娘的眼前黑了下去。）

1 戴文可能是不存在的，因为巴尔扎克喜用笔名。

《人间喜剧》中的《公务员》更为详尽地展示了这种技巧。[1] 福克纳的《士兵的报酬》和《彼得》也把对话戏剧化，正如在《蚊群》那样，比如，在雕刻家戈登据说消失之后，受《人间喜剧》的启发，为了表现失踪的人这个主题[2]，作家安排了这样的一个对话：

仙童：但是在我们回到游艇后我看见他了。我确信看到了。

马克：不对，我们回来的时候他不在船上……

朱利叶斯：是那样……

因此，我认为福克纳的《修女安魂曲》是用巴尔扎克的技巧（而非现代主义的技巧）把故事拉长写成的长篇小说。

斯内尔告诉我们，1935 年，菲尔・斯通在列举从朋友那里索取情感回报的内容时，曾暗示这要包含相信唯心论："斯通在给史塔克・扬的信中写道，在彻底接受了唯心论之后，福克纳不可避免地陷入沮丧。"这句话预设了一个前提，即充分知晓小说家的意图，但若非在柏拉图式的语境中，这话就没什么意义。斯通肯定知道，柏拉图在易变物质与形而上学的永恒理念间设置了一道鸿沟。柏拉图是二元论者，而巴尔扎克是一元论者，其《人间喜剧》中的《妇女研究》通过新柏拉图主义在这道鸿沟上架设了一座桥梁，后来的《古物陈列室》则将唯心论与囚禁人类的洞穴、分界线和太阳等合为一体。巴尔扎克称该连续体为"存在的阶梯，人类借此可进入天堂"，是"尘世的、灵性的、神性的"。与《神曲》中的但丁相似，《人间喜剧》中朝圣者的灵魂力图逃离洞穴，并在记忆和情欲的驱使下，穿越生命回到太阳，回到形式的理念世界中（巴尔扎克将此与柏拉图的原初推动力和但丁的天堂联系在一起）。从表面上看，这样的设计似乎不太可能吸引福克纳，因为

1 相关的方法请参见《乌尔苏勒・米鲁埃》。这个技巧近乎完全属于巴尔扎克和福克纳的艺术主题。

2 参见霍顿：《昆丁・康普森的自杀》。

正如萨特所正确指出的那样，这位密西西比人[1]的著作中没有上帝（我认为这里是指居于上天的神灵）。然而，福克纳保留了巴尔扎克的知识渐进式展开方式，这在《这十三个》的数字编排目录中、在《短篇小说集》含有地理信息和不规则升序排列的名称中，以及《斯诺普斯》三部曲向上流动的标题中，都生动地凸显了作品的主题——也许这是斯通的模式。前两部作品以超然的"卡尔卡索纳"结尾，后来的一部基于《喜剧》的塞拉菲达，则是献给斯通的作品，它有着另一个耀眼的典范——明克・斯诺普斯。[2]然而，与明克不同，塞拉菲达去世时回到了上帝那里，因为巴尔扎克异于福克纳之处是，他给了他的宇宙一个造物主。

自始至终，《人间喜剧》的小宇宙及其运作依据的就是柏拉图学说中的原初推动力。这个标签上指出：

> 宇宙运动或变化的终极原因，这是理性宇宙论中最重要的思想。在古代哲学中，柏拉图和亚里士多德最充分地阐述了这一主题。两者都认为运动的原初推动力一定有理性参与其中。但是亚里士多德与柏拉图相悖之处在于，他认为原动力本身必须保持不动的状态。[3]

巴尔扎克所信奉的基督教原动力生发出一些原理，这些原理的展开创造了物质，而关键的一点是"圣言"。《人间喜剧》将不同概念自由综合，通过融汇异教、基督教哲学与启蒙科学，将原动力的内容加以更新：《塞拉菲达》宣称牛顿的万有引力方程式是"圣言赋予的数字"，而《路易・朗贝尔》则将《约翰福音》中的圣言等同于斯多葛派的逻各斯（他们的表达方式中的上帝），很可能还等同于更早一些的神圣的

1 指福克纳。——译者注

2 参见霍顿：《巴尔扎克的演变》。

3 巴尔扎克，以及在他之后的福克纳有时会用小写的形式来使用原初推动力。参见《舒昂党人》、《乡村教士》、《于絮尔・弥罗埃》和《伏脱冷的最后化身》。

赫拉克利特的逻各斯[1]，这意味着巴尔扎克把语言视为神性的一个方面。这揭示了《人间喜剧》将唯心主义与经验主义统一起来的宏伟目标，虽然是以牺牲后者为代价的。“什么，”塞拉菲达问道，“如果……运动和数字是由圣言产生的吗？”

福克纳不接受关于创世的超自然解释，但是他和巴尔扎克的艺术使命却是创造生命（或运动）。为此，小说家们接受了神话中语言的创世性。这位密西西比人（福克纳）曾经评论说詹姆斯·乔伊斯是被神火电死的，这话是一个普罗米修斯式的暗示，令人想起《人间喜剧》里《无人知晓的杰作》中的一个细节。一位画家告诉另一位画家：“你的画中尚有很多斑点未被圣火烧到。”《创世记》里的诗句有助于理解《改邪归正的梅莫特》意义含混（显然具有双关意义）的结尾：“如果上帝通过一句‘要有……’带来了万物，那么这个命令就是一个秘密母体：‘要有光！’”[2]。同样，福克纳笔下的昆丁·康普森猜想，托马斯·赛德潘像“旧时光的产生”一样魔术般地变出了他的种植园，《小村》的讲述者称尤拉·瓦纳为“母体”，因为她象征了性爱——人类活动和知识的源泉和中心。

巴尔扎克在《人间喜剧》的《流亡者》中的一篇学院派的布道文以图示法解说圣言道：

> 正如[讲话者]所说，圣言滋养灵性之言，灵性之言滋养生命之言，生命之言滋养动物之言，动物之言滋养植物之言，而植物之言表达荒芜之言的生命。

在一元论的《人间喜剧》中，所有事物都是相互联系的，因为每个字（无论是书面的还是口头的），每一个结巴、重音、双关语、错误发音、标点符号和语调都体现了圣言，所以圣言便是《人间喜剧》的

---

1 也可参见《塞拉菲达》和《阿兰》。

2 许多双关意义并未在译文中体现。

构成体。对柏拉图来说，逻各斯中心论是不相干的，但是（同上所述）巴尔扎克是一个综合者，圣言符合这个法国人的新柏拉图式设计，它从过去的源头中挖掘或从其起源中散发出来，并在将来返回自身时改变形状。例如，在《法拉格斯》中，葬礼上对唱的唱诗班歌手们“一节一节越唱越高，直达天庭，从而营造出宗教敬畏感”。也许在菲尔·斯通的帮助下，福克纳的《小村》将希腊语翻译成“在枝叶繁茂的祭坛中垂直上升的神秘的咏唱和对唱”——滑稽地令人想起作家在1925年对“净化”的定义，称其为“可爱的除去了渣滓的形状”，因为《小村》的这段话指的是艾克·斯诺普斯对母牛的爱。

巴尔扎克调和了柏拉图与亚里士多德之间的分歧：可以这么说，他的原初推动力像个音叉一样振动，这意味着他小说里的上帝是静止的，也是移动的。类似地，生命之言改变形状，但正如福克纳的卡斯·埃德蒙兹所说的那样，真理永远不会改变。这个概念以及柏拉图在《克拉底鲁篇》中（未严格考证的）词源，有助于理解巴尔扎克对于语言变化[1]和双关语的专注。比如，《都兰趣话》中的《和尚阿莫多尔的故事》“就开玩笑似的明目张胆地款待了”我们，以表明中世纪时期在性方面是随心所欲的，而这也是正确的；《人间喜剧》中的《菲尔米亚尼夫人》造出一个“无处不在的公然寻欢”的表达法，一个配得上福克纳使用的华丽短语，而《贝姨》和《都兰趣话》中的《耻辱》则提供了福克纳借用语的原型。

读者很快意识到，《人间喜剧》中的某些语言表达属于某些特定母题；《人间喜剧》的主导母题如此纷繁多样、盘根错节，以至于亨利·詹姆斯宣称它们“纷繁到疯狂的地步”，但其实它们是颇有章法地模拟了《创世记》的多样性。福克纳从《人间喜剧》英语为母语的译者那里借来许多词语并加以效仿，例如“myriad”（无数）这个词，这些

1 参见《都兰趣话》，“关于一个不认识事物的教务长”。

词意味着他与巴尔扎克拥有相同的母题。[1] W.H. 赖特教导斯通和福克纳道："只有有能力自觉去分析追溯每一个单词词组和技巧的文学巧匠……才能在阅读巴尔扎克的作品时越来越有乐趣。"我们可能永远不会知道斯通、斯托勒和福克纳在讨论巴尔扎克和赖特时说了些什么，但是可以合理地假设赖特的劝导为这种（模糊的）概念性功能打下了基础，菲尔·斯通将这个概念赋予给《尘埃中的旗帜》里"迷人的死亡"这个表达法：它代表一种主导性的理念或审美观。

大理石牧神渴望牺牲掉静态的完美性以换取动物性的生命，但是如果菲尔·斯通注意到福克纳继续运用《大理石牧神》中的运动相对于停滞的理念，我们却看不到任何记载。《士兵的报酬》将垂死的唐纳德·马洪与他的状况所引起的活动进行对比，而这种对比也出现在《蚊群》的艺术母题中，特别是当"诺西卡号"搁浅的时候；《坟墓里的旗帜》里的白瓦特·萨托里斯被欲望所驱动：他希望能与已故的双胞胎，也是他的另一半，重新在一起。迟钝的班吉·康普森无法理解

1《驴皮记》中有"无数"和"无数的贝壳"，在《舒昂党人》我们可以看到"各种颜色"和"无数火花"。《耶稣降临弗朗德勒》中有"形形色色的人类"，《乡村教士》里则写到"无数不期而至的恩典效应"。《阿尔贝·萨瓦吕斯》中有"无数的飞镖"，《于絮尔·弥罗埃》中则有"浓密的卷发"，《独身者故事》提到了"许多痕迹"，《莫黛斯特·米尼翁》中有"五颜六色的鸟"和"各种各样的猜忌"。《奥诺丽娜》中的一个角色在"无数绝望的飞镖下"扭动身躯，并且那里的花朵都有着"五彩缤纷的花瓣"；《幽谷百合》提到了"无数的针刺"；《妇女再研究》中则有"无数微妙的小径"。《比阿特丽克丝》展现了"各种各样的昆虫"和"无数"的思想。《凯瑟琳·德·美第奇的故事》提到"各种各样的存在"，《信使》里有"由无数所引发的思想"。《流亡者》和《塞拉菲达》中都有"无数的天使"；而《路易·朗贝尔》则哀叹"学校生活中无数的残暴行为"和"无数嘲笑的鞭打"，它还提到了"大量的艺术家"和上帝的"无数的创造"。《两个新娘的信件》中有"无数的承载着欢乐的光线"，《妓女的堕落》中有"无数的疤痕"。《婚约》中提到"无数的愤怒的情绪"。《马西米拉·多尼》中有"大量的记忆"，"众多的渠道"和"无数的亮片"。"大量的皱纹"同时出现在了《比罗托修道院》、《凯瑟琳·德·美第奇的故事》、《阿尔西的议员》以及福克纳的《红叶》中。《法拉格斯》为我们呈现了"无数只手爪"和"无数的任性"。《朗热公爵夫人》中有"无数的幻想"和"无数的想法"，《科尼利厄斯大师》中有"无数种神奇的效果"。《都兰趣话》中的《结拜兄弟》用"无数邪恶但愉快的想法"来取悦我们。

周围的喧嚣和愤怒，但姐姐凯迪和学校女生亮眼的身影却让他现出活力。一直到后来的《小村》，福克纳都还在通过作为狂热性爱活动主体的尤拉·瓦尔纳这个人物强调了运动相对于停滞的观念，但是最能以令人难以忘记的方式表达这个观念的是“希腊古瓮”这个意象：《去吧，摩西》中的艾克·麦卡斯林被花瓶迷住了，因为它似乎承诺了一种不老的永恒的运动。

1942 年下半年，好莱坞编剧乔·帕加诺对福克纳的小说表示赞赏，而福克纳的回应补充了斯通关于理念化身的言论。福克纳问帕加诺：“你注意到了这一切都是通过反思完成的吗？”我认为，这个高深的问题暗示了柏拉图的对应论，该理论认为物体是不变的圣体一时的影子，有助于哲学家解释——今天我们可以说是推延——变化与永恒的难题，这个难题在过去曾让早期思想家们冥思苦想；圣体是著名的理念或形式。[1] 在其艺术与神的化身等众多母题中，以及在其将圣言与物理现实和智识现实相勾连的一个比喻中，巴尔扎克最典型地具体表达了这种对应关系。《人间喜剧》里的守财奴高布赛克吹嘘只缴纳了“七法郎的税款”，也就是概念上的一点点钱；在《莫黛斯特·米尼翁》中，战争是“拿破仑思想所采取的形式”，而在《法拉格斯》中，“巴黎市政当局”是文明的表现形态。[2] 也就是说，巴尔扎克的话语本身就是形式，而福克纳也同他一样，将其话语与理念论，即圣言，联系在一起。表面看来，拒斥神圣的福克纳也应该拒斥理念论，但是其作品中却充斥着巴尔扎克式关于形式的比喻。比如，《押沙龙，押沙龙！》里的法国建筑师必须等待两年才能收到“任何颜色或形式的报酬”；《马蒂诺医生》里的路易丝·金将她的好运吉祥物（一只黄铜兔子）与“我害怕的形状”相等同，《野棕榈》中的房东 / 医生

1 这个废弃已久的概念最近已回归视野。量子物理学家们非常重视将宇宙描述为全息图的理论。

2 更多例证参见《绝对之追求》、《改邪归正的梅莫特》、《阿尔贝·萨瓦吕斯》、《法西诺·凯恩》、《两个新娘的信件》、《古物陈列室》、《法拉格斯》、《公务员》，以及《都兰趣话》中的《魔鬼的继承人》。

开始觉察到事关夏洛特·里滕迈尔及其爱人“朦胧的、形状不确定的真相”。

那么,两位作者关于形状的隐喻有何区别呢?福克纳通过将形式与非视觉的感觉联系起来,并通过将形状转换成动词来修正巴尔扎克,从而赋予理念的反映或暂时表现以特权,使它们现实化(或用拉特里夫的话来说“主动化”),而又不影响审美;这适用于他的大部分,或许是所有的主导母题。例如,在《圣殿》中,他通过一只鸟的“由速度塑造的阴影”来赋予运动以形式。《我弥留之际》里的朱厄尔·本德伦骑上马后给它设想了一个形状;在将母亲的棺材装上马车时,他的同父异母兄弟达尔说道:“它开始冲出去……散发出它感觉到的气氛。”理念甚至可以被听到,例如达尔听到“雨水给马车赋形”。《人间喜剧》里“神的化身”这个主导母题启迪了福克纳将人与形状相等同的各种描写。例如,《押沙龙,押沙龙!》里年轻而敏感的罗莎·柯菲尔德可能一度认为托马斯·赛德潘具有“英雄的身材和形状”,后来又将查尔斯·邦设想为“一个连面孔都没有的形状”,因为她从未见过他。但是爱欲具有能够一直存在下去的形式:“《小村》里的拉特利夫”能够觉察到不在场的尤拉·瓦尔纳的踪迹飘荡在“从她身体上飘过并赋予其丰腴和豪爽以形态的空气”中。不过,福克纳并没有放弃视觉上的描写。例如,他用比喻为无形的时间赋予形态:他在《塔门》里将“最大且最难以避免的谜”具象化,赋予其“廉价金属盘的形状”,也就是放在报纸头版头条间的一块手表。换句话说,福克纳将形状现实化,或者如斯内尔所说,使理念具象化。

福克纳在最早发表的模仿《人间喜剧》艺术母题的作品《大理石牧神》中表现出对理念论的叛逆,但后来的一本书却提供了更为清晰的叛离柏拉图的证据:《小镇》里的加文·史蒂文斯和他的双胞胎姐姐玛吉面对着一扇大窗户,这扇窗户反照出了他们的幽灵似的身形,讲述者把他们的形状描述为“静止的理念且仍然真实”——这是男性和女性的理念,有时人格化为福克纳笔下的双胞胎。女性占据了福克纳的大部分注意力。的确，对于斯通的美学弟子[1]来说，这个理念的要义体现在他借用的一个短语上，他以之对凯蒂·康普森进行理想化描写：在《人间喜剧》中的《玛拉娜母女》里，一位母亲假装更爱她的小儿子，而不是她的私生子长子，但是她知情的丈夫逼问她："你敢告诉我胡安不是你的心肝宝贝吗？"而在《都兰趣事》里的《忏悔者贝莎》中，被偏爱的孩子就是母亲的"心爱宝贝"（参见《人间喜剧》中的《奥诺丽娜》）。在大多数情况下，福克纳只有在描写爱欲时才借由近似形而上的超然让自己一贯持有的生物观和《人间喜剧》里的柏拉图主义占据主导地位。

《人间喜剧》里的《驴皮记》中讲"只凭女人的身形轮廓你就知道她来自天堂"，由此，感觉精细的路易·朗贝尔（同名故事中的人物名）在狂喜地等待婚期时突然被猛掷出去，也就是说，他的身体留在人间，但灵魂却去到天上，凝视着天使。米歇尔·格雷塞特认为，"理念的欲望"导致福克纳笔下的昆丁·康普森将妹妹的童贞提高到"超越现实的理念高度"，进而自杀；从某种意义上说，格雷塞特将真实和纯洁的处女童贞视为福克纳小说中的至高价值，并暗示康普森只能在形式世界中找到这些品质。福克纳的作品在高低动机之间，或曰太阳与洞穴之间存在着强烈的张力。《去吧，摩西》中的艾克·麦卡斯林证实了格雷塞特对康普森的看法，他说，恋爱中的男人和女人是上帝，但艾克是一位超级浪漫主义者（像昆丁一样），压制着卑下的情欲，而这种情欲又容易左右主人公的迷狂。《圣殿》也表达了相关的看法：小说中喝醉酒的霍勒斯·本博通过性高潮想象与坦普尔·德雷克合为一体。福克纳笔下的欲望是监禁的症候，因此成为逃离洞穴的动机，但这种欲望不是天使性的，而是兽性的。回忆一下《人间喜剧》里的那个叫作胡安的男孩吧，他是母亲的心肝宝贝；在《人间喜剧》里有一个例子，是关于化身这个主导母题的，这位身为世袭妓女后代的母亲以自己的名字来为儿子命名，叫他胡安娜。福克纳在《八月之光》把这

1 指福克纳。——译者注

个名字给了一个女人，即加尔文·伯登离开修道院后所娶的妻子。也就是说，欲望更像洞穴，而不像太阳，有时甚至可以从字面上这样看。大卫·霍根贝克和伊基莫图贝为追求赫曼·巴斯凯特的妹妹而进行了一场赛跑，而比赛的目的地是一个山洞；《胸针》里的霍华德·博伊德意识到，他在青春期曾迷恋一本名为《绿楼》的书，因为其中有洞穴象征的言外之意。那么，具有讽刺意味的是，尽管欲望构成进入理念世界的通道，但令人奇怪的是，理念世界却是寂然无性的。在《蚊群》和《塔门》中隐约可见的中世纪的奇幻场景是肉欲的，但形式方面并无特别的性幻想景象，在那里，肤色怪异的人们生活在没有重力的世界里。福克纳有时会把欲望表现得不是目的，而是手段，人们可以借此到达另一个世界——一个理想化的逃避现实的世界，正如《八月之光》中超脱尘俗的海托华神父的一位学生所说：

> 他从未见过大海，所以他如是想："这就像虚无的边缘。好像一旦我从它旁边经过，就将径直进入虚无。那里，树木看起来不像树木，也不会被叫作树，而会被叫成别的名字；而人看起来也不像人，也不会被叫作人，而像是别的动物，被冠以别的称呼。拜伦·邦奇他甚至可以不必是或者就不是拜伦·邦奇。"

人类早就知道，在艺术家和其他人身上，超越的情感是与审美、宗教和性相联结的。现代生物学家推测，这种特征通过宗教增强了社会凝聚力，但柏拉图认为这是危险的，且有误导性，以至于他希望将艺术家（可能还有其他人）赶出理想国；他没有预见到自己的作品会变得多么容易受到这种情感的影响。我们可能永远不会知道福克纳是否知道柏拉图的见解，但是我认为，他追求营造某种滑稽的对比：将巴尔扎克的形态带回尘世并留在那里。我们已经看到，《人间喜剧》中的路易·朗贝尔是福克纳笔下唐纳德·马洪的原型——但具有讽刺意味的是，路易对班吉·康普森也发挥着相同的作用，他通常是一块榆木疙瘩，女学生们明艳的身形不是让他沉醉，而是让他振奋，让他想去捕捉她们。同样地,《塔门》中的拉弗恩·舒曼在飞机上做爱跳伞后,一名即将拘留她的警察将她视为“从天降至他身上的疲惫欲望的最终形态”。在福克纳对《人间喜剧》的修正中,动物性的运动取代了静态性的完美。

福克纳版的圣言仅凭它与性的联系就维持了与形而上的同一性,因此有助于解释作家的一些晦涩难懂的段落,例如《小村》中关于尤拉·瓦纳迁往得克萨斯州所引起的悲伤;这种悲伤变成了“一个词语,从一间木屋呢喃地传到另一个小木屋”,而圣言也成为一个问题,指涉年轻男子们假装强奸了她而逃离家乡的现象:“那最好:有那个词,那个梦想和希望……或者……逃离他们,为了过去。”福克纳认识到爱欲是生物本性,这个借来的母题部分的幽默源于一个事实:在约克纳帕塔法的世界里,即便是好色的白痴们,也怀着一点理想主义的色彩追求性爱,尽管他们并不言说而保持了颜面:像班吉·康普森一样,《小村》里的艾克·斯诺普斯被赋予了“无言的激情,而不是伪善的言语”。福克纳的男性弱点——男性的喜剧——这个主题在某种程度上依赖让他愤慨的信念,即明亮的形状[1]本身扎根于现实,以至于与男人相比,她们更不可能把任何东西理想化,尤其不会把自己理想化。艾迪·本德伦主张一种古怪的德里达式的无神论,她说爱就像所有的文字一样,“只是填补不足的一种形式”;这位小学教师更喜欢采取行动,而不是言语。“……言语不过是人们对行动不足进行的填补。”当艾迪傲慢地拒绝与丈夫发生性关系时,她将圣言与充满欲望的形状合二为一:“我想成为我;我想让安斯成为他的言语的形式和回声。这比他能要的更多,因为他这样对待言语,本不可能索要这个而成为安斯。”男性弱点也有例外,并且实际上几乎总是涉及暴力。具有讽刺意味的是,安斯·本德伦与他的妻子相比更不像是一个理想主义者:他通过过度劳累和生养孩子累死了艾迪,但是《八月之光》中,乔·克里斯马斯在高洁的乔安娜·伯登尝试通过祈祷来使他们的交媾神圣化的时

1 指女人。——译者注

候当场谋杀了她——这可能是出于同情。甚至幻想也会变得陈旧;在福克纳的一部更为阴郁的喜剧《野棕榈》中,哈里·威尔本通过谋杀来逃避无休无止的性生活。

欲望是真理的一种形式,在这一点上巴尔扎克与福克纳意见一致,但他们对谚语这个更易识别的圣言形式却持不同意见。路易·朗贝尔撰写的格言分析体现了巴尔扎克所信奉的真理:例如,"地球上的一切事物都仅凭运动和数字而存在","运动是……行动中的数字",以及"宇宙是变化的单元。运动是手段;数字是结果。结局是万物回归于单元,即上帝"。朗贝尔的公理当然听起来不像公理,但比公理等而下之的语言形式却并非如此:《人间喜剧》中有大量的箴言、说教、语录、妙语和人们耳熟能详的惯用语,这些福克纳都借用过。谚语将运动与停滞结合起来,因为谚语虽然会随着时间的流逝而改变形式,但其核心含义却能保留下来。例如,圣奥古斯丁的"在罗马时,就像罗马人一样做(入乡随俗)"就出现在了至少一部小说,即《绝对之追求》中,然后以释义的方式出现在《两个新娘的信件》中:一个女孩学会了"在巴黎,一定要像巴黎人一样"[1];一个反其道而用之的例子是,福克纳笔下的拉特里夫提醒我们,密西西比州的杰斐逊镇可不是罗马。福克纳最著名的谚语,即斯诺普斯所用的谚语,源于《人间喜剧》里《入世之初》中那些改头换面、语带双关的箴言,但警句之类的东西则弥漫在他的全部作品中。仅在一部小说,即畅销的《坟墓的闯入者》中,我们就读到"复仇是我的事,上帝说,你不可杀戮","出自婴孩、奶娃和老妇们之口","哨声横扫墓地","天使害怕[踏入]的地方","他总是喜欢喂满满一嘴黄油的猫","不仅仅是个倒霉蛋","如果这是推测,那就充分利用它","这不是八音盒所唱的我的红马车"。

通常眼光敏锐的埃里克·奥尔巴赫却对《人间喜剧》里的"格言"不以为然,而批评家们通常都忽略福克纳作品(《小村》除外)里的警句。奥尔巴赫认为巴尔扎克的格言"过于笼统",有时"一点都

1 关于福克纳的"恺撒的妻子"的谚语出处,参见霍顿:《巴尔扎克的演变》。

不风趣”，而福克纳的警句似乎看上去“陈腐老套”，但持这些观点的人未能看到巴尔扎克的复杂构思和福克纳修正版的简洁。尽管语言形式会不可避免地发生变化，但巴尔扎克的箴言等等却将圣言的真理，也就是柏拉图所谓亘古不变的善或美德等理念具象化地确定了下来。例如，当读者们读到《朗热公爵夫人》里关于法国人被“包含众多思想的深刻谚语”所吸引时，他们会通过拐弯抹角的暗示领会到这层包裹严实的意义，但在《两个新娘的信件》中，新柏拉图主义与基督教思想的联系变得明确：“所有美德的第一原则，符合神的形象”[1]，便是爱。相反，福克纳的谚语是为了营造幽默、讽刺甚至是陈腐的效果，以期从圣言中剥离神的形象。《喧哗与骚动》里的恶棍莫里·巴斯科姆引用了一句与其身份不相合的鼓舞人心的诗句：“最纯洁的光泽和最纯净清澈的光线”[2]，他心怀叵测地告诉他侄子杰森说“我们将收获我们自己的葡萄园，对不对？”杰森本人——康普森家族唯一头脑清醒的人——嘲讽地提到“牛奶街和蜂蜜大道”，并使用了这个陈腐的习语“no skin off my back”（无关我的痛痒）；他告诉他母亲，如果他结婚了，她会“从坟墓里站起来”，这位母亲是作品中用来表现活死人母题的；杰森还嘲笑一个牧师的布道，说它“谈论世间的和平及对所有人的善意，连一个麻雀都不会饿死而坠地”。从福克纳的角度来看，即使是引发灵魂净化的布道——如舍各盖牧师的《阳光下的复活》——也是空洞无意义的，而《我弥留之际》中的科拉·图尔关于《圣经》的陈词滥调（以及拙劣的数学运算技能）也表达出相同的刻薄观点。

福克纳作品中有几个角色是拒斥美德的鲜活样板，毛里·巴斯康布和杰森·康普森便是其中的两个，描写这种“拒绝美德”的品质有何价值，在福克纳的其他小说中也受到了质疑。《押沙龙，押沙龙！》

1 同样参见《阿尔贝·萨瓦吕斯》。

2 参见《人间喜剧》中的《比阿特丽克丝》、《贝姨》、《妓女的堕落》和《外省的诗神》。

中的罗莎·考菲尔德指出，犯罪“比美德具有更确定不移的规则”，《掠夺者》声称美德“不会——可能无法——像恶德那样保全自身”，因此，“效劳美德者，必定孤独”。但是《人间喜剧》里面的大多数人物都在追求美德，有一些还最终得到了善果。在《精神病治疗监督委员会》中，一个无私的劳工“成了美德的典范，而美德带来的好处就是因美德而欣喜”（参见《都兰趣话》中的《魔鬼的继承人》）。《妓女的堕落》宣称“情人像烈士一样，在苦难的经历中感受兄弟情谊”，而《法拉格斯》中写道“爱，像其他所有生物一样，都有其自我保存的本能”；《于絮尔·弥罗埃》告诉我们，“恋人像酒鬼一样，有他们自己的上帝”；《贝姨》中的克勒韦尔说“上帝照顾不幸的人”。福克纳经常通过赋予巧妙的性暗示意味使他的格言具有讽刺意味。杰森·康普森谈到自己的残疾兄弟的时候说“上帝照顾班吉这类人”，但上帝并没有保护班吉免受杰森的伤害。《在那不勒斯离婚》告诉我们，“绝望就像贫穷一样，关照自己的同类”，关于艾克·斯诺佩斯对他的母牛的爱，《小村》里评价道：“也许激情跟贫穷和纯真一样，自有一种关照自己同类的倾向。”根据《人间喜剧》里的《红房子》[1] 所说，美德及其对立面有时具有一定程度的过渡性，有时则没有。《高老头》里的罪犯沃特林是这个题材方面的专家，他宣称美德“要么有，要么没有”；《奥诺丽娜》中的一个女人写道，“在某些天性里，爱情……要么有，要么没有，《婚约》里声称“你要么有爱，要么没有爱”。这些两选一的断言启发了福克纳，他在《附录：康普森一家》中言简意赅、语含讽刺地对雷切尔·杰克逊的美德断言道：首要的是，她的丈夫安德鲁规定说“必须捍卫荣誉，不管荣誉有还是没有，因为捍卫就有，不捍卫就没有”。对于福克纳而言，运动创造了圣言——而不是像巴尔扎克那样，刚好相反。

关于巴尔扎克、福克纳和圣言还有更多的话要说。例如，《人间

1 同样参见《贝姨》和《邦斯舅舅》。

喜剧》中的短语“撒一个谎”[1]属于圣言较为晦暗的一个变体，它在福克纳的《押沙龙，押沙龙！》里被引人注目地引用。然而，我想通过重提这个问题来结束我的论文，那就是如何概括福克纳全部作品的特点。福克纳写这部作品时，斯通是在场的，所以他似乎不大可能不知道《大理石牧神》的写作意图，但他从来没有涉及过这个话题；在解释他对朋友后来的作品有何不满的时候，他仅限于谈论作品的风格、构思及品位等问题。但是，哈罗德·布鲁姆对文学影响力的研究提供了一个答案；布鲁姆用华莱士·史蒂文斯的措辞补充了 T.S. 艾略特对这个话题所发表的评论：“才气不足者崇拜前人；想象力充沛的人物则对前人任意征用。”我相信福克纳是把柏拉图、巴尔扎克和赖特综合起来，拼合出一件对他的老师来说太“新”的“外套”。中世纪对于喜剧的定义强调剧（或幕）必须有一个欢乐结局，而但丁在解释《神曲》的结尾时引用了一些这样的结局。巴尔扎克融合了人的戏剧与神的戏剧，但也将中世纪喜剧与现代喜剧相融合；比如，莫黛斯特·米尼翁声称自己是“一个被关在塔楼里富有生动想象力的女孩……她发明了一种打开监狱栅栏的方法，然后跳出窗户，爬下园子的墙壁，到邻居家去嬉戏。这是永恒的喜剧”！同样，福克纳的《塔门》中那个困惑不解的记者这样描写其作品的创作过程：“它开始时是一个悲剧……佛罗伦丁和这位妻子爬下太平梯……另一位佛罗伦丁直到天亮才发现他们，而此时他们正在修道院一位修士的床上睡觉。但是故事出错了……它变成了一个喜剧，明白吗？”可能斯通认为，他朋友后期的作品缺乏《坟墓里的旗帜》中那迷人的结尾句慢慢展开时让他所感受到的高尚的严肃性，这可能意味着他多半在嘲笑作品中的斯诺普斯一家人，而不是在嘲笑福克纳改造巴尔扎克为其所用的其他作品。

1 参见《驴皮记》、《绝对之追求》、《于絮尔·弥罗埃》、《比哀特》、《独身者故事》、《奥诺丽娜》、《凯瑟琳·德·美第奇的故事》、《西克丝的舞会》、《两个新娘的信件》、《贝姨》、《老姑娘》、《婚姻契约》、《法拉格斯》、《朗热公爵夫人》、《冈巴拉》、《外省的诗神》、《公务员》和《金眼女郎》。

编后记

迈瑞尔·霍顿(Merrill Horton,1925—2007),曾在美国南卡罗来纳州立大学任教,后执教于美国内华达大学拉斯维加斯分校英文系,主要教授基础英语写作课程。研究领域为英美文学和比较文学,重点研究对象是美国作家威廉·福克纳和法国作家巴尔扎克,就两位作家发表了若干篇具有影响力的学术论文,如《福克纳笔下人物弗莱姆和拜伦·斯诺普斯来源考》(1998)、《巴尔扎克式流变与斯诺普斯来源考》(2000)、《昆丁·康普生的自杀:溯源至巴尔扎克》(2001)等。

本文译自:Merrill Horton, "Faulkner, Balzac, and The Word", *The Faulkner Journal*, no.2(2004): 91–106。

《农民》

作者　［匈牙利］格奥尔格·卢卡奇
译者　黄星圻

巴尔扎克在他成熟时期的这部最重要的小说里，想要描写已经注定没落的法国地主贵族的悲剧。他打算把它作为他描写法国贵族文化被资本主义兴起所毁灭的一套作品的拱心石。这部小说也的确是这样一块拱心石，因为它探讨了促使贵族没落的经济根源。巴尔扎克早一些时候，曾经描绘过巴黎内地或者某些边远省份的市镇中的贵族进行垂死斗争的情况，可是在《农民》里他却把我们带到了经济战场的中心，带到了贵族地主和农民正进行战斗的战场上。

巴尔扎克本人认为这部小说是他最重要的作品。他在谈到这部作品时说："……在八年当中，我把我所想写的这部最重要的书撂开又拿起，拿起又撂开，有一百次之多……"

然而，尽管巴尔扎克不辞劳累地做了准备，而且费尽心力地进行布局，他在这部小说里实际做到的，恰恰和他准备要做的相反：他所描绘的并不是贵族庄园，而是农民小块土地的悲剧。正是这种主观意图和客观实践之间的矛盾，这种政治思想家巴尔扎克和《人间喜剧》作者巴尔扎克之间的矛盾，造就了巴尔扎克的历史伟大性。

《农民》思想意识方面的根源，追溯起来要比巴尔扎克自己所提到的这种直接准备工作深远得多。还在年纪很轻的时候，他就写过一本小册子，反对拆散大庄园，主张维持长子继承权；而且在完成《农民》

(1844) 以前，他早已在他的两部乌托邦小说《乡村医生》和《乡村教士》里阐述了他对大庄园的社会作用和大地主的社会义务的见解。不过，写成了这两部乌托邦作品以后，他却在《农民》里结束了这项工作，说明社会现实怎样摧毁了所有这样的乌托邦理想，而每一种乌托邦梦想又是怎样在一触到经济现实的时候就烟消云散了。

使巴尔扎克成为一个伟大人物的，是他描写现实时的至诚，即使这种现实正好违背他个人的见解、希望和心愿，他也是诚实不欺的，当初如果他真的欺骗了自己，如果他居然得以把自己的乌托邦理想当作事实，如果他把那仅仅是他个人愿望的想法当作现实表现了出来，那么，今天就不会有什么人对他发生兴趣，而他也就会像无数合法王朝派的小册子的作者以及与他同时代的封建制度的赞美者一样，理所应当地被人遗忘了。

当然，即使是作为政治思想家，巴尔扎克也从来不是一个平凡的、毫无见识的合法王朝派；他的乌托邦理想也决不是想要回到中世纪封建制度去的愿望的产物。恰恰相反：巴尔扎克所希望的，是法国资本主义的发展应该仿照英国的式样，特别是在农业范围内更该如此。他的社会理想是贵族地主和资本家之间的妥协，这种妥协在英国是由1648 年的“光荣革命”达成的，后来就成了英国社会发展的基础，决定了英国社会发展的特殊形式。1840 年，巴尔扎克在刚要动笔写《农民》的时候，写了一篇文章讨论七月革命后保皇主义者所面临的任务。他在这篇文章里严厉谴责法国贵族的态度的时候，就是根据一种理想化了的英国保守党贵族的概念来进行批评的。

巴尔扎克责备法国的贵族们，因为他们过去 (1789 年) 非但没有用明智的改革来挽救君主政体，反而“策划了一些无聊的阴谋去反对一个伟大的革命”，因为他们即使在受到了革命的惨痛教训以后，目前依然未把自己变成英国的保守党，采纳英国式的自治，使自己站在农民前面去当他们的领袖。他把贵族和农民群众之间存在的恶意归咎于这个原因，并且认为出于同样的理由革命才得以在巴黎获胜。他说：“要使人们像巴黎工人所做的那样武装起义，非使他们相信这关系到他们的切身利益不可。”

这种乌托邦的理想，这种企图把英国社会关系移植到法国来的梦想，除了巴尔扎克以外，许多别的人也有。比方说，基佐在1848年革命后立即出版了一本小册子，其中就有同样的想法，并且受到了马克思严厉的批评。马克思嘲笑了那个为基佐识不破，而“只有靠英国人的优越才智才能解得开”的“大谜”，然后指出英国资产阶级革命和法国资产阶级革命之间的区别，把这个“谜”解开来。他写道：

> 这个大地主阶级是和资产阶级连在一起的……他们不像1789年的法国封建地主那样和资产阶级的根本利益存在矛盾，而是跟它们完全一致。他们出租的土地，事实上根本不是封建地产，而是资产阶级的地产。一方面，他们给工业资产阶级供应了他们工厂所需要的人力；另一方面，他们又能沿着工业和商业需要所要求的方向来发展农业。因此他们和资产阶级之间有了共通的利益，因此他们和资产阶级结成了联盟。

巴尔扎克的英国式乌托邦是建立在这个幻想的基础上的，那就是，一种既因袭传统然而又有进步性的领导能够缓和资本主义的弊端以及由这些弊端而引起的阶级对抗。依照他的意见，除了王权和圣坛，谁也不能给予这种领导。在这样一种制度中，英国式的土地贵族是最重要的居间的桥梁。巴尔扎克非常清楚地看到资本主义在法国所产生的阶级对抗。他看出，到1830年7月为止，革命时期还没有终结。他的乌托邦理想，他对英国状况的理想化的概念，他对英国大地主和他们的佃农之间存在着假想的协调的浪漫主义想法，以及其他一些同样性质的思想都起源于一个事实，那就是他对资本主义社会的未来感到绝望，因为他异常清楚地看到了社会发展的动向。

正是这种信念——这种认为资本主义的一贯发展以及随之而来的民主的一贯发展，必不可免地会引起革命，而革命迟早必定要把资产阶级社会本身毁灭的信念——促使巴尔扎克去赞美一切企图中止革命进程、把它岔到“有秩序”的途径的历史人物。因此，巴尔扎克对拿破仑·波拿巴的钦佩和他的英国式乌托邦理想尽管很不调和，然而恰恰由于具有这种矛盾性，这种赞美才成为巴尔扎克关于世界历史的概念的这种乌托邦理想不可少的补充。

在《农民》以前的两部乌托邦小说里，巴尔扎克最主要的是想证明大庄园和农民的小块土地比较起来的经济优越性。他相当正确地指出了合理化的大规模耕作的经济利益的某些方面，比如系统投资的方针、大规模的牧畜、合理的蓄林、适当的水利灌溉计划等等。他所没有看到的——而且是在上述两部小说中所不愿看到的——是资本主义强加的种种限制也可以应用在大规模的农业上，正如可以应用在农民的小块土地上一样。在《乡村教士》里，为了用一个表面看起来现实可行的试验来证明他的乌托邦的可行性和优越性，他曾经不得不依靠一些人为的、非典型的环境。巴尔扎克很少犯把经济现实的根本特征歪曲成非典型性东西的毛病。当他在涉及这一点的时候他不止一次地借助于歪曲，他就表明他对资产阶级社会未来感到绝望，表明他在这里看到文化生存或者生存不下去的问题。

因为，在巴尔扎克看来，拥有大地产的问题，不仅仅是一个关系到进化还是革命的问题，同时也是关系到文明还是野蛮的问题。他害怕革命的群众运动可能对文明产生的毁灭性的后果；在这方面，他和海涅的看法相同，虽然后者持有激进得多的政治见解；然而每当他描写他的时代的法国状况的时候，他也从来没有不同时强调资本主义制度的根深蒂固的野蛮性的。

巴尔扎克陷在这些矛盾的罗网里，只好把正在消失的贵族文化加以理想化。恩格斯谈到他说：“他的伟大的作品是对于上流社会必然崩溃的一曲无尽的挽歌！”

当他凭着他的政治思想家的气质总算找到了一条出路的时候，他所找到的出路就是保存大庄园来作为贵族物质资源的基础，作为从中世纪到法国革命创造了法国贵族文化的那种安闲生活的基础。这种想法在《农民》中的保皇主义作家艾米尔·布朗德所写的那封引言式的长信里，可以看得非常清楚。

现在我们已经看到，巴尔扎克的乌托邦的理论基础是十分矛盾的。但是，不管他在这些小说里可能以一种传道者的、劝谕式的、非典型的偏见把现实歪曲得多么厉害，那个伟大的现实主义者和诚实不欺的观察者还是到处冒出头来，把已经存在的矛盾表现得甚至比原来还要尖锐。巴尔扎克始终认定宗教——尤其是罗马天主教——是社会能够得救的唯一思想基础，在前面提到的两部乌托邦小说里，他着重指出了这一点。可是，他同时又承认说，社会据以建立的唯一经济基础是资本主义和它所包含的一切。“工业只能以竞争为基础，”《乡村医生》里的一个理想主义的主人公贝纳西斯医生这样说，而他正是从对资本主义的这种接受中得出了他在思想意识方面的结论：

> 目前除了利己主义，我们没有别的办法来维持社会。个人只有对自己才有信心……那个将拯救我们、使我们免于走向毁灭的伟大的人，无疑会利用利己主义来重建这个国家。

然而，他刚这样主张，却又马上使信心和利益尖锐地互相冲突起来：

> 可是，我们今天再也没有信心了，我们现在只知道利益。要是人人只顾自己，那么，你想从哪儿去得到公民道德呢，尤其是假如这种美德只有靠放弃自己才能获得的话？

贝纳西斯医生（他讲的是巴尔扎克本人的乌托邦见解）直言不讳地提出来的这种不可调和的矛盾，表现在这两部小说的整个结构上。因为，实行巴尔扎克乌托邦理想的那些人究竟是谁呢？要是他们作为一些特别聪明的个人，这倒是完全说得过去的，因为巴尔扎克生活在空想社会主义时代，我们尽可以同样乐意地像给比他年纪大的他的同时代人傅立叶一样，给他一个明智的百万富翁。但是这两个人，彼此之间有一种决然的区别：傅立叶的社会主义乌托邦是在工人阶级运动还几乎没有诞生的时期想象出来的，而巴尔扎克却是在工人阶级已经像潮水般勇猛前进的时候才制定他的拯救资本主义制度的乌托邦方案的。

但是，除此以外，巴尔扎克还是一个诗人，还得把他的百万富翁用文学形式表现出来。他所选择的方法，是最能代表他的乌托邦所固有的种种矛盾的特征的。两部小说的主人公，《乡村医生》里的贝纳西斯医生和《乡村教士》里的伏罗利奎·格拉斯兰，都是忏悔者。他们各人都曾经犯过一件大罪，从而毁灭了自己的生活和个人的幸福。他们两个人都认为个人的生活已经结束，他们从事工作只是作为一种宗教上的赎罪的苦行——现实主义者巴尔扎克不能想象人物在任何别的基础上会乐于而且能够把他的乌托邦理想付诸实现。

对于主要人物的这种构思，本身就是一种对现实的不自觉的，然而依旧是无情的谴责。在资本主义社会中，只有那些抛弃了一切的人，只有那些断绝了一切个人幸福想法的人，才能真诚无私地为公共利益服务：这就是巴尔扎克的乌托邦小说中虽未明言然而却隐含着的教训。就这种弃绝的情绪来说，巴尔扎克在 19 世纪前半期伟大的资产阶级作家中间，并不是独一无二的。歌德老人也把弃绝看作一切愿为公众服务的、心胸豁达的高尚人物的伟大的基本原则。他的最后一部伟大小说《威廉·迈斯特漫游年代》的副标题，就是“弃绝者”。可是，巴尔扎克在对他自己的种种乌托邦概念所做的无言的谴责中，走得甚至还要远一些。在《乡村教士》里，伏罗利奎·格拉斯兰雇用的一个年轻工程师叙述了他在七月革命的日子里的经历。他说：

> 现在爱国心只有在一件肮脏衬衫下还能继续存在，而这就招来了法国的厄运。七月革命是那些凭他们的名字、他们的财富和他们的能力而跻身于上流社会的人自讨失败。自我牺牲的群众打败了富人，也教育了少数不喜欢牺牲的人。

巴尔扎克在这里透露了他自己绝望的想法，那就是，他认定他的乌托邦是和统治阶级被经济所决定的本能格格不入的,因此也就不可能成为管束他们行为的规范。

他本人并不真正相信他的梦想在社会上有实现的可能性,这一点从这些小说的整个结构显示了出来。把注意力过多地集中在非典型的主人公和他们的非典型行为上,时常掩蔽了小说的真正目的,这些小说原是想描写合理化的大规模农业经营的福泽的。不过,即使是叙述这些福泽的章节,也是用一种在巴尔扎克作品中难得见到的肤浅态度粗略地写出来的,他滑过细节,挑出一些孤立的非典型的插曲,来作为帮助说明种种大问题的手段。

换句话说,巴尔扎克在这些小说里所做的,并不是描写一个社会过程,并不是描写拥有大片地产的地主、渴望得到土地的农民和农业工人相互之间的冲突,而是对他的经济理想进行了几乎纯粹是技术性的描写。但是这些好处——同样跟巴尔扎克的惯常做法很不一样——完全是在真空里才能收效。他根本就没有表现人民。我们只是从传闻中知道,实验以前到处是一片贫困,后来,当实验完成的时候,我们又只是听说现在人人都比以前过得富裕,而且心满意足了,根据同样的情形,商业投机的成功,也被认为是理所当然,是仅仅当作一件既成事实表现出来的。

巴尔扎克这样背弃一向采用的创作方法,说明他对这些乌托邦的信心很弱,虽然他一生除了创作以外,在各方面都始终是忠于这些乌托邦的。

巴尔扎克是经过了长期准备,才在《农民》里第一次描写了乡村的各个社会阶级彼此间的实际冲突的。在这里,乡村的居民不再是被当作乌托邦实验的抽象和消极的对象,而是当作小说中行动着的受苦受难的英雄,用各种各样的丰富的类型,被现实主义地表现出来了。

当巴尔扎克在他创作力鼎盛时期用最富于他本人特色的方法来解决这个问题的时候,他凭着他的作家气质对他由于政治思想家气质而顽固坚持到底的一些见解提出了批评。因为即使是在这部小说里,他本人的观点也是维护大庄园的。孔德·德·蒙科伦的贵族采地“勒艾居”，是传统的古文化中心——在巴尔扎克看来，这才是可能称得起文化这个称呼的唯一文化。

为保存这个文化基地而进行的斗争，在故事里占据了中心地位。故事以大庄园的彻底瓦解和被分割为一块块农民的小土地而收场。这是 1789 年开始的革命更进一步发展的阶段，而照巴尔扎克的看法，它的结局注定是文化的毁灭。

这个前景决定了整部小说悲剧的、挽歌式的、悲观的基调。巴尔扎克打算要写的是贵族大庄园的悲剧和随之而来的文化的悲剧。在小说的结尾，他怀着深切的悲哀心情，叙述原先的房子毁掉了，花园不见了，先前的一片豪华只剩下了一座小亭子。这座小亭子俯视着周围的景物，或者不如说俯视着那已经代替原先景色的一小块一小块的土地。在真的城堡破坏以后，那个亭子看起来就像一座城堡，散布在它周围的“照农民习惯方式”盖起来的那些茅屋是那样的破烂。可是，现实主义者巴尔扎克作为作家的诚实，即使在这个令人心伤的最后的和音里也有所表现。尽管他怀着贵族的仇恨说：“土地就像裁缝剪出来的样子一样，”他还是补充道，“土地被农民作为胜利者和征服者拿走了。现在它已经被分成一千多个小块，康洪斯和布兰吉两地之间的人口已经增加了三倍。”

巴尔扎克用他全部丰富的文学天才，描绘了贵族大庄园的这出悲剧。虽然他怀着最大的政治敌意描写了渴望土地的农民（说他们是“长着一个脑袋和两千万只胳膊的罗伯斯庇尔”），然而，作为一个他那样的伟大的现实主义者，他却给我们绘出了一幅在扭斗中双方势均力敌的不朽的图画。

他自己在小说中谈到作家的义务时说：

> 一个小说家应该永远不要忘记，他的本分是对各方公平；不幸的人和富人，在他的笔下是平等的；在他看来，农民的苦难有它的庄严之处，而富人的卑鄙却有它的可笑之处；最后，富人有种种情欲，穷人却只有种种需要，因此他是双倍的贫穷，虽然为了国家

他必须无情地压制他的破坏性倾向，但他却有一种受我们尊敬的神圣的人的权利。

巴尔扎克一开始就把围绕贵族大庄园而猛烈进行的斗争，表现为不单是一场地主和农民之间的决斗，而且是一场由彼此敌对的三个方面形成的三角战斗：小镇和乡村的高利贷资本家同时跟地主和农民作战。一大批形形色色的典型人物被介绍进来表现各个交战的阵营，他们用各种经济、政治、思想和其他武器来支持自己的事业。贵族地主蒙科伦，从外省的县长一直到巴黎的司法和其他各部的上层人物，他都有关系；他自然地受着军部支持，在思想意识方面则从布罗塞特神甫这个人物身上得到教会的帮助，又从艾米尔·布朗德这个人物身上得到保皇主义报纸的帮助。

对于高利贷资本家阵营的表现，甚至比这还要丰富和多样。

我们看见农民中的高利贷者（利古），他用小额贷款来剥削更穷的农民，使他们成为靠他过活的人；跟他一道的是小镇的木材商，蒙科伦庄园先前的总管（戈伯丁）。围绕着这两个人物，巴尔扎克利用丰富的想象力，把外省讲究亲戚关系和贪污腐化的情形汇集到一起。

戈伯丁和利古，把下级行政官吏和外省金融事业全部抓在他们的掌心里。他们精明地安排儿女亲事，对他们的党羽给予及时的财务帮助，借此编造了一个人事关系的网，这个关系网使他们不仅能从地方当局获得他们想要的一切，而且还得以垄断全省市场。

比方说，蒙科伦如果想撇开利古—戈伯丁的帮派，就无法出卖他森林里采伐下来的木材。这个帮派的势力是那样强大，当孔德·德·蒙科伦因为他的总管戈伯丁不老实而把他开除以后，他们居然能够偷偷地让他雇用他们所选定的另一个总管，一个担任他们的密探和奸细的总管。这个帮派用抵押和高利出借小额贷款的办法，用操纵市场的办法，用施些小恩小惠的办法，如帮助年轻人逃避兵役等等，来掠夺农民，发财致富。

利古—戈伯丁这个阶级的势力非常强大，他们根本不怕蒙科伦那些身居高位然而却住在远方的有势力的亲戚。利古说："……讲到司法部长嘛——那些司法部长换来换去，可是我们却永远都会待在这儿。"这样看来，在两派剥削者斗争的实际战场上，外省的高利贷者是两者中更有力量的。巴尔扎克对这一点非常气愤，但他仍然以最大的准确性描述了两派势力彼此间的真正的作用和反作用，用诚实不欺的态度显示出力量的实际对比关系和为了达到均势而进行的斗争的每一个场面。

第三个集团，农民，跟其他两个集团同时作战。巴尔扎克根据他的政见，本来是希望看到大庄园和农民联合起来反对高利贷资本家的；可是，他在这里不得不用现实主义的力量具体表现出来的，却是农民只得联合他们所憎恨的高利贷者去跟大庄园斗争。农民为了获得一小块土地、为了获得一小块地产而与封建剥削残余进行的斗争，必然要使他们成为他们所依赖的高利贷资本家的同伙。行将就木的贵族庄园的悲剧，变成了农民的小块土地的悲剧；农民从封建剥削下取得解放这件事，由于资本主义剥削的出现，悲惨地化成了泡影。

这个每一方同时和另外两方作战的三角关系，构成了巴尔扎克作品的基础。而各方都必须进行这种双线斗争的不可避免性，又给了他的作品以丰富和复杂的内容。在战斗的每个阶段，某一方面的斗争之所以必然要占主导地位，是由对各方起作用的直接经济压力所决定的。情节来回地转移，一会儿发生在贵族的城堡，一会儿发生在农民的小酒店里，一会儿又发生在资产阶级的公寓中，一会儿又发生在小市镇的咖啡馆里，这种场景和人物不停的移换，给了巴尔扎克表现在法国乡间争夺胜负的阶级斗争的基本要素的机会。

巴尔扎克本人同情的是贵族，但是作为一个作家，他为一切参加斗争的人都小心谨慎地绘出了一幅完整的图画。他把农民对于利古—戈伯丁党羽的依赖关系，分门别类地全部表现了出来；他怀着他心里可能有的全部憎恨，描绘了贵族的死敌，高利贷的资本家，虽然他的憎恨来自错误的根源，而且植根在错误的政治见解上，可是他看透了19世纪40年代突然落在农民身上的悲剧的底细。

巴尔扎克认为1789年的革命造成了所有这一切弊端，造成了大庄园的分散和资本主义的迅速兴起。在他的心目中，资本主义的主要表现就是高利放债。这在当时的法国，倒是一个相当说得过去的想法。在巴尔扎克看来，法国社会史的中心问题是，资产阶级怎样在革命的风暴中依靠没收贵族大庄园、利用贬值的货币进行投机、从饥馑和各种各样的灾荒以及多多少少的军事订货中发财致富。我们只消回忆一下高老头、拉贡或者纽沁根的钱财的来路就明白了。

《农民》的中心人物，乡村里的高利贷者利古和小镇商人戈伯丁，两人都是利用大革命和帝国时期所提供的机会而发大财的。特别是在描写戈伯丁财富来历的时候，巴尔扎克极其巧妙地表现出贵族地主所使用的老式欺诈手段怎样在资本主义的庄园总管手里发展成为种种新型的欺诈手段和高利贷投机，而贵族不诚实的、奴颜婢膝的走狗在发财之后又怎样发展成为独立的投机商，最后胜过他过去的主人。

巴尔扎克用尖刻的讽刺，因此也是用更加逼真的精确性，描写了这些新的财富所有者的腐化和假文明。但是，他同时也完全信实地描写了使得这个资产者集团必然战胜蒙科伦集团的那些实际的经济和社会因素。

正如巴尔扎克其他一切作品一样，《农民》里描写的不仅是贵族的失败，而且是这种失败的不可避免性。斗争围绕着一个问题而展开：究竟是蒙科伦能保住他的土地呢，还是利古—戈伯丁会在房地产中的投机中得到成功。后者是注定了要得胜的，因为贵族关心的只是保持、增加和安稳地坐享土地的收入，而资产阶级却忙于狂风暴雨式地积累资本。不消说，这种积累的基础就是对农民的高利贷剥削。已经存在的农民小块土地负债的日益增多（利古在这种抵押上就投资了十五万法郎），对未来开发蒙科伦分散了的地产所施展的谋略，小块土地价格的不可避免的上涨，这一切一开始就使农民完全受制于利古—戈伯丁的帮派。

农民就像这样处在两面夹攻之中。巴尔扎克作为政治家，本来倒是想把这场斗争描写成好像是农民受了利古—戈伯丁集团的诡计和煽惑的引诱，好像是农民自己当中的“坏分子”（通萨尔、富尔尚）“煽动”了农民似的。可是，事实上这部小说却显示了情况的一切辩证关系：那就是农民们不得不依赖小镇上或是农村里的高利贷者，尽管他们憎恨这些高利贷者，但经济需要还是驱使他们去为实现这些高利贷者的目的而去效力。比方说，巴尔扎克就像这样描写过一个农民，靠利古的“帮助”得到了一小块土地：

> 事实上，库特居伊斯在买下巴撒勒里那块地产的时候，是希望发迹，成为一个资产者的，而且他已经这样夸下海口了。他老婆出去捡马粪！她和库特居伊斯天不亮就起床，去锄他们那个上满了肥料的菜园，让它一连收了好几次，可是始终也不过只能凑合着付给利古定洋的利息……这个老好人改良和弄肥了利古卖给他的那三亩地，却时时刻刻怕被赶出去！邻近房子的菜园开始有出息了……这个折磨人的工作把这个先前兴高采烈的矮胖子弄得愁眉不展、茫然若失到了这种程度，就像是个吃了毒药或者得了某种不治之症的牺牲者一样。

农民对高利贷者的这种依赖——它的经济基础恰恰是小块土地的“独立性”，没有土地的农民想变为地主所有者的愿望——尤其表现在农民被迫替高利贷者白白地工作上。马克思谈到这一点的时候说：巴尔扎克“恰当地描写了一个小农为了保持住一个高利贷者对自己的厚待，如何情愿白白地替高利贷者干各种活，并且认为，他这样做，并没有向高利贷者献出什么东西，因为他自己的劳动不需要花费他自己的资金。这样一来，高利贷者却已一举两得。他既节省了工资的现金支出，同时又使那个由于不在自有土地上劳动而日趋没落的农民，越来越深地陷入高利贷者的蜘蛛网中。

农民们要对掠夺他们的人恨入骨髓，这是很自然的事。可是，这种憎恨是无济于事的，因为农民不仅在经济上有着依赖性，而且他们还渴望得到土地，而大庄园加在他们头上的束缚又对他们施加了直接的压力。所以说，农民痛恨乡村里那些高利贷者也是枉然；他们在反对大庄园的斗争中仍然被迫做那些高利贷者的仆从和同盟者。巴尔扎克在这个问题上写了下面一段有趣的对话：

“原来你以为勒阿居那块地要分片出卖给你这个丑八怪呀？”富尔尚回答道。“嗨，老利古吸你的骨髓，吸了三十多年，你还看不清资产者会比地主老爷更坏？……农民一辈子总是农民，难道你就看不出（当然啰，你对政治是一窍不通的），政府抽这么高的酒税，只不过是为了把我们口袋里的钱拿走，好让我们老是穷下去？资产者跟政府是二而一，一而二。要是我们全都发了财，他们会成什么样子呢？他们肯下地去干活吗？他们肯去收割吗？他们非要穷人来干这些……

“不过尽管这样，我们还是得跟他们一起干，”通萨尔说，“因为他们要去搞垮大庄园。事情过去以后，我们就可以跟利古翻脸！”

处在当时法国的既定阶级地位，通萨尔的话是对的，他的态度在现实生活中必定要占上风。

当然，也有少数农民想到要来一场革命，想到要更激进地重新制定 1793 年革命实行过的分配土地的法律。通萨尔的儿子发表了这种革命的见解：

告诉你们吧，你们是在替资产者卖力。想吓倒勒阿居的贵族，稳稳当当地维持你们的权利。可是，像山谷里的资产者希望的那样，把这些贵族从区里赶出来，让他们出卖勒阿居，这是对我们不利的。要是你们帮忙搞垮了大庄园，下一次革命的时候，又哪儿有地来让我们买呢？到革命的时候，你们会像当初老利古那样，等于白捡到土地；可是如果你们让资产者狼吞虎咽地把地吃光，将来他们重新把地拿出来的时候，那块地就要瘦得多而且贵得多了；那样一来，你们就不得不给资产者干活，就像给利古干活的那些人一样。瞧瞧库特居伊斯吧！

这些农民的悲剧是，利古—戈伯丁一代的人已经从1789年革命的资产阶级中产生出来，而当时法国工人阶级又还没有发展到足以联合农民来发动一次革命的程度。想要造反的农民的这种社会孤立，在他们的派系纷纭和种种貌似激进的策略上得到了反映。

这个时期的各种经济力量的实际活动，驱使农民不管怎样不乐意，也要替利古火中取栗。这种经济状况所造成的各种政治后果，把“农民们憎恨和诅咒他的高利贷花招的利古……变成了农民们的政治和经济利益的斗士……政治用名望的华丽紫袍，像为某些巴黎银行家一样，为他掩盖了一系列不名誉的欺诈行为”。利古现在成了渴望土地的农民们的经济和政治的代表，虽然不久以前他天黑以后就不敢出门，生怕遭到伏击，遇到致命的“横祸”。

但悲剧总是两种必然性的冲突造成的，对农民来说，从利古那儿得来一小块土地，不管押金多么重，总比根本没有土地而仅仅是蒙科伦大庄园上的一名雇工强。

正如巴尔扎克确信农民曾经被“煽动”起来反对大庄园一样，他也企图相信大地主和农民之间可能具有一种家长式的“恩泽”关系。关于这两种信念中的第一种的真实情况，我们已经加以说明。第二种幻想也被巴尔扎克自己同样无情地消除了。

虽然他有一次谈到蒙科伦伯爵夫人是全区的“女恩人”，但他却没有详细说明这些恩惠究竟包括一些什么内容。对巴尔扎克说来，这总是一个表示他心中有愧，自己并不真正相信他所说的话的征象。在神甫布罗塞特和伯爵夫人的一次对话中，当教士提请伯爵夫人注意那些已经落到富人身上的对穷人的义务时，伯爵夫人用“我们往后看着办吧！”这句不着边际的话回答了他。这句话正好是富人用来避免要他们掏腰包的一句托词，而且这句话使他们后来在碰到每件不幸事情的时候，有可能声称“事已至此，哭也没用”而袖手旁观。

布罗塞特神甫，像巴尔扎克乌托邦小说中的其他神甫一样，是个拉曼纳斯派的“社会基督教”代表，但不同之处是，巴尔扎克在这儿并非单纯地说教，而是创造了人物，他让神甫自己感到这种思想所包含的绝望：

“难道拜萨尔的宴会竟是一个气数已尽的阶级、寡头政权或权力已经临近末日的永恒象征吗？”……他才走了十步远，就这样自言自语道。“哦，天主啊，如果您的神圣意旨是要像放出洪水一样放出穷人来改造社会秩序，那我就能明白你是在舍弃富人，任他们昏聩糊涂了。”

地主的恩惠究竟有多大，巴尔扎克用几个具体的实例加以说明了。蒙科伦庄园从前的女主人——她在巴尔扎克十分赞美的那个旧制度的黄金时代，是位著名的女演员——有一次曾经用这种方式来答应过一个农民的要求：

这位可尊敬的夫人，一向惯于使别人幸福，送给他一亩葡萄园作为他一百天工作的报酬。

而巴尔扎克，凭着他的政治家的气质，对这件事补充道：

这个慷慨的举动，并没有得到足够的感激。

可是他也告诉我们，接受这份“礼物”的农民怎样看待这位夫人的慷慨：

去他妈的，我是买下这块地，并且付了钱的。资产者几时白给过你什么东西？难道一百天的工作不值什么吗？这块地花了我三百法郎，除了石头，什么也没有！

巴尔扎克又补上一句说：

这种看法倒是一般人都有的。

但是，蒙科伦不仅仅是一个普通的旧式贵族。他过去还是拿破仑军队里的一位将军，参加过帝国军队在欧洲的掠夺。因此，他是一个勒索农民的老手。巴尔扎克在叙述蒙科伦和戈伯丁之间那场争吵的时候，强调了蒙科伦身上的这一特性，这场争吵最后以不诚实的总管被开除告终。

当初皇帝经过深思熟虑，才准许蒙科伦在波墨兰尼亚担任戈伯丁在蒙科伦庄园担任的角色。因此这位将军熟谙军事订货的一切花样。

巴尔扎克不只是在这一节里才指出蒙科伦和戈伯丁之间的深切的、资本主义的、利害相通的关系，他不仅表现出戈伯丁和蒙科伦不过是同一资本主义下的两个敌对派别，表现出他们斗争的目标不过是分配从农民那儿榨取来的剩余价值，他同时还表现出蒙科伦庄园的资本主义的特征。从伟大的现实主义者巴尔扎克这方面来说，布罗塞特神甫居然绝对赞成这些资本主义的剥削手段，这倒是一种特别深刻的讽刺。

蒙科伦想取消穷人世代相沿的一切权利：到森林捡柴的权利，收割之后到地里去拾落穗的权利。这些权利的废除，是伴随着大庄园的资本主义改造而来的必不可少的附随物。在巴尔扎克小说出版的前几年，当时还是一个年轻人的马克思就已经在《莱茵报》上挺身而出激烈反对当时在莱茵议会上提出的林木偷窃法，这个法案打算废除一些类似的古老权利。

在这个问题上，巴尔扎克很明确地站在蒙科伦一边。为了替蒙科伦的态度辩护，他找了一些事例来责备捡柴的人砍掉或者有意伤害正在生长的树木。但是，事实很明显，蒙科伦的行动并不是在反对这些权利的滥用，而是在反对这些古老的权利的本身。蒙科伦下令，只有那些持有官方颁发的清寒证的农民才许拾落穗；而且他还努力尽可能使落穗给人拾走得越少越好。这表明在波墨兰尼亚受过良好训练的蒙科伦，很有决心要消除封建主义的这些残余。蒙科伦庄园上的农民是处在这样一种状态，在这种状态中，“社会原始形态的一切残酷与文明国家的折磨和灾难结合到了一起”(马克思)。

农民们走投无路，趋于绝望，这种绝望一定会引起恐怖主义的爆发，而恐怖主义的爆发又相应地会促使利古在不动产的投机中得胜。

巴尔扎克在这里为我们绘出了农民小块土地所有制悲剧的一幅了不起的图画。他用文字形式表现了马克思在《路易·波拿巴的雾月十八日》中所描写的小块土地所有制在革命后的发展。

> 但在19世纪内，封建领主已由城市高利贷者所代替，土地上的封建义务已由抵押制所代替，贵族地产已由资产阶级的资本所代替。

后来，恩格斯更加具体地叙述了农民在资本主义社会秩序的建立和发展过程中所扮演的悲剧角色。他说：

> ……发动者是城市中等阶级，而完成者是农村地区的自耕农。很有意思的是：在所有三次资产阶级大起义中，都是农民提供了战斗部队，而在胜利后由于这一胜利的经济后果而必然破产的阶级又恰恰是农民。克伦威尔之后一百年，英国的自耕农差不多完全绝迹了。

拥护贵族的保皇主义者巴尔扎克，对这个过程自然不能具有正确的观念。但是,他的好几个人物表现了一种模糊的混乱不安,这种不安尽管很不清楚,却也反映出农民类似的进展。

老富尔尚说:

> 我亲爱的学问渊博的老爷,我见过旧时代,也看见了新时代。不错,牌子是换了,但酒还是一样。今天不过是昨天的弟弟。去吧!去把这个写在你的报纸上吧!解放了,我们真得到解放了吗?我们仍旧住在同一个村子里,而领主也同样在这儿;我管他叫"苦干"……锄头,我们唯一的财产,没离过我们的手。不管是领主还是收税官拿走我们最好的财产,我们都还是得卖命干活……

我们已经谈到巴尔扎克理想化了的英国保守党的乌托邦,据他想象,用这种乌托邦就能消除法国革命的种种悲惨后果。但是在描述法国社会从1789年到1848年的发展的时候,他看得要深刻得多。他不仅再三表现了法国革命的不可避免性,而且表现了作为革命结果的法国的一般资本主义改造的不可避免性。

因此,在《农民》里,布罗塞特神甫说:

> 从历史观点说,农民依旧处在暴动的第二天早晨,暴动的失败仍然深深地铭记在他们心上。他们已经记不得那些事实——但是,那些事实现在却已经成为一种直觉的观念,而且这种观念已经进入了农民的血液,就像优越感一度存在于贵族的血液里一样。1789年的革命,是被征服者报仇雪恨。农民们占有了一千二百年来封建法律不许他们占有的土地。由于对土地的热爱,他们私下分地,甚至连一条犁沟也切成了两半……

巴尔扎克看得十分清楚,拿破仑在农民中的名望依然没有减退,而且甚至还在日益增长,这是由于拿破仑完成和维护了法国大革命所开始的土地分配。

布罗塞特神甫接下去说：

> 拿破仑曾经通过千千万万普通士兵跟他的人民结合在一起，在老百姓眼里，他仍然是革命产生的国王，仍然是保证他们获得没收来的贵族土地的人。这个观念是他在加冕礼上抹的圣油……

在乌托邦小说《乡村医生》中，唯一真正生动的场面也许是巴尔扎克显示农民们，拿破仑的旧士兵们，仍然何等紧密地跟他们原先的领袖联结在一起的场面。因为拿破仑的政治观念——这些观念后来曾被第二帝国那样粗鄙地模仿过——是一些“尚未发展的、少壮蓬勃的小块土地的观念”（马克思）。

但是，富于创见的历史家巴尔扎克凭借其洞察力，对拿破仑时代的理解要比上述观点更加深入。尽管他对法国革命怀着保皇主义的敌意，他却从来没有忽略革命给法国社会带来的人性和道德的进步。他所赋予共和主义的官吏和士兵们的纯朴伟大的人性和了不起的英雄气概，在他早期的小说《舒昂党人》里已经表现得十分触目。同样，在他的任何别的小说里，他也没有不把共和主义者表现为诚实和奋勇不屈的模范的（例如《赛查·皮罗托》里的比勒拉）。

对于这种诚实英勇的共和主义者的描写，巴尔扎克在描绘死在圣麦利教堂台阶上的英雄之一——密歇尔·克列亭的形象时，达到了他的最高水平。富有特征意义的是，巴尔扎克自己并不喜欢这个人物，他觉得此人不能令人满意，并不酷似他所据以描绘的伟大原型。在评论司汤达的《巴马修道院》的时候，巴尔扎克很亲切地谈到了革命的共和主义者菲兰特·帕拉这个人物，指出司汤达打算描写他自己企图在密歇尔·克列亭身上描写的典型，而且觉得司汤达在描写这个人物的伟大时胜过了他。

在《农民》里，这个典型表现在老尼兹龙这个人物身上，他是大革命中的一个诚实勇猛的战士，不但不曾获得任何财产，而且还像禁欲者似的放弃了种种应享的特权，过着穷困但清廉勇敢的生活。当然，在这个人物身上，巴尔扎克还表现了更多的东西：那就是雅各宾的传统在一个按照资本主义方式发展着的法国难以为继。尼兹龙恨富人，因此农民们把他当作自己人；可是尼兹龙也同样恨正在兴起的资本主义和对利润的无情追逐，虽然他找不到摆脱这个局面的出路，但他依然认为这种局面是没有希望的。

看一看巴尔扎克对法国资本主义发展，从它的基本倾向直到最微妙的细节中的人的复杂关系，理解得何等深刻和确切，这是很有趣的，尽管他本人在政治上对这些发展倾向抱着反动的态度。因此，他能够用那个人物后来的一切化身，绘出一幅雅各宾党的共和主义者的正确肖像，尽管他，巴尔扎克，并没看出在雅各宾主义的古代理想这一方面和自由小块土地所有制那一方面之间具有什么关系。

马克思在他对于小块土地所有制的经济分析中，指出"小农是远古最好时期的经济基础"，也就是说，是卢骚和雅各宾党人拿来当作他们思想体系的标本的那个时代的经济基础。

不消说，马克思把古希腊的城邦民主和雅各宾党人关于复活这种民主的梦想以及雅各宾党人的那种英雄式的自欺欺人之间的区别，看得很清楚。他在他的一些讨论1848年法国革命历史的著作里，后来又在《资本论》里，从各个方面光辉地分析了把小农投入奴役、投入高利贷者和税吏的魔爪去的资本主义内部的一切力量，"这些力量逼使农民同时既做商人又做工匠，却又没有使他的产品可能变为商品的条件……生产者在资本主义生产方式下依赖于产品价钱的不利之点，在这儿是跟资本主义生产方式发展的不充分所带来的不利之点是一致的"。马克思根据这一点，说明19世纪前半期各个革命过程中的农民状况必然要充满矛盾性；他也说明了拿破仑第三的统治的社会基础是怎样从农民的绝望以及这种绝望必然造成种种的幻想中产生出来的。

巴尔扎克没有看到客观经济发展的这个辩证规律，其实，作为赞美贵族大地产的合法王朝派，他也不可能看到这个规律。可是，作为法国社会史的冷酷的观察者,他却看到了小块土地所有制在经济上的这个辩证规律所产生的许许多多社会动向和发展趋势。巴尔扎克的伟大恰恰在于这个事实,那就是他抛开自己在政治上和思想意识上的一切偏见,用不受蒙蔽的眼光观察了已经出现的一切矛盾,并且忠实地描写了它们。不错,他认为这些矛盾破坏“文化”和“文明”,是他的世界毁灭的前奏;但他还是看到了它们,并且描绘了它们,而在这样做的时候,他的视力达到了一种展望到遥远的未来的深度。他违反自己的本意,揭示了小块土地所有制的经济悲剧,同时又以活生生的人物作为化身,显示了那必然首先要导致1848年的讽刺画的雅各宾主义,后来紧接着又必然要导致第二帝国——讽刺画的拿破仑时代——的种种社会条件。

这种大乱已经迫在眉睫,文化和世界就要毁灭的景象,始终是阶级灭亡的预感所探取的一种理想化的夸大的形式。巴尔扎克在这部小说里,像在他的一切别的小说里一样,哀悼了法国贵族的没落,这种挽歌的形式决定了小说的结构。小说一上来是新闻记者布朗德关于蒙科伦别墅的、赞美贵族气派的一番描写。小说的结尾却是别墅过去的这一切美观景象已被庄园分割成小块土地而一扫而光的一幅凄惨的图画。但是,小说的结局浸入了甚至比这还要深的凄惨气氛。小说开始时在别墅里做客的蒙科伦伯爵夫人的情人,保皇主义的新闻记者布朗德(伯爵夫人不像她的丈夫,她是个古老的贵族世家的后裔),在事业上一败涂地,精神和道德都破了产,眼看就要自杀,这时却因蒙科伦将军去世,娶了这位将军的有钱的寡妇而得了救。

布朗德的结局值得特别注意,因为他作为巴尔扎克本人见解的代言人,在整个《人间喜剧》中扮演了一个非常重要的正面角色。只有巴尔扎克的富于诗意的自画像,丹尼尔·阿尔特兹,才比他更正面一些。巴尔扎克使布朗德遭难这个事实是一种象征,表明合法王朝派的保皇主义对一个明察秋毫、不放过细节的作家说来是何等无望。而巴尔扎克不仅用残酷无情的精确性看到和描绘了布朗德结局的本身,而且还用残酷无情的精确性看到和描绘了这个结局所采取的可怜形式,这也同样是很足以表现他的特色的。共和主义者密歇尔·克列亭在街垒前面英勇地死去，保皇主义者布朗德呢，却逃入了寄生的生活，做了一个有钱的妻子的丈夫，靠潜势力获得了一个县长职位，勉强敷衍门面。这种寄生状态在小说的尾声中得到了讽刺的表现，当时布朗德凝望着那占据着已经见不到别墅地面的一小块一小块的土地，说了几句事关卢骚怎样错误和事关君主政治命运的保皇主义的伤感的话。

“你爱我，我们又在一起……我觉得眼前很美，才不管遥远的将来呢。”他的妻子回答。

“那就跟你一道，为眼前欢呼吧！管未来怎么样！”布朗德深深陷入了爱情，这样喊道。

巴尔扎克的艺术的伟大，马克思说，在于“对现实情况的深刻了解”，也就是说，在于对支配法国资本主义发展的种种情况的深刻了解。我们已经说明巴尔扎克怎样忠实地描绘了三个互相争斗的派别的特征，他对1789年革命以来法国社会各阶级发展的特点了解得何等透彻。但是，如果不看到阶级发展的辩证关系的另外一面，也就是说，如果不看到从法国大革命起，或者不如说从资产阶级在法国出现以及封建制度和君主专制政体之间开始斗争起种种发展趋势的连续性，那么，这样一种说法也就会不完整。对于这种发展的连续性的深刻理解，正是《人间喜剧》大厦据以建立的基础。大革命、帝国、王政复辟和七月王朝，在巴尔扎克看来，只不过是法国向资本主义发展的伟大、连续和充满矛盾的过程中的一些阶段罢了。在这个过程中，无法抗拒的和凶暴的东西，是密不可分地联结在一起的。

贵族的灭亡——巴尔扎克在思想意识和政治上的出发点——只是这个总的过程的一个方面，不管巴尔扎克曾经怎样偏袒贵族，他还是清清楚楚地看到了贵族灭亡的不可避免性，同样，他也不是没有看到贵族在这个过程中的内部衰落和道德败坏。他在几部历史研究中，揭示了贵族的这种腐蚀的缘由。他正确地认为，封建贵族转化为宫廷贵族、转化为社会功用日渐缩小的寄生集团，是它灭亡的基本原因。法国革命和被革命解除了束缚的资本主义的发展，不过是这个过程的最后阶段罢了。贵族当中比较聪明的人，自己也很明白他们的结局是逃不了的。因此，在巴尔扎克的《古物陈列室》里，玩世不恭、腐败堕落然而又很聪明的德·曼夫里格公爵夫人，对那些提倡贵族旧观念的人说："你们全都疯了吗？难道你们想像你们祖先在15世纪那样在今天过活？可是，我们现在是在19世纪，我亲爱的先生们，今天不再有贵族，只有贵族阶级！"

巴尔扎克在描写法国社会各阶级的时候，继续探讨了资本主义发展的历史连续性这一主题。他不仅探索了在革命前的时期，以及在王政复辟和七月王朝下资本主义日渐成长时期的商人和工厂主之间的特殊区别(拉贡、彼罗多、泼皮拉、克勒凡，等等)，而且同样也探索了社会其他一切阶级之间的特殊区别，处处显示出资本主义这部机器对生活的统治，显示出黑格尔所谓的资本主义"精神动物王国"，显示出"狗咬狗"的资本主义世界。在这一点上，巴尔扎克和李嘉图一样对世态抱着讥诮态度，但是对他说来，也如马克思所说，"讥诮在于事物的本身，而不在于表现事物的字眼"。

对资本主义发展过程的这种总的概念，使巴尔扎克能够揭示出支配历史发展的那些伟大的社会力量和经济力量，虽然他从未用直接方式这样做过。

在巴尔扎克的作品里，社会力量从来不曾作为传奇式的和狂想的怪物、作为超人的象征(例如后来左拉作品中那样)而出现。相反，巴尔扎克把一切社会关系都分解为私人利益的冲突、个人之间的客观矛盾，以及错综复杂的阴谋诡计等等所织成的网。比如，他从来不曾把法官或法庭描写成一种不受社会制约和站在社会之上的机关。在他的小说中，只有某些小资产阶级的人物，才把法庭想象成那个样子。一个法庭，总是被巴尔扎克描写成由单个法官组成的，这些法官的社会出身、个人抱负和前途，作者都细细地做了描述。每一个参与诉讼的人，都被写成陷入了围绕当前讼案而进行的争斗；法庭的任何成员所采取的每一立场，都是由他在这场利害冲突的丛林中所处的地位来决定的。《哈洛特的进步》或《古物陈列室》里的审判情节，就是一个这样的例子。

巴尔扎克是用这样一个背景作为衬托，来显示一切伟大的社会力量的作用的。参与这些利害冲突的每一个人，都离不开纯然属于他本人的个人利益；他是某一阶级的代表，但他的纯然属于个人利益的社会根源，这些利益的阶级基础，都是在这些利益中，而且与这些利益的不可分割的关系中才得到表现的。这样，作者恰好借助于剥去那些社会机构的表面客观性，仿佛把它们分解成一些个人的关系的办法，表现了这些社会机构所包含的真正客观性，表现了它们在社会上存在的真正理由：那就是它们承担着作为阶级利益的承受者和作为谋取这些利益的手段的功能。巴尔扎克现实主义最主要的一点，恰恰是他始终通过社会存在和必然要自行显现在社会各个阶级身上的社会意识之间的种种矛盾，并且恰恰是在这些矛盾里面把社会存在作为社会意识的基础揭示出来的。出于这个缘故，当巴尔扎克在《农民》中说这些话的时候，他是正确的：

告诉我你有什么，我就可以告诉你你想什么。

这种深厚的现实主义精神，渗透了巴尔扎克的创作方法，一直到最微小的细节描写。关于这个问题，我们在这里只能指出几个要点。

举个例子来说吧，巴尔扎克从来不局限于一种琐屑的、照相式的自然主义，虽然在每一主要点上，他始终是绝对忠实于生活的。换句话说，他从来没有使他的人物说过、想过、感到过或是做过的任何事情，不是从他们的社会存在中必然产生出来而又完全符合他们的社会存在的一般和特殊的决定性因素的。但是，在表现某些这种本质正确的思想或感情的时候，他总是不肯局限于使用一般的表现力去表现某一阶级的一般的代表。为了表现某种从社会上说来是正确的和构思深刻的内容，他总是寻求最鲜明、最犀利的表现方式，这在自然主义所设下的种种限制内是完全做不到的。

在上面的分析中，我们已经看到了这种表现方法的几个例子。为了说明巴尔扎克处理问题的方法，我们再引农民富尔尚和神甫布罗塞特的几个对话片段作为例子。教士问这个农民，在他抚养外孙的时候是不是叫他敬畏天主的。

> 哦，不，神父，我没叫他敬畏天主，我只叫他敬畏人……我对他说："穆什，谨防坐牢，坐了牢就会上绞架。不要偷窃；想办法让人家给你东西！偷窃引导杀人，而杀人又使人违反公道。留神那保护富人睡觉，使他不受不睡觉的穷人搅扰的司法剃刀。学念书吧。受了教育，你就会找到赚钱的路子，而仍然奉公守法，就像了不起的戈伯丁那样……办法就是跟富人站在一边，他们桌子底下有面包屑。这才是我所说的健全的教育。所以那小家伙总是站在奉公守法的一边……有一天他终究会有出息，而且会照应我的。"

很明显，一个法国老农民在1844年是不会用这些字眼说话的。然而，整个这个人物以及巴尔扎克放到他嘴里去的一切话都是绝对真实的，因为它们恰好超越了对现实只作单调摹写的界限。巴尔扎克所做的，不过是把一个富尔尚类型的农民可能模糊感到而又无法明白表达的东西，按它潜在的最高水平表现出来罢了。巴尔扎克为那些讲不出话和那些默默地进行战斗的人辩护。他照歌德式的对诗人天职的理解，尽了诗人的天职：

> 当人受尽折磨，有苦难言，
> 但有位神祇赋予我能力来说出我的苦难。

但是他只表现了那些真正拼命想作为社会和个人的必然性而显现出来的东西。这种超越了细微末节的限制而在社会内容上永远是真实的表现方法，与他们的后生的现代的现实主义对比起来，是旧的伟大现实主义作家，是狄德罗和巴尔扎克的真正价值的标记，与随着时间的过去变得越来越渺小的现代现实主义相对立。如果巴尔扎克不是不顾人物和人的命运的错综复杂的关系,始终设法在最高的水平面上寻求本质上正确的表现方式,那么,即使是用《人间喜剧》里所描写的数不清的人物和他们的命运,也是不可能绘出一幅法国资本主义社会的完整的图画的。

巴尔扎克的现实主义在于毫无例外地一方面写出每个人物所独有的个性,一方面又写出这些人物作为一个阶级代表的典型性。但是,巴尔扎克走得甚至比这还要远一些;他还阐明了从资本主义观点看来属于资产阶级社会内不同集团的不同的人所共有的那些特性。由于着重描写这些共同的特性——这一点他做得非常慎重,而且只是在关键性的地方才做——巴尔扎克就清楚地表现了社会进化过程的内在统一性,表现了表面上很不相同的典型人物之间的客观的社会联系。我们已经看到巴尔扎克如何强调说明了蒙科伦和戈伯丁这两个人物身上只有量的差别的共同性;看到他怎样显示了他们身上所具有的作为热月以后法国资本主义产物的共同东西和他们身上的分量有所不一的东西同等重要,而后者正是表现他们的量的差别的一种衬托。因为不管他们可能具有多少共同之点,他们中间一个是帝国威武的将军、贵族和大地主,而另一个却是外省的小流氓,尽管他在社会上已经在一条路往上爬了。社会相互关系的具体描写,只有在把它们提到这样的抽象的高度,使得具体的东西可以像马克思所说的作为“驳杂中的统一体”被找到的时候,才可能做到。现代的现实主义者们,由于资产阶级思想体系的衰落,已经丧失他们对于社会相互关系的深刻理解,连带着也丧失了他们对事物进行抽象化的能力,徒劳无益地企图把细节凝结在一起,借此来使社会总体和它种种真实的、客观决定性因素具体化。

使巴尔扎克在描写形成一切人类思想意识的伟大的智力和精神时成为一位无比卓越的大师的,正是巴尔扎克式的现实主义的这种特质,正是巴尔扎克式的现实主义牢牢地以正确解释的社会存在为基础这个事实。他是用追溯人类思想意识的根源,并使它们按照这些社会根源所决定的方向而起作用的办法来这样做的。

通过这种表现方法，思想意识就失去了它们对于社会物质生活过程的表面上的独立性，而作为这个过程的一个部分、这个过程的一种要素而显现出来。举个例子来说吧：巴尔扎克在外省高利贷者和投机商老葛朗台有一次谈生意的时候，提出了边沁的名字和边沁的高利贷理论。老高利贷者葛朗台把边沁理论中正好合乎他目的的那些部分像一杯美酒似的咽下去的那副贪婪劲儿，以及他吸取了表达自己社会职业的思想意识的措辞（这是到当时为止他所不知道的）后所即刻获得的好处，立即给边沁的理论注入了生命，使它不是成了一种抽象学说，而是成了19世纪初资本主义发展中的一种思想意识成分。

当然，这种思想意识的功效，并非始终都是很灵验的。但功效的讽刺性的不足，常常正好反映了各种思想意识在历史发展中可能遭到的命运。因此，巴尔扎克在《农民》里把外省高利贷者利古称为“热拉米”，也就是说，他（当然完全不自觉地）成了拉伯雷所刻画的资产阶级乌托邦和它的热拉米修道院的信徒，热拉米修道院大门上刻着一句铭言“随心所欲”。一方面，人们再也不能把资产阶级思想意识的没落表现得比这个事实更生动了，那就是说在争取人性从封建主义桎梏下获得解放的斗争中提出来的这句伟大革命口号，已经变成了一个乡村高利贷者的处世格言。另一方面，讽刺地强调这种衰落和退化，正好表现了资产阶级发展的连续性；利古实际上是推翻封建主义争取自由的同一斗争的产物，而在这一斗争的前夕，文艺复兴时期的伟大作家和思想家们正是为了这种发展，才创造了他们的不朽作品，来作为斗争中的思想意识的武器的。

巴尔扎克用这种种性格描写的方式，既从个人的平面又从社会的平面，表现、凝固和深化了同一社会类型的个别人物之间所存在的多样性。比方说，在利古身上，巴尔扎克给守财奴和高利贷者的大画廊补充创造了一个最有趣的人物，戈比塞克、葛朗台、利古和其他一些人都是属于这个画廊的；利古是伊壁鸠鲁式的守财奴和高利贷者，他像其他守财奴和高利贷者一样，一心搜刮和俭省、囤积和诓骗，但他同时还为自己创造了一种极其舒适的生活。

因此，他为了一个上了年纪的女人的钱，竟娶她做了老婆，后者让全村的人都陷在高利贷债务的罗网里，前者则不花一个钱就给自己养了许多年轻貌美的情妇。他一再从村里挑选最漂亮的姑娘，雇她来做仆人，拿诺言去诱惑她，说等他老婆一死他就娶她为妻，然而到把她玩腻了以后，就把她扔掉，另外再替自己找一个。

巴尔扎克所遵循的基本法则，是把注意力集中在社会历史发展过程中的主要因素上，并且用它们体现在不同的个别人物身上的特殊形式把他们显示出来。这就是为什么他在社会过程任何一个孤立的插曲式的事件中，都能具体地指出支配这一个事件进程的种种伟大力量。在《农民》里，他始终没有超出大庄园本身和邻近小市镇狭窄的范围，就把瓦解大庄园的斗争描写了出来。

可是，当他说明那些为拥护和反对分配蒙科伦地产而斗争的人和集团的决定性的社会本质的时候，当他给乡村资本主义的这种基本特征绘出一幅图画的时候，他在这个狭小的框子里设法使我们看到了革命后法国资本主义的整体发展情况，看到了贵族的没落；而最重要的是，看到了被革命一度解放，然后又再次沦为奴隶的农民的悲剧——农民小块土地所有制的悲剧。

巴尔扎克并没有看到这个发展过程的一切含义；我们已经说明他根本不可能看到以及他为什么不能看到。

表现革命的工人阶级，这完全超出了巴尔扎克的视野范围。因此，他能够写出农民的绝望，却不能写出农民摆脱出绝望的唯一可能的出路。巴尔扎克无法预见到从小农的绝望中产生出来的种种后果，那就是，作为这种绝望的一种结果，“建立在小块土地所有制上的整个国家机构崩溃了，而这支合唱曲却由无产阶级革命接唱下去，要没有这种接唱，这个合唱曲的独唱部分在每个农民的国家里就会变成一支死亡之歌”（马克思）。巴尔扎克的天才显现在他把这种绝望和理想的幻灭当作一种不可避免的必然性的东西，用现实主义的手法描写了出来。

编后记

格奥尔格·卢卡奇(György Lukàcs, 1885—1971),匈牙利著名哲学家、文学批评家和政治家。早期在其文学论文中探讨过浪漫主义诗歌,25岁时出版其代表作《心灵与形式》。1915年,他的力作《小说理论》问世,强调主客体统一,主张通过人自身的有限精神构思自己有限的未来。1923年,卢卡奇发表论文集《历史与阶级意识》,在严格意义上解释了康德、费希特和黑格尔,对列宁、罗莎·卢森堡和恩格斯的思想做出了自己的阐释。

本文选自中国社会科学院外国文学研究所外国文学研究资料丛刊编辑委员会编:《卢卡奇文学论文集》[1],陈尧光译,中国社会科学出版社,1981年,第159—189页。

1 原书译名为《卢卡契文学论文集》。为保持本书译名前后一致,此处改为更加通用的"卢卡奇"。——编者注

巴尔扎克——司汤达的批判者

作者　[匈牙利]格奥尔格·卢卡奇
译者　陈尧光

1840年9月，正处于声名巅峰的巴尔扎克发表了一篇热情洋溢并且极其深刻的文章，评论在当时还没没无闻的作家司汤达的《巴马修道院》。10月，司汤达写了一封详尽的长信来答复这篇评论，在信中列举了他能接受巴尔扎克的批评以及他想维护他自己的创作方法而不同意巴尔扎克的地方。这两位19世纪最伟大的作家在文坛上的这一场面对面的论战，意义是非常重大的，虽然正如下面我们还要表明的那样，司汤达的信在表露他的反对意见方面比起巴尔扎克的评论来更为谨慎而没有那么直率。不过，从那篇评论和那封信中可以清楚地看出，这两位伟大人物对于现实主义的中心问题以及对于他们各自在探索现实主义的过程中依循的不同道路所持的观点，本质上是一致的。

巴尔扎克的评论文章是一个对伟大的艺术作品进行具体分析的范例。在整个文学批评界都很难找到像这样的将艺术作品所具有的美揭示得如此详尽、亲切而细腻的其他例子。这篇文章是一位对自己的行业了解得极为透彻的、有思想的、伟大的艺术家所树立的批评的榜样。这一批评的重要意义丝毫不因下述事实——我们将在往后的论证过程中说明——而有所减弱，即巴尔扎克虽然是凭借令人钦羡的直觉来了解和解释司汤达的意图，然而他对于司汤达的主要目的却仍一无所知，并且企图把他自己的创作方法硬加在司汤达的身上。

这些限制无论如何也不能算是巴尔扎克本身个性方面的限制。伟大的艺术家们对自己的作品以及别人的作品的评论为什么读来都如此有益,其原因恰恰在于这类评论总是以其必然的和充分的思想上的纯真为基础的。可是,只要我们不把这类评论当作抽象的教条,而将从中揭示的特殊的观点揭露出来,我们就确实能从这些批评中得益。因为像巴尔扎克那样伟大的艺术家,其思想的纯真,正如我们已说过的那样,是必然的,而且是充分的;正是这种思想上的纯真使得他能够把生活全面地呈现在我们眼前。

巴尔扎克的那种急于向这位堪与自己匹敌的唯一一位同时代作家表明态度的心情,促使他在那篇评论文章的开头就以更甚于往常的精细态度阐明了他自己在有关小说发展方面的论点,亦即他自己在文学史上的地位。在《人间喜剧》的序言中,他大体上只把自己的论点限于跟沃尔特·司各特的关系方面,他只提到了他认为是继承司各特的作品的若干特征以及胜过司各特的那些特征。可是在他对《巴马修道院》的评论中,他对他这部时代的小说中所存在的各种风格的趋向,做了一次极其深刻的分析。尽管巴尔扎克的文章用词颇不严谨而且有时会令人误解,但他对于风格的分析,其具体深度在聪明的读者的眼前是不会减少的。

这一分析的基本内容可以概括如下:巴尔扎克区分了小说的三种主要的风格趋向。这三种趋向是:“观念的文学”,他这里主要是指法国的启蒙文学。老一辈的作家如伏尔泰和勒萨日,新一辈的如司汤达和梅里美,在他看来都是这一趋向的最伟大的代表。另一趋向是“形象的文学”,主要以浪漫主义作家夏多布里昂、拉马丁、雨果等人为代表。第三种趋向是他自己所属的那种力求将其两种趋向加以综合的趋向。巴尔扎克——颇为不幸地——把这一趋向称作“文学上的折中主义”。(这个不幸的名词可能出自他对他那个时代的唯心主义哲学家,如罗阿耶、高拉尔等人的过高估计)。巴尔扎克列举了沃尔特·司各特爵士、斯塔尔夫人、芬尼摩·古柏和乔治·桑等这一趋向的代表人。这个名单清楚地表明了巴尔扎克在他所处的时代感到多么孤独。

他对于这些作家不得不作的评论——例如他发表在《巴黎妇女杂志》上的、对芬尼摩·古柏的作品所作的极为有趣的评论，显示着他在有关创作方法的各项深刻的问题上同他们一致的地方并不很多。可是在那篇关于司汤达的评论中，当他想要在他所认为是堪与他媲美的唯一一位同时代作家的心目中证实他自己的创作方法是一种伟大的、有历史意义的趋向时，他就觉得不能不在追求着类似的目标的作家中间指出一群先驱人物。

巴尔扎克把他自己的趋向和“观念的文学”划分得非常清楚，这也是可以理解的，因为他反对司汤达的立场在这里表现得比在任何其他地方都更为明显。巴尔扎克说：“我不相信能以 17 世纪和 18 世纪的文学的方法来描述现代社会。我认为，对于现代作家来说，图画、形象、描绘，以及运用对话中的戏剧因素等都是不可缺少的。我们得坦率地承认，《吉尔·布拉斯》的形式已经令人生厌了，而把事件和观念堆砌起来的做法也已有些不中用了。”当他接着马上把司汤达的小说赞美成“观念的文学”的杰作时，他同时也着重指出司汤达已对其他两个文学派别做了一些让步。下面我们还可以看出，巴尔扎克非常敏锐地了解，要司汤达在艺术细节方面让步，不论是对浪漫主义还是对以巴尔扎克自己为代表的趋向让步，都是不可能的；另一方面我们也将会看到，当他在讨论关于文章做法的最后一些问题——这些问题几乎已经触及了世界观的基本问题——的时候，他却责备司汤达没有做出让步。

在这里所争执的问题正是 19 世纪世界观和风格的中心问题：对待浪漫主义的态度问题。在法国大革命以后活着的伟大作家没有一位能躲开这场争执。对这一问题的讨论早在歌德与席勒的魏玛时代已经开始了，而到海涅批评浪漫主义的时候达到了最高峰。这一争端的根本问题在于认为浪漫主义算不上一种纯粹的文学倾向；它只是一种对迅速发展的资本主义的深刻而自发的反抗的表现，虽然其表现形式必然各有不同。不久，极端浪漫主义者都变成了封建反动分子和蒙昧主义者。可是整个运动的背景无论如何仍是一场对资本主义的自发的反抗。所有这一切都替这个时代的伟大作家们安排下了一个奇怪的困境,他们虽无法超越资产阶级的视野,却仍力图创造一幅既全面又真实的世界图景。他们不会是真正丝毫不差的浪漫主义者;如果他们曾经是真正的浪漫主义者的话,他们就不会理解和追随他们这一时代的前进运动了。另一方面,如果他们不使自己有成为资产阶级社会的盲目赞扬者和资本主义辩护人的危险,那么他们对于浪漫主义者加诸资本主义及资本主义文化的批评就不能置之不顾。因而他们不得不试图克服浪漫主义(从黑格尔哲学的意义上说),亦即在同一个时候保存它,打击它,并将它提升到一个更高的水平。(这是当时的一般趋势,并不需要理解黑格尔哲学,那种理解是巴尔扎克所缺少的。)我们必须补充一句,这个时代的任何一位伟大作家都没有能够毫无矛盾地、完全地达到这种综合的地步。他们作为作家的最大德行在于他们的社会地位及知识水准的矛盾,他们大胆地遵循着这些矛盾,直至引出必然的结论,可是他们无法从客观上解决这些矛盾。

巴尔扎克也可以被列为那些一面接受浪漫主义,一面又想有意识地、有力地克服它的作家之一。司汤达对待浪漫主义的态度恰好相反,是全然否定。他是启蒙运动的哲学家们的真正的信徒。这两位作家之间的这一分歧当然也表露在他们的创作方法上。譬如,司汤达总是劝初学写作的人别读现代作家的作品;如果谁想学会写作优美的法文,他就应该读1700年以前的书,如果谁想学会正确地思考,要是有可能的话,他就应该读爱尔维修的《精神论》和杰勒米·边沁的作品。

相反地,巴尔扎克却钦慕谢尼埃和夏多布里昂那样杰出的浪漫主义作家,虽然他并非对他们毫无批判。我们在下面还会看出,他们两人之间的主要争执,其根源正是这种意见的分歧。

我们必须开宗明义就着重指出这一分歧,那是因为我们如果对这一点不清楚,我们就无法估计巴尔扎克对司汤达的书所作的赞美里包含的真正意义。因为巴尔扎克在赞扬他唯一真正的对手时所怀有的感情、丰富的思想以及不带半丝妒意的态度,是值得钦佩的,而且值得钦佩的不仅是作为个人的态度,虽然在资产阶级文学史上还很难找到类似的客观赞扬的例子。巴尔扎克的评论文章以及他的热忱之所以如此值得钦佩是因为他竭力以之来确保一部同他自己最珍爱的志趣大相径庭的作品获得成功。巴尔扎克一再强调司汤达的小说的结构精炼、集中。他把这种结构言之成理地评为富有戏剧性,并声称在兼容这种戏剧性因素方面,司汤达的风格同他自己的风格有所关联。顺着这思想的线索,他又称赞司汤达不以促进食欲的“冷盘菜”,即插入主题以外的部分,来装饰他的小说。“不,人物有动作、反应和感触,而戏剧却是一刻不停地向前发展的。诗人,在他思想中是一位戏剧家,并不会逸出自己的正道而去采摘任何小花;一切东西都具有一种热烈奔放的速度。”巴尔扎克始终强调司汤达的文章简洁、直截了当。在这一赞扬中显露出了两位作家固有的某种共同趋向。从表面上看,恰好是在这一领域内,司汤达的“启蒙主义者”的严谨笔法同巴尔扎克的浪漫主义的绚烂多彩,在风格上形成了最最强烈的对照。然而这一对照同样也掩盖住了一种深厚的相通之点:巴尔扎克在他的较好的小说中也是并不在路旁蹲下耕耘花朵的,他也只描述必要的东西。除了必要的东西以外什么都不要。所不同的、所形成对照的是巴尔扎克和司汤达各自认为什么才是有必要的东西。巴尔扎克对于必要的东西所用的概念比起司汤达的来,要远为错综复杂,并远不如司汤达那样集中在少数重大事件上。

对于必要的东西的这种热烈的追求,对于一切琐细的现实主义的这种激烈的蔑视,就是把这两位伟大作家联结在一起的艺术纽带,尽管他们的哲学思想和创作方法大相径庭。这就是巴尔扎克在分析司汤达的小说时要情不自禁地触及最深刻的关于形式的问题的原因,这些问题直到今日仍是极其迫切的问题。艺术家巴尔扎克对于巧妙地选择主题与成功地布局之间的不可分割的关系,是看得相当清楚的。因此他认为,把司汤达将他的小说的背景安排在小小的意大利宫廷一事所表露的强大的艺术手腕做详细讲解是最最重要的。巴尔扎克颇为正确地着重指出了这一点,即司汤达所描绘的图画已经发展得远远超出了一个小小的意大利公国中发生的琐碎的宫廷密谋的范围之外。

他在小说中所表现的是现代专制政治的典型结构。他在我们面前展现了这一社会存在形式所产生的、不变的典型最具有特征的表现。巴尔扎克说,他写出了现代的《君主论》——“如果他被放逐到19世纪的意大利,他能写出马基雅维利能写出的小说”,一本真正典型的书;“它最后把路易十三的宫廷密党施加给黎希留的一切痛苦都放在读者眼前了”。

在巴尔扎克看来,司汤达的小说之所以能够具有广泛的典型性,恰恰是因为把背景安排在巴马,安排在一个有着些微的兴趣和琐碎的密谋的场面中。因为,巴尔扎克继续说,要把那些充满了路易十四或拿破仑的密室的众多奇闻逸事呈现出来,就必然需要一个很大的场面,很多客观的解释,它将大大地妨碍情节顺利地进展。与此不同的是巴马的场面能在一瞥之下尽收眼底,司汤达的巴马虽然场面小,却展示了不论哪个专制统治者的宫廷的内在结构的特征。巴尔扎克在说这句话时显示了这部伟大的现实主义的资产阶级小说在根本结构上的特质。作家,按菲尔丁的说法,是“私生活的历史家”,必须描写社会内部蕴藏的动荡,描写掌握其运动、其初步的趋向、其看不见的成长及其革命剧变的那种内在规律。可是巨大的历史事件以及伟大的历史人物很少能以其具体典型的形式,来表现适用于社会的进展。虽然在巴尔扎克的许多小说中拿破仑的理想及拿破仑帝国的思潮都占着主导地位,可是拿破仑却很少在巴尔扎克的作品中露面,要露面也总是只有在作为插曲时才出现,这并不是偶然的。巴尔扎克认为,如果一个作家只选巨大历史事件的外在光辉而不选在社会因素具有特征的发展中发现的内在的丰富材料来作为题材的话,他就不算懂得了他的本行。在他写的另一篇评论欧仁·苏的文章(也刊登在《巴黎妇女杂志》上)中,巴尔扎克援引了沃尔特·司各特爵士作为例子。他说:“小说只允许伟大的历史人物作为次要的角色而出现。当这种文学形式的创作者所编织的戏剧结构要求克伦威尔、查理二世、苏格兰玛丽女王、路易十一、英格兰的伊丽莎白、狮心王理查等伟大人物登场时,他们只出现短暂的片刻,而且不是在读者已经认识了一大群次要角色，并且已具有了和他们一样的、对马上要出现的伟大历史人物的反应之前才出场的。在他未出场的时候，读者已经通过故事中的较小角色的眼睛看到了这一个人物。司各特从不选择巨大事件作为写作主题，不过他总是描述时代精神和道德面貌来表现整个社会环境，而不是在这些巨大政治事件的稀薄的气氛中移动，从而细心地展开引向这些事件的道路。”

在这一点上，巴尔扎克把司汤达视作同盟者，视作地位相等的同志，视作一位轻视微不足道的现实主义、肤浅而琐碎地描绘地方色彩空洞记述历史的作家，同巴尔扎克自己一样，司汤达也在真诚地揭示社会进展的真正动力，以此来力图将每一社会现象的最典型和最本质的特征提供给读者。在这一分析中，这两位上一世纪最伟大的现实主义者会合而携起手来；他们一致拒绝将现实主义从这种本质的高度上拖下来的一切企图。

巴尔扎克在司汤达的小说中最最爱慕的是那些栩栩如生的突出的角色，在这一方面，这两位伟大的现实主义者的最后目标也是紧密相连的。他们两人都把描绘社会进化的伟大典型作为他们的主要任务，不过他们对于典型所持的概念是和在1848年以后写作的、把典型的东西和一般的东西混淆起来的后期西方现实主义者所持的概念毫无共同之处的。巴尔扎克和司汤达只把具有特殊品质的，能反映某一特定的发展阶段、进化趋向或社会集团的全部本质的人物视为典型。在巴尔扎克看来，伏脱冷是典型的罪犯，而不是偶然喝醉了酒、杀了人的某个平常的一般公民，像后来的自然主义作家们处理关于典型的问题那样。巴尔扎克所喜爱的恰恰正是司汤达把巴马的两位王子、大臣莫斯卡伯爵、桑塞维利娜公爵夫人，和革命家费伦特·帕拉塑造成这样的典型人物时所具有的力量。巴尔扎克对费伦特·帕拉所抱的不带偏见的热忱是特别有趣的，并且深刻地表明了他抛开了个人的利益而只关心现实主义发展问题的那种客观态度。他着重指出他自己在创造米歇·克里斯蒂安这一人物时，他是创造了这个和司汤达的费伦特·帕拉相类似的角色；而且极为强调，他在塑造这类典型上，已被司汤达远远超过了。

可是，巴尔扎克对司汤达的写作体裁问题探索得越深，他们两人写作风格的不同之处也就变得更明显。我们已看到，巴尔扎克是以怎样合乎情理的热忱来一步步追随司汤达描绘巴马宫廷的内容与形式的。可是最后促使巴尔扎克对司汤达的小说表示最强烈的、最重大的反对的，正是他的欢愉的爱慕。他说这一部分才是真正的小说，而此前关于法布里斯·德·唐戈的青年时代的故事应该一笔带过。在巴尔扎克看来，对德·唐戈一家的描绘，亲奥地利的贵族家庭同拿破仑的羡慕者法布里斯及他的姑母、未来的桑塞维利娜公爵夫人之间的对立，对米兰的欧仁·波哈耐宫廷及其他许多事物的描写，完全不应包括在这本小说内，以司汤达方式安排的整个结局——莫斯卡伯爵和桑塞维利娜公爵夫人回到巴马之后的那段时期，法布里斯和克莱莉亚之间的爱情故事，以及法布里斯的进修道院——也是一样。

这里巴尔扎克想把他自己的写作方法加于司汤达。巴尔扎克绝大多数的小说布局都较完整，其中的主导气氛比起司汤达或18世纪小说来是更为一气呵成。巴尔扎克多半描写一些在时间和空间上都极其集中的巨大变革，不然就向我们显示一连串的巨大变革，并且以一种永远不会不调和或不合拍的奇妙情调来替画面加上色彩。这样他就在他小说的结构中兼容了莎士比亚戏剧和古典小说中的若干文体特色，企图从艺术上避开现代资产阶级生活的软弱无力、不成体统的样子。这种写作方式的一个必然后果就是这样一本小说中的很多角色便不能在小说范围之内终其命数。巴尔扎克的这种连续性结构的原理是以下列假定为基础的，即这些未完成的和不完备的角色将在其他故事中作为中心人物重新出现，而在那些故事中，情调和气氛都会与他们所处的中心地位相适应。这一原理和后来的连续小说形式，例如我们在左拉的作品中所发现的那种，并无共同之处。我们应该想到的是巴尔扎克如何使伏脱冷、拉斯蒂涅、纽沁根、马克辛·特脱拉伊等人在《高老头》一书中只作为穿插的人物出现，而在其他小说中才真正出演了自己的角色。巴尔扎克的世界像黑格尔一样，是一个全部由循环组成的循环。

司汤达的写作原则是和巴尔扎克的针锋相对的。他像巴尔扎克一样，也力图提供整体，可是他总是试图把整个时代的基本特征都归拢在某一典型人物的个人传记里面（《红与黑》中的波旁王朝的复辟，《巴马修道院》中意大利各个小公国的专制主义，《吕西安·娄凡》的七月君主政体）。在采用这种传记形式方面，司汤达是追随他的前辈的，只不过赋予一种不同的、相当特殊的意义。在他作为作家的整个期间，他总是塑造某种人物典型，而属于这一典型的所有代表人物，纵使他们都有鲜明的个性而且他们的阶级地位和社会环境也各自不同，却都是活龙活现地存在着，并且在他们对待司汤达的整个时代的态度方面，他们各人之间又关联密切（于连·索黑尔、法布里斯·德·唐戈、吕西安·娄凡）。这些角色是要反映整个时代的卑鄙和可恶，这是一个连革命和拿破仑时代的、资产阶级历史上英雄的时期的伟大而心地高尚的后裔都没有容身之地的时代。所有的司汤达笔下的英雄都以逃避生活的办法来免受时代的污染而保持他们心智上和道德上的完整。司汤达故意把于连·索黑尔之死安排在绞刑架上作为一种自杀形式，而法布里斯和吕西安是以类似的方式跨出生活之门的，如果说不如前者那样富有戏剧性、不如那样悲惨的话。

当巴尔扎克主张《巴马修道院》应该缩小范围，仅限于在巴马宫廷中进行斗争的时候，他是完全没有觉察到司汤达的世界观中的决定性的因素。所有从巴尔扎克自己的写作方法出发，认为是多余的东西，对于司汤达来说都是具有头等重要性的东西。因而，首先以《巴马修道院》的开头来说——拿破仑时代，欧仁·波哈耐的光辉、灿烂的总督宫廷，都是对法布里斯的整个心智及发展具有决定性影响的事物，与此成对照的是对卑鄙可耻的奥地利暴君生动讽刺的描绘，对德·唐戈一家以及对于自降身价去当可恨的奥地利敌人的奸细、富有的意大利贵族的描写——所有这一切事物对于司汤达来说都是绝对不可少的，正是由于同一原因，同样情况也被应用在小说的结尾，法布里斯最后的演变处。

忠实于他自己的写作原则的巴尔扎克提议可以把法布里斯作为下一本小说的主角，那本小说的名称可以叫《19 世纪的法布里斯或意大利人》。“不过如果将这个年轻人作为戏剧中的主要角色，”巴尔扎克说，“那么作者便有义务向他灌输一些伟大的思想，赋予他某些品质以确保他能凌驾于他周围的伟大人物之上，而这种品质在这本书里是没有的。”巴尔扎克没有看到，按照司汤达对于世界的概念以及他的写作方法，法布里斯是具备了作为小说的主角的资格的。比起法布里斯来，莫斯卡和费伦特·帕拉更是巴尔扎克所希望看到的 19 世纪的意大利典型人物具有特征的代表。然而法布里斯之所以成为司汤达小说的主角，原因在于虽然他不断地使自己在生活外表上适应现实，他归根到底终究是拒绝妥协的；这样的安排正是司汤达主要的极有诗意的目标。（我只是顺便提一下巴尔扎克对法布里斯进入修道院一事的几乎是滑稽的误解，巴尔扎克希望见到这件事是在一个宗教——最好是天主教——的动机下促成的。这种可能性，在巴尔扎克笔下是颇为可行的——我们只要回想一下《彼亚特里斯》中德拉杜希小姐的转变就行了——但在司汤达所创造的天地中却是真的会有的。）

既然事情是这样，人们就很容易理解，巴尔扎克的批评引起了司汤达的极为矛盾的感情。作为一个在当时尚未被公认的或尚未被了解的，只指望能在遥远的将来得到承认和了解的艺术家，他对于现存的最伟大的作家在赞扬他的书时所显示的热烈感情自然是深受感动的。他也认识到巴尔扎克是唯一一个在很多方面知道自己最深切的创作愿望并以精彩的分析加以赞美的人。他特别感激巴尔扎克的分析中谈及他对主题的选择以及他把背景安排在一个小小的意大利宫廷中那部分。但是他虽然对巴尔扎克的评论文章感到真诚的喜悦，他仍客观地发出了自己极为强烈的反对声音，尽管是以一种极为有礼貌和委婉的方式发出的，特别是针对巴尔扎克对他的写作风格的苛评。巴尔扎克在他的评论文章的结尾相当严厉地批评了司汤达的风格，虽然他又一次表露了他对司汤达伟大文学才能的深切赞赏，尤其是对他在表现人物特性及以简洁的语言描绘他们的特征方面的才能。“描写贝勒先生用几个字就够了：他是用动作和对话来描绘人物特征的；他并不以各种形容字眼来使读者厌倦，而是急速向前进展走向戏剧性的高潮，并以一个字、一句话达到了这个目的。”所以，在这一方面巴尔扎克是把司汤达视作与自己相等的，虽然——特别是在关于表现特征方面——他时常毫不容情地批评其他作家，连他视之为属于自己这一思想趋向的那些作家也在内。因而他常常批评沃尔特·司各特爵士的对话，并在《巴黎妇女杂志》上对古柏总是以一些不断重现的词句来表现他的人物特征，表示遗憾。他指出这类例子也能在司各特的作品中找到，“不过这位伟大的苏格兰人从不滥用这一方法，那只会显示思想贫乏空虚。天才在于能以显示人物性格的字眼说明每一种情况，而不在于以各处都适用的词句来裹住他的人物”。（这句话到现在仍极妥切，因为自自然主义盛行以来，通过理查德·瓦格纳等人的影响，像主乐调那样的老一套刻画人物特征的方法，现在仍很流行。巴尔扎克正确地强调指出这仅仅是一种掩饰没有能力通过角色的行动及进展来创造活生生的角色的手段。）

可是虽然巴尔扎克极其欣赏司汤达通过他让他的人物所讲的话来既简洁而又深刻地刻画他的人物的特征的能力，他仍对他的小说的风格表示了相当的不满。他摘引了若干风格方面的，甚至是文法方面的错误。可是他的批评却还不止于此。他要求司汤达对他的小说做广泛的修改，并声称夏多布里昂和德梅斯特是时常重写他们的某些作品的。他最后表示希望司汤达的小说，像这样重写后，“会拥有像夏多布里昂和德梅斯特赋予他们的精心著作那样的不可名状的美丽”。

司汤达的全部艺术本能和信念都对这种关于风格的概念表示了反抗。他毫不犹豫地承认自己在风格方面的马虎。小说的许多篇幅是口授后未经修正就送给出版商的。“我要说孩子们说的话：‘我以后不再这样了。’”可是他对于对他风格的批评几乎仅限于勉强接受这一点。他完全蔑视巴尔扎克所指明的风格上的范例。他写道：“我从来没有能够读完哪二十页夏多布里昂的作品，即使在1802年亦然……我觉得德梅斯特先生的作品是令人无法容忍的。我写得蹩脚或许是因为我过于爱好逻辑了。”为了维护他的风格，他进一步说道：“如果乔治·桑夫人把《巴马修道院》译成法文的话，那就会是一大成功。可是她如果要把目前这两卷书中的内容全部表达出来的话，也许需要译成三卷或四卷。请考虑一下这一点吧。”他以下列词句来表明夏多布里昂及其同伴的特征：“一、许许多多细小的令人愉快的事情，说出来十分多余……二、许许多多细小的谎话，非常动听。”

正像我们所见到的那样，司汤达对浪漫主义风格所作的批评确实是非常严厉的，虽然他并没有说出他对于作为一个讲究文体风格的巴尔扎克和作为一个风格批评家的巴尔扎克的全部看法。当他发表那些论争的时候，他是抓住了这一时机，暗示他对巴尔扎克的某些作品（《幽谷百合》《高老头》）是极其敬佩的，这当然不仅仅是礼貌的缘故。可是同时他以可以理解的圆熟手段默默地略过了这一事实，即他对于巴尔扎克的风格中的浪漫主义倾向，是和他对于那些真正的浪漫主义者的风格同样地瞧不起的。因而他有一次谈及巴尔扎克时说：“我十分相信他写小说是写两遍的。第一遍时他写得十分明智，第二遍时他就以一种精美的制造新语言的风格加以装饰，用了‘灵魂的大厦’‘在心里下雪’及类似的可爱词句。”他也没有提到他由于向制造新语言的风格所做的每一次让步而多么深痛地瞧不起自己。有一次他写到法布里斯时说：“他出去散步，聆听着沉寂。”由于这句话，他在他自己那份稿件的空白边缘向“1880 年的读者”表示歉意时写下了这样的话：“由于一个作者应该在 1838 年找到他的读者，他就必须写像‘聆听着沉寂’这类句子。”这表明司汤达并无意要掩饰他所不喜欢的东西，他仅仅克制着不讲出来，不按照他所感觉到的那样极端而不讳地从中引出结论而已。

他还对这个否定的批评补加了一个肯定的承认：“有时候，形容词该放在名词前面还是后面的问题，我也会考虑上一刻钟。我试图清楚地和真实地叙述我心中的事。我只知道一条规则：明白地表达我自己的意思。如果我说不明白，那么我的整个天地就都毁掉了。”从这一观点出发，他谴责了像伏尔泰、拉辛等最伟大的法国作家，原因是他们为了要合韵，常在字里行间塞进一些空洞的字眼。司汤达说：“这些韵文填满了那些应该留给真实故事的全部空间。”他发现他的这种对风格的理想在他所肯定的范例中得到了实现。“古维翁·圣·西尔的回忆录就是我的荷马。孟德斯鸠以及费纳隆的《死者对话录》我都认为是写得很好的……我时常阅读阿里奥斯托，我喜欢他的叙事风格。”

因而很明显，在风格问题上，巴尔扎克和司汤达代表了两种针锋相对的趋向，并且这一冲突在每一个问题上都表露得很尖锐。巴尔扎克在批评司汤达的风格时是这样说他的：“他的长句子写得很坏，他的短句子并不圆熟。他大体上是照着狄德罗的样子写作的，而狄德罗并不是一位作家。”（巴尔扎克在这里对司汤达的风格的尖锐批评驱使他自己面临一种荒谬的自相矛盾的境地；他在其他别的评论文章中还把狄德罗判断得公正得多。）无论如何，这是不错的，那就是即便这种自相矛盾的话也表现了确实存在于巴尔扎克身上的一种风格趋向。司汤达对之答复道：“至于说到句子的美丽、圆熟和有节奏（像《宿命论者雅克》里面的葬礼演讲），我时常认为那是个缺点。”

在这些问题中显示出来的，是法国现实主义的两个伟大的趋向之间风格上的斗争。在法国现实主义往后的演变中，司汤达的原则就越来越无人应用了。

福楼拜，这位1848年以后的法国现实主义者中最伟大的人物，比起巴尔扎克来，更为热烈地欣赏夏多布里昂的风格的美丽。而福楼拜对司汤达作为一个作家的伟大之处却没有丝毫了解。龚古尔兄弟在他们的日记中叙述道，福楼拜每当听到别人把贝尔先生[1]形容为作家时就会勃然大怒。不用什么特殊的分析就能明显地看出，后期法国现实主义的伟大代表人物，如左拉、都德、龚古尔兄弟等人的风格，乃是决定于他们对浪漫主义理想的接受，而不是决定于对浪漫主义的‘造作新词主义’的司汤达式的拒绝。左拉自然认为他的老师福楼拜之所以崇拜夏多布里昂全然是因为爱好新奇，可是这并未阻止他自己去摹

1 即司汤达。——译者注

仿另一位伟大的浪漫主义者维克多·雨果的风格。

造成巴尔扎克和司汤达在风格方面极端相反的原因，本质上是一个世界观的问题。我们来反复陈述一下：那个时期伟大的现实主义者对待浪漫主义的态度，那种想把浪漫主义提高一步使之成为较伟大的现实主义一部分的打算，正如我们已说过的那样，不仅仅是一个风格问题。从浪漫主义这个字眼较普通的意义来讲，它并不仅仅是一种文学的或艺术的倾向，而是对于资产阶级社会在革命后的发展情况所采取的态度的一种表现。为大革命及拿破仑帝国所解放出来的资本主义力量已愈来愈扩张，而这种扩张就产生了一个阶级觉悟肯定是愈来愈高的工人阶级。巴尔扎克和司汤达的作家生涯一直延展到工人阶级最初的几次伟大运动（如里昂起义）时期。这也正是社会主义世界观产生的时期，第一批资产阶级社会的社会主义批评家的时期，和伟大的乌托邦主义者圣西门和傅立叶的时期。这也是一方面有乌托邦主义者—社会主义者对资本主义的批评而另一方面浪漫主义者的批评也同时在理论上登峰造极的时期（西斯蒙第）。这是个宗教—封建主义的社会主义学说的时代（拉芒耐）。正是在这段时期，显示了前资产阶级社会的历史是一场持久的阶级战争（蒂埃里、基佐等）。

巴尔扎克和司汤达之间最深刻的不一致基于这样一个事实，即巴尔扎克的世界观基本上是受到了所有这些较新趋向的影响，而司汤达的世界观实质上是革命前的启蒙思潮的意识形态的有趣的、一贯的延伸。因此司汤达的世界观就远比巴尔扎克的世界观明朗和进步，后者曾受过浪漫的、神秘的罗马天主教思想及封建主义的社会主义影响，并曾枉费心机地企图把这些倾向同一种以英国的范例为基础的政治上的君主政体，以及同一种对尧夫华·德·圣依莱尔的关于自发性进化论的辩证法所做的诗意的解释调和起来。

这种世界观方面的分歧同下列事实颇为一致，即巴尔扎克的最后几部小说都充满了对社会强烈的悲观主义和关于文化的启示性的预兆，而司汤达，虽对现时表示悲观并如此俏皮地以如此深刻的鄙视对立进行批评，却乐观地期待着他对于资产阶级文化的希望能在1880

年前后实现。司汤达的希望并不仅仅是一种尚未为时代所欣赏而仅为诗人所渴望的那种梦想;它包含着对于资产阶级社会的演变所持的一种确切的概念,虽说这个概念当然还是一个虚妄的概念。在司汤达看来,在革命前的日子里曾经有过一种文化,也曾经有过社会的一部分人能够欣赏和鉴别文化产品。可是在革命之后,贵族阶层始终深恐再来一次 1793 年的事件,因而竟然丧失了进行理智判断的能力。另一方面,那些新的富人是一群自私自利的、无知的暴发户,对文化价值漠不关心。司汤达所期待的资产阶级社会到 1880 年才重新达到了文化有可能复兴的地步。这种文化含着启蒙精神,继承了启蒙时期的哲学。

历史的这种独特的辩证法以及意识形态的不平衡的发展的一个稀奇古怪的后果,便是具有混乱的而且经常十分反动的世界观的巴尔扎克,在反映 1789 年至 1848 年这段时期时,竟比他那个思路更清楚、更进步的敌手来得更透彻和深刻。的确,巴尔扎克是从右边,以封建的、浪漫主义的观点来批评资本主义的,从这一观点中也埋藏着他痛恨初生的资本主义世界的秩序的根源。可是从这种痛恨本身就产生了像纽沁根、克勒韦尔这类资本主义社会的永恒的典型。只要把这些角色同司汤达所描绘过的唯一的资本家老娄凡作一对比,就能看出司汤达在这方面是多么不够深刻和全面。这个体现了优秀的精神和文化的、对理财和冒险有禀赋的人物形象,是把革命前启蒙时期的特征搬移到七月君主政体的世界里的一次逼真的转换。不过不论娄凡这个人物塑造得多么精巧和生动,他在资本家中间仍是一个例外,因此作为一个典型来说就大大不如纽沁根。

我们可以在描绘复辟时期的主要典型方面看出同样的对比。司汤达痛恨复辟,认为那是个卑鄙下流的时代,它可耻地取代了英雄拿破仑的革命时代。巴尔扎克与之相反,他本人就是复辟的追随者,虽然他严厉批评贵族阶层的政策,可是他这样做仅仅因为他认为那并不是贵族阶层能够用以防止七月革命的政策。但是当我们在注意这两位伟大作家笔下所创造的世界的时候,情形恰恰相反。作为作家的巴尔扎克了解复辟仅仅是法国加紧资本主义化的一幅背景幕布,而这一资本主义化的过程正在以无法抗拒的力量把贵族也牵连在内。所以他就把因资本主义发展而造成的种种奇形怪状的、悲剧性的、喜剧性的以及悲喜剧的典型都摆在我们眼前。他显示了这一进程所产生的伤风败俗的后果如何必然要牵涉到整个社会并且腐蚀到它的根基。保皇派的巴尔扎克只能在心胸狭隘的、不合时宜的乡下人中找到古老政权的忠诚信徒，例如《古玩陈列室》中的老戴斯格里农和《彼亚特里斯》中的老杜盖尼克等人。跟着时代跑的占统治地位的贵族们，对于这些典型人物心胸狭隘但令人尊敬等的地方，只有报以微笑。他们自己所关心的仅仅是如何充分利用他们的地位和特权，来从资本主义的发展中为个人博取最大可能的利益。巴尔扎克这个保皇派把他的亲爱的贵族们描绘成一群天才的或平庸的野心家和向上爬的人物，没有头脑的傻蛋，高贵的娼妓，等等。

司汤达关于复辟时期的小说《红与黑》吐露了对这一时期的强烈仇恨。可是巴尔扎克却从未像司汤达创造玛特儿·德·拉·木尔那样，创造出一位富有浪漫主义气质的、拥护君主主义的青年的正面典型来。玛特儿德·拉·木尔是一个真诚的、笃信君主政体的人，她热情地献身于浪漫主义的君主政体理想，并由于自己出身的阶级，缺乏在她灵魂中燃烧着的那种真挚热情的信念，而对之表示蔑视。她不爱那些地位和她自己相当的男人，而爱上了一个平民，一个热烈的雅各宾主义者和拿破仑的崇拜者于连·索黑尔。在一段最能表现司汤达的特征的话中，她说明了她对浪漫主义的君主主义理想的热情。"'同盟战争的时代是法国历史上最光辉的时代，'她有一天对他（于连·索黑尔）说，眼睛中闪烁着热情的光芒，'在那些日子里，人人都为他自己所选择的目标而奋斗。他们竭力要帮助自己的党派取得胜利，而不仅是为了收集勋章，像你那宝贝皇帝统治的时代那样。那时候自私自利和卑鄙行为也确实较少。我爱16世纪的意大利艺术。'"这个玛特儿·德·拉·木尔用提及另一个在她眼中更为光辉的历史时期的办法来对抗于连对于英雄的拿破仑时代所抱的热忱。玛特儿和于连之间的全部恋爱故事是以最大可能的真实性和准确性来描绘的。可是，作为复辟时期年轻贵族代表的玛特儿·德·拉·木尔，绝不像巴尔扎克笔下的狄安·德·莫弗里钮兹那样，是一个真正的典型。

现在我们要重新回到巴尔扎克对司汤达的批评这个中心问题上来，回到关于性格描写的问题上来，并连带谈一谈这两位伟大作家的小说中运用的作品结构的基本原则。巴尔扎克和司汤达都把那一代天才的青年人选作中心角色，英雄时代的风暴曾在这些青年人的思想感情上留下了深深的痕迹，他们在复辟后的世界那种肮脏卑鄙的情况中，起初颇觉得不自在。

“起初”这两个字实际上只适用于巴尔扎克。因为他恰好描述了重大的灾难，以及物质上、道德上和精神上的危机，而在整个进程中他笔下的那些年轻人最后确实在一个迅速向资本主义过渡的法国社会中找到了方向，接着他们便试图为自己觅得，或是成功为自己觅得了一席之地（拉斯蒂涅、吕西安·德·吕邦泼雷等）。巴尔扎克非常清楚地知道，要在复辟时期的社会中找到一席之地得付出多少代价。那个几乎是超人的人物伏脱冷，像另一个靡菲斯特一样，有两次诱惑出现在了通向“现实”的道路上，或者换句话说，出现在了通向资本主义的腐败和无原则的往上爬的野心的道路上，这并非偶然。而伏脱冷居然两次都获得了成功，也并不是偶然的。巴尔扎克在这里所描绘的是资本主义兴起，成为社会上无可置疑的经济统治者后，如何使得人性败坏、道德沦丧以及人们从心底深处堕落变坏。

司汤达的写法十分不同。作为一个伟大的现实主义者，他当然对于他的时代的一切基本现象看得并不比巴尔扎克不清楚。莫斯卡伯爵在劝告法布里斯时说了很多关于伦理在社会上的意义的话，这和伏脱冷劝告吕西安·德·吕邦泼雷时所说的话一样，那时伏脱冷把生命同玩纸牌相比，他这个很想玩纸牌的人在那时不能先研究玩纸牌的规则，而要说一说它们的正当之处、它们在道德方面和其他方面的价值，这当然也不是偶然的，或许也并不是由于受了巴尔扎克的影响。司汤达对这一切都看得非常清楚，有时甚至比巴尔扎克表现出更大的轻蔑和讽刺（从李嘉图的意义上说）。作为像他这样的一个伟大的现实主义者，他允许他的主角参与了贪污和钻营的游戏，沾染了成长中的资本主义的一切污秽，学到了并有时还巧妙地应用了莫斯卡和伏脱冷所说明的那种游戏规则。可是有趣的是，可以看出，他的主要人物中没有一个是因参加这个“游戏”而内心遭到损毁或腐蚀的。这些人之所以能够出淤泥而不染，是因为有一种纯洁、炽热的热情，一种坚定不移的对真理的探索精神在护卫着他们的灵魂，帮助他们在前程终了时（可是仍在他们青春旺盛之时）摆脱污垢，虽然事实上当他们这样做时，他们已不再是他们这个时代的生活的参加者，已经通过这种或那种方法脱离了生活了。

这就是开明的无神论者、浪漫主义的坚决反对者司汤达的世界观中深厚的浪漫主义成分（在这里，“浪漫主义”这个名词当然是就其最广义、最不含有教条主义的意思而言）。最后一个例子表明了司汤达拒绝承认这样一个事实，即资产阶级的英雄时代已经结束，而‘老派的巨人’——对我们说来这是马克思的名词——也永远毁掉了。每一个他在目前所能找到的属于这个英雄趋向的细微痕迹（虽然绝大多数只能在他自己的英雄的、不妥协的灵魂中找到），他都将之夸大成为足堪自豪的现实，并哀悼而讥讽地以之和他那时代可耻的不诚实进行对比。

这样，司汤达式的概念便形成了；成群的英雄人物把纯粹的趋向和开端唯心地、浪漫主义地夸张成为现实，因而永远比不上卓绝地渗透在《人间喜剧》中的那种社会典型。不过，若由于这一浪漫主义特征而忽视司汤达的主人公伟大的历史典型性，就会十分错误。对英雄时代的消逝所表示的哀悼，在法国的浪漫主义中是从头到尾都存在着的。对爱情的浪漫主义的憧憬，对文艺复兴时代的浪漫主义的崇拜，这一切都是从这种悲愁、从这种对于伟大爱情的令人鼓舞的榜样不顾一切的追求中产生出来的，而这种爱情是可以用来反抗下贱的、唯利是图的现在的。不过唯一真正能满足这种浪漫的渴求的人，恰好是司汤达自己，那是因为他不论怎样都始终忠实于现实主义。他把维克多·雨果曾试图在自己的许多剧本和小说中表达的一切，都化成了现实。但是维克多·雨果给予我们的只是披着华美的修辞学外套的抽象的骨架，而司汤达却创造了有血有肉的、真实的男男女女的命运。使这些男男女女成为典型的原因——虽然从表面上看他们都是极端个别的例子——是这些极端的例子体现了革命后的资产阶级最优秀的子弟最深切的愿望。司汤达在两方面和所有浪漫主义者有极显著的差别：首先，他十分注意笔下人物特殊的、极端的性格，并以在他的英雄人物的周围营造一种孤独的气氛这种无可比拟的现实主义手法来表现这一特殊性；其次，他以可羡慕的现实主义手法描绘了这些典型人物不可避免的灾难，描绘了他们在反抗时代的统治势力的斗争中不可避免的失败，以及他们不得不从生活引退的情形，或者说得更确切一些，是他们必然为所处的时代所抛弃的情形。

这些角色都拥有如此强烈的历史典型性，以致类似的关于人类命运的概念曾被革命后的欧洲许多互不相识的作家相当独立地提出来过。在席勒的《华伦斯坦》中，当麦克斯·皮可罗密尼走向死亡时我们可以发现这种概念。荷尔德林的许佩里翁和恩培多克勒斯也是以同样的方法舍弃生命的。这同样是拜伦笔下不止一个英雄人物的命运。因此这不是追求文学上的自相矛盾，而仅仅是阶级演变本身的辩证法的一种思想上的表露，如果我们在这里把司汤达这个伟大的现实主义者同席勒和荷尔德林这样的作家并列在一起的话。不论他们在涉及创作方法的所有论点上的分歧如何深刻（原因在于法国和德国的社会进化不同），他们的基本概念的类似性并不较少。席勒的悲悼的声调“人间的美丽竟是如此下场”在司汤达用来伴送他的于连·索黑尔上绞刑架以及他的法布里斯·德·唐戈进修道院的声调中得到了反响。最后必须说清，所有这些声调并不都纯粹是浪漫主义的，即使席勒的也不是。所有这些作家在对待主人公命运时所持的概念的类似性，乃出自他们对本身阶级的演变所持的概念的类似性，出自一种对现在表示绝望的人道主义，出自对兴起的资产阶级的伟大理想坚定的依附，以及出自一种等待这些理想最后终于实现的时刻即将到来的希望（司汤达希望那个时刻是 1880 年）。

司汤达与席勒和荷尔德林不同之处在于他对于现在的不满并不

是以抒情的哀悼形式表露出来的（像荷尔德林那样），也不是把这种不满局限于对现在所做的抽象的、哲学上的判断（像席勒那样），而是用一种非凡的、深刻的和尖锐的讽刺性的现实主义为他对现在的描绘提供基础。

其之所以如此，是因为司汤达的法国曾在最近经历过革命及拿破仑帝国的时代，而当前的革命力量也曾在反对复辟的运动中实际上上过阵，可是席勒和荷尔德林生活在一个在社会方面和经济方面都尚未变革的德国，一个尚未进行资产阶级革命的德国；他们只能梦想着发展，而对于这种发展的真正的动力他们还是茫然无知的。因此在司汤达这方是讽刺性的现实主义，而在德国人那方就是挽歌式的抒情体了。无论如何，使得司汤达的写作具有惊人的深度和丰富的内容的，却是他从未因对现在所抱的悲观态度而放弃他的人道主义理想。司汤达所怀有的关于将在1880年达到资产阶级社会的希望，纯粹是个幻想，但是由于那是一个从历史上看是合理的，基本上是进步的幻想，它能成为他文学创作上丰富的源泉。人们不应忘记，司汤达也是布朗基起义的同时代人，那位英雄的革命家仅想通过那次起义重新建立平民的、雅各宾党人的专政。但是司汤达并未活到目睹资产阶级的雅各宾主义被歪曲到不像样的时代，那种转变把最优秀的革命家从公民的身份变成了无产者的身份。他对他那时代的工人阶级的骚动（参见《吕西安·娄凡》）采取了民主主义革命者的态度；他谴责了七月君主主义运动对工人的残暴弹压行为；可是并没有也不可能看到无产者即将在创造新社会的过程中必然会起的作用以及由社会主义及一种新型的民主主义所开辟的远景。

正如我们已经看到的那样，巴尔扎克的幻想，他对社会进化的不正确的概念，是属于一种截然不同的性质的。这就是为什么他并没有使过去的英雄时代的那些"古老的"怪人出现来反抗现在。他所做的是描绘他自己的时代的典型人物，同时把他们的形象扩大到非常宏伟的地步，以至在资本主义世界的现实生活中，永远无法把这种形象适应于哪一位个人，而只能以之归属于社会力量。

由于巴尔扎克的这种对待生活的态度，他在两人之中是更为伟大的现实主义者，而且虽然他在世界观和风格方面接受浪漫主义成分更多些，归结起来他却仍是浪漫主义较少的一位。

在对待1789年至1848年期间资产阶级社会的发展的态度方面，巴尔扎克和司汤达代表了全部可能的态度中的两个重要的极端。他们各自都建立了一个完整的人物世界，整个社会进化的一个广泛而生动的缩影，而且他们各自都是从自己独特的角度出发来做到这一点的。他们两人的交接点在于他们对纯属自然主义的现实主义的肤浅把戏，以及对人和命运所做的全属修辞上的处理所共同具有的深刻理解和轻视。他们进一步的交接点在于他们两人都把现实主义看作凌驾于肤浅和平庸之上的东西，因为现实主义对于他们两人来说都是一种对隐匿在表面之下的、深藏不露的现实本质的探索。他们分歧巨大的地方在于他们对于这种本质所具有的概念。对于他们那时代所已经达到的人类发展阶段，他们代表了两种截然相反的，虽然从历史上看同样合理的态度。所以在他们的文学活动中——除了关于现实的本质的这个一般性问题方面——他们必然要走全然相反的道路。

因而，尽管有这一切分歧，巴尔扎克向司汤达表示的深刻的了解和欣赏是超出于一篇优美的文学批评的。这两位伟大的现实主义者的会见是文学史上著名的事件之一。我们可以把这件事同歌德与席勒的会见媲美，虽然他们的会见并未像另外两位伟大人物的会见那样导致了一场如此有益的合作。

编后记

本文选自中国社会科学院外国文学研究所外国文学研究资料丛刊编辑委员会编：《卢卡奇文学论文选》[1]，陈尧光译，中国社会科学出版社，1981年，第190—213页。

1 参见第237页注释1。

追逐德·韩斯迦夫人

作者 ［奥地利］斯蒂芬·茨威格
译者 吴小如 高名凯

1842 年 1 月 5 日，巴尔扎克收到的信代表了他生活的最后一个转折点。过去忽然变成了现在，统制着将来。从这时候起，他的意志力只集中在一个单独的目的上。他和德·韩斯迦夫人的关系已经淡薄了，现在必须加以恢复，他们的密约必须进一步而结成姻缘，他们的许诺必须实现。

要达到这目标就需要付出比平常还要多的努力，因为自前次相逢之后的几年当中，他们的联结已经渐渐地变成了形式化的。他们的通信已经越来越冷淡，越来越不诚恳，因为我们到底不能够破坏自然的法则。他们不见面已经七年了。因为他的经济困难，也许也因为他和伯爵夫人的关系，巴尔扎克不能够到维尔霍夫尼亚去旅行，德·韩斯迦夫人也不能够或不愿意说服她的丈夫再到可以会晤旧情人的西欧去游历一次。

如果要爱情赓续存在，就需要两个人的亲近，正如火焰需要充分的氧气才能够长旺不熄。出于这个缘故，热情也就在他们之间消减了。巴尔扎克设法在他的情书里保持旧有的心魂颠倒的腔调，但是谁也不比德·韩斯迦夫人更清楚地知道这只是一种矫揉造作的热情。住在巴黎的亲戚和朋友们都没有忘记报告她维斯孔蒂伯爵夫人就在约尔地安居在他的隔壁。他和马尔布提夫人的轻荡的行为已经成为了评论的材料，甚至都传到了像乌克兰这么远的地方来。如果德·韩斯迦夫人因为巴尔扎克的不诚恳而愤怒，如果她觉得难于吞饮绝望的涕泣和他用以消除巴黎谣言的所谓永远忠诚的诺言，这也是不足为怪的。一阵酸辣的气味浸入了他们的书信。德·韩斯迦夫人显然不能够再隐藏她觉得巴尔扎克希望她相信他告诉她的所谓寺院式的生活时所生的悲哀，她也一定曾经用直截了当的言辞去表达过她对他的真诚的怀疑，因为巴尔扎克在神经紧张的当儿也给她寄去一封信，而不掩饰他的文句。他不能够再忍耐因为所谓“放纵的愚蠢”而受到一个安居在丈夫身边而不知道什么叫作忧愁（虽然她曾经烦闷过）的女人的傲慢谴责。悲愤之下，他就攻击她说：“我请你不要管那些落水灭顶而要挣扎到水面上来的人的闲事，无论是称颂或是责难！富人绝不能够了解穷人们的困难。”

有一次，她谈到他的“轻浮的天性”时，他甚至更暴躁地写道：“我怎么轻浮呀？是因为我这十二年来都毫不休止地献身去完成一桩伟大的写作事业吗？是因为十年来我心里就只有一份爱情吗？是因为过去十二年我都日夜辛劳去偿还我母亲愚笨的计划所使我负担的一笔大债吗？是因为我虽然这样贫困而仍然没有闷死，没有枪击我的脑袋，没有投水自尽吗？是因为我不断工作，用各种新颖的方法去缩短我被罚去做苦工的时间吗？请你说一说！是因为我不理睬社会，是因为我孤独自守，因而能够集中于我的一份感情，我的工作，付清我的债务吗？……轻浮的天性，是的！真是，你的举动就像是一个中产阶级的好好先生看见拿破仑到处视察战场而批评说：这家伙不能够固守一地！他没有固定的思想！”

在这两位七年未曾见面而且惯于各自生活方式的情人之间，现在他们的通信已经没有什么神韵或者理性可言了。德·韩斯迦夫人有了一个长大了的女儿，她可以和这女儿谈论机密。她不再需要在写给巴尔扎克的书信里去寻找发泄，她的安定严谨的生活也没有什么秘密让她去报告。在巴尔扎克这一方面，他却因为长期的等待而厌烦，他也开始忘记这个显然注定不能够实现的誓约。他会在1839年给卡罗·珠儿玛写信，请求她如果碰到一个有二十万或只有十万法郎的女人时就得想到他，"只要她的嫁资可以解决我的事情"。他不再梦想天仙一般的公主了，因为德·韩斯迦先生显然不忙于放弃他的几百万家财。他准备收回他对不可捉摸的北极星的窥视而去迎娶任何一个可以替他还清债务，刻成正牌的巴尔扎克夫人的肖像，给他管理约尔地的家事的女人。四十岁的时候，这个现实主义者已经放弃了他在婚姻方面所有的非分的幻想，而回到了他的早年的公式："一个女人和一笔家财。"

他和德·韩斯迦夫人的通信很可能就在这一点上寿终正寝。他们的通信也可能渐渐稀疏起来，正如卡罗·珠儿玛因为要求更高的忠实而使巴尔扎克感到不舒服的情形似的。然而无论是巴尔扎克也好，德·韩斯迦夫人也好，他们都不愿意彼此断绝关系。她在这位当时最伟大的小说家对她的谦卑献身里所感到的荣耀几乎成为她生命中最重要的事情，她也没有理由自动放弃能够这样满足她的虚荣心的通信。在另一方面巴尔扎克也不能够免除表达自我的习惯，因为这习惯现在已经变成了他的第二天性。他需要一个什么人让他去倾吐他的困难，描写他的工作，总结他的债务，正好因为她私下里计划珍藏他给她写的信，他也乐于享受有人把他的信藏在什么秘密的地方的想法。

他们彼此继续通信，虽然随着时间流逝而逐渐稀疏。他偶然间也会埋怨"您太少寄信来了"，或"您写信的时间隔得太长了"，而她也会责备他写信写得不够经常。但是对这后一种责难，他就不能沉默了。她怎么能够比较他和她在通信方面所有的责任呢！她整天没有事情做，她生活在"深长的寂寞里而没有很多的工作"，而他却随时缺乏时间，每天必须花费十五个钟头去写作和校对。他所给她写的每一页信都是从他可以拿来写作已经收过报酬的欠稿或他所需要的片刻的睡眠时间里榨取出来的。他毫不犹豫让她知道，无论什么时候，只要她——这个金钱滚滚而来的女人——收到她的穷情人的一封长信时，这对他来说就等于可以给编辑或出版家用同样的字数去写而赚到的几百法郎的损失。所以，如果他希望每两星期收到她一封信的话，这也并不是过分的要求。她的回答似乎是一种宣言，认为她只能够一报还一报，收到他一封信就给他写一封信。于是，他就发怒了：

啊！我终于发现了您是怎么样的渺小，这向我证明您是这世界上的一个平凡的女人！啊！您就因为我不常给您写信就停止跟我通信！好，我不常写信，这是因为我没有邮资，虽然我不愿意告诉您这个。是的，我已经陷到这样深的地步，甚至还要深。这是很讨人厌的，很可悲痛的，但这却是事实，就像你所居住的乌克兰似的。是的，颇有不少的日子我都骄傲地沿着马路一边走一边吃着一块卷面包。

这种小争吵越来越尖锐，通信的间隔也越来越长，最终到了这封报丧信到来之前，巴尔扎克甚至于在整个三个月之中都没有提笔给她写过信。我们可以想象得到他们已经开始互相刺激着。他们互相指责彼此的冷淡、懒怠或诡诈。大家都要把融洽的通信减少的责任推到对方身上，这个通信就像音乐上的术语似的，是以“最强”开始，继以“最快”，而终于失去了“热情”。

他们之中谁也没有过错。错处在于他们开始时所有的特殊的反常关系。他们当初只希望短期的离别，等着永远的结合，而且认为这时机并不太远。正常他们在她的丈夫尚在人间而以这样奇怪的方式来保证彼此的忠诚时，德·韩斯迦夫人给巴尔扎克强制提出这条件，让巴尔扎克继续忠实于她。她唯一的让步就是允许他到那些操皮肉生意的女人身上去寻觅满足肉体需要的方法。然而，德·韩斯迦先生又活了八年，而德·韩斯迦夫人的妒忌（这其实只是因为自尊心受到了伤害）也变成了她干犯远隔天涯的情郎的源泉。长期的假装守约之后，他就直截了当地给她写信说：

来，来，一个男人不是一个女人，不是吗？您不相信一个男人可以在1834年到1843年之中还保留他的贞洁，不是吗？从医学的方面来说，您已经得到足够的消息，知道他将要退化为虚弱无能了。您说到妓女。那我也可能处在您的朋友在罗马所遭遇的同样的地位。您应当衡量时时工作、处处碰钉、刻刻忧愁的富于幻想的人所感觉得到的强力的消遣需要，拿这来抵消您要拿来寻找我的过错的那一点理由，和责罚这些过错的残忍的方式——然后，您就不会谈到以往，除了去哀痛我们的分别这一个事实以外。

他的坦白并没有产生效果。虽然她心里能够确信他的纯血的男性精力，但是她可不能够宽恕他和其他女人的胡闹。虽然他不是一个职业的“情郎”，他也曾经向全世界证明他是献身于一个伟大的文化事业，但是她却责备他性格中的无常和轻浮。虽然她舒舒服服地生活在丈夫身边，她也没有想到要牺牲一丝一毫，但是她却坚持说苦恼的巴尔扎克必须跟和尚一样的贞洁，小书记一般的俭约，不允许他有任何的懈怠或小小的奢华，只叫他一夜加半天地写作，而等着，等着，也许——只是也许——等到德·韩斯迦先生死了之后，她就可以决定去酬报他的苦行和坚忍。她当然有理由埋怨，但是他也有权利坚持他要他的生活脱离她的控制，避免她对他的行动的管束。然而他不这么办，反而瞒住了他的要点，装成跟他实际相反的另外一个人的样子，说了许多关于他和伯爵夫人的笨拙的谎话，就像小学生害怕挨打似的。不知道出于什么不可思议的理由，他不能够采取勇敢的态度去适应她对他的忠实的强求，拿出一个对自己有信心的艺术家风度去对付俄罗斯外省的贵妇。但是在他的小枝梧和过失之中，当他跟她随时保证说他决不是要寻觅冒险的生涯，而是希望能够摆脱他的艰苦去求得一向所缺乏的安定生活时，他倒是十分诚实的。他渐渐地开始厌倦永远的挣扎，经过二十年不断的风波打击之后，他只希望能够驶入比较平静的海面。他已经有了太多的冒险行为，有了太多的女人，这种女人他只能够在写完一部书和开始写另外一部书之间的空暇去寻找，还加上因密约和背后有谦恭的丈夫而导致了种种不方便。远在 1838 年 9 月的时候，他就给卡罗·珠儿玛写过信，他从来不敢对她撒谎，他的腔调是诚恳的:“我向您发誓,我已经把我的一切希望,我的一切妄想,我的一切野心都包了起来!我要过一个牧师的生活,一种简朴平和的生活。一个家有四十万法郎的三十岁的女人,只要体态柔美,外表雅洁,就可以等着我去娶她,如果她愿意嫁给我的话。她可以替我还清债务,五年之内我也就可以拿我所赚的钱去补偿她。”

这正是他替德·韩斯迦夫人设想的角色,但是随着时间的流逝,他觉得再也受不住把一切的希望都放在一个远隔万里而可能已经不是六七年前他所认识的情妇身上。他的北极星距离他太远,不能够照耀他的生活。他的“情侣”又不知不觉地变成了他会以秘密的梦幻相告的“无名女郎”,他的忏悔的法术甚至都失去了魔力,因为这已经退化成他随时所漠然应用的机械的习惯。1841 年 9 月,收到这报丧信之前三个月,他给她写了可能是最后的一封信。他不再相信可以当上德·韩斯迦夫人的丈夫的幻想。他对爱情和财富的梦想已经成为过去了,而且可以把他放逐到他的其他的幻灭的地狱里去了。

当他撕开了带有黑线圈的信,读到德·韩斯迦先生于 1841 年 11 月 10 日逝世的消息,他的血液从他的心脏流滚而出,他大为激动,他的手都发抖了。不可思议的事情,或他不敢再加想象的事情居然发生了。他曾经对她立过永远的爱情盟约的女人现在已经自由了。她是一个寡妇,而且是一个富有他所梦想的一切财产的寡妇,他的理想的妻子,贵族的,年轻的,聪明的,可以在社会上被人接受为奥诺雷·德·巴尔扎克的妻室的女人,一个能够替他还清债务,使他得以尽力进行真正的重要工作,培植他的天才,增加他的名望,满足他的情欲的女人。他曾经一度爱过这个女人,她也曾经爱过他,在知道她得到自由的这震骇的一刻,他的感情又从星星的灰烬里发出闪光。他那战栗的手所拿的一张信笺已经改变了他的生活。他所曾经希望和渴求过的每一个东西都突然结成了形状,结在德·韩斯迦夫人身上,他也感觉到只有一桩事情需要他去做。曾经一度移步远遁的女人必须再一次加以征服,这一回却是永远的征服。

他的深情激动可以从他给她的回信里看出来。这是一封诚恳的男子汉的信，他并没有在这里企图用虚伪的态度去安慰寡妇的损失。他知道她并不怎么样爱或丝毫也不爱她的丈夫，他也没有应用矫揉造作的语句去称颂死人的优长或冒充说他听到他的死怎样大为哀恸。他只限定自己去辩驳任何可能的非难，说是以他这样的渴望得到她，在他心底下会不会存有希望她变成寡妇的念头："至于我，我的亲爱的，虽然这事情把我带到可以接近我这十年来所热烈追求的东西的地方来，我也能够在您和上帝面前发誓说我从来就没有在心里怀有别的念头，除了完全服从以外，就是在生活最紧急的时刻，我也从来没有让我的灵魂被隐藏的恶念所脏污。一个人不能够阻止自己去容纵一些无意的偶然的幻想。我常常对我自己说：'跟她在一起，我的生活要怎么样的轻快啊！'没有了希望，一个人就不能够维持他的信仰，保守他的精神，或保全他内心的纯洁。"

单是一桩事情就使他在这事变里感到快乐：他现在能够"敞开心扉"给她写信了，他给她保证他并没有丝毫的改变。自从新沙特尔晤面之后，她就一直是他的一切，他恳求她"写信来告诉我此后你的生活要整个属于我，我们现在可以变成快乐的，没有任何的云雾可能给我们投来黑影"。

一封信寄去之后，他接着又立刻写上另外一封信。多年前的婚约一夜之间就变为了事实。现在还有什么东西可以阻挠他们最后的结合呢？一切的东西都突然在他面前显出不同的光彩，连他自己也不能例外。十二个月之前，他还用哀怨的腔调把自己描写成一个忧愁的白发老翁，肥胖到讨人厌，不能够集中思想，受到血压高的苦痛，而有脑充血的倾向。现在他就给他未来的新娘用更动人的颜色来描绘他自己。他的雪白的头发又变成黑色的了，他的忧愁已经消失殆尽了：

我只有这里那里有几根白头发，这源自我辛劳的生活方式，我的身体还一样的健康，除了太胖以外，这是久坐的生活不可避免的结果。我不相信从维也纳回来之后我有什么变更，我的心还很年轻，它使我的身体也保持年轻，虽然我的生活是寺院式的严刻。我多少还可以有十五年的青春，就跟您一样，我的亲爱的，不过，这时候我倒愿意拿出十年的老年时期去催唤我们再见面的时刻。

他的快速的幻想已经勾画出了他的将来生活的整个图像。他劝告她尽量早给她的女儿寻找一个“精明能干的丈夫”，尤其重要的，这丈夫应当是一个“相当富裕，能够接受您的委托，付出一笔大款来当嫁资”的人。然后，她就可以跟在法律和道德方面一样摆脱物质上的困难，他们也就能够像他所常梦想的那样生活在一起，比他们所敢想象的还要快乐地生活着。他们用不着再浪费任何一个日子。他就要清理他在巴黎方面的事务，再到德勒斯登去，可以在那里更接近他的无边情爱的对象。他已经准备好，比任何时候都更准备好，他也比以往都更爱她，他的情书里也明显指出他从来也没有对任何东西这样焦急等待过，像他现在等待她嘴里发出一句话叫他到她那边去。

她的回信在 2 月 21 日才到达他那里，这是在他第一次听到这个消息的六个星期之后了。我们不知道这封信的正确内容，因为她把它跟其他的信一同烧毁了，但是我们却知道这封信包含有她对他的追求的严厉驳斥，无礼地拒绝让他急速来到她身边的请求。他以为她当然给他允诺的，但是她却用“冰冷的镇静”推翻了彼此之间所发过的盟誓，而还给他所不愿意要的自由。她用明白坚决的口气写道：“您是自由的”，她似乎还继续细加说明她的决定的理由。她不再相信他，因为七年的光景他都没有来探视她的愿望，虽然他倒不难找出时间和路费去进行好几次去意大利的旅行，而且又不是一个人去的。所以，他就在这桩事情里，无疑还有其他的情形里，破坏了他们彼此之间的盟约，一切都已经过去了。她要把她的余生贡献给她的女儿，她永远也不要离开她的女儿。“如果人家带走了我可怜的孩子，我就活不了。”从巴尔扎克绝望的回信里看来，她的信一定是和斧子一样的尖利，一下子就把他的希望砍倒在地下，切断了这些希望的根。

德·韩斯迦夫人的“不!”是一个最后的,经过详细考虑的回答呢,还是一种试探他的方式,她的骄傲和虚荣心给她口授而要教他更加热烈地追逐她的一种装腔作势呢?这是一个严重的问题,非常难于答复的问题,因为它涉及了他们之间的复杂关系,包括如何研究她自己对于巴尔扎克的态度的问题,需要精细的心理的分析。问题并不在于选择两个简明的判断之中的一个——她爱他呢,还是不爱他呢?这样的了解问题只是避开了要点,而且不能够正确说明这种内外都受抑制和矛盾统御的结合。一个女人的痴情爱恋,它的特征必是无穷的顺从。从这一个观点来说,德·韩斯迦夫人就不能够有热情——至少不足以对巴尔扎克有热情。她沾染有贵族的骄傲感,像她这样有优越感,有自信心,又任性又固执的女人,她所要求于他的爱情的是一种可以由她慷慨接受或侮慢拒绝的贡品。我们可以从她的情书里看出,她自己的顺从的准备也因为不断的抑制而受到约束。她一开头就把他的社会地位看得比她低,她的顺从就包括着她的降格。在巴尔扎克方面,他倒接受了她给他规定的下等的社会地位。自称是她的农奴或她的奴才时,他就下意识地在自己的态度里证实了他的被虐待狂。一般来说,他在和女人们的关系里,都缺乏男人的自尊心,他也把自己整个地安置在德·韩斯迦夫人的横轭之下。我们常常苦痛地看到他信里所常表现的不断的屈膝的姿态,拉杂的崇拜,对于个人尊严的整个的否定。我们也悲痛地看到千古以来一位最伟大的天才居然谦卑地低头七年去亲吻她的鞋,在俄罗斯外省的一个平庸贵族妇人面前五体投地,如果任何的东西可以助证引起人家对德·韩斯迦夫人的性格和她的辩护人所惯于称颂的才能产生疑惑的话,这一定不只是她纵容和鼓励巴尔扎克的屈服,而是让人怀疑她甚至强求过他这样。一个真正看到巴尔扎克的伟大的女人见到了他所采取的这样不合时宜的举动不能够不觉到难堪,她一定会扶他起来,叫他直眼看她,如果机会到来的话,她一定会准备去把她的意志隶属于他的意志。德·韩斯迦夫人无疑够不上这种标准的爱情。成为他的崇拜对象,这使她快乐,这满足了她的自尊心,她对他的情感也包含有相当的爱恋成分,但是——

这“但是”是决定性的因素——这总带有多少屈就的色彩。是她从她的座子上下凡，带着慷慨的神气颁发她的恩宠。“善良的巴尔扎克”或“可怜的巴尔扎克”——这是她给她女儿写信提到他时所用的腔调——这就告诉了我们一切我们所要知道的事情。她是够聪明的，她能够认识他的价值，她也够女性，够重感官，她懂得享受他那像暴风一般的精力，她对他深表同情，虽然她也知道他的缺点和他的不可靠，但是说到底，她所爱的只有她自己。她所激动的是使她成为女主角的这个冒险行为，是给她平庸存在投以光辉的赤热浪漫和崇拜，然而她的冷静理智却让她不同样急于回报他的疯狂的追逐。一个沾染有这种阶级偏见的女人不能够软弱到把她的禁令投向东风，毫无限制地贡献自身。她所施展的唯一的真情就是她对女儿的爱护。就是当她和巴尔扎克过着夫妇生活的岁月里，他也从来没有成为她最亲密的知己。她往往只相信她的愚蠢的小女儿，而巴尔扎克却一直被认为是平民的外界人，她坚决拒绝给他打开最后的心灵堡垒。

然而当丈夫活着的时候，她却接受巴尔扎克做她的情人，而且深深陷入情网，而没有危害到她的婚姻和她在社会上的名声。到现在才是试验她的真情的时候，由于德·韩斯迦先生的死，她能自由选择两种尊贵的方式：是地位与财富呢，还是天才与名声呢？她常常恐惧地期待着需要做下这一个决定的时刻，虽然她给她的兄弟所写的信（原稿没有，我们无法考查）不能够认为都可靠，但是这里倒有一封信，切实描写了她对这问题的看法：

> 当我没有被迫去决定要不要和你只怕当了你的姊丈的男人结婚的时候，是很快乐的。但是我知道我爱他，也许比你所想象的还要爱。他的书信是我的孤单生活中的一件重要的事。我不耐烦地等着他的信，我要在这些书信的字里行间读到一切的颂词，我很骄傲我对他竟有所谓，而此前的任何女人在他眼里都没有这样过。因为他是一个天才，法兰西所有的一个最大的天才，只要我想到这个，其他的考虑就消散了，而熔化在那个因为赢得

他的爱情而弥漫了我的灵魂的骄傲里，虽然我是这样地配不上他。然而，当我们单独在一起的时候，我就不能够不注意到某些不合适，而苦痛地想到别人也会看到这些情形而定下他们的结论。在这种时刻里，我甚至于都要为我的爱情和骄傲而痛哭，而责骂那些人们竟看不到在我看来是这样明白清楚的地方。我宁可不去设想要是德·韩斯迦先生死了的话，我所处的是什么地位。我希望我会清楚如何像我一向所努力的那样去尽我的责任，依照我们的父亲所教导于我们的，但是也许在我心灵的深处倒觉得快乐，因为人家还没有叫我去做决定，而我也能够在某些时刻里忘记人世的任何东西，除了这个伟大的人准备着为我这个不能够给他多少回报的人而牺牲以外。

虽然巴尔扎克的一切希望都建筑在他们的盟誓之上，可是这盟誓却是她不断焦虑的源泉。

所以，她的第一个动作就是延期去决定，拒绝急躁的情人赶忙到她身边来（因为她害怕他的游说魔力），这也是极为自然的事情。同时关于她的行动的自由这一点决非远在巴黎的巴尔扎克所愚痴幻想的那样不受限制，因为丈夫的死接着却讨人厌地引来了家庭对她的注意。住在附近产地里的舅父们和舅母们，叔伯们和婶婶们，住在她家里的两位外甥女跟圣彼得堡和巴黎的亲戚们都知道清楚她和德·巴尔扎克先生的浪漫故事，他们都害怕她现在所承继的维尔霍夫尼亚的巨大产业和几百万家财会落在一个冒险家，一个用钟情的语句去迷惑这寡妇的法兰西作家手里。一个亲戚立刻提起诉讼，对德·韩斯迦先生的遗嘱有所争辩，依据这遗嘱，财产是德·韩斯迦先生和他的妻子所共有的。这案件转到基辅去，审判的结果对德·韩斯迦夫人不利，她又只好到圣彼得堡去向最高法院提出控诉，还给沙皇上禀。

同时，德·韩斯迦夫人又被其他的亲族男女四面围攻，他们都尽其所能地捏造恶意的谣言和谤语来使她反对巴尔扎克。其中最起劲的一个就是她的那位人所共知的姨母罗沙利，巴尔扎克和其他一切的法兰西人恨这个女人实在是有理由的。法国大革命的时候，她的母亲以间谍罪被处死刑，上了断头台；她年幼的时候就认识了恐怖时代囚禁处死罪人的巴黎裁判所附属监狱；一想到她的外甥女可能嫁给一个公社分子的儿子，她就怀着仇恨的奋激不断地劝告，企图去影响德·韩斯迦夫人。就是德·韩斯迦夫人真的愿意巴尔扎克到俄罗斯来，她也不能够在这桩事情里顺从自己的欲望。这样她会损害她在法院方面的诉讼，并且她的境遇会变得更恶劣，再说如果举止粗鲁的肥胖绅士带了他幼稚的奢华，突然间出现在圣彼得堡的贵族社会里，她还得把他介绍给她傲慢的家族的话，她一定会受到社会的窃笑。所以，她没有什么可以选择的，只好拒绝他的要求。也许她用这样严厉的词语去表现她的拒绝，乃是一种试探他的诚意和决心的方法。

她的信好像晴天霹雳似的打击了巴尔扎克。他都已经整装待发，要到德勒斯登去旅行。他都已经任意给德·韩斯迦夫人提供意见，告诉她能够保卫她的女儿的财产而由她去享受利息的最好的方法。他都已经放纵他的幻想去滋扰她，写信给她说到即将实现的婚姻，他们所要共同发动的旅行，他们所要居住的大厦。可是现在却来了这一封信，这样明白清楚地说了声“您是自由的”，这样直截了当而无可和解地说了声“不”！

然而，巴尔扎克并没有准备好去接受一个否定回答的心情。他已经习惯于反抗，而且这也只能够增加他的攻击力。每一个星期，几乎每一天，他都给她写去一封急切恳求的信，蛊惑她去相信他的坚贞的抗议，暴风一般的给她吹去一阵可爱的保证，一度表现在他给新沙特尔和日内瓦寄去的情书里的心魂颠倒的特性又于沉寂已久之后迸发而出了：

你不能够知道我怎样归心于你。我为人类的一切目标——爱情，友谊，野心，成功，骄傲，虚荣，记忆，快乐，确信——而归心于你，我因为相信你是在一切创造的美善之上而归心于你。

他宣称自从他们初次相逢之后他所写作的一切东西都是为她而写的。他的思想里只有她一个人，她总是他“在其名下完成一切”的女人。

他说，他准备好去做任何的让步。他们的约定不必明天或后天就履行，但是她可以规定一个日子，任何一个日子，某一个日子，或某一个年月，使他能够期待他的心愿达成。

> 唉！我亲爱的天使。我所恳求于我的夏娃的并不是什么严重的事情。我不过要你说“我们可以在十八个月或两年之中变成快乐的”罢了。我不过要你说声“咱们”，而给我规定一个等待的时间罢了。

他恳求她给他一线的希望，使他能够得到安息的许诺，不然的话，他就不能够支持下去：“经过十五年的辛劳之后，我已经不能够再一个人单独支撑着奋斗了，创造，永远创造！上帝只创世六天，第七天他就休息了。”只要想到他们的最后结合，这就好像葡萄酒似的涌到他的头脑：“噢，亲爱的，最后心心相印地生活在一起，彼此都为对方而活着，没有任何的东西来束缚我们！有的时候，思想使我愚蠢，我也就问我自己这十七个月的光景怎么能够我在这里你在那么远的地方度了过去！金钱的力量到底有多大！看到最优美的情绪都得依靠它，这又是怎样一番令人悲痛的景象啊！正在我的心悬在一千五百里之外的时候而去看我自己受到锁链的束缚，被钉在巴士街里！颇有一些日子我都把我自己投身在梦境里。我自己幻想一切的困难都消除了，‘王后’的智慧、谨慎和技巧已经胜利了，他已经给我送信来，请我‘来罢’！我居然欺骗我自己说我已经动身旅行了。在这种日子里，我的朋友们甚至都不认得我。他们问我到底是怎么一回事……我回答说：‘我的困难快要结束了，我有希望。’他们也就说：‘他疯了。’”

他一得到她要到圣彼得堡去料理诉讼的消息就开始计算从巴黎动身旅行需要多少日子，需要多少路费。从勒阿弗尔到圣彼得堡需要四百法郎，还需要四百法郎作为回来的盘缠。从勒阿弗尔到巴黎又需要二百法郎。他急忙地编造了最无稽的理由来说明他的旅行的必要。他说他早就得到俄罗斯的首都去筹备创造一个法兰西戏院。然后他就说到他的妹夫所计划创立而用轻薄的资本去造船的船公司和他要到圣彼得堡去跟有关各方面去建议的使命。他立刻发现——或许为了对付俄国的检查,当他的书信被拆阅的时候——他对沙皇有感情,因为沙皇是全欧洲的君王之中唯一一个纯正的贵族。他也就宣布他觉得“他并不反对当一个俄罗斯的臣民”。

于是,一阵急躁和暴裂的真正交火就前信继后信地射击下去。三月,四月,五月,整个夏天和整个冬天的悠长的时间过去了,一直等到春天和夏天又回转了过来,他还没有得到他所等待的批准。德·韩斯迦先生死后一年半,他的寡妇还没有发出巴尔扎克所渴望的信号:“来罢!”最后,七月的时候,这信号终于到来了。1843 年 7 月,初次晤面之后整整十年的光景,他从敦刻尔克到达了圣彼得堡,他的第一个步伐就是走向德·韩斯迦夫人所居住的库台索夫的住宅。其间还有一个象征的意义,因为这房屋刚刚好坐落在一条名叫“大百万”的街道上。

编后记

斯蒂芬·茨威格(Stefan Zweig, 1888—1942),奥地利小说家、诗人、剧作家和传记作家。茨威格将心理学和弗洛伊德学说运用于其小说、诗歌和作家传记的创作和研究中,对传记主人公进行细致的心理刻画。茨威格的主要作品有短篇小说《一个陌生女人的来信》《象棋的故事》、长篇小说《心灵的焦灼》、回忆录《昨日的世界》、传记《三大师》《巴尔扎克——他生活的小说》等。1934 年茨威格遭纳粹驱逐移居英国,1940 年移居巴西。1942 年,茨威格和妻子在巴西自杀。

本文选自斯蒂芬·茨威格:《巴尔扎克传》,吴小如、高名凯译,上海译文出版社,1983 年,第 384—402 页。

巴尔扎克的创作在俄罗斯和苏联[1]

作者　[苏联]伊琳娜·亚历山德罗夫娜·利列耶娃
译者　乐音

巴尔扎克是19世纪法国最伟大的作家、现实主义小说巨匠，尽管他去世数十年后才得到这一承认。

1850年8月，当一支不大的送葬队伍将载着作家遗体的棺木送到拉雪兹神父公墓时，作家同时代人中只有为数不多的几人清楚法国文学乃至世界文学遭受了多么巨大的损失。

巴尔扎克的一生不过五十一年，却为后人留下了极为丰富的文学遗产。最早对作家的认可还是在1829年，那是作家在艰难探索、辛勤工作却历经失败和失望十余年后小说《舒昂党人》面世。19世纪30年代初巴尔扎克作为《驴皮记》《三十岁的女人》及其他中短篇小说的作者成为流行作家、上流沙龙的宠儿，那时似乎他已经实现了年少轻狂时在莱丁格尔街逼仄的阁楼里梦想的一切。但巴尔扎克追求的并不是这样的认可和名望。

那些年他开始着手自己毕生创作中最重要的主题——描绘当代法国，他完成了《私人生活场景》系列最初的中短篇小说。巴尔扎克在当代生活中寻找挖不尽的宝藏，数不清的样式，各种激情、场景、

1 本文是《奥诺雷·德·巴尔扎克：1830—1964年出版的俄文译本及批评文献目录》一书的序言。A. B. 巴耶夫斯卡亚、B. T. 丹钦科编，书籍出版社，1965年。——译者注

情节。

1833 年是作家伟大创作功绩的开端,“我全身心投入工作,脑海中层出不穷的想法、计划、构思不停碰撞、争斗,几乎将我吞没,让我疯狂”[1]。

接下来的几年巴尔扎克都在为实现《人间喜剧》这一宏伟构想而紧张忘我地工作,“他的一生是短促的,然而也是饱满的,作品比岁月还丰富”,雨果这样评价他。

巴尔扎克力图尽可能充分深刻地展示整个法兰西,他想描绘各个阶层、各种职业、不同年龄的人。凭借着想象力,他确实创造出了整个世界,这个活在他书页中的世界以各种典型鲜明的形象反映了法兰西生活的方方面面,它的发展规律,同时代人的伟大与卑微,他们的渴望与成败。作家善于发现和理解这个时代最基本的社会进程——资产阶级取代贵族阶层,确立了自己的统治地位。

《人间喜剧》大部分作品的主题是金钱可怕的毁灭性力量,它使人屈服,摧毁个性,让人与人之间的关系变得丑陋无比。作家对自己所处的时代做出了严厉公正的裁判。作家从 19 世纪 30 年代中期起创作的大部分作品已不可能让上流社会沙龙惊喜和赞赏,只会让他们害怕和紧张。批评家和出版界则对作者群起而攻之。1839 年,揭示资产阶级报界风气的长篇小说《幻灭》第二部分面世时,低级小报恶毒攻击巴尔扎克,对作家极尽嘲讽、毁谤。

莫斯科大学教授 С.П. 舍维列夫 1839 年来到巴黎,惊奇地发现“巴尔扎克是当代法兰西最杰出、最耀眼的天才,但奇怪的是,尽管如此,巴尔扎克在巴黎得到的评价不高,这或许是因为他们无法理解他,又或者因为他道出了法兰西苦涩的真相”[2]。

即便是《人间喜剧》首版面世也没能改变人们对作家的态

1 巴尔扎克 1833 年致卡罗的信。见《巴尔扎克文集》第 15 卷,国家文学出版社,1955,第 659 页。

2 С.П. 舍维列夫:《拜访巴尔扎克》,《莫斯科人》,1841,卷 1,册 2,第 361 页。

度。1849 年巴尔扎克两次落选法兰西科学院，因为后者代表了官方意见，认为巴尔扎克的成就还不足以让他成为四十位“不朽者”之一。

与巴尔扎克同时代的作家真正能理解他的意义与伟大的不多，雨果就是其中的一位。他在作家的葬礼上说：“在最伟大的人物中间，巴尔扎克是名列前茅者；在最优秀的人物中间，巴尔扎克是佼佼者之一。……他的所有作品仅仅形成了一部书，一部有生命的、光亮的、深刻的书。我们在这里看见，我们的整个现代文明的走向，带着我们说不清楚的、同现实打成一片的惊惶与恐怖。”[1]

时间完美证实了他对巴尔扎克的评价是公正的。

巴尔扎克的艺术遗产在其他国家的接受就更为复杂，这与每一个国家自身文学发展进程的特殊性相关。

俄罗斯从很早就开始关注法国，而且一直以来对法国文化发展中各种现象有浓厚兴趣，因此也就不难理解巴尔扎克生前就引起了俄罗斯读者的极大关注。对此舍维列夫曾对巴尔扎克说过，巴尔扎克自己在 1843 年给韩斯迦夫人的信中就曾写道：“《人间喜剧》(在俄罗斯卖得特别好) 是笔有利可图的买卖。”[2] 众所周知，巴尔扎克曾经三次 (1843 年、1847 年、1848 年) 来到俄罗斯，在这里前后总共度过两年多的时间。[3]

对巴尔扎克大量的独立研究内容包括：巴尔扎克创作遗产在俄罗斯的命运，对其作品理解和评价的曲折历史，巴尔扎克与俄罗斯文学的相互关系。本序言篇幅有限，因此只能标示巴尔扎克在俄罗斯及苏联文化中理解与接受的重要阶段。

在我们审视俄罗斯评论界、出版界对巴尔扎克的矛盾态度时，有必要首先指出一个极为重要的事实——对于巴尔扎克创作的种种评

1《雨果文集》，卷 15，1956，第 218 页。

2《巴尔扎克文集》，卷 15，国家文学出版社，1955，第 682 页。

3 格罗斯曼搜集了很多关于巴尔扎克在俄国的有趣文献资料。参见格罗斯曼：《巴尔扎克在俄罗斯》，文学遗产出版社，1937，卷 31—32，第 149—372 页。

价总是与社会思想及文学领域里的各种进程紧密相关的，巴尔扎克常常处于严肃且重要争论的中心，而恰恰是这些争论确定了文学发展的基本任务和重要问题。

俄国人很早就开始阅读巴尔扎克作品，俄国读者与巴尔扎克的相识始于1830年。

我们现在已知最早提及巴尔扎克作品是在德尔维克出版的《文学报》上。1830年1月21日第5期《文学报》杂俎栏刊登了一则没有署名的简讯，在这则实际是由普希金撰写的简讯中提到了巴黎出版的新书《巴黎的刽子手参孙笔记》，当年4月6日出版的第20期上则刊载了普希金写的第二则简讯，提到了《维多克的笔记》。[1]但在普希金的简讯中并没有提到这些书的作者巴尔扎克的名字。

同年还有一则署名“出版社”的消息提到巴黎出版了巴尔扎克两卷本《私人生活场景》。该报以非常克制的语气向报纸读者介绍了法国文坛这个新名字：“作者善于用开头和某些细节来吸引读者的注意力，但，或许可以这么说，常常落于虎头蛇尾。年轻作家的不足显而易见，对整体结构考虑不周，在讲述中渐渐失去了耐心。我们认为他最好的作品是《复仇》、《美德妇女》和《家庭的和睦》。”[2]

巴尔扎克作品早期俄译本的情况比较复杂，令人迷惑，因为19世纪30年代初报刊上刊载的外国作家作品译文常常不标注作者，只注明是从法语或德语翻译而来，或者节选片段翻译，也不说明片段出自哪部作品。译本中原文的名称也经常变化，以至于很难根据标题判断到底是巴尔扎克的哪部作品。

根据本目录[3]所搜集的图书资料，最早的巴尔扎克俄文译本是以

---

1 普希金的简讯可参见《普希金全集》，卷2，文学出版社，1949，第94—95页、第129—130页。

2《文学报》1830年第70期，第278页。

3 指《奥诺雷·德·巴尔扎克：1830—1964年出版的俄文译本及批评文献目录》。——译者注

《偏头痛》为题刊载在《妇女杂志》1830 年第 12 期上的《婚姻生理学》片段,《妇女杂志》关注到巴尔扎克纯属偶然。

30 年代初最早推广和宣传巴尔扎克的是《望远镜》杂志。《望远镜》杂志和《杂谈报》的出版者、莫斯科大学教授、批评家纳杰日金在 1834 年第 52 期《杂谈报》上这样写道:"《望远镜》可以自夸是他们最早向俄罗斯读者介绍了许多当代作家和他们作品的译文。就说巴尔扎克吧,他的小说《家族复仇》最早就是在《望远镜》上登载的。"[1]

中篇小说《家族复仇》是巴尔扎克第一部被完整翻译成俄语的作品(《望远镜》,1831 年第 5—8 期,小说被译为《复仇》)。此后《望远镜》杂志还刊载了以《贵族新娘》为题的小说《苏镇舞会》(1831 年第 17—19 期)和以《艺术家的激情》为题的小说《萨拉金》(1831 年第 24 期)等。五年间该杂志共刊登了十四部巴尔扎克的作品。

1831 年在其他期刊杂志上也出现了巴尔扎克的译本。《圣彼得堡信使》刊载了小说《新兵》(1831 年第 35—36 期)和以《高利贷者》为题的《高布赛克》(《巴黎风情》,1831 年第 46—47 期)。《北方蜜蜂报》刊载了《三十岁的女人》的片段《上帝的旨意》(1831 年第 251—252 期)。

1831 年起的十年间巴尔扎克作品频繁出现在《望远镜》《俄罗斯残疾人之文学副刊》《北方密涅瓦》《祖国之子》等杂志上,1835 年起《阅读文库》的出版者们也开始关注巴尔扎克。

1832 年起巴尔扎克作品俄文译本开始发行单行本。首个单行本是《私人生活场景》(由 В.Б.和 Л.К.译自法文,彼得堡,1832 年)。该书共五卷,收入了中篇小说《家族复仇》《高布赛克》《苏镇舞会》,以《光荣与灾难》为题的《猫打球商店》,以《配偶的义务》为题的《永别》。有趣的是,这本书前面还加上了一段译者的前言:"在法兰西新星作家中,巴尔扎克先生毫无疑问已拥有自己的一席之地,从艺术的角度来说他凭借强大的想象力和深刻的情感让读者沉浸其中……他

1《杂谈报》1834 年第 52 期,第 432 页。

善于精准地描写最微小的细节。”

19世纪30年代大量印行的外国文学译文集一定会收入巴尔扎克的中短篇小说，比如《1835年历史笔记及长篇小说文库》（罗特冈出版）、《别墅、轮船及铁路文库》、《最新中短篇小说集》（包含欧仁·苏、巴尔扎克、奥热尔的作品）。在1836年出版的《外国小说佳作四十一篇》中纳杰日金编入了九部巴尔扎克作品。

很多俄罗斯读者读的是巴尔扎克作品的法文原作，这其中不仅有巴黎出版的，也有不少是彼得堡出版的。1832年在彼得堡发行的杂志《外国文学、科学与艺术杂志》刊登了巴尔扎克几乎所有的重要作品。[1]

由此，在19世纪30年代巴尔扎克在俄罗斯已收获了庞大的读者群。需要指出的是，最先被翻译的巴尔扎克作品常常是带有幻想或浪漫情节的小说。

可惜30—40年代读者常常只能通过蹩脚的译本了解巴尔扎克。杂志上有不少翻译者，但他们要么并不在自己的译文下署名，要么只留下笔名或干脆只有姓名首字母。绝大多数译者认为自己的任务不过是翻译一下小说情节，有时甚至只是大概翻译了事，毫不在意作家的风格和语言特色。当然也有例外，比如《望远镜》杂志上的Н.Ф.巴甫洛夫[2]。他翻译的《家族复仇》是巴尔扎克早期译本中的佳作。

别林斯基在《杂谈报》1836年第6期上指出这个译本极为出色。早在1832年该报就站出来捍卫巴尔扎克，认为他应当免受蹩脚译者荼毒：“我们不需要这样的翻译；要再现巴尔扎克所描绘的图景，纯粹且准确平顺的翻译已属少见。要完整地传达巴尔扎克的精髓，那些自负的笔应屈从于语言的自然规律。”波列沃依也不止一次在《莫斯科邮报》上激烈批评译文。

1 有关巴尔扎克作品在这本杂志上刊登的历史，以及作家与《外国杂志》杂志的关系可参见雷伊佐夫的专门研究《〈幽谷百合〉和它在俄罗斯的命运》。见雷伊佐夫：《巴尔扎克》，国立列宁格勒大学出版社，1960，第252—325页。

2 特里丰诺夫：《俄罗斯第一位巴尔扎克译者》，《高等学校科研报告之语文篇》1960年第2期，第99—112页。

《阅读文库》对这位伟大法国作家的作品尤为不敬。这本杂志由当时杂志三巨头之一的森科夫斯基（三巨头中的另外两位是布尔加林和格列齐）主持，他利用了读者对巴尔扎克的兴趣，常常在杂志上刊载巴尔扎克的作品，但都是被曲解和丑化的。1835 年刊载长篇小说《高老头》时他自作主张做了大幅删减。他在编辑意见中写道："我们想要表达的不是作者说了些什么，而是如果他的感受和判断正确，他该说些什么。"

有了出版社编辑的赞许，译者 A.H. 奥奇金甚至改写了小说结局。对此事别林斯基极为愤怒："《文库》毫不在意：他们自说自话，竟然胆敢给《高老头》安上如此粗鄙的幸福结局，让拉斯蒂涅成了百万富翁。因为他们知道外省读者们总是喜欢小说有个幸福结局。"[1]

《阅读文库》上刊载的巴尔扎克其他作品也被改写了。比如中篇小说《卡迪央王妃的秘密》就抛去了对米希尔·克雷斯蒂安的描写等等。杂志还嘲弄道："噢，巴尔扎克，我们的大恩人！这位大丈夫写出一部两卷本的长篇小说，我们却早早确信，抛去所有那些无聊、空洞、低级的内容，只抓住美好的、辛辣的和抓人的东西，我们将得到一篇不过六七页的小说佳作……"[2]

尽管巴尔扎克作品译本质量不尽如人意，但他依然在 19 世纪 30—40 年代初成为最受俄国读者欢迎的法国作家。1838 年，П.А. 库利什以笔名库列什在《现代人》上发表了一则逗乐的短文《巴尔扎克在赫尔松省》，这篇短文见证了巴尔扎克有多受欢迎：赫尔松省一群贵妇都是巴尔扎克的崇拜者，她们误将一个偶然来到该省的法国医生错当作巴尔扎克，热情招待了他。

对巴尔扎克的喜爱，我们还能在法国作家裘斯金的《尼古拉的俄罗斯》中找到更严肃可信的证明："我本想谈谈我们最新的文学流派，

1 雷伊佐夫在《〈高老头〉与〈阅读文库〉》一文中分析了《阅读文库》上的《高老头》译本。见雷伊佐夫：《巴尔扎克》，第 163—172 页。

2《阅读文库》，1838 年册 29，栏 7，第 101 页。

却发现俄罗斯只了解一个巴尔扎克。”[1]

那么19世纪30年代的读者和批评家们是如何理解巴尔扎克的呢?

虽然读者喜欢,但批评界起初却未能准确地评价巴尔扎克的创作。当时俄罗斯出版界对巴尔扎克的态度非常矛盾。

最早给予巴尔扎克创作正面评价的《望远镜》和《杂谈报》都是纳杰日金的出版物。他通过《望远镜》杂志聚集了一批当时俄罗斯先进思想的知名代表。他的功绩在于他是俄罗斯最早肯定巴尔扎克作品的人之一。早在1832年《杂谈报》就这样评价巴尔扎克:“他以华丽多彩、大胆有力又令人信服的文笔书写了所有激情的曲折变化与隐秘转折,写尽了隐匿在人们心底、人性心灵最深处的善与恶,令人厌烦与引人入迷的、卑微与高贵之间的所有奇妙又可怕的组合。他之前从没有人这么做过,而之后也不可能有人这么做。”[2]

《望远镜》杂志注意到了小说《欧也妮·葛朗台》和《高老头》的出版,认为这些书是作家的绝佳创作,强调他“洞见深刻”。但即便纳杰日金和他那些高度欣赏巴尔扎克作品中的现实主义的同事们也都没能将巴尔扎克的作品与浪漫主义作品区别开来,常常将巴尔扎克称为霍夫曼的后继者,“让法兰西的热情为之疯狂”的艺术家。[3]

19世纪30—40年代俄罗斯报刊界通常将巴尔扎克视为浪漫主义作家,甚至是“疯狂”的浪漫主义作家,即便是巴尔扎克的现实主义杰作《葛朗台》和《高老头》的发表也未能动摇这一观点。在大量的杂志文章中巴尔扎克的名字总是伴随着雨果、欧仁·苏、弗雷德里克·苏利耶[4]、雅南[5]、仲马。批评家们对他们不加区分,将之归入同一

---

1 裘斯金侯爵:《尼古拉的俄罗斯》,1930,第183页。

2《杂谈报》1832年第26期,第101页。

3《望远镜》1831年第24期,第482页。

4 弗雷德里克·苏利耶(Frédéric Soulié,1800—1847),法国小说家、剧作家。——译者注

5 雅南(Jules Gabriel Janin ,1804—1874),法国作家、批评家,法兰西科学院院士。——译者注

流派，将巴尔扎克视为浪漫主义作者。这说明在当时巴尔扎克的早期作品更为人熟知，在这些作品中确实能感受到浪漫主义的深厚影响。通过俄语译本，巴尔扎克被看作所有“具有颠覆思想的黑色小说”的作者，尽管真正属于他的其实只有两部，而其余那些充斥着“可怕幻想”的小说其实是沙勒[1]和勒布的作品。巴尔扎克的作品，如《驴皮记》《萨拉金》《路易·朗贝尔》《塞拉菲达》等，都让人们将他视为一个“癫狂的浪漫主义者”，30年代初确立的这种观点在很长一段时间里都影响了对他创作主要方面——对生活及其发展进程的深刻的现实主义描写——的正确评价。

天才的政论家、批评家尼古拉·波列沃依是19世纪初俄罗斯文学中浪漫主义代言人，他在《莫斯科邮报》发表了大量文章宣传法国浪漫主义，其中也包括巴尔扎克的作品。[2]不过需要说明的是，在波列沃依列为浪漫主义作家的法国作家中，他对巴尔扎克是最有保留的。

当时的反动报刊则常常攻击法国文学，首当其冲就是森科夫斯基的《阅读文库》及布尔加林和格列齐的《北方蜜蜂报》。

森科夫斯基毫不掩饰自己对法国文学的仇恨，他将法国文学视为法国革命之子。他在《布朗姆别乌斯[3]与青年文学》一文中写道：“青年文学……这并非一种文学流派，这是人民的疯狂和愤怒在道德的神圣国度里孕育的又一场法国大革命，正是这些人制造了马拉、罗伯斯庇尔、圣茹斯特[4]，并疯狂追随他们。”[5]森科夫斯基虽然刊载了不少巴尔扎克的作品，但这只是因为对杂志来说有利可图，他对作家的创作一

1 沙勒（Philarète Euphemon Chasles，1798—1873），法国作家、批评家、教育家、文艺学者、文学史家，法兰西学院教授。——译者注

2 H.A.波列沃依：《维克多·雨果的小说及新小说泛谈》，《莫斯科邮报》1832年第2期，第211—238页；第3期，第370—390页。

3 布朗姆别乌斯是森科夫斯基1833年起用的笔名。——译者注

4 路易·安托万·莱昂·弗罗莱·德·圣茹斯特（Louis Antoine Léon Florelle de Saint-Just, 1767—1794），是法国大革命雅各宾专政时期的领导人之一，也是罗伯斯庇尔最坚定的盟友，是公安委员会最年轻的成员。——译者注

5《阅读文库》，1834年卷3，栏7，第39页。

直持否定态度。

1834年《阅读文库》写道："巴尔扎克先生只对那些淫乱放荡的生活感兴趣。他在作品中赤裸裸地呈现淫荡腐化、道德败坏的生活。他带着愉快的微笑抹去了粗鲁无礼和最后一丝不得体。他文中的诸多地方都足以让龙骑兵脸红，让莽夫惊讶。"[1] 森科夫斯基否认巴尔扎克作品中有细致入微的观察、深刻的叙述和哲学意义。他认为巴尔扎克只是一个暂时俘获了公众注意力的机灵的下流作家，是"贵妇的宠儿，是三十岁女人的发明者"。纳杰日金不同意森科夫斯基的观点。他在《望远镜》杂志上发表文章《健康的思想和布朗姆别乌斯男爵》，反对不容辩驳就指责巴尔扎克没有道德："当代法国文学的全部问题就在于他们过于真实。"[2]

《莫斯科观察家》的帕夫里谢夫也支持纳杰日金的观点。他以笔名帕-谢-夫发表文章反驳《布朗姆别乌斯与青年文学》，认为巴尔扎克是"法国最好的散文家"[3]。不过粗暴攻击《高老头》和《欧也妮·葛朗台》的作者的并不止森科夫斯基一人，《北方蜜蜂报》的布尔加林也是如此。该报经常刊登一些巴尔扎克的奇闻趣事，有时候对作家大加赞赏，但只是将之视为"为通俗读物爱好者们服务的上流社会写手"。

报刊的评论文章并不是对巴尔扎克创作的理解的全部。当时的俄罗斯作家对巴尔扎克表现出浓厚兴趣，作家们的日记和书信保留了极为丰富多样的资料。

普希金和他的朋友们对巴尔扎克的创作很感兴趣。普希金的图书收藏里有不少巴尔扎克20年代及30年代前半期的作品：《私人生活场景》《路易·朗贝尔》《乡村医生》《百岁老人》《塞拉菲达》《幽谷百合》。

对普希金来说，正如同对19世纪30年代初大多数俄罗斯作家来

1《阅读文库》，1834年卷1，栏2，第75页。

2《望远镜》1834年第21期，第156页。

3《莫斯科观察家》1835年第2期，批评卷，第633页。

说，巴尔扎克是“疯狂文学”的代表。因此不难理解普希金的想法，他认为俄罗斯小说追随的是阿兰·勒萨日[1]和沃尔特·司各特，而不是巴尔扎克和于勒·贾宁。[2]

让普希金特别兴奋的是巴尔扎克早期作品中复杂的情节和语言。在普希金致希特洛沃的信（1832）中他盛赞阿尔方斯·卡尔[3]的小说并补充道：“在他的小说中能感受到他的才华，他才配得上您那位巴尔扎克的繁复华丽。”[4]

巴尔扎克早期的创作并不符合普希金进行现实主义文学创作的要求，在这点上司汤达更合乎他的理想。不过普希金为了要写一篇关于法国小说的文章，1832 年曾开列一个书单，列举了他想谈谈的“最新小说”：“巴纳夫《忏悔》《被斩首的女人》，欧仁·苏，维尼，雨果，巴尔扎克《私人生活场景》《驴皮记》《都兰趣事》，缪塞《床头柜》。”[5]这个笔记很好地说明了普希金对这位法国作家创作的兴趣。

在普希金友人巴拉德斯基、奥多耶夫斯基、维亚泽姆斯基等人的书信中也常常提到巴尔扎克。巴拉德斯基在 1833 年 11 月 28 日写给吉列耶夫斯基的信中称巴尔扎克是“少数有自己独特思想的艺术家”[6]。

显然奥多耶夫斯基也非常熟悉巴尔扎克，在他的多部小说中都提到了巴尔扎克和他笔下的主人公。П.А.奥西波娃的儿子 А.Н.乌里夫也是普希金的朋友，他在 1833 年 6 月 29 日的日记中写道：“读了大名鼎鼎的巴尔扎克的作品，在此之前还只是听说过他。《家族复仇》不长，但足以向我证明他在欧洲的声誉。他确实文笔极佳，我觉得超越

---

1 阿兰·勒萨日（Alain-René Lesage，1668—1747），法国小说家、剧作家。——译者注

2《普希金全集》，卷 12，文学出版社，1949，第 71 页。

3 阿尔方斯·卡尔（Alphonse Jean Karr，1808—1890），法国作家、政论家。——译者注

4《普希金全集》，卷 15，文学出版社，1949，第 38 页。（原文为法文。）

5 直接以法文拟就。——译者注

6 巴拉德斯基：《诗歌与散文》，1951，第 522 页。

了我读过的当下及之前所有法国作家的作品。”[1]维亚泽姆斯基在1835年9月8日写给屠格涅夫的信中给予巴尔扎克《高老头》极高评价："《高老头》是近期法国文学中的上乘之作。因为这部作品浑身散发着现实的气息，展示了社会这庞大躯体上所有的老茧和创口。”[2]

屠格涅夫非常熟悉巴尔扎克的创作，还认识作家本人。在他1835年11月14日写给《人民教育部杂志》编辑谢尔宾诺维奇的信中认为巴尔扎克作品对人物性格刻画深刻。他不同意对作者不道德的指责："……在巴尔扎克的作品中充满了智慧与想象，但也有不少稀奇古怪的东西；他探向人类心灵和我们自古以来顽皮天性中不被他人察觉的曲折深处。他是我们心灵的生理学家、解剖家。若说他的过错，或许是发现了有好些灵魂是没有灵魂的，又或者是带着农奴的灵魂。”[3]

丘赫尔别凯在遥远的流放地怀着浓厚兴趣关注巴尔扎克的创作。他最早知道巴尔扎克是1834年在《祖国之子》杂志上读到作家的小说《新兵》。他如饥似渴地从零散的杂志上阅读了巴尔扎克的所有作品。在他1834年的日记中充斥着关于巴尔扎克的兴奋记录。虽然丘赫尔别凯是通过片段或个别作品来了解作家的，但他对作家才能的伟大意义却有着惊人的准确判断。

与普希金及其友人的相识也扩展和加深了果戈理对法国的兴趣。在他30年代的信件中常常看到雨果、仲马、巴尔扎克的名字。安年科夫在他的回忆录中讲述道："应该说在1832年左右，我初识果戈理，他就给他涅任贵族学校的同学，还有他们的朋友们起外号，用的都是当时整个彼得堡欢喜的知名法国作家的名字，有好几个：雨果、亚历山大·仲马、巴尔扎克……”[4]

1836年果戈理在普希金的《现代人》杂志上发表了对《外国小说佳作四十一篇》的正面评价。巴尔扎克的小说显然对果戈理当时已

1 A.H. 乌里夫：《日记》，联邦出版社，1929，第363页。

2《维亚泽姆斯基大公奥斯塔菲耶夫档案》，卷3，第1部，1899，第268—269页。

3《古老的俄罗斯》，1881，第202页。

4 安年科夫：《文学回忆录》，国家文学出版社，1960，第59页。

开始创作但未完成的长篇小说《黑特曼》的片段《染血的班杜拉琴手》产生了影响。该片段被审查机关查禁，书刊检查员尼金坚科写道："这幅充满苦难、贬损人性的场景显然完全是以最新法国流派精神写就的……"（1834 年 2 月 27 日）[1]

30 年代年轻的斯坦科维奇饱读巴尔扎克，对《驴皮记》尤其欣赏。这份名单还可以一直列下去。以上事实说明 19 世纪 30 年代巴尔扎克已经引起一些作家的关注，甚至被直接模仿。别斯图热夫-马尔林斯基对巴尔扎克非常着迷。他在 1833 年 1 月 26 日给波列沃依的信中这样评论《驴皮记》："思想如此深刻，如此真实，如同火炬照亮了这个在镀金相框里被水晶和胭脂装点的上流社会的角角落落。"[2] 别斯图热夫-马尔林斯基在自己的多部小说中模仿巴尔扎克，引起别林斯基的激烈批评。巴尔扎克的模仿者，或者"巴式写手"（按别林斯基的叫法）还包括巴甫洛夫、维尔特曼、乌雷别雪夫、斯特罗耶夫、斯捷潘诺夫、布朗姆别乌斯男爵（即森科夫斯基）等。

《莫斯科观察家》杂志在《布朗姆别乌斯与青年文学》一文中强调，布朗姆别乌斯的中篇小说《撒旦的出路》就是对巴尔扎克的《撒旦喜剧》赤裸裸的模仿。文章作者不无讽刺地补充，森科夫斯基"将巴尔扎克洗劫一空"后开始高喊"巴尔扎克是个傻瓜，巴尔扎克胸无点墨……"[3] 在各种俄罗斯杂志和独立出版物上开始出现大量描写彼得堡、莫斯科及外省生活的作品（A. 莫斯科维契《当代生活场景》，1835；B. B. B. [B.M. 斯特罗耶夫]《彼得堡生活场景》，1835；A. 什利赫杰尔《斯莫尔尼女子中学学生之私人生活场景》，1834；罗斯吉斯拉夫 [Ф.M. 托尔斯泰]《托尔吉上校：上流社会随笔》，1852；等等）。（有关巴尔扎克创作与 19 世纪 30 年代俄罗斯文学的相互关系的研究迄今为止依然不多。）

1《文学博物馆 I》，1922，第 352 页。

2《俄国信使》，卷 32，1861，第 430 页。

3《莫斯科观察家》，第 2 部，第 631 页。

对巴尔扎克的粗浅模仿导致出现了一些二流作品。别林斯基激烈批评这些模仿者，主张自主发展现实主义文学。别林斯基将这些模仿者称为“巴式写手”，他与巴式写手的斗争是这位伟大批评家19世纪30年代巴尔扎克批评中的重要内容。

别林斯基是纳杰日金《杂谈报》的同事，他在1834年热情赞誉巴尔扎克的《十三人故事》。这位伟大的批评家高度赞赏作家善于抓住主人公心理的细微变化，塑造人物性格。“看看巴尔扎克吧！此人创作了那么多作品，但你可曾在其中找到哪怕一个与其他相似的人物？他笔下的人物个性鲜明且各具特色，这是他人无法企及的艺术！冷酷恐惧的费拉居斯可曾让你害怕，让你在梦中或清醒时都恍惚觉得能见到他，挥之不去的阴影仿佛追随你身后挥之不去？为什么这副面孔会让读者沉迷其中，深深陷入作家的想象？因为巴尔扎克不是凭空臆想，而是创造了他，因为在巴尔扎克写下小说的第一行起他已仿佛能见到这个人物，他折磨着作家，直到作家将他从自己的心灵世界里拿出来，变成一个大家都能读到的形象。”[1]

别林斯基对巴尔扎克的伟大才能、对其笔下人物的深刻与鲜明给予了极高赞誉，这样的认可即便在作家的祖国也未得见。

1835年别林斯基在《谈谈俄罗斯小说与果戈理小说》中强调巴尔扎克善于抓住生活现象的本质，真实地反映生活的方方面面：“他笔下赤贫的画面让人心生寒。”[2]1836年他在《〈莫斯科观察家〉的批评与文学观点》一文中高度评价巴尔扎克的《高老头》，认为诞生了一种新型长篇小说，将对主人公一生的描写同社会生活现象紧密结合起来。他写道：“《高老头》是外部生活的合成图景，而不是像德国人那样对专注于自我的心灵进行剖析……巴尔扎克的主人公们总是处于生活的最深处，身系解不开的结。”[3]

1《别林斯基全集》，卷1，1953，第84页。

2 同上，卷1，第279页。

3 同上，卷2，第153页。

19 世纪 30 年代末起别林斯基对巴尔扎克的态度发生了变化，他开始激烈抨击巴尔扎克，将之归入二流作家。如果我们了解别林斯基在 30 年代末到 40 年代正在为建立俄罗斯文学现实主义流派进行紧张激烈的艰苦斗争，就不难理解此时他对巴尔扎克的否定态度。因为创作风格特点有别，加上当时法国文学和俄国文学所面临的社会问题不尽相同，在这场战斗中巴尔扎克绝非别林斯基的盟友。

别林斯基之前肯定巴尔扎克的出发点是出于俄罗斯先进文化的利益要求，即文学首先要揭露农奴制和强权，捍卫人道主义理想。而巴尔扎克作品中的激情批判针对的是发达的资产阶级社会，这已不符合 19 世纪 40 年代俄罗斯先进社会思想的任务要求。

别林斯基无法赞同巴尔扎克的正统派运动及天主教乌托邦理想，所以他才冷嘲热讽，将巴尔扎克称为“圣日耳曼区的荷马，只有街上的人认识他”[1]；也因此他反对波列沃依的乌托邦小说《城市头脑》中的巴尔扎克理想，这部乌托邦小说正是在巴尔扎克《乡村医生》的影响下创作完成的。

别林斯基将文学视为最强大的社会服务工具，传播先进思想的手段。艺术家应该是激励和鼓舞人心的导师，在这个意义上雨果和乔治・桑比冷酷无情的巴尔扎克更符合别林斯基的理想。因此在别林斯基 40 年代很多文章中都能看到他将巴尔扎克与乔治・桑对比，认为巴尔扎克缺少对崇高理想的激励。

此外还有一个非常重要的背景。别林斯基对巴尔扎克的评价不仅是针对他的作品，还会考虑巴尔扎克创作对俄罗斯文学发展进程的作用。在为确立自然派而进行的斗争中，别林斯基坚持文风应朴素和自然，当然会反对巴尔扎克早期作品中复杂倾向，而这些作品当时恰巧在俄罗斯甚为流行。别林斯基对“疯狂浪漫主义”追随者的暴击有时也难免会落到巴尔扎克头上。为了确立普希金和果戈理的传统，别林斯基就要让巴尔扎克的模仿者们、俄罗斯的“巴式写手”名誉扫地。

1《别林斯基全集》，卷 6，第 521 页。

因此巴尔扎克在俄国先进批评界要对自己的追随者和模仿者承担责任。对别斯图热夫–马尔林斯基、斯特洛耶夫、塞里瓦诺夫等人的激烈批评也不可避免地牵扯到巴尔扎克，尽管别林斯基竭力将他同模仿者区别开来，一直对他的才能赞不绝口。

别林斯基在对斯特洛耶夫《1838—1839年的巴黎》一书的评论中写道："尽管我们的巴式写手们已细心分析、仔细研究了自己笔下那些伯爵夫人、公爵小姐的闺房、服装，以及她们的动作和心理，巴尔扎克先生依然是他们无法超越的巨匠。这个走自己的路、谁也不模仿的巴尔扎克身后却生出数千个拙劣的模仿者，这只能证明巴尔扎克实在是技艺超群。"[1]

19世纪40年代俄罗斯文学进程极为复杂，加上巴尔扎克的创作主题——描写不断增长的金钱的力量，资产阶级取代贵族阶层获得无限权力——已不符合俄罗斯的现实要求，这些都影响了对其作品的正确评价。

别林斯基对巴尔扎克的否定在一段时间里也影响了俄罗斯批评界对巴尔扎克的接受。40年代俄罗斯先进批评界对巴尔扎克极为冷淡，肯定他的才能但多有保留，总是将巴尔扎克的创作与法国文学中的浪漫主义流派联系起来。当时两家最大、最有影响力的杂志——《现代人》和《祖国纪事》都对巴尔扎克极为克制。《现代人》上的一系列文章都强调巴尔扎克的浪漫主义，将其与霍夫曼比较。[2]1848年该杂志写道："欧仁·苏、苏利耶、巴尔扎克和仲马的奇特作品是否构成了一个边界，在此之外已不可能再有任何令人生厌的东西了？"[3]

1850年《现代人》杂志发表了德鲁日宁的文章《谈巴尔扎克长篇小说〈十三人故事〉(〈于勒夫人〉)》。[4]应该指出，这是最早专门评论巴尔扎克的文章之一。

1《别林斯基全集》，卷6，1955年，第61页。

2《现代人》1840年第20期，栏2，第106—107页。

3 同上，1848年第9期，杂烩栏，第71页。

4 同上，1850年第9期，栏4，第1—24页；第10期，第25—42页。

德鲁日宁肯定了作家的才能和他细腻的心理描写，但总的来说还是非常尖锐的，认为小说中有太多不真实的地方，费拉居斯的形象尤其让他激动。但德鲁日宁这篇文章只针对巴尔扎克的一部作品，并没有对其创作进行整体评价。

40 年代《祖国纪事》杂志上巴尔扎克的名字出现得更加频繁，但也远非对作家完全认可。杂志激烈批评了小说《夏娃的女儿》（见第 1311 期）、《舒昂党人》（第 1334 期）、《狄娜·皮埃德菲尔》（第 1405 期），对《穷亲戚》（第 1451 期）的评论比较友善，但同时也有许多保留。

1843 年《祖国纪事》对巴尔扎克持否定态度（第 1405 期），讥讽地将之称为"三四十岁美人的歌手"。

杂志上刊载了于勒·雅南批评巴尔扎克的文章，加上编辑部附言："我们建议俄罗斯所有的巴尔扎克崇拜者们都来读一读这篇文章！"（第 1404 期）

其他杂志也常常刊载有关巴尔扎克创作的文章。《阅读文库》1846 年刊载了卡西迪奥的文章（第 1442 期），《文学报》发表了莱米尼[1]关于《人间喜剧》的文章（第 1458 期）。这些评论杂志并不掩饰自己的不满，因为巴尔扎克越来越不符合上流社会摩登作家的标准。

对此《北方蜜蜂报》在 1834 年不容辩驳地声明巴尔扎克已经过时了，说他江郎才尽，指责他书写"人类社会不那么优雅的故事"（第 1397 期）。1834 年巴尔扎克到访彼得堡时，报上只有几句恭维话，但对作家的态度并没有变化。巴尔扎克的到来在俄罗斯出版界也没有得到积极回应。因为巴尔扎克进入了韩斯迦夫人的贵族圈子，敌视和轻视俄罗斯事物，所以被当时俄罗斯先进文化孤立了。

尽管在 19 世纪中巴尔扎克没能获得应有的承认，但读者对他兴趣不减。几乎所有的新作都很快被翻译成俄语，在作家 1850 年去世

---

1 莱米尼（Jean Louis Eugène Lerminier，1803—1857），法国法学家、记者、政论作者、历史学家、教育家。——译者注

前《人间喜剧》中的绝大多数长篇和中篇小说都已在俄罗斯出版。

1850 年巴尔扎克的逝世在俄罗斯报刊界引起巨大反响。各家报纸都详尽报道了他的葬礼，重温作家生平。大量悼词中都竭力想对作家的创作做出整体评价，确定他在法国文学发展中的地位。《莫斯科消息报》写道："这是文学世界的巨大损失，巴尔扎克去世了……"[1]

《祖国纪事》上的悼词引发了热烈关注，在一定程度上标志着俄罗斯评论界对巴尔扎克态度的转折，这是最早对巴尔扎克作品社会意义的认可："除了巴尔扎克，再没有哪个法国作家将我们时代和自己同胞的迷惘如此磅礴地、令人信服地展示在所有人眼前。如果说有哪位浪漫主义者可以被称作历史风貌的描摹者，那定然是巴尔扎克……"[2]

19 世纪 50—60 年代熟读巴尔扎克作品的俄罗斯文学新一代在他的作品中发掘了新的品质，对巴尔扎克的接受与 30 年代初截然不同。因此车尔尼雪夫斯基也特别关注巴尔扎克，高度评价他的创作，坚决否定了某些批评家的观点——他们将作家个人同小说中的负面人物等同起来，指责他自私无良。车尔尼雪夫斯基认为，"作为人的巴尔扎克和作家巴尔扎克一样值得人们尊敬"[3]。车尔尼雪夫斯基认为作家有罕见的通透智慧和伟大才能。1856 年巴尔扎克妹妹罗拉·德·萨维尔写的作家传记在法国出版，车尔尼雪夫斯基当年就译成俄语，附上前言后记，刊载在《现代人》杂志上。这本书让读者了解到一个传闻以外的巴尔扎克，一个拥有伟大天才依然辛勤工作以完成《人间喜剧》这一宏大构想的人。车尔尼雪夫斯基的译本让俄罗斯读者看到了一个真正的巴尔扎克，与《北方蜜蜂报》及周边报刊的文章中所刻画的巴尔扎克截然不同。在这本书的后记中，车尔尼雪夫斯基肯定了巴尔扎克的创作功绩："他确实获得了荣耀，但他们这样的人却从未曾得到财富。"[4] 对于车尔尼雪夫斯基来说，巴尔扎克是伟大且勤勉的文学巨人。

1《莫斯科消息报》，1850 年 8 月 24 日，第 1077 页。

2《祖国纪事》1850 年第 9 期，卷 72，第 8 栏，第 128 页。

3《车尔尼雪夫斯基全集》，卷 3，1947 年，第 369 页。

4 同上，第 386 页。

赫尔岑对巴尔扎克创作也有浓厚兴趣。在《往事与随想》一书中，在忆及自己向扎哈里依娜介绍法国作家，特别是巴尔扎克时他这么写道："这还只是1830年后出版的大部分书籍。尽管有种种不足，这些书激起种种思考，用火光照亮了年轻的心。在那个时代的小说和诗歌中，不论作者知不知道，随处都跳动着社会的脉搏，各处都揭露出社会的创痛……"[1] 赫尔岑认为巴尔扎克有一种才能，"能把旁人不易理解的看似痛苦的幸福和看似幸福的痛苦描写出来"[2]。

赫尔岑在1869年1月10日给奥加廖夫的信中对巴尔扎克的创作做了整体评价，肯定了他作品中的社会意义："重读了两三本巴尔扎克的小说——心满意足。30年代以来发生了多么大的变化啊！尽管有种种缺点，巴尔扎克还是大师……他所描写的世界是一个隐藏在脓疮和粪便后的世界，从中却长出了全新的一代又一代！"[3]

屠格涅夫不完全接受巴尔扎克的创作方法，但也不能不赞赏他的才能。他认为巴尔扎克是现实主义流派的奠基人。"该流派在法国得到'现实主义'这一并不完全准确的命名，它发端于巴尔扎克……新流派最重要的任务就是认真详尽地再现人民生活风貌。"[4] 众所周知，屠格涅夫对1848年在巴黎看到的戏剧《继母》印象深刻。

随着19世纪俄罗斯现实主义逐渐确立，人们渐渐能冷静评价巴尔扎克的创作并理解其作品中最重要的部分。30年代将巴尔扎克视为疯狂浪漫主义作家的迷惑渐渐散去。对冈察洛夫来说巴尔扎克是现实主义创作的老师。在《有关奥斯特洛夫斯基的批评文章》(1874)中冈察洛夫指出，众多俄国作家"深受巴尔扎克及其时代的滋养，会将巴尔扎克与所谓的疯狂流派严格区别开来"[5]。巴尔扎克对于冈察洛夫来说是与狄更斯、萨克雷、普希金、莱蒙托夫、果戈理同样伟大的现实

1《赫尔岑文集》，卷11，1957，第181页(《往事与随想》)。

2 同上，卷20，册1，第470页。(《因为寂寞》，1869)。

3《文学遗产》，卷61，1953，第426页。

4 屠格涅夫：《克拉德尔〈普通人生活小说与笔记〉俄文版前言》，1877年，第Ⅰ—Ⅱ页。

5《俄罗斯作家谈文学创作》，卷3，1955，第70页。

主义作家。[1]

皮萨列夫认为巴尔扎克是细致入微的观察家，是现实主义作品的缔造者。1867 年，这位批评家在《受教育的人群》一文中写道："我们中的每个人都乐于意识到，我们从不善于发现生活中新鲜独特的方方面面，而诸如狄更斯、萨克雷、巴尔扎克或我们的屠格涅夫这些伟大的作家却善于捕捉它们且付诸文字。"[2] 这些都说明，19 世纪 60 年代俄罗斯对巴尔扎克的看法已发生巨大变化，俄国批评家和作家们已意识到巴尔扎克同现实主义文学发展密不可分。

这一时期巴尔扎克最热情的崇拜者和最积极的宣传者当属陀思妥耶夫斯基。陀思妥耶夫斯基从 1838 年接触到巴尔扎克作品起就如饥似渴地读他的书。他在给兄弟米哈伊尔的信中写道："巴尔扎克真是伟大！他笔下的人物是集宇宙之大智慧的产物。这不是靠时代精神，而是靠数千年的煎熬才能洞悉到的人心。"[3]

陀思妥耶夫斯基青年时的朋友格利高罗维奇在《文学回忆录》中写道："巴尔扎克是我们最喜爱的作家。我说'我们'是因为我俩都读他读上了瘾，认为他远超所有法国作家。"[4]

陀思妥耶夫斯基一生都痴迷于巴尔扎克的作品，将巴尔扎克视为 19 世纪最伟大的作家。陀思妥耶夫斯基认为他善于最准确深刻地描写人类心理的曲折变化和强烈的欲望，展现生活的戏剧性。巴尔扎克是最接近陀思妥耶夫斯基的艺术家，一直伴随着陀氏的创作——陀思妥耶夫斯基出版的第一本书就是巴尔扎克《欧也妮·葛朗台》的译本，他临终前谈普希金时又提到了巴尔扎克[5]。

1《冈察洛夫全集》，卷 2，1899，第 64 页。

2《皮萨列夫全集》，卷 6，1901，第 289 页。

3《陀思妥耶夫斯基传记、通信与笔记》，1883，第 9 页（1838 年 8 月 9 日信件）。

4 格利高罗维奇：《文学回忆录》，国家文学出版社，1961，第 87 页。

5 格罗斯曼在自己的文章中仔细研究了陀思妥耶夫斯基对巴尔扎克创作的态度。见《陀思妥耶夫斯基诗学》，1926；以及文集《陀思妥耶夫斯基创作》，苏联科学院出版社，1959。

1843 年底陀思妥耶夫斯基完成了《欧也妮·葛朗台》的翻译，1844 年发表在杂志《剧目与文萃》(Ⅵ、Ⅶ) 上。这本杂志发行量不大，因此译本如石沉大海无人知晓，1883 年才出了单行本。

《欧也妮·葛朗台》译本并不十分准确，陀思妥耶夫斯基做了些删减，但语言丰富，极富表现力。

19 世纪 60—70 年代陀思妥耶夫斯基是巴尔扎克的追随者，热情宣传巴尔扎克创作。1876 年他在《作家日记》中指出别林斯基低估了巴尔扎克的价值，而这也影响了俄国 40 年代的批评界："因此别林斯基是不公正的，完全没有认识到巴尔扎克在法国文学中的意义。"[1]

陀思妥耶夫斯基在自己创办的杂志《时代》上的很多文章及编者按中反复强调，俄罗斯未能充分认识巴尔扎克，应该重新审视 30—40 年代对巴尔扎克的判断。他在给斯特拉霍夫的文章《谈席勒》的编者按中写道："……有很多西方的诗人和浪漫主义作家在我们批评界都处于模棱两可的状态，比如 40 年代起就被我们的评论界倨傲批评的巴尔扎克，还有很多其他作家也是如此。对此别林斯基也负有部分责任。"[2]

陀思妥耶夫斯基在转述法国批评家威廉·雷蒙的文章《当前法国文学运动随笔》时明确表明，巴尔扎克是最伟大的现实主义作家，在写人与社会方面才能卓著："巴尔扎克属于由普罗斯佩·梅里美、司汤达、诺迪埃[3]、夏尔·德·贝尔纳[4]等人构成的浪漫主义作家群体，他们拥有通透的智慧，了解社会的真相且善于用大胆原创的文字将它描绘出来。这是一群真正的现实主义者，擅于细腻优美地传达真实生活的

1《陀思妥耶夫斯基全集》，卷 2，1882，第 191 页。

2《时代》1861 年第 2 期，卷 1；《批评与观察》，第 114 页。

3 诺迪埃(Jean Charles Emmanuel Nodier，1780—1844)，法国作家和文学院院士。——译者注

4 夏尔·贝尔纳(Charles de Bernard，1804—1850)，法国作家、诗人，巴尔扎克的朋友和学生。——译者注

各种境况、各种色彩。在这些人中巴尔扎克是最强大的……”[1]

萨尔蒂科夫-谢德林在自己的书《在国外》(1881)中也有很多对巴尔扎克的评论。总的来说萨尔蒂科夫-谢德林对巴尔扎克很冷淡，指责巴尔扎克对政治漠不关心。他同自然派论战，认为饱含英雄主义激情的雨果、乔治·桑的作品才是一流的文学；尽管如此，他还是常常提及巴尔扎克的伟大才能，称他是“有力和杰出的作家”。

托尔斯泰对巴尔扎克的评价很矛盾。他读了不少巴尔扎克的作品，但并不全都欣赏。比如他读了《幽谷百合》后在日记中写道“这是一部荒谬的小说，简直是胡说八道”(1855)，但《贝姨》又读得很愉快。

托尔斯泰不能接受巴尔扎克某些创作方法，尽管如此，他依然认为巴尔扎克是法国现实主义最伟大的代表。高尔基在随笔《列夫·托尔斯泰》中回忆托尔斯泰与他见面时曾说：“巴尔扎克确是天才，但也只是天才……”“法国人只有三位作家：司汤达，巴尔扎克，福楼拜，还可以算上莫泊桑……”[2]

19世纪60年代末起俄罗斯大多数有关巴尔扎克的研究都肯定巴尔扎克创作的现实主义特性。

1876年《祖国纪事》发表了巴勃雷宁三次公开讲座的文稿。讲座中巴勃雷宁说巴尔扎克是“长篇小说巨匠”，公众还未能彻底理解他现实主义创作的体量和意义。[3]几年后他在巨作《19世纪欧洲小说》中发展了自己观点，认为巴尔扎克是19世纪现实主义长篇小说的创造者，他的创作是“小说史上的转折”。

1875—1880年间左拉定期发表在杂志《欧洲信使》上的文章引发了对巴尔扎克新的关注热潮。众所周知，左拉高度评价巴尔扎克的创作，在《巴黎通信》中曾多次写到他。

1《时代》，1862年3月，第181页。

2《高尔基文集》，卷14，1951，第269页、第295页。

3《祖国纪事》1876年第6期；《当代观察》，第334页。

19 世纪末俄罗斯有关法国文学的所有研究中，巴尔扎克作为现实主义小说巨匠，占据了崇高地位。[1] 阿列克谢·维谢洛夫斯基的多卷本《西方文学史》1900 年由巴丘什科夫编辑出版，在书中有专门一章讲巴尔扎克，给他极高评价，称之为“长篇小说之王”。1895 年安年斯卡娅为《杰出人物生平》系列撰写了首部巴尔扎克传记，由帕夫列科夫出版。安年斯卡娅以当时已发表的材料和信件为基础详尽介绍了作家的一生。但以上列举的这些书都未能深入分析作家的创作。

马克思曾说：“(巴尔扎克) 对现实的关系有深刻的理解。”[2] 因此巴尔扎克的创作也吸引了 19 世纪末俄国马克思主义学派的关注。1897 年普列汉诺夫在杂志《新语》上发表对兰逊的《法国文学史》的书评，不同意兰逊对法国文学的评价，尤其反对将巴尔扎克视为浪漫主义作家。普列汉诺夫强调，在浪漫主义作家笔下人的激情是抽象的。而巴尔扎克笔下的激情“呈现出当代资产阶级社会所赋予它的本来面目。他仿佛一个博物学家关注着它在这种社会环境中如何成长发展。因此成了一个完全意义上的现实主义者……”[3]

普列汉诺夫在 1911 年给高尔基的信中谈到巴尔扎克创作的社会特性，说他善于描写“路易 - 菲利浦及复辟时期法国社会心理”[4]。普列汉诺夫认为巴尔扎克的创作是 19 世纪法国文学的高峰，“如果他不能被称作法国现实主义之父，那么只有一个原因，即法国现实主义作家中没有一人能完全理解这位《人间喜剧》的天才作家为自己树立的伟大任务，他的后辈们配不上他”[5]。

在最早一批马克思主义者关于巴尔扎克的文章 (柯岗：《西欧文学史随笔》，1903—1910；弗里契：《西方文学发展笔记》，1905) 中都强调，巴尔扎克的创作不是对风俗的描摹，而是对最重要的社会历史进

1 沙霍夫：《十九世纪上半叶文学进程笔记》，1894。

2 马克思：《资本论》，卷 3；《马克思恩格斯文集》第二版，卷 25，第 1 部，1961，第 46 页。

3 普列汉诺夫：《文学与美学》，卷 2，国家文学出版社，1958，第 598—599 页。

4 同上，第 517 页。

5 同上，第 599 页。

程的反映。

在各类报纸杂志上出现了大量有关巴尔扎克的文章和专论，引发了俄国读者对这位法国现实主义作家的兴趣，但当时想要读到巴尔扎克的作品却越来越难。因为19世纪50—70年代单行本不多，旧杂志难寻。80年代出现了一系列不为俄罗斯读者所知的小说译本（《老处女》《古物陈列室》《幻灭》），1892年出版了《驴皮记》第一个全译本。

俄国巴尔扎克研究史上的一个重要事件是19世纪90年代末潘杰列夫兄弟出版的俄罗斯第一套巴尔扎克文集。文集共二十卷，1896年开始出版，三年后完成。潘杰列夫版收录了《人间喜剧》的主要作品，但随笔、戏剧、书信及《都兰趣话》都没有收录。文集收录毫无体系，既不是按照时间顺序，也没有依循巴尔扎克的编排，显然是译完一本出版一本。除了少数例外，小说都是新译本（《欧也妮·葛朗台》刊印的是陀思妥耶夫斯基译本），所有译本完成得都很匆忙，有不少改进余地。其中最成功的是阿维尔基耶夫的译本。尽管有各种不足，潘杰列夫的版本还是让俄罗斯读者读到了几乎全部的《人间喜剧》，而且是三十年间俄罗斯唯一的巴尔扎克文集。

巴尔扎克文学遗产出版和研究的新阶段始于十月革命后。尽管纸张短缺，但还是经常出版巴尔扎克及其他经典作家单行本，巴尔扎克作品也被收入诸如“播种者”这样的平价文库系列中。在高尔基倡议下成立的世界文学出版社出版物中，巴尔扎克作品当然也占据了重要地位。

苏联读者似乎重新发现巴尔扎克，在巴尔扎克笔下的是资产阶级社会、追逐暴利自私自利世界的残酷生活。很多人阅读巴尔扎克作品，为之争论，或写研究文章。

苏联文艺界起初未能全面和正确地评价巴尔扎克。20世纪20年代的文章和著作中能看到不少对巴尔扎克作品庸俗社会学的解读，作家的全部创作被看作为特定阶层——要么是贵族（斯巴斯基），要么是资产阶级（弗里契、杰斯尼茨斯基）——的利益辩护。柯岗和弗里契分析研究了巴尔扎克创作与那个时代社会现实的关系，但对它的历史意义认识不足。

卢那察尔斯基的著作《西欧文学史指要》对巴尔扎克的正确评价起到了重要作用。他避免了庸俗社会学的错误，在书中强调了巴尔扎克现实主义的揭露特性及与1789年法国革命的关系。对卢那察尔斯基来说巴尔扎克是伟大的艺术家，以惊人的才能塑造了复杂有趣的人物(在这点上卢那察尔斯基将巴尔扎克比作莎士比亚)，善于深刻揭示社会进程。卢那察尔斯基写道："我认为，即便是对我们新的现实主义小说家来说，也再没有比巴尔扎克更好的导师。"[1]

1932年，恩格斯1888年给哈克奈斯的信首次以俄语发表，这是苏联巴尔扎克研究流派确立的重要时刻。[2]

恩格斯的信完全推翻了资产阶级巴尔扎克研究中认为巴尔扎克创作反民主的论断。在信中恩格斯指出了巴尔扎克对统治阶级态度的辩证性和复杂性：他看到和理解了贵族阶层的历史命运，也看到了"真正属于未来的人们"。恩格斯揭示了巴尔扎克世界观和创作中的矛盾，指出了巴尔扎克创作在认知和美学上的巨大价值。对恩格斯来说，巴尔扎克是世界文学中最伟大的现实主义作家。

20世纪30年代人们对巴尔扎克兴趣高涨。苏联戏剧界发现了剧作家巴尔扎克。[3]文化生活中的一个重大事件是1933年由国家文学艺术出版社出版的苏联第一套巴尔扎克文集(最后几卷的出版因伟大的卫国战争延宕了，最终于1947年才完成全部二十卷的出版)。该版由卢那察尔斯基和戈尔莎主持编辑。其中前十八卷为《人间喜剧》，以1845年巴尔扎克的编序排列；第十九卷是首次翻译及重新翻译的巴尔扎克戏剧作品；最后一卷，即第二十卷是首次发表的随笔和短篇小说。

1 卢那察尔斯基：《西欧文学史指要》，第2部，国家出版社，1924，第172页。

2 恩格斯的信首次以俄语发表在杂志《文学遗产》上，卷2，1932，第1—14页，附有席勒(指弗朗茨·彼得罗维奇·席勒，苏联文艺学家，德国文学专家。——译者注)的注释。

3 见本书(指《奥诺雷·德·巴尔扎克：1830—1964年出版的俄文译本及批评文献目录》)附录中利列耶娃的文章《俄国及苏联舞台上的巴尔扎克》，第342—350页。

全都是最新译本，让苏联读者认识了艺术家巴尔扎克真正的面貌，以及最准确的巴尔扎克的文字。

该版中许多成功译本都出自苏联最早的巴尔扎克研究者格里弗措夫。[1] 该版显示了苏联翻译流派的伟大成就。这个版本有一套丰富严谨的补充内容：生平列表，与作品创作历史相关的文学注释，解读巴尔扎克创作方方面面的文章。

巴尔扎克成为苏联报刊界最熟悉最常见的名字，引发各种讨论争鸣。在各种争论中，不仅明确了对他作品的评价，也解决了苏联文艺学一些普遍原则问题，特别是艺术家的创作与其世界观的关系问题。

20 世纪 30 年代戈里普充分发展了恩格斯对巴尔扎克创作的特点分析，他有关巴尔扎克的诸多文章，尤其是他的著作《巴尔扎克的世界观》[2] 是苏联巴尔扎克研究发展的新阶段。戈里普反对对巴尔扎克创作的庸俗社会学解读。通过对作家作品的具体分析，他肯定了恩格斯的论断，即在巴尔扎克的创作中现实主义战胜了政治成见。戈里普的著作极具现代性，现实而客观，表现出对历史哲学问题的浓厚兴趣。他特别关注作家创作手法特点，是最早提出巴尔扎克典型性问题的苏联学者。苏联的巴尔扎克研究推翻了资产阶级研究者关于巴尔扎克是时代风俗画家、是远离现代性的作家的观点。

苏联学者的著作将巴尔扎克的创作视为 19 世纪批判现实主义的高峰，是社会小说领域最重要的事件，是对当时社会、哲学、美学斗争的艺术反映。苏联研究者们特别强调巴尔扎克作品中具有现实意义的揭露性和认知意义。

1939 年苏联出版了首部巴尔扎克研究专著——雷伊佐夫的《巴尔扎克的创作》，将巴尔扎克的作品置于 19 世纪文学斗争广阔而复杂的背景中。雷伊佐夫特别关注巴尔扎克世界观的形成，将之与 18 世

1 参见龚斯特：《巴尔扎克研究专家格里弗措夫》，第 356—360 页。

2 最初发表在杂志《文学批评》1934 年第 10 期，第 27—73 页。后收入戈里普：《著作选》，1956 年，第 153—209 页。有关戈里普的文章还可参看本书附录中雷兹尼克的文章《巴尔扎克研究者戈里普》，第 350—356 页。

纪启蒙哲学传统联系起来。雷伊佐夫的著作对苏联的巴尔扎克研究做出了巨大贡献。

近三十年[1]众多苏联学者的研究集中于这位伟大作家创作中最重要的问题，揭示了作家活动中早先鲜为人知的方方面面。

1937 年格里弗措夫出版了《巴尔扎克是如何工作的》。书中作者分析研究了许多巴尔扎克的随笔和文章，讨论了这位伟大的现实主义作家的语言和风格问题。1938 年格尔普斯曼在《巴尔扎克的戏剧》一书中以大量首次收集到的现实资料展现了巴尔扎克对戏剧的浓厚兴趣及其在确立资产阶级现实主义戏剧中的重要意义。

塔曼采夫主要研究了巴尔扎克创作的早期阶段及其走向现实主义的艰难道路。拉斯金和雷兹尼克的部分文章聚焦于巴尔扎克哲理小说主题。雷兹尼克详尽地研究了巴尔扎克的《哲学研究》的内在联系及作家哲学思想的发展。两位研究者特别关注巴尔扎克的美学观、他对自然的观点、他的艺术创作的特点及任务。戈里普在《巴尔扎克论艺术》（1941）一书中首次搜集了大量揭示作家美学观的有趣资料。研究该问题的还有米洛韦多娃的论文《巴尔扎克为现实主义艺术而斗争》（1956）、萨马林的文章《论文学批评家巴尔扎克》[2]。

萨马林、雅基莫维奇、洛夫措夫等人的文章则研究了巴尔扎克的随笔、政论文章及与其艺术创作的关系，作家对当时社会政治斗争的态度。有一系列文章研究了作家个别作品的社会意义、艺术手法特点。[3]

还有一些文章谈到俄罗斯对巴尔扎克的接受，以及先进知识分子

1 此文完成于 20 世纪 60 年代中，所以此处指的是 20 世纪 30 到 60 年代。——译者注

2 萨马林：《论文学批评家巴尔扎克》，《莫斯科大学学报》1957 年第 1 期，文史版，第 141—159 页。

3 齐契林：《小说家巴尔扎克的创新》，《利沃夫大学学报》，卷 30，册 1，1955，第 27—41 页。

对他的态度。[1] 耶利扎罗娃和普济科夫有关巴尔扎克的通俗笔记发行量大且一版再版。

1961 年奥勃罗米耶夫斯基出版了专著《巴尔扎克：创作道路分期》。奥勃罗米耶夫斯基参考了之前苏联学者的成果，选定了一个非常复杂和艰难的任务：在分析作家整个创作的基础上，研究作为一位与社会政治、哲学、文学生活紧密联系的艺术家、思想家巴尔扎克的演变过程。该书总结了已有的巴尔扎克研究，提出了在苏联学者的著作中有待解决的新问题。

巴尔扎克在苏联被广泛阅读。包括长篇及中短篇小说在内的部分作品以俄语及其他苏联民族文字印行，发行量巨大。

1951 年国家文学出版社决定出版新的十五卷巴尔扎克文集，于 1955 年完成。这一版比前一版收录更全：首次翻译了作家书信；除了新译本，对 30 年代的旧译本也做了精细的重新编辑。在序言中伊万先科指出巴尔扎克作为私有世界的无情揭露者，其创作具有伟大意义。除了文学史家的注释，该版文集还收入了巴尔扎克 1845 年编写的《人间喜剧》目录（首次以俄文发表）及巴尔扎克生平及创作年表（由利列耶娃编写）。

该文集首版印数由九万册增到十六万册，并很快售完。五年后，1960 年出了新的更全的巴尔扎克文集，由灯光出版社在一年内出完。该文集共二十四卷，除了国家文学出版社在 1951—1955 年间出版的小说，还收入了一些未翻译成俄语，或自 19 世纪 30 年代后未能再版的长篇和中篇小说（《幽谷百合》《路易·朗贝尔》《乡村教士》《凯瑟琳·德·美第奇》《冈巴拉》《马拉诺分子》《该死的孩子》《佛兰德斯的耶稣基督》等等），增加了书信部分，修订了注释，并又一次检查了

1 阿列克谢耶夫：《巴尔扎克在俄国》，《红色档案》，卷 3，1923，第 303—307 页。格罗斯曼：《巴尔扎克在俄国》，《文学遗产》，卷 31—32，1937，第 149—372 页。罗扎诺夫：《俄国革命民主派批评家评巴尔扎克》，《基辅大学学报》，卷 10，册 3，1951，第 249—262 页。当本文即将发表，又有关于该问题的新书出版：科切特科娃：《巴尔扎克创作史在俄国》，《拉脱维亚加盟共和国国家图书馆著作集》，1964，第 113—174 页。

之前的译本。

根据全苏书刊局的数据,1918—1964 年间巴尔扎克作品在苏联以十七种苏联民族语言发行了共两千一百九十八万份。对巴尔扎克如此的认可和喜爱即便是在作家的祖国也未得见。

善于从一切经典文化中汲取养分的苏联作家也非常关注这位现实主义小说奠基人。

高尔基常常把巴尔扎克称为自己的老师,认为他是世界文学界最伟大的作家之一。“莎士比亚,巴尔扎克,托尔斯泰——在我看来,这是人类为自己建立的三座丰碑。”[1] 他在《谈手艺》一文中写道:“他的小说是用惊人的手法,通过形象和语言,把现世的思想、情感、血和痛苦的热泪的结晶呈现在我们面前。”[2]

高尔基在很多文章,包括在小说《在人间》里都说过,巴尔扎克的作品,特别是《欧也妮·葛朗台》为他打开了新世界。1911 年他在写给法国作家奥克塔夫·米尔博[3] 的信中深刻剖析了这位伟大作家的创作才能:“回想起巴尔扎克的创作,我感到那样的高兴,就像一个在寂寞而又荒凉不毛的山谷里走着的旅行者,回忆起他曾经到过的某处肥沃的、美丽的、富有力量的地方一样。”[4]

高尔基终生都对巴尔扎克保持着浓厚兴趣、赞赏和感激之情。他高度评价巴尔扎克创作中典型化的高超技巧:“少写现有的东西,而必须牢记愿望和可能。场景要典型化……如果你读过那些伟大的作品,哪怕只是 19 世纪的,你就会发现文学一直在努力这么做,有些伟大的人,比如巴尔扎克就做得很不错,在这点上很有成就……”[5]

高尔基总是称赞巴尔扎克善于准确、鲜明、深刻地再现各种生活

1《高尔基文集》,卷 24,1953,第 139 页。

2 高尔基:《谈文学》,国家文学出版社,1961,第 283 页。

3 奥克塔夫·米尔博(Octave Mirbeau,1848—1917),法国记者、小说家、艺术评论家、政论家、剧作家,是莫奈和罗丹的好友。——译者注

4《高尔基文集》,卷 24,1953,第 138 页。

5《高尔基文集》,卷 27,1953,第 224 页。

场景。"我清楚地记得我读到描写古董店那几页时的那种无法形容的喜悦，这段描写在我看来，永远是语言造型艺术的一个最好的典范。这本书中另一处描写技巧使我倾倒的地方，就是宴会上的对话，在这里，巴尔扎克只利用了即席谈话的一些毫无联系的语句，就以惊人的明确性描绘出了各个不同的人物和性格。"[1]

高尔基有关巴尔扎克的众多表述构成了他对作家创作的完整概念，因为巴尔扎克对高尔基来说是真正高超的现实主义创作典范。高尔基还强调巴尔扎克作品在客观上的反资产阶级属性："巴尔扎克在主观上是一个资产阶级制度的拥护者，但他在自己的小说中却以惊人的、无情的明确性描绘出小市民们的庸俗和卑鄙。"[2]

在与青年作家的通信中，高尔基不厌其烦地建议他们向巴尔扎克学习。

亚历山大·法捷耶夫也是巴尔扎克在苏联的热情宣传者。他经常引用小说《无人知道的杰作》，援引作家关于文学创作的任务和本质的表述。法捷耶夫写于 1945 年夏天的笔记就是在阅读了雷伊佐夫的《巴尔扎克的创作》一书后完成的。[3] 法捷耶夫认为巴尔扎克是过去最杰出的艺术家。他常常提醒当代作家一定要向巴尔扎克学习。1950 年巴尔扎克逝世一百周年之际，费定发表文章反对某些资产阶级文艺评论家的观点——他们认为巴尔扎克是已经过时的拙劣艺术家。

费定认为巴尔扎克是文学界的创新者，是"天才的发明家，极大地推动了人类的艺术认知；他的创作具有现代性和现实意义。巴尔扎克的历史功绩在于他用自己的书武装了未来，因为他在自己的书中揭露了一个追逐暴利的腐朽世界，是有关资产阶级社会及国家鲜活知识的百科全书"[4]。阿列克谢·托尔斯泰、列昂诺夫、帕乌多夫斯基、爱伦堡以及其他许多苏联作家都表示对巴尔扎克伟大创作才能赞叹不已。

1《高尔基文集》，卷 24，第 139 页。

2 同上，第 469 页。

3 法捷耶夫：《三十年间》，苏联作家出版社，1957，第 863—870 页。

4《费定文集》，卷 6，1954，第 563 页。

安托科里斯基、罗日杰斯特文斯基、维诺格拉德为巴尔扎克献上了自己的诗。乌克兰作家纳丹·雷巴克的小说《奥诺雷·德·巴尔扎克的错误》讲述了作家在乌克兰，在韩斯迦夫人的领地维尔霍夫尼亚和基辅度过的岁月，激发了苏联读者极大的兴趣。

数百万的苏联读者对巴尔扎克的态度，就像高尔基所说的那样："巴尔扎克的著作，以其对人类的爱和对生活的非凡知识，使我感到无比珍贵，它们包含着巨大的力量和喜悦，这也是我在他的创作中经常感觉到的。"[1]

编后记

伊琳娜·亚历山德罗夫娜·利列耶娃（Ирина Александровна Лилеева，1921—1983），苏联语文学博士、苏联文学评论家。曾任职于全俄外国文学图书馆科学编目部，后为鲍里斯·舒金戏剧学院教师，主要教授外国文学。利列耶娃是外国文学研究专家，是《巴尔扎克文集》《乔治·桑文集》的主管编辑，并为其撰写了前言和注释；她还是《同时代人回忆巴尔扎克》的编者。曾编写文学教材《资本主义国家的进步作家》《当代保加利亚文学》等。

本文译自：И.А. Лилеева, Творчество Бальзака в России и в Советском Союзе / Оноре де Бальзак Библиография русских переводов и критической литературы на русском языке, 1830—1964, Издательство "Книга", 1965, С. 3–36。

1《高尔基文集》，卷 24，1953，第 140 页。

《巴尔扎克的创作》前言

作者　[苏联]鲍里斯·格奥尔基耶维奇·雷伊佐夫
译者　倪文静

“人类的喜剧就像巴别塔，建筑师之手不能也无法完成……墙壁似乎随时会因破旧而倒塌，用它们的碎片覆盖大地。建筑师使用了他手中的所有材料：石灰、水泥、石头、大理石，甚至是沟渠里的沙子和泥土。他用沉重的双手，用随意取来的材料，建造了他的建筑，一座巨大的塔，并不太在意线条的和谐、建筑的比例和对称性。你似乎可以听到他在车间里埋怨，用斧子砍着木块，忽略了边缘的微妙和优雅。你似乎看到他慢慢地爬上他的脚手架，现在垒起一堵巨大的、光秃秃的、不平整的墙，然后建起清晰的、雄伟的柱廊，以他自己的方式打造门廊和孔隙，有时甚至忘记了整层楼梯，以一种不负责任却又天才的形式将宏伟和粗俗、精致和野蛮、优秀和最糟糕的东西结合起来。”

埃米尔·左拉在巴尔扎克去世三十年后这样写道，他把巴尔扎克视为自己的前辈，自然主义作家之一。但当时巴尔扎克早已投入自然主义批评家的怀抱，这些批评在他死后不久就构成了他的遗产。

一个对自己的材料一无所知的建筑商，他不关心外部的优雅，他建造了荒谬的、不合逻辑的，甚至是离谱到宏伟、壮观和畸形的建筑；有时，在最好的时刻，通过本能掌握艺术规律，但随后又落入“恶趣味”——这就是巴尔扎克的形象，由左拉创造并由资产阶级批评家复制到现在的“想象的肖像”。“无意识的天才”是这种观点的主要内容。巴尔扎克,一种元素性的、不假思索的、不可抗拒的力量。这种自然的力量是米歇尔的一种表达方式,被整整一代批评家热情地接受了。

巴尔扎克是一个艺术家,而不是一个思想家。他的创作像是鸟儿唱歌,带着他快乐的天性和不由自主的天赋。这种天赋是观察,是模仿的能力。不幸的是,他也有负面的品质——想象力和恶趣味。当想象力被发挥出来,当粗俗的冲动上升,而没有被教育摧毁,没有被品位缓和,那么他的观察力就被遮蔽了,因此他作品中的世界会以扭曲的、兽性的形象出现。巴尔扎克只有在他把自己交给观察这个礼物时才是美丽的,当他无意识地创作时,几乎是不近人情地转化为巨大而纯粹的自然之镜。在圣伯夫、奈特曼、泰纳、左拉、布鲁内蒂尔、勃兰兑斯、富德盖特和勒布勒东的作品中,这种观点以不同的形式和不同的程度出现。

这一时期批评家的一个典型特征是不相信艺术家的精神力量。思考不关他的事,他必须只进行描写。批评家的思想特权是保留的。它应该像泰纳所说的那样,“像蚕喂养它的茧,或像蜜蜂建造它的蜂巢”。无论批评家如何钦佩他的研究对象,他仍然认为他的职业责任是从上到下观察它,用昆虫学家的目光审视着一只有趣的昆虫。在这一点上,他相信科学的尊严。

他的任务是要比作家自己更了解作家。邪恶和美德是像矾和糖一样的产物,野心、勇气、对真理的热爱就像消化或其他生理功能一样,是由因果关系决定的。一只动物在消化过程中理解什么,一个作家在创作中理解什么,一个思想家在哲学中理解什么?创作是艺术家的事,理解是批评家的事。

从这个角度来看,文学只是一种人类文献。作家的作品是他的经验的投射,这些经验与大众的经验是一致的。作家的感受与社会上的其他人一样,以同样的方式感知世界。他与其他人越相似,他的作品就越能反映出他那个时代普遍存在的特质。他的作品是一个关于自己的故事,同时也是一个关于他人的故事。

文学是一部习性的历史。因此在作品中有趣的是创造者,而在创造者身上有趣的是他的主导能力,这同时也是特定社会中的主导能力。作者的习性、社会的习性——这就是自然主义批评想要的一切。对艺术家的世界观、美学的兴趣减少,对他的作品的兴趣也就减少。他的作品或多或少都是对现实的忠实写照,这也是作品有趣的原因所在。

在批评家眼里,文学越来越失去其社会和艺术意义,失去其活生生的、积极的力量,而只是成为一种或多或少令人好奇的历史文献。

实证主义批评家在文学中寻求的历史真相是一种自然主义的真相,一种达盖尔式的真相。艺术家是天真的。他有权犯傻。他可以像镜子一样反映现实,同时并不理解他所看到的或他所写的东西。如果他开始反思,他就会失去艺术视野的清晰度。他绝不能"清醒"。想法只会阻止他看到真相。

越是杰出的艺术家,其作品越是无意识的。这种想法,几乎到了荒谬的地步。布鲁内蒂尔在他关于批评的美国演讲中非常明确地提出:"对自己的误解是天才的定义的一部分。一个杰出的人不知道他的想法从何而来,这就是他的天才之处。"

这是实证主义、自然主义的批评和古代柏拉图式教学的结合:艺术家在没有理性参与的情况下创作,就像具有某种特殊的能力,如果你问他们想在作品中表达什么,他们会用废话回答。真的,他们"不知道他们在做什么"。

这就是——以一种略带图解的方式——巴尔扎克成为资产阶级自然主义批评的受害者的要点。作家受制于他的解释者。批评家从大量的印象和思想中选择了在他看来最真实和最典型的东西,即最符合他的生活概念的东西,同时抛弃了其他一切。

他重新解释了他的作者。什么是巴尔扎克的现实主义?一个自然主义批评家会指出人性的动物性表现,两三个精神病人,到最后崩溃阶段的于勒将军,生病的高老头,几个愚蠢和邪恶的资产阶级;他会在一些家庭场景中对一个肮脏的角落或伏盖太太裙子的描述中显示出现实主义，而不理解其功能价值和它在整个艺术理念中的意义。

浪漫主义将是一切不像他所见的自然，一切英雄和理想，一切巴尔扎克看见和描绘的明亮和进步的生活现象。

这种无意识的理论无法解释这位伟大艺术家作品中的任何问题。自然主义批评的方法对它的主题来说是不充分的研究。

这个理论应用在巴尔扎克身上特别失败，因为他的工作的核心在它的视野之外。巴尔扎克的方法不是自然主义。人类和社会的真相不能被单纯的物理目光所看到。日常生活不是全部的真相，巴尔扎克的主要功绩也不在日常生活中。真理必须被理解，而这涉及一个困难而复杂的认知行为。巴尔扎克“看到了他所喜爱的贵族堕落的必然性，并把他们描述为不配拥有更好命运的人，他看到了未来的真正人物，无论他们在什么地方，都能找到他们”。但这并不是生物视觉的行为，是对现实的无意识或相当非理性的理解。为了看到，人们必须理解。

由于没有注意到创作过程中的思考过程，批评家不可避免地得出了夜莺诗人或“艺术家—猴子”的理论，即文艺复兴时期的意大利人所说的“scimia della natura”（自然的猴子），同时也得出了自然主义真理的理论。

巴尔扎克的世界观离不开他的方法，也不能将它们进行对比。巴尔扎克的作品深深扎根于他的哲学。

但这并不意味着巴尔扎克的作品是他的合法主义的艺术体现。恩格斯坚信：“巴尔扎克被迫违背自己的阶级同情心和政治偏见……这一点我认为是现实主义的最大胜利之一，是老巴尔扎克的最大特点之一。”

这里我们只谈阶级同情和政治偏见；它们无疑反映在巴尔扎克的作品中，巴尔扎克的作品是“对于上流社会必然崩溃的一曲无尽的挽歌”（恩格斯）。但是，巴尔扎克作品中的合法主义被他的世界观更强大的另一面打败了，那就是他的哲学基础，它与18世纪法国启蒙运动的革命哲学有直接联系。

这就是为什么，即使在他吸收了博纳德的政治哲学和斯威登堡的神秘主义教义的同时，巴尔扎克仍是法国启蒙运动哲学家的真正继承者，无论他自己在政治宣言中怎么说。通过考察反动思想家对巴尔扎克的影响，我们指出了这种影响无法逾越的限度，以及巴尔扎克世界观总体体系中的合法主义意识形态崩溃的方式。

对巴尔扎克来说，承认真理是一项艺术任务，因为对他来说，只有当现实成为真理时，它才有资格成为艺术。重新发现真理意味着将现实转化为艺术。这就是为什么巴尔扎克的美学是他掌握真理的方法；如何写的问题只是如何看问题的另一种形式。

巴尔扎克的想法构建了这个形式。

“逻辑、感觉，隐藏在真实的图像下——这就是文学的全部。”巴尔扎克写道。

“小说家的艺术在于使自己的想法正确。”

“在法国，风格不是由语言创造的，而是由思想创造的。”

“品位的规则是永恒的；它们是人的手段和目的不断对应的结果。”

巴尔扎克一直对探索现实的方式，即文学作品中描绘现实的方式着迷。他从来不是纯粹的经验主义者。他的艺术是深思熟虑的。他是一位精通技艺的大师，使用最多样的艺术手段，但经过一系列研究和计算，达到了预期的效果。

巴尔扎克反对把自己归为“轻写作”的作家。他经常批评小说家的作品缺乏深思熟虑，各部分比例失调或缺乏一个统一的计划，语言马虎或缺乏一个主要想法。

在巴尔扎克的小说、文章和信件中，他们可以找到关于艺术方法、文学趋势、流派、风格和艺术目的的广泛讨论，批评家们怎么能谈论巴尔扎克作品的自发性呢？不过，批评家不难脱身，从认识到巴尔扎克写的关于艺术的一切都是“垃圾”之中脱身出来。

但他的这部分文学遗产是相当丰厚的。这对于一个专业批评家的平均寿命来说已经足够了。他的文章的任务,他认为是“对艺术手段的讨论和对艺术规律的论证”;用他自己的说法,这些文章是“关于小说家艺术的论文”的零散片段。

这篇散见于众多文章中的论文,显然可以阐明巴尔扎克作品的某些方面,证明那些似乎没有什么价值和不必要的东西,并更深入地解释杰作。我们一直试图用巴尔扎克自己的想法和意图、他的诗歌理论的规律来检验我们的结论。忽视这些材料将使我们陷入主观的评价和得出不稳定的结论。

近年来,关于巴尔扎克的一系列作品丰富了苏联文学批评的内容,包括他的哲学和创作的许多重要问题。这些问题的主要内容是:巴尔扎克的现实主义,他的世界观和方法的关系,他在世界文学发展中的地位。

我们工作的任务是研究巴尔扎克作品的哲学和美学基础,由于新材料的吸收、现实审美经验的增加和文体问题的不断迅猛发展,对他的作品的认识也在不断发展。

西方,特别是法国的巴尔扎克学仍保留着近几十年来浪漫主义讨论的痕迹。浪漫主义是一种积极的还是消极的现象?它是一种外来现象,是一种舶来品,还是从当地民族土壤中生长出来的?对这些问题的回答决定了研究者在巴尔扎克主义问题上的立场。

梯也尔说:“浪漫主义是一场革命。”他从加入该部的第一天起,就开始与浪漫主义作斗争。在上世纪末发起反对浪漫主义运动的沙文主义反动思想家也持有同样的观点。因此,对于反浪漫主义的巴尔扎克学家来说,有两种可能性:要么把巴尔扎克招到反动一边,要么否认他的作品有任何社会和艺术价值。他们指责他的七宗罪,证明他的浪漫主义,或者奖励他所有的美德,把他列为经典之一。

如果他们是浪漫主义的追随者,则将以浪漫主义的渊源来解释巴尔扎克的最佳特征。民族文学的倡导者认为他与地方文学现象有关,比较文学的代表认为《人间喜剧》的世界意义在于其作者的外国取向。

我们从不同的角度来看待这个问题。我们知道真正科学的民族文学史只有放在世界文学进程中才有可能。一个民族的文学对另一个民族的影响丝毫不侵犯后者的民族性：它们只是证明了各民族在其文学发展的一般过程中的合作。

巴尔扎克是一位浪漫主义者吗？或者是一位19世纪优秀古典传统的代表？巴尔扎克的文学立场当然不是反动的，而是深刻的、革命的，他所呼吁的并不是向古典主义的枯竭规范求助。他不仅是一个法国人，也是一个欧洲人。他以欧洲的精神统治为目标，与古典史诗的狭隘民族主义相去甚远。

他与自称为浪漫主义的广泛的知识和艺术运动密切相关。在这场运动中，并没有完全的一致，其代表只是通过一些非常重要的理论立场和艺术偏好而团结起来。莎士比亚、歌德、拜伦、沃尔特·司各特把文学的帕纳苏斯的位置留给了利奥波德·维克多·德利勒、费德烈-恺撒·德·拉哈尔佩和一大批令19世纪初法国舞台黯然失色的剧作家。

如果在这些伟大的外国人的名字之外再加上拉伯雷和莫里哀的名字，我们将列出巴尔扎克的几乎所有主要老师，他们同时也是他在争夺欧洲精神统治权的斗争中的对手。

浪漫主义（在这里和下文中，我们只在刚刚确立的意义上使用这个词）——将巴尔扎克从他青春期对古典主义的规则和禁令的信仰中解放出来，在他面前打开了最广泛的创作选择，并指出了通向不同的方向，通向不同的艺术形式和类型的各种方式。浪漫主义是巴尔扎克开启他自己的宝藏的钥匙。巴尔扎克将之归功于他同时代的大小人物，他与20年代和30年代的运动的联系从未中断。

但巴尔扎克与浪漫主义的联系绝不是危险的。在吸收和拒绝许多东西的过程中，他创造了自己的、深具原创性和几乎不可模仿的艺术。因此，所有的联系和借用，仅仅是历史背景，而无法解释《人间喜剧》。思想和工作的永恒动力使巴尔扎克脱离了这一背景，并取得了意想不到的惊人结果。这最后一点常常在未说明的意图的迷雾中被忽略。巴尔扎克在其创作能力的巅峰时期去世,只完成了他所设定的目标的一半。这使他在最后一个时期转向其他更有哲学意义和无限困难的艺术形式。

我认为我有责任表达我的感激之情。在此,我谨向所有为我提供各种指导和帮助的人表示感谢。我还要感谢为我的工作提供最频繁帮助的图书馆工作人员,他们来自列宁格勒国立大学图书馆、国家艺术史学院图书馆,特别是萨尔尼科夫-谢登国家公共图书馆和科学院文学研究所图书馆。

编后记

鲍里斯·格奥尔基耶维奇·雷伊佐夫(Борис Георгиевич Реизов, 1902—1981),苏联翻译家和文学评论家,18世纪至19世纪欧洲文学史、文学批评理论和方法论专家,苏联法国文学史研究学会会员。自1970年11月起担任苏联科学院文学和语言学(文学品评)通讯评委。主要研究方向为19世纪法国现实主义小说,如司汤达、巴尔扎克、福楼拜、左拉等人的作品。1973年被法国克莱蒙大学授予荣誉博士学位,1974年获苏联国家奖。

本文译自:Б. Г. Реизов, Творчество Бальзака, Гослитиздат, 1939, С. 3–13。

走向综合

作者　[苏联]康斯坦丁·亚历山德罗维奇·费定
译者　倪文静

到了1832年，巴尔扎克作品中的“暴力”故事变得更加稀少。第二年，他果断地转向构成了《人间喜剧》主要核心的“道德舞台”。同时，他和一些小杂志上的合作也停止了，浪漫主义论战的回声只在他小说的“序言”和“导言”中偶尔响起。

他对浪漫主义的态度正在改变。一方面，克服了“极端”潮流、撒旦主义、纯粹的“地方色彩”、暴力主题和幻想；另一方面，更深入地吸收和发展了浪漫主义的一些有价值的重要因素。最后，巴尔扎克1830—1832年特有的小型叙述形式逐渐发展壮大，并组成了巴尔扎克小说的典型形式，这种形式在他的作品中一直延续到40年代。

这一时期最典型的特征之一是走向哲学和文学的大综合的趋势。巴尔扎克想用一种方法把对立的文学方向统一起来。为了对社会现实进行最广泛的描写，他使用了现代文学已知的所有艺术手段。

难道巴尔扎克在所有的文学作品中都认为他的时代是一个综合的时代，与18世纪这个分析的时代形成对比吗？

直到30年代中期，巴尔扎克仍然对浪漫主义学派的领袖持相当冷漠的态度。但很快他们的个人关系就有了好转：1836年，巴尔扎克想让雨果参与他的《巴黎纪事》，从那时起，这两位“文学元帅”之间就建立了友好关系。1839年12月，巴尔扎克得悉雨果被提名候选人后便撤销了自己的院士候选人申请。次年 5 月,雨果与他一起为了《沃特林》不幸被审查员禁止一事去找部长。尽管巴尔扎克在给《外乡人》的信中对他伟大的同胞和同代人的嫉妒之情溢于言表,但他此时一直称赞雨果"思想深邃,为人和善,是一位伟大的诗人"。他很欣赏《皇帝归来》的颂歌,尽管雨果放弃了波旁王朝的高级分支,但雨果对他来说仍是"崇高的形象创造者"。雨果的精神错乱(1842 年 4 月在巴黎传播的谣言)在巴尔扎克看来是"法国的大不幸",而《莱茵河》第二卷是一部杰作。

1842 年底,雨果对《幻灭》的献礼加强了他们的友谊,而诽谤只是短暂地成功破坏了他们的同理心。

然而,所有这些并不妨碍巴尔扎克不时地对他的同事的戏剧做出相当严厉的评论。例如,他称这些"可恶的情节剧"之一的《吕伊 · 布拉斯》"愚蠢得惊人,是卑劣的诗词"。但《城堡里的爵爷们》似乎是在《欧那尼》之后雨果唯一让巴尔扎克看到舞台表演并留下深刻印象的戏剧。据和他一起出席首映式的戈兹兰报道,巴尔扎克很高兴。然而,我们可以用巴尔扎克自己的话来纠正戈兹兰那份没有说服力的报道:"《城堡里的爵爷们》的诗歌是极好的,但戏剧却是出奇地荒谬:全都是一样的幼稚——监狱、棺材、不诚实、荒谬至极。"

巴尔扎克还在《外省诗才》中回顾了《城堡里的爵爷们》,他写这本书时,正是这部著名的戏剧首次上演的时候。在卢斯托向观众宣读的帝国时代的小说中,主人公"像维克多 · 雨果戏剧中的人物一样在剧院深处经过"。这个人物当然是马拉(例如第一部分第二场),当与皮克斯雷古一起提到雨果时,巴尔扎克把雨果的戏剧视为浪漫的"情节剧"。

所以巴尔扎克对作为剧作家的雨果的态度从未改变。忘记 1830—1831 年的不愉快后,巴尔扎克马上就认识到他是一个伟大的诗人,尽管他对一般的诗歌也许是相当冷漠的。但从《克伦威尔》和《巴黎圣母院》的序言,到《莱茵河》,雨果的散文使他真正地感到高兴。巴尔扎克接受雨果的浪漫主义理论及其在散文中的践行,但完全拒绝他的浪漫主义戏剧。

从刚才的引文中,可以看出巴尔扎克对拉马丁的态度。他也是一位伟大的诗人,是当时那个时代最伟大的诗人之一。《莫黛斯特·米尼翁婚约》中的卡纳利斯当然在很多方面与拉马丁相似,但人们当然不能把巴尔扎克对他角色的描述转移到拉马丁身上。这一形象的一些特征取自拉马丁,但这些特征是根据一般的艺术思想转化而来的。

此外,即使是允许的,这种认定也丝毫无助于澄清巴尔扎克对一般浪漫主义的态度。在卡纳里斯的角色中,他嘲笑"天使派"。可以认为该派在 19 世纪 30 年代后半期的负责人是拉马丁。但是,"天使派"是针对浪漫主义的,是对前十年的恶魔般的热情的反对,反对暴力的、愤世嫉俗的、"哲学的"和讽刺的,实质上是 1825—1835 年的光明文学的对立——这与巴尔扎克的关系密切。

1836 年,巴尔扎克的一位密友特奥菲尔·戈蒂埃成为热情的浪漫主义者雨果的崇拜者。巴尔扎克一直非常尊重他的年轻朋友。他常说:"只有三个人懂法语:雨果、戈蒂埃和我。"这些话足以说明他对语言的浪漫主义改革的态度,同时也是对 20 年代至 30 年代所有新的法国散文的态度。

最后,巴尔扎克称缪塞为伟大的诗人。巴尔扎克主要是从他的极端浪漫的《西班牙和意大利之歌》中认识他的。然而,巴尔扎克对诗人的判断应该谨慎对待:他对诗词相当冷漠,而且他的热情,正如戈兹兰所称,可能确实有些人为的。更为重要的是他对纯散文作家的态度。

巴尔扎克在 1830 年指出了《欧那尼》中剧情的缺陷,并提到梅里美的戏剧是行动的速度、逻辑和能量的典范。同年 12 月 30 日,他提到了"扎克雷起义"(Jacquerie),以说明政府在与人民斗争中的"阴谋论"。次年 2 月,他谈到梅里美的戏剧和小说让他心醉。

巴尔扎克此后也一直保持同样的态度,他非常欣赏梅里美最浪漫的事物,那些事物如此浪漫,以至于许多后来的学者把他们的浪漫主义讽刺误认为是浪漫主义诗学的讽刺。

巴尔扎克对乔治·桑的态度众所周知，不必赘述。他只是对她的民主自由主义和对皮埃尔·勒鲁精神中的社会主义感到恼火。1832年5月31日，巴尔扎克对《印第安纳》作了精彩的评论，称“乔治·桑的作品和雨果的作品是我们这个时代最美丽的创作”，并在1840年将她纳入他自己所属的“折中主义”文学流派。

但宣扬妇女平等、废除婚姻或至少是离婚权的“桑的主义”，与他的社会政治观明显相悖，对他来说似乎是有害的。巴尔扎克的“双重道德”在这里发挥了作用：乔治·桑有权不遵守对其他“普通”法国妇女来说必须遵守的法律。

《现代生活的艺术家》不能从他的观察领域中排除《浪漫主义艺术家》的类型。卡纳里斯绝不是这种类型的唯一代表。就像拉马丁是这个人物的原型一样，乔治·桑也是卡米尔·莫班的原型。“现在人人都知道两卷无剧本的戏剧，以莎士比亚和洛佩·德·维加的方式写成，于1822年出版，在当时引发了一场文学革命，此时在杂志上、圈子里和学院里热烈讨论着浪漫主义和古典主义的大问题。此后，卡米尔·莫班创作了一部小说和许多戏剧剧本，这些证明了她第一部作品的无用性，现在不该被遗忘。”

杰出的卡米尔·莫班原来是一位生动的浪漫主义作家，而且无疑具有梅里美的精神。当然，当巴尔扎克以莎士比亚和洛佩·德·维加的方式写卡米尔的戏剧时，他想到的正是他的《克拉拉·加苏尔戏剧集》，而按照巴尔扎克的说法，戏剧的命运，在1824年被不公正地遗忘，这也令人想起《克拉拉·加苏尔戏剧集》的命运。

阿尔贝·萨瓦吕斯，这位在发起人眼中被认为代表巴尔扎克本人的主角，也以浪漫主义的方式写作，把“新文学流派的方式，或者，如果你愿意的话，辉煌”带到了这片领域。

最后，在绘画方面，巴尔扎克也明确无误地站在浪漫主义者一边。为了证明这一点可以举出一个例子：约瑟夫·布里多，新派的杰出画家，他的原型是欧仁·德拉克洛瓦，这是献给《金目少女》的。在《幻灭》中客串的约瑟夫·布里多是《单身汉的家事》的主人公。他的品味是典型的浪漫主义的:“他喜欢一切美的理想;他喜欢拜伦的诗歌、杰里科的绘画、罗西尼的音乐和沃尔特·司各特的小说。”这些都是巴尔扎克自己的品味。

事实上,在音乐方面,巴尔扎克也是一位浪漫主义者。他对贝多芬,对那个时代的杰出演奏家帕格尼尼、李斯特、肖邦,以及最后对法国新歌剧的创造者——“佩萨罗的天鹅”罗西尼的热情,都证明了这一点。

至于一般的美学原则——对比形象的理论,美与丑的概念,美的相对性及其表现形式的多重性,由其出现的不同社会基础所产生的多重性——在这方面,巴尔扎克是一位典型的浪漫主义者。1842年,他以更广泛的形式重复了他在1830年浪漫主义全盛时期所阐述的思想。受奥古斯特·博尔热关于中国的书的启发,他写了一篇美学反思,由于其特别有趣,我们全文引用如下:

> 中国人很早就明白我们所谓的美是没有结果的。美只能有一种形式。希腊艺术被迫重复同样的想法,事实上,这些想法是相当可悲的,如果古典主义能原谅我这么说的话。中国的理论,在萨拉森人和中世纪之前的几千年,已经看到了丑陋所包含的巨大可能性,这个词被愚蠢地扔到了浪漫主义者的面前,我用它来反对美丽这个词。美只意味着一尊雕像、一座神庙、一本书、一出戏:《伊利亚特》被续写了三次,同样的希腊雕像被一次次复制,同一座神庙被无休止地建造。同样的悲剧,同样的神话,不厌其烦地出现在舞台上。但阿里奥斯托的诗、德·特鲁瓦的小说、西班牙和英国的戏剧、中世纪的大教堂和建筑是无穷无尽的艺术。根据这种观点,任何工作都不可能与其他工作相同。那些在傻瓜的耳边大肆宣扬这是对希腊的、科内尔的、拉辛的、拉斐尔的理想主义的否定的人,是不择手段的,因为他们完全知道,我们所理解的艺术包括理想与幻想,幻想是理想的框架。人们可以把最理想的雕像放在米兰大教堂的一万个雕像中,在《东方集》中插入拉

辛的诗句，在《克拉丽莎》中放入一个英国的维纳斯，以及在《基奥斯岛的屠杀》中放入一个一个令人愉快的扎马尾的女性形象。在思想家看来，哥特式和路易十五式不就是中国艺术的兄弟吗？我在坎热看到女工人和米兰大教堂的人物争论。怪诞是中世纪的一个重要组成部分，以至于从那个时代流传下来的四十个国家或宗教纪念物中，有三十个都是怪诞的。

有必要指出这些话与所有浪漫主义宣言中或多或少都有的理论的相似性吗？这些理论涉及丑陋在艺术中的作用，涉及怪诞在中世纪的生活中以及他的艺术中的作用，涉及当代“终结”人类发展时代的“综合”风格，涉及在艺术家的思想和形象的剧目中把美和丑放在同等的位置上。是否有必要再次指出，巴尔扎克有意识地、有力地为浪漫主义者辩护，反对古典主义的附庸，但他们仍然指责新学派“热爱丑陋”？

他永远准备为维护现代性而站出来，即使是在他所有的君主主义中也是如此。在卡米尔·莫班的房子里，卡利斯特突然看到了“我们伟大的19世纪，它的集体辉煌，它的批评，它对各种更新的渴望，它的巨大事业，其中几乎每一个人都堪称巨人，他们用旗帜摇晃着这个世纪的童年，在可怕的大炮低音的伴奏下为它唱赞歌”。“卡利斯特在那里听到了一种新的、铿锵有力的语言。他聆听了最美的音乐的诗意之声，19世纪的奇妙音乐，其中旋律与和声的斗争同样有力，其中旋律和乐器达到了闻所未闻的完美。他在那里看到了法国画派的画作，意大利、西班牙和荷兰的继承人最奢华的画作，在这些画作中，人才已经变得如此普遍，以至于所有的眼睛，所有的心，都对人才感到厌烦，呼唤天才。他在那里读到了小说作品和现代文学的惊人创造，这些作品以其全部力量打动了他那颗不成熟的心。”

这不是一个短语，也不是一个受情节促使的艺术手段。巴尔扎克早在1831年就断言，在相同的优越性上19世纪比前辈们更胜一筹，并通过对科学、艺术、文学甚至新闻的引用来证明这一点。当时巴尔扎克还没有开始与“杂志”作斗争，《幻灭》仍然是一个纪念碑一样的存在。首先是诗歌，当然是浪漫主义。“诚然，德·拉马丁先生远胜于让-巴蒂斯特·卢梭。德尔芬·德·吉拉尔旦不是比杜·博卡奇女士更好吗？小说《阿纳托尔》、《阿道夫》和《科琳娜》不比《贵族回忆录》好吗？你会把《一个希腊女人的故事》和于勒·雅南的《死驴》相比吗？最后，你会不会把丰特奈尔的戏剧与《克拉拉·加苏尔戏剧集》相提并论？”

当然，巴尔扎克的一些判断对现代读者来说是惊人的。从我们的角度来看，将苏菲·盖的《阿纳托尔》与普雷沃神父的小说相比，显得很奇怪，而将《死驴》与可能是作者最好的作品《曼侬·雷斯戈》、《现代希腊妇女史》（巴尔扎克称之为《美丽的希腊妇女史》）相比，则更奇怪。然而，考虑到他在30年代初的工作倾向，这样的评价应该被认为是自然而然的：这种评价是相当“浪漫主义”的。

费拉莱特·沙勒在为巴尔扎克的《哲学小说和故事》所写的序言中，对《驴皮记》做了如下描述：“很想知道一位有品位、有风度的老派评论家会对这部作品作何评价。哦！可怜的人，他在这里拿他的罗盘做什么，他，一个需要常识的人。他是一个评估者，权衡文字，手里拿着罗盘，用上放大镜，他认为在一本书里发现一个错误，在一张美丽的脸上发现一条鳗鱼，对他来说就是幸运。当然，他不会理解故事中的任何内容。他喜欢平坦的文学；这里有深渊、悬崖、山丘，然后又是悬崖、高山，到处都是无底的深渊。”四年后，在他创作的全盛时期，通过费利克斯·达文之口，巴尔扎克用一个早已成为模板的浪漫公式来描述他的《欧也妮·葛朗台》：“它是庸俗与崇高、可悲与怪诞的可怕融合，简而言之，它是生活，就像它是这样。”

拉哈普的学生，一个1800—1820年期间的批评家，对巴尔扎克的语言感到特别吃惊——他从各个领域借用词汇，丰富、充实、多彩，有点喧嚣，几乎沉醉于自己的力量。当代批评家指责他缺乏风格上的“贞洁”。早在1834年，圣伯夫就将《绝对之追求》与凡洛的肖像画相提并论，“在他身上，充满精致微妙的奇妙细节与可怕的‘喧哗’方式相结合，这种方式缺乏精确性、坚定性和贞洁性”。他在1850年9月2日的一篇文章中重复了同样的内容，该文章紧接着写到巴尔扎克之死：“向这种‘绽放’致敬，通过这种绽放，一切都变得鲜活起来，书页也开始颤抖，”他反对“一种妖艳堕落的风格”，反对这种“亚洲”风格，还回顾了佩特罗尼乌斯所痛惜的“oratio pudica”（含蓄三辞）。

巴尔扎克不喜欢圣伯夫的风格；在他看来，这种风格太卑鄙了：巴尔扎克害怕平淡无奇的、克制的、太“清醒”的语言。

1843年，在《外省诗才》中，他进入了与对手的论战。

《奥林匹克，或罗马人的复仇》是帝国时期一部古老小说的标题，吕西安·夏同向惊讶的外省人宣读了这部小说。

“作者写这部小说一定是为了给他的裁缝发工资。”吕西安指出。他把圣伯夫在《工业文学》一文中对巴尔扎克的斥责说给了这部旧小说的未知作者。

巴尔扎克被斥责为用浪漫情趣的“低级”手段带走了读者，不让读者喘息；他的作品与帝国时期的德性小说形成了鲜明的对比，不借助人为的刺激就能让读者陶醉其中。《奥林匹亚，或罗马人的复仇》帮了他。

“不要插入你的推理。”德·拉·鲍德雷夫人对正在阅读的吕西安说。

“啊哈！”比安雄感叹道，“利益，这个浪漫的怪物，已经扼住了你的喉咙，我也一样。”

“然后，震耳欲聋的鬣狗吼声从他身上迸发出来。”

“我们以为土狼的叫声是最近才发明的！”鲁斯托说，“他们已经被帝国的文学作品所了解，它甚至以某种自然科学的方式使用它们，正如聋子这个词所证明的那样。”

而在《奥利匹克》的几页之后，吕西安继续说道：“我不能不注意到，帝国的文学作品直奔主题，没有任何细节，这在我看来体现了原始时代的特殊性。这个时代的文学……有思想却不表达，真是疏忽了！”它观察到了，但没有把它的观察结果传达给任何人，多么贪婪啊！当时的文学，正如《两个世界杂志》一位最愚蠢的评论家所说的那样，只满足于相当干净的素描和具有非常清晰的古代风格的所有人物的轮廓；它不在时代之上跳舞！这就是文学。我相信文学没有时代，没有话语，所以他们的音调可以溢出来；文学告诉你：'卢班爱托尼特，托尼特不爱卢班；卢班杀了托尼特，宪兵逮捕了卢班；他被监禁，被审判，被送上断头台。'优秀的素描，一个干净的轮廓！多么美丽的戏剧！而现在与野蛮人一起，话语是彩色的。"

1834年，圣伯夫在他的文章《绝对之追求》中指责巴尔扎克的风格"庸俗"、色彩斑斓，这引起了巴尔扎克的愤怒。

但与此同时，这也是对所有现代文学一种责备。如今的文学，极大地发展了描述性元素，扩大了辞藻，丰富了辞典，并同"帝国文学"难以做到的进行比较和并置。在为自己辩护的同时，巴尔扎克也为现代学校辩护，反对那些不恰当地回忆旧时代的批评家。

巴尔扎克总是喜欢综合，不仅是指对他的材料进行哲学上的综合，而且是指综合运用一切艺术手段来解决问题。浪漫主义理论之所以与他如此接近，是因为它们比晚期古典主义的教义更宽泛。艺术必须包含拉斐尔的优雅和中世纪的丑陋，拉辛的诗句、《东方》的诗句与维纳斯的怪诞结合在一起。真正的艺术必须是合成的。

巴尔扎克早在1825年就着手出版《婚姻生理学》，他认定这部作品在某种程度上继承了18世纪的传统——轻松诙谐、略显轻浮的逸事叙述风格。当然，这并不意味着《生理学》在当代文学的背景下显得尤为突出。但在回应对"不道德"的指责时，他提到了过去的好习惯，即上个世纪快乐的说书人和自由思考的哲学家的传统，反抗新时代著名的"严肃性"。这就是为什么他谈到了他的意图是"让一些对我们的现代破坏行为感到厌烦的健全头脑加速产生文学反应"。

然而，这种"直言不讳"的文学在巴尔扎克那里突然有了一种非常不同的含义。《婚姻生理学》没有拉伯雷的"健康的笑声"或克雷比荣的"欢乐"，而是囊括了拜伦式的东西。"我们现在只有嘲讽的能力。

嘲笑，所有濒临死亡的社会的文学都在嘲笑……”浪漫主义浪潮再次涌动，对旧传统的回归是对浪漫主义讽刺的肯定。事实上，在浪漫的讽刺中，巴尔扎克此时不仅理解了18世纪的怀疑主义，而且还理解了文艺复兴时期和他一直珍视的拉伯雷。

因此，从20年代初开始，巴尔扎克就倾向于对表现手法的广泛综合，或者说，在浪漫主义诗学的共同体系下使用一些经典方法。但在他的解释中，古典主义出现了一个新的方面。

1835年，费利克斯·达文表达了巴尔扎克关于两个文学体系的想法，这两个体系今后将在《人间喜剧》中不断遇到。在比较《马拉纳一家》的两个部分时，达文写道：“这第二部……在思想上远胜于第一部，后者的特点是表现力和形象性；看来巴尔扎克先生很喜欢比较这两种文学体系。”思想体系和形象体系——古典主义和浪漫主义。正如同一篇文章所解释的那样，前者是“对感情的形而上的表现”，而浪漫主义则是以戏剧性的动作来描绘它们。当然，这种是基于浪漫主义的理论对古典主义的定义，根据这种理论，古典主义悲剧是对激情的分析，其角色是“形而上的概念”。

我们在《幻灭》（第二部分）中清晰地发现这种将文学分为“思想”和“图像”的做法。在两篇文章中，吕西安依次为一个系统和另一个系统辩护。第一种是以18世纪的分析和哲学调查精神为特征。这是一个伏尔泰式的、与英国和德国学派相对立的学派。第二个系统，是一种形象的文学——浪漫主义文学。

> 文学艺术的最高境界是将一个想法囊括在图像中……我们年轻的文学创作集中了所有类型的图像——喜剧和戏剧，描述，人物，对话，全都包含在迷人的情节的美妙网络中。小说，需要感情、风格和想象力，是我们这个时代最伟大的创造。它取代了喜剧，而喜剧的旧法则在现代风气下是行不通的。它的事件和思想都囊括在它的小说中，这既需要拉布吕耶尔的机智，也需要他不屈不挠的道德；它有像莫里哀那样的人物，有莎士比亚的伟大画

卷，还有对最美好的激情色调的描写，这是我们的前辈留给我们的唯一财富。这就是为什么小说远远高于冷冰冰的数学讨论和18世纪的枯燥分析。18世纪质疑一切，19世纪必须回答：而且它的回答是一个活生生的、移动的现实。

这一理论在《关于贝尔先生的研究》中得到了更详细的阐述。

在这里，巴尔扎克将现代文学分为三个流派，在已经知道的两个流派中加入了一个新的流派，即折中主义流派。

在所有时代和所有民族中，都有一些挽歌式的、梦幻般的、沉思的头脑，他们特别喜欢伟大的图像，自然界的广阔景象……这些诗人把他们所思考的景象作为他们灵魂的一部分，或者说把它们作为他们自身经验的投射。因此，我想称之为图像文学的整个流派。它包括抒情诗、史诗和一切使用这种感知方式的题材。

还有一些人，天性活跃，喜欢速度、运动、简洁、碰撞、行动、戏剧，避免争论，不喜欢沉思，喜欢结果。因此，这是完全相反的系统，是它创造了我愿称为思想文学的文学。

巴尔扎克把维克多·雨果列为前者，把司汤达、缪塞、梅里美、莱昂·戈兹兰、贝朗格、德拉维涅、古斯塔夫·普朗什、吉拉尔丹夫人、阿尔方斯·卡尔和夏尔·诺迪埃列为后者。

然而，巴尔扎克对界定这两个方向的特点犹豫不决。在《幻灭》中，他说道："图像文学的特点是有大量的对话。"在《巴黎人杂志》中，他认为对这个学派来说对话几乎是未知的。据《幻灭》，思想文学的特点是"数学上的冷酷理性"，这是来自伏尔泰和卢梭的18世纪的干巴巴的分析。而给库斯廷的信则告诉我们，思想文学是18世纪的继承者，旨在表现伏尔泰未知的激情，但逃避了上一个世纪大家致力的讨论。在《幻灭》中，我们读到，18世纪以来的思想文学以"最微妙的激情色调"为标志；几行之后，发现只有新派才将激情引入文学；在

《关于贝尔的研究》中，巴尔扎克写道，图像派不懂激情。

首先，巴尔扎克的古典主义概念是模棱两可的：一会儿是伏尔泰和他的哲学小说的快节奏剧情，一会儿是卢梭和他的《新爱洛伊丝》，激情澎湃，但同时又有过多的“讨论”。然后是伏尔泰和莱萨格，他们对激情一无所知，或者是古典悲剧，一心一意地分析它的所有影子。

这就是为什么古典主义的追随者变成了司汤达，一个热情的反对者；梅里美，“极端浪漫”戏剧的作者；夏尔·诺迪埃，一个一流的讲故事的人和谈话者，具有伏尔泰的机智，然而，他完全反对18世纪的哲学和文学传统。巴尔扎克也常常不知所措，无法确定相关的个别作家；他将司汤达列入“思想学派”，但随后做出了告诫：在他看来，《巴马修道院》的作者对其他两个流派（“形象派”和“折中派”）做出了重大让步。

但这种矛盾还有其他原因。在1840年浪漫主义的概念已经不是1830年那样了。缪塞、梅里美、司汤达等人早已放弃了雨果学派，该学派在大多数情况下都保留了浪漫主义的名义。但这并不意味着他们从“浪漫主义者”变为“古典主义者”，放弃他们在19世纪20年代采用或发展的所有诗歌原则。尽管如此，巴尔扎克将现代作家分为“浪漫主义者”和“非浪漫主义者”，认为后者是古典主义的继承者，而他们是现代性的后代，正如“形象文学”，或者是巴尔扎克自认的所属方向。

巴尔扎克对他的学派——“折中主义”学派的定义如下：“思想全面、两面派的人接受一切，包括抒情和行动，戏剧和颂歌，认为完美需要对事物有一个整体的看法。这个学派可称为文学折中主义，它要求对世界的现状有一个形象：图像和思想、图像中的思想或图像中的思想、情节和梦想。沃尔特·司各特对这些兼收并蓄的作品相当满意。”

“至于我，”巴尔扎克继续说，“我打着文学折中主义的旗号，是因为我认为不可能用17和18世纪的严格方法来描绘现代社会。戏剧性元素的引入（巴尔扎克在上两页认为这是思想文学的特征性区别），形象、画面、描述、对话，这在我看来是现代文学所必需的。让我们坦诚地承认这一点吧。”就形式而言,《吉尔·布拉斯》是乏味的：事件和想法的堆积通往虚无。一个已经成为人物的想法意味着更高意识的保留。

虚构、风格、思想、知识、感觉——根据卢斯托的定义(《外省诗才》),这些是读者对现代文学的五感要求。沃尔特·司各特拥有所有这五种文学感觉。

巴尔扎克的所有品味和文学同情心都将我们引向复辟时期的最后几年。事实上,在1828到1829年间浪漫主义运动的特点是愿望的统一,这种统一在七月革命前夕就已经被急剧打破。这种统一也可以部分地解释为浪漫主义运动的战略目标：创新者们在统一战线上团结一致,对抗一个积极而严肃的对手。此外,在复辟时期,浪漫主义者主要关注理论的发展,在浪漫主义宣言的语句中,运动参与者的各种倾向无法在他们在作品中严厉地、明显地表现出来。

巴尔扎克对沃尔特·司各特和库珀的回归是在法国文学对其以前的老师早已变得冷淡的时候,这也证明了他在1828至1829年间的热情是多么持久。经过30年代初的短暂热潮,在发展了他的“折中主义”方法时,他又回到了“苏格兰魅力”,他在这种魅力上看到了这种合成风格的主要代表。对于复辟时期的最后几年,沃尔特·司各特是浪漫主义发展的中间线,是浪漫主义统一的中心。浪漫主义运动中大相径庭的这一中间地带在30年代被巴尔扎克占据。这就是“折中主义”一词的起源,用现代的说法,它必须被称为“综合”。这种流派的分类虽然脆弱,有时还很武断,但作为巴尔扎克自己的诗歌自我定义的行为,特别有趣。

所以,巴尔扎克在发展他的诗学时,以一种奇特的方式发展了20年代末的浪漫主义理论,同时又克服了30年代初“旺盛的”浪漫主义的一些倾向。

这反映在题材上——从“恐怖的”、历史的和异国情调的题材过渡到亲密的和当代的题材,也反映在纯粹的构图问题上——与浪漫主义碎片化的独立画面相比对统一性的渴望，以及其他更重要的问题上。

巴尔扎克宣布最高和最现代的体裁不是戏剧，而是小说，这也可以看出他与雨果学派的暗中争论。

我们已经谈及小说在体裁等级中的地位提升。在30年代，这个问题成为一个主要的理论问题。小说为了争夺霸权，试图宣称自己对戏剧的优势。这种趋势在对浪漫主义戏剧不满的作家中得到了支持，他们一直渴望得到一种新的、新鲜的和全面的戏剧。

维克多·雨果认为，戏剧是人类文学发展的最高阶段，这包括所有其他流派、颂歌和史诗。他还补充了一个纯粹的浪漫小说家的侮辱性话语："狂想曲构成了从抒情诗到史诗的过渡，就像浪漫小说家构成了从史诗到戏剧的过渡。"

1829年，巴尔扎克在重复雨果关于诗歌演变的想法时补充道，他认为最高的体裁不只是戏剧，还有小说。

1830年后，这一矛盾更加清晰地显现出来。1831年，菲拉特·夏斯勒在《哲学小说和叙事》的导言中开始明确抨击戏剧的霸权："如果不是无所不包的能力，那么叙述者的能力是什么？它包含了所有严谨的逻辑推理，所有快速发展的戏剧，以及抒情灵感的精髓和内在的欣喜。叙述者就是一切。他不仅需要将我所概述的独立技能汇集在一起，而且如果他要在艺术上取得成功，就必须这样做。想象一下，一个没有戏剧性冲突、没有抒情、没有丰富色彩、没有精确逻辑的故事，它将是苍白的、荒谬的、虚假的，它将不复存在。"

因此，小说的内容比戏剧更广泛。不是戏剧包括小说，而是小说包括戏剧。它是一种合成的形式，能够容纳各种各样的元素，能够表达所有非凡的、矛盾的、华丽的现代性。居斯塔夫·普朗什在1835年写到了这一点，像是对过去十年中小说动荡发展的总结。

小说，"现代性的最伟大的创造"，正在取代喜剧。巴尔扎克在《幻灭》中说："喜剧有其古老的法则，在现代的礼仪下变成了不可能。"他在《烟花女荣辱记》中解释了他的理由："政府对任何新思想都感到恐惧,不允许在舞台上以滑稽的方式表现现代性。资产阶级没有路易十四那么自由,他们害怕《费加罗的婚礼》出现,禁止演出《塔尔图夫》,当然也不会允许《塔尔图夫》上演,因为图尔卡雷已经成为一位绅士。这就是为什么喜剧采取叙述的形式,而书作为诗人的武器,不那么迅速但更忠实。”

喜剧以及一般的戏剧文化不可能表达的想法,在30年代被频繁表达。路易-菲利浦一世的“资产阶级”政权,其懦弱和小气的政治,对艺术文化的完全漠视,以及富人和商人的主导地位,都足以成为这种悲观前景的理由。戏剧艺术的衰落既可以解释为审查制度和戏剧观众的异质性,也可以解释为政治生活,即“两院喜剧”,吸收了社会的所有注意力,而社会已经对舞台上的喜剧失去兴趣。

被认为在文学中占据首位的小说,必须是一种概括性的体裁。不同体裁(抒情诗、史诗、戏剧),甚至不同艺术(音乐、绘画)的基本原则都应该统一在一部小说中。这就是巴尔扎克所描述的他的使命。

但他允许不同类型的小说,这类型取决于想法、图像的主题、作品的一般情感基调。沙勒的文章对此做了说明,提到了巴尔扎克作品的多样性:作者“改变他的调色板的颜色”,他“简单”或“暴力”,他描写农民、乞丐、牧羊人、资产阶级、部长,他描写社会阶梯的每一步。

这些话在30年代初有非常特殊的意义。在寻找自己风格的过程中,巴尔扎克试图证明他的体裁的多样性,这与激发他的文学传统的基因有很大的关系,而不是与材料本身的要求有关。

这一时期的文学作品,从风格上看,是如此的杂乱无章,以至于把它比作由一千多件不同的衣服组成的意大利小丑的服装,也不失为一种恰当的说法。巴尔扎克怀着一种贪婪的心情投入到各种叙事文学中,直到后来他才试图理解这一时期的体裁多样性:“打算——当然是大胆地——把所有的文学作品作为我的作品的总和来介绍……我被迫接受一切,免得被指责无能。”

当他远离他的“哲学素描”的象征主义时,他的极端浪漫主义激情就会降温,“体裁多样性”的问题就会与要描绘的社会现实材料更紧密地联系起来。达文的《道德研究》导论虽然保留了沙尔文章中所表达的原则，但对它的解释明显不同，其原因当然不仅在于为其撰写导论的作品名称，还在于日期（1836）。

“所有的文学流派和形式都挤在他的笔下……真心惊叹于这么多质感的结合，因为巴尔扎克先生在所有方面都很出色，这是他的职责。因为他想描绘房屋和内部，肖像和衣装，心灵的曲线和脑里的妄想，科学和神秘主义，人与事物和自然的关系。”

这是巴尔扎克不断产生的想法。“不能忘记……我必须描绘一切，而且每个主题都需要不同的颜色。你不能以莫尔索夫夫人的风格讲述科蒙夫人、瓦卢斯骑士、苏珊娜和杜布基耶的故事。”这种“颜色”上的差异伴随着作品结构上的差异。心理小说特别青睐“信件”的形式，《克拉丽莎》需要巨多的信件，《吉尔·布拉斯》需要代词“我”。“每件作品都有自己的形式。作家的艺术就是要体现他的思想。”有些情节适合描述，有些则需要快速行动；有些在不断变化的事件流中发展，有些则完全包含在单一的心理阐述的情况中。

当然，在选择最适合所思的形式时，其潜在的抒情和情感色彩起着重要作用，它与小说的主要思想密不可分，在很大程度上决定了小说的发展方式。这种情感色彩可能会随着思想的具体表达而改变，但它仍然是小说发展中的决定性力量之一。情感基调主要决定了风格，即巴尔扎克努力追求的手段和目的、形式和思想的艺术统一性。这就是为什么在艺术中没有什么流派或形式是不可能的。所有形式都可以适用，但只适用于相应的主题。尽可能多的变化甚至是可取的，几乎是必要的——“否则就不会有对比，而写出故事和社会风气的漫长历史的本质，将不可避免地显得单调”。我们认为，这些对比的原因，与其说是有意识地想使悠久的道德历史多样化，不如说是作家广泛的创作范围和思想多样性要求每一种都有特殊的形式、构图和风格特征。

对多样性的要求还延伸到了语言、词汇和句法。巴尔扎克不断责备他的同时代人，说他们的语句不够活泼、灵活，不够顺从，用同样的语言写出的作品内容完全不同。

浪漫主义美学和古典主义美学之间的主要矛盾在于对艺术创作的心理本质的理解。

古典主义的一个显著特点是对社会行动的明显渴望。诗人总是考虑到他给听众留下的印象。他为读者写作，他想取悦和指导读者，而"取悦"和"指导"，根据古典主义理论，是所有诗歌的任务。整个创作过程是向外的、面向公众的。

伏尔泰和他的学派—— M.J.、歇奈特、勒古维、德拉维涅、茹伊等人的古典主义"哲学"悲剧是最典型的。这场悲剧只是一个教育工具，是对众所周知的社会政治思想的宣传。在富有同情心的观众面前，这些人物以长篇大论的方式提出了合理的政治判断，抨击不宽容，宣扬平等、公平审判、公民的美德和"理性"。于是很快就有了另一种装饰——讽喻，其目的是通过古代历史上的类似情况来提醒观众关注最近的政治事件。

这种艺术是彻头彻尾的"倾向性"的，是为一种几乎是示范性的直接和明显的政治反应而设计的。浪漫主义与这种新艺术形成对比，或者说，开辟了新的从个人意识的更深处涌现的"灵感之匙"。

浪漫主义者教导说，艺术创造必须是完全自由的。对于真正的艺术来说，对社会生活的积极和直接影响是不可能的。读者的期望，对作品实际效用的思考，对其社会效果的思考，都与诗歌创作不相容。非审美的动机阻碍了艺术理念的自由实现，而艺术理念是按照其自身的规律发展的。

从这一立场出发可以得出重要的结论。首先，"美丽"第一次在理论上与"有用"明确对立。首先，艺术并没有失去其社会意义，而是从"取悦和指导"的需要中解放出来。同时，它失去了"世俗""舞台"的特征，获得了更加独立存在的权利。它与社会的关系发生了变化。

然而，如果说在德国本土，这一理论有时是为艺术与生活的彻底决裂提供了理由，那么在 30 年代的法国文学氛围中，它却发挥了不同的作用。

在复辟的最后几年，所有社会力量都联合起来反对政府。深信不疑的保皇党人、自由主义者、共和党人、两院，绝大多数人都反对该部和查理十世所采取的极其反动的政策。所有独立的新闻报社和文学的存在都受到政府的威胁和反对。因恢复审查制度的法令而去世的排字员在七月革命中发挥了重要作用。受共同运动的影响，浪漫主义的左翼色彩越来越浓。昔日“不惜一切代价”的保皇主义没有留下一丝痕迹。甚至像夏多布里昂和雨果这样的浪漫主义领袖也在反对阵营。

因此，在20年代末，浪漫主义与反对派运动步调一致，这几乎囊括了集体的全部。这是一场胜利的运动，它在政治作用上是进步的，而且同情广泛的自由主义圈子。

1830年，情况发生了变化。共和党迅速发展并获得力量，圣西门主义自己组织成一个学派，出现了以“社会主义”为主导的工人诗歌。一直到1836年，被无情残酷镇压的民众起义、共和派起义一直没有停止过。一些曾经的浪漫主义者，比如皮埃尔·勒鲁，他们纷纷离开了纯粹的文学纠纷，进而投入到政治斗争中。所有那些在1830年之前从事“现代”和“当代”艺术的人试图把整个浪漫主义运动扛在身后。他们要求对艺术有更大的社会参与。共和党人和社会主义者皮埃尔·勒鲁、伊波利特·福尔图、亚历山大·迪康，以及《全球》《百科杂志》《共和国杂志》等杂志指责文学界没有参与社会和政治斗争。文学界在政治上无动于衷，这甚至反映在它的主题选择上。七月革命后的浪漫主义并没有发挥它在复辟时期的主导作用。它不再被需要了，就像古典主义一样，它们都不是“社会主义”艺术。

因此，“社会主义”诗歌的传教士拒绝艺术中一切不为直接的和积极的政治斗争服务的东西，同时他们拒绝几乎所有伟大的文学作品，这些作品在那个短暂的时间间隔内产生了许多“永恒的”价值。这些第二种叫法的圣西门主义者的学说以一种扭曲的形式呈现在他们的反对者面前，尽管他们的作者自己经常在狂热的论战中得到极端的结论。左派要求诗歌应该更接近现实，直接为社会服务，而对浪漫主义者来说，这似乎是对所有诗歌的全面破坏。因此，人们认为“功利主义者”更喜欢便宜的汤而不是诗歌，喜欢的是靴子而不是莎士比亚。这种误解变成了强烈的敌意和社会革命主义教义与浪漫主义文学之间的鸿沟。对双方都不利的是,尽管他们的政治立场之间,至少在一开始,并没有那么大的差距,但差距却不断扩大。

但浪漫主义文学与政府之间的关系也并没有好转。在位的金融资产阶级在经历了短暂的自由主义时期后,走上了极端反动的道路。“合法的国家”是由一个非常小的资产阶级内部圈子组成的。他们拥有所有的政治权利,所有的特权,所有的外部荣誉。政府只提倡资产阶级的贪婪、平衡和“谨慎”等美德。一种叫作“黄金分割”的哲学盛行,一种“中庸”(juste-milieu)[1]发展起来,表现在观念、语言和服饰上,这种风格在当代讽刺文学中被反复嘲弄。

没有崇高的愿望,也没有“热情”!浪漫主义是无序的、无政府的、革命的!人们找到了一个公式,它使获得部长职位的梯也尔在1833年就提出了对浪漫主义和所有一般文学的迫害:“浪漫主义是一场革命。”资产阶级曾在街垒上无情地对付革命,现在却拿起了文学这个工具。浪漫主义剧目被禁止在舞台上出现。最杰出作品的作者和出版商因违反道德而受到审判。部长级媒体、被收买的批评家、以“中庸”为目标的杂志订阅者都心甘情愿地参与到以美德为名的对文学的迫害中。回顾一下,巴尔扎克的几乎所有小说都会收到批评家因愤怒的道德感而发出的呼声。特奥菲尔·戈蒂埃写道:“我们有幸生活在这个光荣的时代,它最可笑的特征之一,是所有杂志都在对美德进行恢复,无论它们是什么颜色,红色、绿色还是三色。”

绝大多数艺术家和诗人,即艺术上的“波希米亚人”,与政府和整个资产阶级秩序有着激烈的、不可调和的对抗。现在,“艺术家”和“资产阶级”或“杂货商”之间的对比特别强烈,“杂货商”不仅包括“巴黎的小商人”,按照巴尔扎克的说法,还包括新王国的男爵和伯爵,“成为百万富翁的店主”(司汤达)。

对现代政治现实的厌恶转变为艺术家们高赞“胜利店主”的常

---

1 这里拟指七月王朝“君主立宪”体制。——译者注

态。许多艺术界的波希米亚人最后都走上了街垒，比如巴尔扎克笔下的米歇尔·克雷蒂安就在被政府军打败的圣梅里回廊街垒。更多的时候，抗议是以一种更"安静"的形式表达的，就像那群永远被称为"捣蛋鬼"的浪漫主义青年：年轻人与执法人员发生冲突，打破灯和窗，嘲笑"店主"，但同时也创作了具有深刻社会意义的文学作品，将"暴力"的体裁转向当代主题，用"恐怖的"小说描绘比古老的哥特式文学更恐怖的现实。

然而，这仍然没有给"社会主义"诗歌的共和党人的阵营带来一场令人期待的大型的浪漫运动。对周围"资产阶级王国"的仇恨导致了对纯粹艺术的逃避，达到了从资产阶级现实中解放出来的诗歌的高度。这就是"青年法国"组织在19世纪30年代所做的事情。《年轻的法国》认为艺术不配与现代性建立任何关系——不仅要在经济上依赖它，还要像维克多·雨果那样连带皇家养老金和头衔一起"接受"(他当时倾向于妥协，甚至选择它作为作品的主题)。

文学界，部分是由于外部环境，部分是由于其自身的意愿，与这个时代的伟大政治潮流格格不入。政府并没有因此而苦恼。它并不排斥为艺术而支持艺术理论。它试图孤立文学界，更喜欢它中立的而不是敌对的言论。

为艺术而艺术的理论往往具有不同的意义。30年代，"适应主义"开始出现在"不稳定"和彻头彻尾的资产阶级文学代表中。作家们吸收了资产阶级的意识形态和艺术品位，为资产阶级工作，而不担心作品庸俗或艺术的衰落。他们不是"为自己"写作，而是为公众写作。每个人都被抄写员的畸形成功所诱惑；"店主"们不同情浪漫主义，对文学漠不关心，但他们鼓励自己的诗人。

反对追求成功，反对艺术生产的"质量下降"，反对将艺术作为一种赚钱手段。将艺术作为一种特殊的"奉献"，作为一种"工艺"，浪漫主义者提出了艺术理论。

所有这些"关于艺术与现实的关系"的实践和理论问题也都反映在巴尔扎克的作品中。

为了回应对不道德的不断指责，巴尔扎克呼吁采用真实性这一最高审美原则。他描绘生活的“本来面目”，他写出真相。他不能为了庸俗的道德说教而点缀生活的可见面。艺术不是一种平淡无奇的道德。艺术家描绘了生活，并对其做出了判断。他可以让读者看到可怕的景象，这是由他的素材的属性和艺术规律所决定的。

艺术家只服从他自己认可的更高的准则，根据这些准则，他的想法得以实现。这就是浪漫主义的艺术“自主性”理论。

巴尔扎克写道：“任何通过辛勤劳动取得成就或被大自然赋予创造力的人，都必须单纯为了艺术而追求艺术，而不是向它要求除了它给予的快乐之外的其他快乐，要求除了它在沉默和孤独中奖励的那些财富之外的其他财富。”

因此，在 1830 年，巴尔扎克已经在使用一个后来变得著名的公式——“为艺术而艺术”。在这里，它具有后来主要赋予它的那种“实际”意义。巴尔扎克对当今文学的大众消费者、富裕的店主以及对审美文化漠不关心的七月政府感到恐惧。更为可怕的是那些用对文学的误解和敌视，用对“店主”的卑鄙和屈从来蒙蔽艺术视野的批评。这就是艺术家的悲剧，特奥菲尔·戈蒂埃曾在《莫班小姐》的序言中严厉地提出的这个问题，在巴尔扎克看来，必须通过作家和政府的共同努力才能解决。

巴尔扎克的“为艺术而艺术”的理论是对机会主义和为订单而艺术的谴责。他认为，迎合无能的读者的口味，讨好批评，或遵守部长的规定，都与诗人的使命不相容。但这并不意味着艺术只为少数人所享用。巴尔扎克并不倾向于将艺术限制在一个狭小的入门者的圈子里。他希望它能在全世界产生共鸣。甚至在“为艺术而艺术”理论全面发展期间，巴尔扎克也反对这种艺术的自我限制，反对约在同一时期出现的著名“象牙塔”：“我将永远留在那些暴乱的、不可救药的人中间，他们在艺术共和国中要求眼睛和耳朵的自由，他们声称他们可以享受由画笔、乐谱、印刷机创造的作品，他们不敬地认为绘画、歌剧和书籍是为所有人创造的，如果艺术家只为自己工作，他们会发现自己处于一种奇怪的地位,如果他们是自己作品的唯一鉴赏者,他们会非常不高兴。”

但如何调和这与“为艺术而艺术”的理论?当巴尔扎克谈到读者的要求时,艺术家应该用强烈的文学效果征服他的想象力等等,这难道不与这一理论相矛盾吗?

对现代读者的引用往往成为他在“绘画”中使用过于鲜艳的色彩的借口。但在大多数情况下,对读者要求的提及有更深的含义。巴尔扎克想到的是审美感知的一般规律,而不是对公众品味的放纵。因此,例如,通过提及读者,他确认了“创作的统一性法则”,这是以“感知的统一性法则”为基础的,是巴尔扎克诗学的原则之一。

因此,一件艺术作品的“外部”命运,它的社会共鸣,同时也是它的社会功能,在它身上越是完全遵守最高的美学法则,就越是重要。但这些美学法则创造了艺术的完美,并被艺术家所遵循,他们为了艺术而爱上了自己的艺术。作品的最高质量也保证了其社会效果。因此,巴尔扎克克服了“象牙塔”的浪漫主义学说,同时保护艺术不受资产阶级和政府的侵扰。

古典主义和浪漫主义美学之间的第二个矛盾:一方面是艺术对道德的从属地位,另一方面是艺术从所有伦理政治任务中解放出来。我们已经说过,巴尔扎克站在艺术自主性的角度,但他也同样坚持地谈到了艺术的社会作用。在巴尔扎克看来,作家是人类的老师和领袖,他的作品必须对社会产生有益的影响。

如何证明艺术的有用性,即它提供一种“无私的”快乐?人们可以采取阻力最小的路线——将有用的概念扩展到一般快乐的限度,并以“对我们的快乐有用”(司汤达的说法)的形式谈论艺术的有用性。早在 1831 年,巴尔扎克就在《驴皮记》的序言中表达了这种观点。这一理论在《莫黛斯特·米尼翁婚约》中得到了详细的论述。

“天才必须主要因其有用性而得到尊重”,书中一位对话者说。莫黛斯特反对功利主义,提到现代浪漫主义理论,并将艺术置于低级的实用性之上。卡纳利斯剖析了效用的概念:他谈到了对身体的效用和对灵魂的效用。当然，一个人不能用书来装扮自己，最美的思想也难以代替船的帆。但是，技术的进步“不会给一个国家注入活力，告诉未来它曾经存在。所有天才的创造都构成了某一文明的顶峰（summum），并意味着巨大的效用”。一切（对身体）有用的东西都是令人厌恶和丑陋的。房子里的厨房是必要的，但你不会住在里面；你把时间花在客厅里，你却用完全不必要的东西来装饰它。

这个问题是通过简单的商业计算实际解决的，完全符合重商主义时代的精神。卡纳利斯给予了一个意想不到的转折，在提到艺术作品的商业价值时，他认为它们具有“积极的社会效用”。

但这种商业论证纯粹是诡辩，是建立在四词谬误（quaternio terminorum）之上的。艺术的本质是其社会影响的可能性。当然，艺术不能为了政治和道德而背叛自己的任务。这些任务是在对人和社会以及驱动它们的规律进行真实和哲学性的描述。一个“有倾向性”的作品，一个有外部强加的道德的作品，不可能是客观真实的。但对现实的真实描写总是包含着道德信息和某种伟大的政治意义。这就是它的社会意义所在。艺术家越是真诚和“天真”，其作品的道德意义就越深，其社会影响也越大。

从这个角度来看，艺术只有在不受社会压力影响的情况下才能实现其社会目的，无论其表现形式如何。无论是道德的还是政治的“倾向”，都会毁掉艺术，巴尔扎克在这一点上同意浪漫主义者的观点。但真正的、伟大的、“天真的”艺术是一种巨大的社会力量，在这里，巴尔扎克回到了法国对“艺术首先是一种社会活动”的理解。这两个矛盾的观点被结合在一个最高的综合体中，《人间喜剧》就说明了这一点。

因此，对综合的追求是巴尔扎克自30年代初以来的美学思想的特点。他给自己的学派起的名字——“折中主义”——会让人想起他的老一辈艺术家维克多·库桑的“折中主义”哲学。在这里不能说是库桑的“影响”。但也许库桑对折中主义的定义有助于巴尔扎克将他的第一次综合尝试理论化。然而，浪漫主义的主要代表早就说过，新的学派被要求总结欧洲以前所有的文学发展，将所有国家文学的成就统一起来。它要么是“拉辛和莎士比亚”之间的妥协，如20年代的戏剧，要么是使用各种外国情节和再现“本地色彩”。这些综合的尝试也体现在更大的文学形式的组织中，结合了抒情、戏剧和史诗元素的诗歌、戏剧和小说、喜剧和悲剧，等等。正是在这种背景下，巴尔扎克反思了自己工作的任务。他所梦想的综合体应该包括最伟大的文学大师的作品，或者说是创作方法。在这方面，他谈到了拉布吕耶尔、莫里哀、莎士比亚、拉伯雷、沃尔特·司各特和法国悲剧。他在新文学的代表中揭示了两种对立的方法，把它们定义为思想的诗和形象的诗，这种分类在历史上是没有道理的，但它使巴尔扎克提出了一种可能的综合方法——把思想引入形象，这在《人间喜剧》中是有意识地实现的。与其说这是两个不同流派的调和，不如说是两种不同方法的综合。

编后记

康斯坦丁·亚历山德罗维奇·费定（Константин Александрович Федин，1892—1977），苏联作家和记者、苏联作家联盟一等秘书（1959—1971）和董事会主席（1971—1977）、苏联科学院院士和德国艺术学院（GDR）成员（1958）。曾获苏联社会主义劳动英雄称号（1967），四枚列宁勋章（1962、1967、1972、1975），十月革命勋章（1971）和民主德国一等祖国功勋勋章等。主要研究论文有《巴尔扎克〈村中司祭〉论》《奥诺雷·德·巴尔扎克对都市劳动者之见解》《巴尔扎克〈步态理论〉之诸问题》《对巴尔扎克〈不为人知的杰作〉的一项考察》等。

本文译自：К. А.Федин, Повести и рассказы :［Пер. с рус.］, Радуга, 1984, С. 561–573。

巴尔扎克的文学趣味所在

作者　[日本]中堂恒朗
译者　程一骄

巴尔扎克晚年有一部中篇小说叫 *Les Comédiens sans le savoir*，1846 年出版，可以翻译成《不自知的喜剧演员》吧？这是一部读起来像滑稽戏（farce）的作品，也没什么了不起的。主人公名为加佐纳尔，是个五十岁左右的中年男子，1842 年前后来巴黎度过了两年。他因为朗格多克地区的毛织物工厂的土地问题，与县里发生诉讼而来到巴黎，但案件一直没有进展。在母亲的亲戚中，有一个叫雷翁·德·罗拉的画家从意大利旅行回来，与加佐纳尔相遇。他的朋友比克苏（我称其为“比思尤”，但好像也有人称之为“比思乌”）是位讽刺画家。这两个画画的给加佐纳尔当导游，带他逛巴黎，还带他去熟人的地方，与各种职业的人见面。其中有一位名叫雅尼·卡迪娜的喜剧歌唱演员，加佐纳尔对她神魂颠倒，宣称“我已经对过去的事情无所谓了”。汇票被取走后就什么也没有了。这些其实都是雷翁和比克苏的计谋，这两个人是议员、大臣，除此之外书中还有很多这样的大人物，他们把加佐纳尔介绍给他们。另外，关于这位叫雅尼·卡迪娜的女演员，有个叫马索尔人的是国务委员会的调查官，是负责这项工作的权威人物，女演员是他的情妇。马索尔负责确保加佐纳尔的诉讼案件能够胜诉。这部小说的梗概是，加佐纳尔在巴黎被狠狠地戏弄了一顿，为了他的事众人各显神通。这虽然是一部没意思的小说，但除了加佐纳尔以外的登场人物，大都是《人间喜剧》的常客。这部作品里，拉斯蒂涅、杜·蒂耶等熟悉的人物像参加同学会似的齐聚一堂。这部小说标题中的"喜剧演员"是复数，喜剧演员并不是指法国南部乡下的布尔乔亚中年男子，而是各种各样的登场人物，是《人间喜剧》中熟悉的喜剧演员们。加佐纳尔的两位向导当然也是老相识了。这就像是对介绍炼狱和地狱的但丁的"神曲"的戏仿。加佐纳尔可以说是新来的大叔。按理说，这个男的应该是被戏弄而不自知的喜剧演员，但实际上并非如此，小说是像新人的欢迎会，被戏弄的反而是读者。这是一部像看同学会杂志一样没意思的小说。

但是，我重新考虑后，突然发现了一件事。在这滑稽戏般的表象下，可以看出，巴尔扎克内心怀有隐秘的创伤，他把自己当作但丁。这个加佐纳尔来自与西班牙接壤的东比利牛斯省，是鲁西荣-朗格多克地方出身。为了他的事情不遗余力的政治家马索尔是卡尔卡松出身。这个叫朗格多克的地方，是巴尔扎克的始祖待过的地方。巴尔扎克的始祖出生于塔尔那县一个叫拉奴盖里耶的村子。它位于卡泽纳克市旁，附近最大的城市是阿尔比。这一片地区完全未成为巴尔扎克小说的舞台，可谓禁忌地带。原因在于，巴尔扎克生于1766年、死于1819年的叔父路易·巴尔萨在这一带被判处死刑。这个叫路易·巴尔萨的叔父，因为参与了犯罪事件，在1819年被判了死刑，给巴尔扎克家蒙上污名，巴尔扎克家的人不想家丑外扬。由此可知巴尔扎克为何完全没有把这一带当作小说的舞台。路易·巴尔萨叔父的案件于1922年被公开，那时巴尔扎克离世已久。一个叫路易·鲁迈的人在杂志上发表文章指出此事后，世人为此惊讶不已。1837年7月19日，巴尔扎克本人在给韩斯迦夫人的信中写道："我对所有人来说都是难以解释的人，没有人知道我人生的秘密，我也不想把这个秘密公开。"这个秘密到底是什么，当时还不太清楚，库尔提斯也以这个秘密为课题研究过巴尔扎克，最近，这个秘密——路易·巴尔萨的秘密——被曝出，是从20世纪后半期开始的。巴尔扎克写给韩斯迦夫人的信中的话，可能不仅仅是关于这个路易·巴尔萨事件，但可以推测，这块压在全家人头上的乌云，给二十岁左右的奥诺雷造成了很大的打击。奥诺雷的父亲贝尔纳-弗朗索瓦（1746—1829）是巴尔萨家十一个孩子中的长子，刚才提到的路易则是最小的儿子。我不知道这么多个孩子都是怎么养大的，只是养育十一个孩子很不容易，农民巴尔萨家的生计令人担忧。那桩杀人案发生在1818年的夏天。一个名叫塞西尔·苏丽艾的年轻姑娘遭人勒杀，尸体被发现。传言她已怀孕六个月。她在一个叫作让·阿尔巴尔的公证人处做小工。另外，她好像也在路易·巴尔萨那里工作过，给人感觉是一位农家出身、到处打杂的可怜女性。两个男人，即公证人阿尔巴尔和路易·巴尔萨，似乎与这位身份不好的姑娘走得很近。路易因为逃离拉奴盖里耶村而被怀疑，被逮捕。好像经审问后他招认了。这么一来，路易一年后，即1819年的8月16日被送上断头台。但这好像是误判。真凶似乎是让·阿尔巴尔，这个公证人花钱让路易保持沉默。奥诺雷·德·巴尔扎克的父亲贝尔纳-弗朗索瓦当时从图尔来到巴黎，是个即将退休的官员，过着资产阶级般的生活。连名字也从巴尔萨改成了巴尔扎克。关于改名，不少人将之单纯理解为势利行径，但私以为，巴尔萨之名与杀人案相关，改名还出于撇清干系的考虑。排行在奥诺雷父亲贝尔纳-弗朗索瓦之后的弟弟叫让，让的儿子、奥诺雷的堂弟让-弗朗索瓦是做公证人的。这位公证人同样将名字里的巴尔萨改为了巴尔扎克。让-弗朗索瓦·巴尔扎克也为了洗刷巴尔萨家的污名而不懈努力。传闻他为了确认路易的案子是否为冤案，再三地找过伯父贝尔纳-弗朗索瓦，频繁寻求援助。但据说奥诺雷的父亲年少时曾在公证人阿尔巴尔那里干活，受过对方恩惠。可能出此担心，他对于侄儿的请托仅做出冷淡回应。换言之，公证人阿尔巴尔的事务所成了巴尔萨家发迹的开端。故此，朗格多克一带对奥诺雷父子来说，是难以忘怀的，或者说是想忘也不能够忘的地方。似乎那里代表着一种两难之境，与两种色彩交织的过去相联系。

刚才已介绍过，我觉察到，那片黑影就悄然潜伏于《不自知的喜剧演员》之中。从加佐纳尔身上，可以看到为洗刷路易·巴尔萨的冤屈而四处奔走的堂弟让-弗朗索瓦的身影。雷翁和加佐纳尔是远亲兄弟。加佐纳尔希望能够胜诉，虽然是桩民事诉讼，但我推测这里隐藏着对路易·巴尔萨在天之灵的告慰。基于如此考量，这部小说出人意料地深刻。在读小说时夹带着对巴尔扎克私人生活的考量，或许是一种邪门歪道，但在巴尔扎克的小说里，通过他的秘密与作品相联系的地方，能够品出意料之外的深意。从这点而言，这部作品对于了解巴尔扎克具有重要意义，或者可以说，要说明巴尔扎克小说的趣味所在，我就会将之作为例子。一位名叫穆里耶的研究者指出，在巴尔扎克身上有一种从内心深处发出的对正义和审判的疑虑和警戒之念。他还指出，在巴尔扎克身上有一种对法律、契约、婚约等的怀疑。巴尔扎克对犯罪、警察乃至社会内幕史的关切，不可否认与哥特式小说、报纸连载小说等的影响和要求相关，但私以为更多地源自他本人内在的诉求。巴尔扎克不追求破邪显正，也就是不讲恶者败亡、善者胜利之类的话。有的小说里正不胜邪，没有展示出教化作用。话说回来，可能当时的浪漫主义、对邪恶的赞美等被添加进了小说里，特别在巴尔扎克那里，“恶”似乎着实熠熠生辉。作品当中，有时候犯罪的一方反而受到市民信任。警察既像蛇一样阴湿、阴险，又像猴子一样狡猾。这样的情况从革命时代开始，不，从旧时代开始就已经出现，一直持续到19世纪前半叶。有时候犯罪同伙间颇见信义，市民们则一直受困于阶级变化所带来的不安定和向上爬的野心，以及与之相伴的嫉妒心、好胜心，以及告密、背叛、反目等。积累了巨额财富的银行家纽沁根，通过伪装破产等毒辣手段导致许多人破产，而这却是合法的犯罪，不会被检举。与之相反，小偷小摸的贼却会被蜘蛛网缠住。巴尔扎克表示，在法国革命时代，市民本身就是警察。此后，热月政变以后，警察和反警察（contre-police）对立，统治者间的霸权之争使警察内部失和。另一方面，市民们在革命中，驱逐、杀死、迫害那些镇压过他们、把他们送上断头台的家伙们。纳波莱昂虽然暂时平息了事态，但他也不相信警察，有他自己的反警察，且这点在路易十八世时代也没有改变。这样的警察之间的失和、市民之间的倾轧和对立等，是全社会信任感缺失的修罗场。这种情形,使得“人间喜剧”变成“非人间的喜剧”的样子。“非人间的喜剧”是安德烈·维尔姆塞(André Wurmser)的说法。巴尔扎克经常引用的一句谚语是“就算招牌变了,酒还是一样的酒”。意识形态等是不可信的,现实总是处处透着可疑。如此一来,市民也就变成跟警察一样的了。巴尔扎克目光锐利,通过细致入微的描写对事和人发起追问,拥有直接感知对象内在黑暗深渊的洞察力。他奇妙地对地理很熟悉,游荡于如陋巷住民的内脏般裹缠起来的、臭气飘荡的街角,竖起耳朵去听、去追踪。同时他陷于自己是否被别人追踪的恐惧之中。如此一来,巴尔扎克就成了观察者、打探者、信息搜集者和窥视者。这是像刑警一样的,或者是像逃亡者的巴尔扎克。

在巴尔扎克的小说中,刑警和嫌犯常常发生相互渗透,在这一点上似乎联系在一起了。在马塞尔·施沃布的短篇里,便有着双方立场逆转的心理状态。这种相互渗透的状况正是巴尔扎克创作中常见的主题,客观的学者因其研究热情而成为疯子,疯子则以独特的感性变成学者模样,巴尔扎克经常描绘疯子和学者的相互渗透。所有被称为文明的,都产生自人类的劳动。而劳动又是这样一种混合体:经由自我外化而实现的文化,混以经由异化而导致的身份丧失。达兰巴赫说过,通过异化和内化相互作用(这一点我后面还会讲到),巴尔扎克的世界变为混沌。社会中这种统治与被统治的立场不知何时会发生逆转,本处边缘的人有时会悄然移至中心,而位于中心的又会不知不觉间被排挤至边缘。这种以下克上的现象,可以说是权力的根茎结构,尽管最近提到根茎结构似乎都与权力相隔甚远。我认为,在巴尔扎克的世界里,权力本身存在根茎结构,巴尔扎克描写了这种结构。其原理是金钱原理。金钱原理这个东西,处于在社会的中心。只要这个金钱原理在社会的中心,统治者和被统治者便会逐渐联系起来。就是这样一种结构。中心和边缘变得混淆不清了,这就是巴尔扎克要告诉我们的。

这里我想介绍一些巴尔扎克所刻画的警察。巴尔扎克笔下特别知名的警察当中,最早的三个人是科朗坦、贡当松、佩拉德。这三个人令人印象深刻。科朗坦的原型是真实存在的人物富歇，巴尔扎克是把他当作富歇的私生子来写的。从巴尔扎克的《舒昂党人》到他晚年的作品中，这位像蛇一样深怀执念的警察反复登场。他一直阴魂不散地纠缠着维尔内伊小姐，她曾是丹东的情人。在《舒昂党人》里，他背负对保王党的间谍任务，监视韦尔内伊小姐。科朗坦活跃于拿破仑时代、路易十八世时代乃至七月王朝时代，是《人间喜剧》中绝不会死的人物。伏脱冷也没有死。伏脱冷的真名是雅克·柯冷。他曾遭抓捕，后成为逃犯。此人绰号“鬼上当”（Trompe–la–mort）。事实上科朗坦就像前面所说的那样不会死，有一种不死之身的感觉。巴尔扎克没有写科朗坦和伏脱冷这两个人之间的格斗，感觉似乎只要如此，《人间喜剧》的故事也将会一直就这样继续下去。科朗坦毕竟是以富歇为原型的，因此在性格、风貌上都与富歇相似。众所周知，富歇是位僧侣出身的革命家。他在里昂开展大规模肃清行动，镇压了“非爱国的活动”。之后富歇进入中央政府，但与罗伯斯庇尔不合。被罗伯斯庇尔盯上后，他巧妙地躲避攻击，在热月政变以后重出江湖。一个叫巴拉斯的男人也颇为精明，巴拉斯比富歇年长一些，是富歇的恩人。随着形势发展两人一同崭露头角，在督政府和拿破仑·波拿巴统治时期也非常活跃。富歇同巴拉斯虽然曾一起大展拳脚，但好像后来富歇背叛了巴拉斯。富歇是个消息非常灵通的人，受拿破仑器重，被任命为警察大臣。拿破仑虽然对这个男人很警惕（据说有时他对此人非常生气——茨威格经常写到这一点，非常有意思），却又没法舍弃他。据说拿破仑设立自己的反警察机构正是为了监视富歇。与富歇一同度过拿破仑时代的人当中，特别要提到的是塔里朗和西哀士。他们和富歇都亲历法国大革命，在拿破仑时代之后仍然幸存。这两人也是僧侣出身。三个人都是僧侣出身，这一点很有意思。塔里朗是在路易十八世时代也很活跃的外交官。路易十八想起用富歇，但他在革命中当过叛徒，曾投票赞成判处路易十六死刑。因此，富歇被驱逐了。他从法国出发，一路经过东欧到达意大利，死在那里。而塔里朗一直活着。他与富歇性格不同。富歇喜欢研究资料，为人冷静，消息灵通，巴尔扎克身上也有与之相似的地方。塔里朗则是凭直觉的实干家。还有一个叫西哀士的男人，在法国大革命的开始和尾声时曾经亮相，但在革命期间却没有出现。换言之，他平安度过了法国大革命时代。此人曾说过“J’ai vécu”，即著名的台词“我活过了法国大革命”。从说“什么是第三等级”开始，到“J’ai vécu”，西哀士、塔里朗和富歇这三个僧侣出身的男人，是巴尔扎克小说里极为重要的人物形象。我希望大家在读巴尔扎克的小说时能够记得，这样的人物形象是真实存在的。巴尔扎克的父亲也让人产生相似的感觉。他也是一个活过了法国大革命的男人。巴尔扎克并没有认定富歇、塔里朗等人一定是恶人。在一般认识中富歇是非常坏的，但巴尔扎克却没有说这个像蛇一样的家伙一定是坏的。在我看来这是不可思议的。巴尔扎克似乎从这种活到最后的谋士身上感受到了某些难以割舍的东西。从这里能够感受到巴尔扎克所拥有的特质，即巴尔萨家的、农民式的生命力，同时还有阿兰所说的“巴尔扎克身上有种对人的包容”。这在司汤达身上是没有的，司汤达所有的是愤怒。司汤达嫉恶如仇，巴尔扎克则未必如此。包容不同于宽容，宽容是从上往下看，而包容并非如此，它虽也是一种“宽容”，不过是类似“算了，也行吧”的态度。阿兰认为，巴尔扎克的这种态度，比司汤达的愤怒更可怕，是令人生畏的。我对阿兰提到的这种巴尔扎克的可怕之处印象深刻，尽管阿兰的巴尔扎克论时间比较早（1937年）。接下来我想谈谈贡当松和佩拉德。贡当松生于18世纪60年代，因为科朗坦出生于70年代，所以贡当松年长一些。我一度以为科朗坦年龄更大，但实际上是贡当松更年长。佩拉德50年代出生，还要更加年长一些。这么看来他们是三代警察，其中年纪最大的是佩拉德。贡当松这位警察的名字是虚构的。他在巴尔扎克晚年所写的《现代史的内幕》中登场。贡当松在其他作品中也曾出现，但是在这部作品里明确出现了姓名。他的名字非常长，全名为贝尔纳-波利多尔·布里庸·德·图尔-米尼埃尔，一般只称布里庸。此人是个双重间谍。在《现代史的内幕》中，布里庸属于布列塔尼人士，和下诺曼底的反革命分子、反拿破仑的保王派一伙。但事实上他是拿破仑派出的间谍。这事没被人注意到。而且在《现代史的内幕》中，布里庸有个妻子。她名叫亨利亚特·德·拉尚特，是一个狂热的保王派，母亲是德·拉尚特夫人。当时发生了袭击运送现金马车的事。这就是抢劫保王派的运送现金马车的案子，据说抢走了103 000法郎。因有人告密，犯人们被一网打尽了。告密者多半就是布里庸吧。他的妻子亨利亚特被判处死刑，和断头台的露水一起消逝。母亲则被判处了二十二年徒刑。这是《现代史的内幕》里描写的一桩悲惨事件。名叫布里庸和贡当松的警官，实际上是暗中背叛了拿破仑的警官；从以前开始直到拿破仑时代，他与后来路易十八时的里尔伯爵私下也有联系，立场很不明朗。贡当松（布里庸）在拿破仑统治时期似乎是拿破仑的追随者，但在拿破仑没落时则是一棵随时会投向保王派的墙头草，可谓老奸巨猾。这样的家伙就是作品里登场的警官。王政复辟末期，贡当松和佩拉德一起抓捕刚才提到的犯人伏脱冷时，贡当松被逃逸的伏脱冷从屋顶推落摔死了。佩拉德也是追捕伏脱冷的警官，被伏脱冷手下的阿吉（他的爪哇“姑妈”）给毒杀了。也就是说，贡当松和佩拉德都被伏脱冷和他的手下给杀了。只有科朗坦幸存下来。佩拉德警官的英语很好，在《烟花女荣辱记》里扮作纳巴贝模样的英国有钱绅士出场。佩德拉有个叫里迪的私生子被伏脱冷的手下侵犯后疯了。时间关系，这些事情我这里就略过不讲了。最后伏脱冷的恋人吕西安被捕，在狱中自杀。伏脱冷发誓要报仇。另一方面，科朗坦的两位前辈被伏脱冷杀害，因此他发誓要向伏脱冷寻仇。巴尔扎克终究没有写伏脱冷和科朗坦的对决，让人感觉尚留余地。在某种意义上，支配着巴尔扎克的大小说群基础的，正是科朗坦和伏脱冷。或许可以说，这是蛇猪格斗的暗黑史。基于金钱原理的上层布尔乔亚统治的表面之下，基础不断动摇。原本雅克·柯冷在恋人吕西安死后莫名地老实了，似乎被拔擢成了保安警察的头目。小说最后，他本人从逃犯摇身一变为警官中的一员。在《高老头》的最后，前来逮捕伏脱冷的保安警察头目比比-吕潘其实以前也是逃犯，结果伏脱冷成了他的继任者。另外，保安警察头目伏脱冷的助手是个名为泰奥多尔·卡尔比的科西嘉人，也是伏脱冷的旧情人。众所周知，伏脱冷是个同性恋者。泰奥多尔·卡尔比是双性恋。科朗坦和伏脱冷的恩怨可能会变为警察内部的战斗。一旦读了这样的小说，警察和犯人（包括盗贼团伙和杀人犯等）之间的界限就变得暧昧了。这或许是一种在统治机制中，为了进一步扩大统治力量而秘密拔擢边缘人物的权力机制。或者说，这是巴尔扎克特有的想象世界中权力和犯罪的莫比乌斯式的结构。总之，这里我不追问这种错觉的现实感是否真实、是否为对现实的反映，但在巴尔扎克那里的确存在权力与非权力的联结。表与里是结合在一起的。我认为，巴尔扎克小说的有趣之处，正在于能够感受到这种令人毛骨悚然的团块状的东西。表与里不是二元对立的，似乎在表里一体中可见真实。巴尔扎克的真实总是举步维艰的，是在黑暗或迷雾里蹒跚前行。他讲的是一瘸一拐往前走的真实（la vérité qui va boitant）。或许这样的真实，正是因被包裹在浓重的黑暗之中，才成为真实。在巴尔扎克那里，暴露在表面的真实就像是看老照片一样，调上颜色才能看。真实，是隐藏起来的。如前所述，巴尔扎克就像窥探者一样仔细地观察他人，竖起耳朵来听。他的眼光，正如异端审问官一样。他的嘴巴，像销售员一样健谈。他又是个像富歇一样的消息灵通者，对世上的各种事情知之甚详。他就像是个刑警。一旦想到他像个刑警一样追踪他人，那么他似乎也同时害怕像犯人一样被他人追踪。有个叫戈兹兰的人写到了这一点，说道“那个人是监视我的密探”。一旦深入观察他人，自己就会被拽进他人内部，身份变得不稳定，徘徊在癫狂的边缘。在巴尔扎克那里经常出现这种自己与他人的逼近。1836 年问世的《法西诺·卡纳》的开头部分登场了一位肖似青年巴尔扎克的“我”，展示了这一点。窥探者会转化为幻视者。一直凝视他人，便会被拉扯，被拽入幻想世界之中，被反客为主。这可谓作家式的行为。对于巴尔扎克而言是调换（substitution），自己和他人相互置换，进而是卖淫（prostitution）。这是波德莱尔说的，他把艺术称为卖淫。从巴尔扎克身上能够看到这样的地方，他想到了这么一种卖淫。倘若在巴尔扎克的世界里有表与里的莫比乌斯带，那么他自身也有自己的莫比乌斯环。这不是巴尔扎克受兴奋剂刺激而迫近幻想和陶醉的东西。不能这么去想它。巴尔扎克确实对麻醉药、烟酒等兴奋剂展示出了极大兴趣,但也对这些东西保持高度警惕。不管怎么说他到底还是朗格多克的高卢农民的子孙。一副好好吃饭、好好劳动、好好玩耍的健康身体是巴尔扎克的基本面。我觉得最好不要把咖啡和巴尔扎克的关系神话化。巴尔扎克的确豪饮咖啡,但这是一种不得已而为之的罪过。在他的基本面里有劳动。巴尔扎克骨子里有着两面派农民的影子,他们尽管对统治者保持警惕,但如果有机会也想掌握权力,并怀揣如此梦想默默工作。这与波德莱尔和兰波不同。巴尔扎克所有的是一种更坏的质地。巴尔扎克读过托马斯·德·昆西的《瘾君子自白》(缪塞翻译的法语译本),《法西诺·卡纳》的确受到了它的影响。德·昆西是麻醉药爱用者,是位知识分子绅士。他是漫步于伦敦平民区的浪荡者。在德·昆西的作品里写到了对贫困的同情,以及向其中的美丽女性示爱。德·昆西是个学究。他所写的麻醉药爱用者的文章,与巴尔扎克那样的规矩健全的文章是不同的。我不看重巴尔扎克与兴奋剂的关系。我想再谈谈巴尔扎克文学的其他特征。我前面说到了巴尔扎克莫比乌斯式的结构,即表与里、统治与被统治是一体的。再者,巴尔扎克虽然经常写反客为主的主题,但另一方面激情的内容也相当多。但我接下来想说的,是巴尔扎克文学里一种将沸腾的东西冷却的"逃避",也就是所谓的"失望";这是罗兰·巴特的说法。这可以说是巴尔扎克式讽刺,是一种独特的现实主义。巴尔扎克年轻时没写完的小说中,有一部模仿沃尔特·司各特的《法尔特恩》。巴尔扎克写到原作者是意大利亚人萨沃那提神父。这当然是架空的作品。内容如下:有一部翻译成法语的作品出版,译者是一个名为马特里康特的小学教师,在巴尔扎克的设定里他是一个把作品翻译为法语的译者。这位译者完全不忠实于原作,介入了小说之中,对原作者萨沃那提神父进行评论。评论的话里有这么一句:"在《勒内》里人们在吃饭吗?"《勒内》是夏多布里昂的著名小说。这位原作者萨沃那提写了登场人物吃饭的情形,马特里康特对此颇为褒扬。马特里康特认为描写吃饭的情形是很了不起的，这也是巴尔扎克的意见。写上“在《勒内》里人们在吃饭吗？”这一句，是对夏多布里昂表示不满。换句话说，浪漫派不写吃饭之类的事情。对于巴尔扎克来说，现代的小说就是要写吃饭、金钱之类的，写物质的东西。巴尔扎克想强调这些细节是非常重要的。但此时的巴尔扎克处于与中心无关的“旁边”（à coté）或“注释”（en note）的位置。À côté 指的是“旁边的位置”；en note 指的是“笔记当中”或“注释里”。À côté 这个说法非常有意思，à côté 的现实主义是巴尔扎克独有的。À côté 这个词组在 1838 年的《纽沁根银行》结尾部分出现过。这个纽沁根是个富有的银行家。四个消息灵通的男人在餐馆包厢里喋喋不休地讨论纽沁根到底是个什么样的人。这四个人当中就有前面提到的比克苏。小说里，“我”和恋人就在这间包厢的旁边。这四个人不知道近旁有人。他们边吃边喝，大声议论着社会的内情。四个人的谈话接近尾声时，隔壁房间的情侣也回去了。“哎呀，隔壁的房间里原来有人啊。”四人当中的一位记者菲诺说道。接着比克苏说：“旁边总是有人呀。”小说就此结束。这个 à côté 是很常见的。À côté 是巴尔扎克特有的、非常有意思的表述。在《法西诺·卡纳》中也出现过。在《纽沁根银行》里，写作者巴尔扎克出场，“我”和情妇听到了四人的交谈，这四个男人谈论的是大富豪纽沁根的事情。这部小说里，à côté 结构得到进一步的贯彻。巴尔扎克、“我”与情妇、四个男人、纽沁根，按照旁边、旁边的旁边这样依次相连。在《纽沁根银行》里可以看到 à côté 结构贯彻得很彻底。《幽谷百合》这部篇幅较长的书信体小说（我认为翻译为《河边的百合》更好）也是如此。有人说书信体小说与巴尔扎克不搭，我不敢苟同。有人提出书信体小说止于 18 世纪，我认为未必如此。巴尔扎克至少写过两部非常著名的书信体小说。长篇的《幽谷百合》以娜塔莉冷淡的回信结束。结尾写道：“我不想被迫去听像您这样的狂热恋爱小说。我讨厌您。”这也是一种前面提到的“逃避”。我一直以来都在拼命地读恋爱故事，却这一部似乎有种扮鬼脸吐舌头的效果。此外，巴尔扎克的小说还常以疾病、妊娠之类的生理性事情来结尾。沸腾的热浪就像这样急转直下快速冷却，这是巴尔扎克的小说颇为有趣的地方。"在《勒内》里人们在吃饭吗？"这句话，一方面是重视细节，另一方面是"逃避"的、"在一旁"(à côté)的现实主义，将狂热冷却下来的现实主义。巴尔扎克身上特有的两种现实主义似乎是相互重叠的。关于这一点，我认为"在《勒内》里人们在吃饭吗？"这句话非常有意思。这个细节与 à côté 的现实主义，或许正是刑警的姿态。归纳而言，或许不妨称之为刑警式的现实主义。巴尔扎克在创作《舒昂党人》之前，似乎曾打算用化名维克多·莫里荣来写《小伙子》(这是舒昂党首领的绰号)。"通告"(也就是莫里荣写的序言)是在 1828 年写的，在 1931 年，巴尔扎克去世许久之后才被出版。这里不讨论这篇序文的内容，巴尔扎克说这篇序文是莫里荣写的。这个莫里荣说出版(publication)就是卖淫(prostitution)，出版行为就是卖淫行为，"去吧，我灵魂的女儿们"，在这里翻译成女儿或许不妥，我认为翻译成妓女会比较好。这句话似乎是在呼唤孕育自他内心的东西。1832 年问世的《小说理论》，也可以叫作短篇的理论，这部短篇(指《都兰趣话》)的作者巴尔扎克对"我的酷似别人的人"，也就是对塑造出来的人物奉上重礼，这一点写得相当有趣。巴尔扎克作品中的人物或多或少都衍生自他的内心世界，是他的分身，这在皮埃尔·西特翁的著名研究著作《在巴尔扎克作品中》中有详细的说明。关于这个分身(double)的问题，成为分身的人物有所谓的"酷似别人的人"，即一模一样的；也有"反酷似别人的人"(anti-sosie)，即毫不相似的，例如吕西安这个像女人的男人(虽然很有男子气概)。这也是巴尔扎克的分身，是"反酷似别人的人"。所谓"同行"(homologue)，是指那种有着巴尔扎克式的思想或倾向的人。各方面都源自巴尔扎克的人物有很多。例如，伏脱冷身上有酷似别人的地方，吕西安身上有反酷似别人的地方，最近有位叫舒埃尔韦根的巴尔扎克研究专家将之称为"巴尔扎克对阵巴尔扎克"；敌与我，或者美与丑杂乱交融，巴尔扎克的分身乱舞。这个世界上有巴尔扎克这一异样的肉体，其分泌物带来的怪物般的精神结构本身也似乎存在。

在"巴尔扎克对阵巴尔扎克"这样的整体中，也就是与巴尔扎克相似的不太美的巴尔扎克和非常美的巴尔扎克杂乱交融，构成了怪物式的精神结构。这在某种意义上或许也可以说是刚才讲到的巴尔扎克的莫比乌斯式结构。接着往下说，刚刚提到了名为维克多·莫里荣的、写了《小伙子》序文的男人。莫里荣（Mollion）是个很奇特的名字。这并非巴尔扎克的笔名，而是个虚构的名字。序言中提到这个维克多·莫里荣 1788 年出生于旺多莫瓦地区的小镇。这个虚构小镇名字奇特，叫蒙杜布洛（Mondoubleau，意为我的分身）。巴尔扎克这样写着，仿佛在说别人的事。作者奥诺雷是"在旁边的"（à côté），不会正面出现。"Mollion"这个词原本的意思是黑色的野鸭，是鸭的一种。换句话讲，鸭（canard）象征着叽叽喳喳的谣言，是一个隐藏着意见、传闻等意思的词汇。巴尔扎克是所谓的知情人，我前面提到富歇来解释过这个词。巴尔扎克消息非常灵通，像刑警一样知道各种信息。"Canard"，这个原意为鸭子的词，与"canal"（管道、渠道）这个表示信息通道的词（这也有运河的意思）也相通。在巴尔扎克 1832 年的短篇小说《菲尔米亚尼夫人》里，写道"真理举步维艰，世间充斥谣言"，表达的是人的真相很难捉摸。这表面上的传闻，是真理或真相的借居之所。事实上，真相、真理之类的，反而像是借居于表面般扭扭捏捏的传闻。真理，不像在伏尔泰或左拉那里那样堂堂正正地迈步走。巴尔扎克的真理总是走得小心翼翼，走得趾高气昂的是信息。信息昂首阔步自以为是，真理瞻前顾后曲折向前，这就是巴尔扎克的结构。真实与传闻混成一体，我感觉这或许也是一种莫比乌斯式结构。巴尔扎克称自己是描写社会风俗的书记员，也就是记录它秘密的记录员。莫里荣这个词有"黑"（noir）的意思。这里所说的 noir 也有代作者、复制者的意思。他一心一意、放低身段，努力效仿沃尔特·司各特书写历史。这位莫里荣最终成长为奥诺雷·德·巴尔扎克，在 19 世纪 30 年代他作为一名古怪的花花公子出入沙龙，竖起耳朵倾听、提问、喋喋不休，还花费七百法郎购买棍棒一样的手杖拿在手中；手杖原文是（canne），与 cane（鸭子中的雌性）谐音；手杖上镶着绿松石，握柄处嵌入 les Balzac d'Entraigue（巴尔扎克·丹特拉格）的纹章。关于巴尔扎克·丹特拉格，亨利四世的宠臣里有一位名人就叫这个名字，巴尔扎克吹嘘那是自家血统。另外，在拿破仑时代有一个叫丹特拉格的保皇派间谍，不知道是否与这个家族有关。巴尔扎克的手杖形状像阳器，似乎在当时很有名。好像可以说它是巴尔扎克精力的象征，是条个性手杖。这在社交界颇有影响力。戴尔菲娜·德·吉拉尔丹，也就是报纸大亨埃米尔·德·吉拉尔丹夫人，写了一篇名为《巴尔扎克先生的手杖》(*La Canne de M. de Balzac*) 的小说。这是篇科幻小说风格的小说，讲的是美青年借巴尔扎克的手杖而出人头地。一旦执起手杖，身影就变得看不见了，就像握住了这个信息纷乱的世界的真相，这个手杖是魔法杖。吉拉尔丹和巴尔扎克时常吵架，夫人辩解说她是为了调解丈夫和巴尔扎克的矛盾才写了这本小说，巴尔扎克对此很不高兴。原因可能是巴尔扎克从这部作品里读到了对同性恋的暗示吧，以为是在讽刺他本人的同性恋倾向。话说回来，巴尔扎克似乎确实有同性恋的倾向。1836 年的小说《法西诺·卡纳》(*Facino Cane*)，取自主人公名字的小说名也可解读为"魔法之杖"。巴尔扎克把他写成是 14 世纪后半叶至 15 世纪前半叶实际存在的、皮埃蒙特出身的雇佣兵队长孔多提艾 (Condottiere) 的后代，但实际上这个人物与威尼斯并无关系。因此"法西诺·卡纳"是巴尔扎克想出来的名字。据说 Facino Cane 中的 Cane 是巴尔扎克居住在图尔的时候，从隔壁住着的名叫 Cain (该隐) 的爱尔兰人的名字中想到的。这个 Facino Cane 的名字全名可以视为对 fascinating cane (魔法之杖) 的戏仿。这种玩弄智力的讽刺也是巴尔扎克式的"逃避"。在他的文学世界里，现实的传闻悄悄塞入，想象与真实并非泾渭分明。这样一个巴尔扎克的世界与我们的现实世界相比是怪异的。然而作为一个想象世界，巴尔扎克的世界又比我们的世界更加恶俗、更加平淡无奇。这是普鲁斯特在《驳圣伯夫》中说的。普鲁斯特说，不能就像圣伯夫那样把作品和作者的关系看得很密切，而我却觉得，把巴尔扎克的作品和他的人生联结起来考虑会更加有趣。

巴尔扎克在年轻时埋头阅读哲学书籍，写了一些类似感想文的东西。《杂著》第一部中的《读哲学家札记》中提到，巴尔扎克对于笛卡尔的名句“我思故我在”（Je pense，donc je suis）似乎无法接受。巴尔扎克在感想文中将之改写为“我在故我思”（Je suis，donc je pense）。笛卡尔的这句话“Je pense，donc je suis”是拉丁语的“cogito ergo sum”，这一点是没有问题的。我觉得法语有些奇特，“Je pense”中的“Je”（我）最早使用却最后证明，这不是很奇怪吗？可以说是头咬着尾巴。巴尔扎克读笛卡尔的时候，对他进行了巴尔扎克式的解读，想要发现莫比乌斯式的结构。巴尔扎克也接受不了笛卡尔的文章。就像“我在故我思”（Je suis，donc je pense）写的那样，最早有“我在”（Je suis），所谓“我”（je）即是肉体，肉体是优先于其它的，没有肉体就考虑不了精神。不以肉体为前提，什么都无法开始，这就是巴尔扎克的想法。笛卡尔的“思”（penser）意味着如武士般断然放下肉体，这是笛卡尔的风格；巴尔扎克的“思”则与“愿望”（vouloir）、“欲”（désirer）之类的相通，当然包含肉体的欲求，这当然可以称为巴尔扎克的唯物主义。巴尔扎克本就受到卢梭的影响，对“思考的人类是堕落的动物”这句话有些着迷，但似乎他并不像卢梭一样认为思考是文明堕落的原因。思考会将自身啃食殆尽，巴尔扎克好像注意到了它如吸血鬼一般的危险性。这就是巴尔扎克的思考。巴尔扎克由此摆脱社会，避开思考的不幸，这并不是依附自然，依附自然是卢梭的做法。人类文明的想象总是伴随着不幸，这种普罗米修斯式的考量才是巴尔扎克的。这里也有把马克思和黑格尔放在一起那样的异化，或者说是外化。就是那样的东西混为一谈的感觉。从巴尔扎克自己的形象中，或许也能读出无条理的思想劳动的光荣和不祥。巴尔扎克的作品，是他的思想劳动、无条理的劳动的结果。巴尔扎克死的时候，他身上发出的臭气充满了整个房间，这一点维克多·雨果也写过。

农民巴尔扎克对假绅士巴尔扎克、像刑警一样窥探的巴尔扎克、喜欢四处打听的巴尔扎克、像魔法的烟雾一样被烟雾包围着的巴尔扎克、纠结于细节的巴尔扎克、力图实现从抽象到统一的巴尔扎克等等，“巴尔扎克对阵巴尔扎克”这种巴尔扎克文学，具有巴尔扎克式的魅力。他自身的内部对立或许可称为是莫比乌斯带或莫比乌斯环，而这种魅力是试图将这些整理、统一起来的。这样一个整体，好像与我们所生活的地球上的一切东西都相互关联。

编后记

中堂恒朗（なかどうつねお，1927—1949），日本外国文学研究家，曾就读于京都大学文学部。1959 年 4 月至 1990 年 3 月，历任大阪女子大学助手、讲师、助教授、教授，并任大学院文学研究科英语学英美文学负责人（法国文学特论负责人）。其间，1969 年 9 月至 1970 年 8 月赴法国巴黎大学，担任大阪府驻外研究员。

本文译自：中堂恒朗「特別講演バルザック文学ここが面白い」仏文研究 28 号 117—130 頁（1997）。

近代日本的巴尔扎克接受简史

作者　[日本]原政夫
译者　程一骄

倘要以《近代日本的巴尔扎克接受简史》为题写些什么，下面两篇参考文献便不得不提。A 高木良男《巴尔扎克在日本》，东京大学大学院人文科学研究科比较文学、比较文化课程硕士课程的硕士论文（1957）；B 原政夫《日本的巴尔扎克书志》（骏河台出版社，1969）。

A 是高木氏在国立国会图书馆、明治报纸杂志文库等文献集中的地方，经过高效、精心的调查所撰。B 则走了弯路，通过一心探访全国的旧书店，四处收集文献所得。与 B 相比，A 要更为充实，特别是在明治和大正时期的杂志方面。作为 B 的作者，我从 A 处受教甚多（尽管 B 有而 A 无的地方也有两三处）。B 出版后，我继续收集文献，所得成果也纳入本文视野。

首位将巴尔扎克之名传至我国的，似乎是政治家尾崎楼堂（本名行雄，发现者为松田穰氏）。英京学堂生（楼堂的笔名）在《朝野新闻》上连载过题为《美欧漫游记》的文章。1888 年 10 月 6 日刊载的部分是《法国的小说》，介绍了法国文学，将巴尔扎克和左拉一并视为猥亵的作家。伪善之国英格兰的巴尔扎克观普遍如此。楼堂的文章不过是代陈该观点，并非是读完数册巴尔扎克作品后抒发的感想。

1889 年森鸥外首次提及巴尔扎克。明治时期的文学者中，除了鸥外，尚有夏目漱石、上田敏、岛崎藤村等提到过巴尔扎克，但鸥外提到巴尔扎克较多，其论说也较重要。鸥外、红叶、露伴、思轩对《好色一代女》的合评中论及女同性恋之爱，提到《金眸少女》（*La Fille aux yeux d'or*），但似乎众人都未读过原作，这一点值得注意。另外还有一点要注意的是，鸥外首次介绍了《吉拉丹夫人》（*Madame Émile de Girardin*）的《巴尔扎克先生的手杖》（*La Canne de M. de Balzac*）。幸有如水野亮《巴尔扎克与鸥外》这样细致的研究（《心》，1950 年 10 月号第 22—35 页），倘有兴趣建议参阅。都道府县的各级公立图书馆应该都馆藏有《心》的过刊，在古书店里也不难找到。另外，《心》还收录了两篇杰作，即辰野隆《死后百年的巴尔扎克——老少问答》以及小西茂也《巴尔扎克的影响一百年》，弥足珍贵。

1950 年，漱石在《我是猫》第二章中，借小说人物珍野苦沙弥先生之口，提到一则轶事，即巴尔扎克为了替自己的短篇作品《Z. 马卡》的主人公找个好名字而煞费苦心。这则逸话是莱昂・戈兹兰所述。尽管漱石通晓法语，但是否连戈兹兰所写的东西都读到了，这一点尚未可知。眼下笔者因患病行动不便，无力调查漱石书斋藏书目录中是否有戈兹兰的作品。戈兹兰之作在当时尚无英译版，只有一种德语译本《巴尔扎克私密逸事》（*Der intime Balzac*, *Anekdoten*）。由此推测，漱石可能读过的是英语版或法语版的《文豪逸话集》，该书收录了戈兹兰所述的逸话。又或者，漱石是从读过法语或德语版戈兹兰作品的友人处听说过这则逸话。此外，在藏书目录里还有漱石批注过的书，关于这些书，我记得（我是在约五十年前所看到的，这里只是凭借模糊的记忆），漱石在所读的四五册英译版的巴尔扎克作品上做了批注，但对巴尔扎克的作品并无好感。安士正夫撰有佳作《夏目漱石与法国文学》，该文被收入他的著作《巴尔扎克论考》（朝日出版社，1972）。

接下来是上田敏。他在 1902 年学灯社调查“19 世纪欧美的大著述”中作答时，将巴尔扎克的《人间喜剧》作为文学的代表列出。1897 年 8 月，他在《帝国文学》3 卷 8 号上发表论文《法兰西文学之研究》，说明了自巴尔扎克开始的法国小说发展情况，提到巴尔扎克则不吝溢美之词，称“巴尔扎克《人间喜剧》中集中的数卷，实为笑中带泪之悲剧，不留余地地展示人情世界之幽趣，眼光极尽锐利，独具阐幽之技。《高老头》《邦斯舅舅》之类的作品应该成为小说家的必读书……”上田敏在第一高等中学（一高的前身）学过法语，进入东大英文科后也继续学习法语。他进一步迫近巴尔扎克，积极评论和翻译其文学。坪内逍遥以《19世纪法国文学思潮》为题的早稻田讲义录中，两度（1901年、1904年）提及1890年皮利齐斯（G. Pellissier）的《十九世纪文学运动》（*Le Mouvement littéraire au XIXe siècle*，英译本先于原著于1897年出版），但是“巴尔扎克的确是写实主义方面的翘楚，至少确立近代写实主义的基础这一点不得不归功于他”这句话，或许给上田敏的“巴尔扎克热”浇了凉水。

另一方面，世纪末法英德的唯美主义或象征派的诗人、小说家中，早就出现了赞美巴尔扎克者，其中奥斯卡·王尔德以及亚瑟·西蒙斯较早被介绍至日本。

1910年3月本间久雄在《文章世界》5卷4号上发表的《人生与自然皆为艺术之模仿》，是对1889年王尔德所写《谎言的衰落》中的论说原封不动的日语重述。王尔德的原著也于1912年以《架空的颓废》为题被矢口达翻译。1941年西村孝次译、筑摩书房出版的《艺术论》（即包括前述论说的1891年的《意图》）的完整译本。前述题名被重译为《虚言的衰退》问世，1942年中桥一夫译、弘文堂书房出版的《艺术的意想》，作为“世界文库”的一册问世（关于上述文献，请参见拙作B的376、466、469。数字表示项目而非页码。受限于篇幅，后文也将多次提及B的项目，还望读者见谅）。另一方面，亚瑟·西蒙斯1893年出版的《关于左拉〈方法〉的笔记》（*A Note on Zola's* Methode）在1911年便已被翻译为日语（参见B的375、448）。该作将左拉不太出色的作品与巴尔扎克的加以比较，贬左拉而褒巴尔扎克。中村星湖发表过与该作旨趣完全相同的文章，作为自己的论说，即1908年在《早稻田文学》26号上刊载的《左拉的自然主义》。

从明治到大正，岛崎藤村在小说和随笔中时常提及巴尔扎克，但不够具体，不能够称之为文献。巴尔扎克如何反映在藤村文学的作品中、给他带来怎样的影响，也是不明确的。鸥外似乎读过德语译本，漱石和藤村似乎读过英语译本，但他们仿佛都未从巴尔扎克处受到影响，这是三人的共通之处。

接下来将视线移向明治时期的巴尔扎克翻译。巴尔扎克作品最早的日译本为 1894 年十八公子（松居松叶）所译《猛虎》（距今恰好一百年）。原作为《沙漠里的爱情》（*Une Passion dans le désert*），之后是 1896 年马场孤蝶译《荒凉的海滨》（*Un Drame au bord de la mer*）[1]。接下来是 1897 年蜻蜓（户川秋骨）译《革命的余波》（*Un Épisode sous la Terreur*）[2]。1897 年马场孤蝶译《心事》（*El Verdugo*，同一作品 1903 年被正宗白鸟译为《残酷的救命》）。1901 年上村左川译《空房子》（*La Grande Bretèche*）[3]。1903 年马场孤蝶译《苦斗录》（*La Messe de l'athée*）[4]。1903 年小川烟村译《野兽的爱情》（*Une Passion dans le désert*）[5]。1905 年马场孤蝶译《心的通道》（*Le Réquisitionnaire*）[6]。上述译作依次发表在《文艺俱乐部》《文艺界》《文学界》《太阳》等刊物上。最后的《心的通道》以心灵感应现象为主题，最早的《猛虎》以人类与野兽的交情为主题，与"写实主义"相距甚远。上述七篇皆是译自英译本的转译，其中马场孤蝶所译的四篇与莫泊桑、都德等人作品的译本一同被收录至两册单行本中。

巴尔扎克的长篇小说最早直接自法语原文译为日语，是在进入大正时期后。《欧也妮·葛朗台》以《爱与欲》为题被译为日语，译者为吉田荻洲（淳吉），1913 年 8 月由东亚堂书房出版。我在 B 中提出两点根据，以推定该译本译自法语原文。其一，卷首有马里乌斯·托帕

---

1 中文一般译作《海滨的惨剧》。——译者注（为还原历史，本文作品名均遵从出版时的译名。——编者注）

2 中文一般译作《恐怖时期的一段故事》。——译者注

3 中文一般译作《大阳台》。——译者注

4 中文一般译作《无神论者望弥撒》。——译者注

5 中文一般译作《沙漠里的爱情》。——译者注

6 中文一般译作《心腹话》。——译者注

的《奥诺雷·德·巴尔扎克传》，系马利尤斯·托班（Marius Topin）的《当代小说家》（*Romanciers contemporains*）中巴尔扎克相关部分的译本（没有英译本），并且文中的人物及作品名均音译自法语读法。其二，葡萄牙的首都里斯本（葡萄牙语为 Lisboa）也依照法语读法写为 Lisbonne。

接下来译自原典的长篇是 1920 年八木佐和子译《幽谷百合》、1922 年永岛直昭译《老歌利欧》（*Le Père Goriot*，译自英译本）[1]、1923 年和田传译《乡村医生》（*Le Médecin de campagne*）、1924 年新城和一译《结约》（*Le Contrat de mariage*）、1924 年永户俊雄译《放荡老爹》（前篇·后篇）、1925 年布施延雄译《贝姨》（*La Cousine Bette*，亦译自英译本；此外还有椎名其二译《欧也妮·葛朗台》、新城和一译《欧也妮·葛朗台》，两者均问世于 1924 年）。

短篇方面，下述几部重要译作虽为译自英译本的转译，但有助于了解巴尔扎克式的观察究竟如何。即木村庄五译《黄金》（*Facino Cane*），载于 1917 年 4 月《三田文学》；高安月郊译《公爵夫人的秘密》（*Les Secrets de la Princesse de Cadignan*）[2] 以及福永挽歌译《不为人知的杰作》（*Le Chef-d'Œuvre inconnu*），于 1914 年首次收入"新潮文库"。译自原典的山村魏译《钱包》（*La Bourse*）[3] 载于 1922 年 11 月《白桦》；永岛直昭译《红色的家》（*L'Auberge rouge*）[4] 载于同一杂志同年的 11 月和 12 月号。

短篇集里，水野亮译《巴尔扎克小说集》规模较大。它以发表于《白桦》杂志的篇目为主体，共收录十四篇作品，其中首次被译为日语的有《传话》（*Le Message*）、《菲尔米亚尼夫人》（*Madame Firmiani*）、《石榴房子》（*La Grenadière*）；还有《起死回生的灵药》（*L'Élixir de*

1 中文一般译作《高老头》。——译者注

2 中文一般译作《卡迪央王妃的秘密》。——译者注

3 中文一般译作《银行家》。——译者注

4 中文一般译作《红房子旅馆》。——译者注

longue vie)[1]，此处标题的翻译是基于小说内容的优秀翻译；《弗朗德尔的耶稣基督》(*Jésus–Christ en Flandre*)，该短篇集于 1924 年 4 月 18 日由春阳堂出版。概言之，大正时期日本的巴尔扎克的接受之特色在于出现了若干译自法语原典的译作，以及如《法西诺·卡纳》之类的虽为短篇但数次在杂志刊登，或以单行本形式出版的译作。评论和研究方面，涌现了① 后藤末雄 (B377)、② 高安月郊 (B378)、③ A. 莫德尔著、木村庄太编译的《巴尔扎克》(B379)、④《近代文学与恋爱》(B380)、⑤ G. 木阿 (B381) 等重要的文献。

谷崎润一郎受到王尔德，也大概受到了西蒙斯的唯美主义式的巴尔扎克论触动，在大正末期也投身巴尔扎克热中（小岛政二郎曾有证言“谷崎把英译本的巴尔扎克全部通读完毕了”）。但提到在实际创作中的映照，也只能在《鲛人》这部未完成的长篇小说中看到些许影响。

进入昭和时期后，情况大为改变。以 1929 年春阳堂出版的 M. 伊科维兹著、石川涌译《从历史唯物论看文学》(B386) 为开端，B393、395、396、413、415 等马克思主义文学理论被引进和介绍。然而不管是在 386、393 中都被当作问题的《赛查·皮罗托》还是《纽沁根银行》（尤为难读）在当时都还没有日译本问世。395、413 也存在同样的情况。在上述情况的刺激下日本也爆发了激烈的无产阶级现实主义论争，但相关论说都不是在读过巴尔扎克的基础上提出的，因此到今天几乎没有阅读的价值。勉强值得一提的也只有中条（宫本）百合子的《对巴尔扎克的评价》了吧 (B430)。

1930 年新潮社版《世界文学全集》的《巴尔扎克篇》收录了水野亮译《贝姨》和椎名其二译《欧也妮·葛朗台》，这便给一般读者以印象，即这两部作品为巴尔扎克的代表作。其后，文学全集类书籍在这两部作品和《幽谷百合》《高老头》中选编便成了定式，这对日本的巴尔扎克接受产生了较大的负面影响。

但在该时期，1932 年田畑修一郎的力作、巴尔扎克论《巴尔扎克

1 中文一般译作《长寿药水》。——译者注

学》在《新事物》上发表，这是一大收获（B397）。另一方面，以介绍超现实主义闻名的杂志《诗和评论》以及更名后的《文学》上刊载的两篇巴尔扎克相关的译文（R. 费南迪斯与巴尔扎克）成为一大污点。费南迪斯的评论在1932年由葛川笃翻译为《巴尔扎克的方法》，发表在《理论》上。从标题上看，它与发表在《诗和评论》上的富泽统一郎译《巴尔扎克的方法》应译自同一原典或英译本。我虽未读到《理论》，但猜测葛川笃的译本是一雪前耻的译本吧。作为这一时期的收获，1934年库尔提乌斯最初的日译本问世（B421）。太宰施门编著的《巴尔扎克总说》于1934年问世，这册书在当时颇显珍贵（B424）。但特别值得一提的是，河出书房从这一年起开始出版全十六卷的《巴尔扎克全集》，历时共约两年。芹泽光治良译《布奇·布尔乔亚》（*Les Petits Bourgeois*）[1]、辰野隆·本田喜代治译《塞拉菲达》（*Séraphîta*）、丰岛与志雄·蛙原德夫译《路易·朗贝尔》（*Louis Lambert*）、太宰施门·宫本正清等六人译《幻灭》（*Illusions perdues*）上下二卷、吉江乔松·恒川义夫译《村中司祭》（*Le Curé de village*）[2]、铃木信太郎·渡边一夫等五人译《论卡特里努·德·梅迪西斯》（*Sur Catherine de Médiscis*）、芹泽光治良·新庄嘉章译《塞查·皮罗多》（*Histoire de la grandeur et de la décadence de César Birotteau*）[3]、山内义雄·铃木健郎译《驫皮》（*La Peau de chagrin*）[4]等首次被译为日语的杰作被收入其中。此外，收录了前川坚市翻译的与超现实主义相关的别致之作《停止战斗的“梅尔莫特”》（*Melmoth réconcilié*，正确译法应为《回归教会的梅尔莫特》），殊为珍贵。尽管当中还混杂着武林无想庵译《夏娃的女儿》（*Une Fille d'Ève*）这类不负责任的糟糕译本，但整体而言，所收录的译作大都优秀或稳妥，这套首次问世的《全集》意义重大。在此之前，1928年水野亮译《绝对之追究》（*La Recherche de*

1 即《小资产阶级》。——译者注

2 中文一般译作《乡村教士》。——译者注

3 中文一般译作《赛查·皮罗托盛衰记》。——译者注

4 中文一般译作《驴皮记》。——译者注

l'absolu)、1934 年田显太郎译《三十岁的女人》已问世。可以说，通过上述作品，一般读者对于文豪巴尔扎克的大致情况已形成大概的认识。1934 年，中岛健藏・佐藤正彰翻译的《波德莱尔艺术论集》出版，书中出现名言"巴尔扎克不是观察者，而是幻想家，且是狂热的幻想家"，O. 王尔德曾反复强调这一点，A. 西蒙斯则用不同的表达方式表达过相同观点（详见 B 的第 203—204 页）。1935 年，与波德莱尔观点对立，但较为详细的坦恩的《作家论》（B433）同样由芝书店出版。A. 西蒙斯与波德莱尔观点相通，西蒙斯著、河上彻太郎译《现实派作家论》（B441）和西蒙斯著、宍户仪一译《象征主义的文学》（B448，西蒙斯原作的完整译本）分别于 1936 年、1937 年问世。1937 年别具一格的阿兰的《巴尔扎克》（*Avec Balzac*），由小西茂也翻译，于 1940 年出版（B463）。日本人最早为巴尔扎克所写的传记是若园清太郎的《巴尔扎克的生涯》，于 1935 年问世。1941 年出版的《巴尔扎克的历史》可谓是该书的修订版（B465）。同一年若园清太郎《巴尔扎克的方法》（B467）同样由大观堂出版，该书易于阅读，受到喜爱。水野亮等人翻译了西蒙斯式的霍夫曼斯塔尔作品，发表在 1935 年 8 月的《思想》（B439）上。富士川英郎翻译的《霍夫曼斯塔尔文艺论集》包括了上述作品，于 1942 年由山本书店发行（B470）。同年，译自德语原典的、库尔提乌斯的《巴尔扎克论》出版（B472）。也是在这一年，杉山英树《巴尔扎克的世界》略早于霍夫曼斯塔尔、库尔提乌斯的作品与读者见面，由中央公论社出版（B468）。该书颇为畅销，而 1941 年至 1942 年间河出书房再次出版的十六卷本《巴尔扎克全集》（普及版）也极为畅销。R. 本杰明的《巴尔扎克伟大小说家的生涯》出版于 1943 年（B475）。此外，东宛书房曾经做过一项雄伟的企划，即以"巴尔扎克人间剧丛书"冠名，计划将巴尔扎克尚未译为日语的作品全部翻译出版。但该丛书只出到第四卷便无后文了。《拉布尤兹》（*La Rabouilleuse*）、《波西米亚王子》（*Un Prince de la bohème*）、《萨拉金》（*Sarasine*）等应该算是收获吧（参照第 B 的第 189—191 页）。总之，在那个战时的黑暗时代，为什么对巴尔扎克的需求和供给如此

旺盛，值得思考。中井英夫的《麤皮》是映照那个时代的文学。1941年，此前一直喜欢巴尔扎克的中井，对自己的这部作品做出如是解释，“让巴尔扎克本人出现在巴尔扎克式的小说世界中，将两者一并嘲弄”，亦即是想给巴尔扎克和他的世界戴上诀别的手套，从而写出《麤皮》。

战后出现出版热和杂志创刊热。曙出版社以“巴尔扎克《人间剧》选”为名，在1946年出版了杉捷夫译《古董室》（*Le Cabinet des Antiques*）[1]、佐藤文树译《家庭的和平》（*La Paix du ménage*）、冈田真吉・岛田实译《红房子旅馆》之后止步于此。后二册鲜见其他译本，因而颇显珍贵。最后一册除了《红房子旅馆》，还收录有《女性研究》（*Étude de femme*）[2]、《纽沁根银行》，尤为宝贵。因为前者无其他译本，后者与《赛查・皮罗托盛衰记》是一对作品，如前文所述，在马克思主义（不是日本的，而是外国的）巴尔扎克论中必提的作品，是揭露银行黑暗面的杰作。该作后来重译，改题为《纽沁根商会》，与另两篇同样题材的小品合集成书，作为弘文堂“世界文库”的一册出版。今天，在旧书店很难买到《纽沁根商会》，即便被赋予了数万的价值，但它不过是本不起眼的小书，只有知情者才明白它的巨大价值。同为“世界文库”的竹村猛译《双重家庭》也是如此。还是在1946年，圣伯夫的《巴尔扎克》刊登在《文学季刊》上，水野亮的《巴尔扎克——人与作品》由白日书院出版。对于后者，我在B478中进行了严厉批评，但现在我很后悔，应该还有更妥当的评价方式吧。1947年，寺田透的《巴尔扎克断章》（B481）在《飨宴》上发表，其后寺田氏写的巴尔扎克作品评论继续在各种杂志上刊载（B483、484、486—490、493、499、509）。几乎同时，由寺田透和安士正夫发起，万里阁企划，翻译、出版尚未被介绍的巴尔扎克作品的计划，通过“巴尔扎克人间丛书”得以实现。《游女盛衰记》（*Splendeurs et*

1 中文一般译作《古物陈列室》。——译者注

2 中文一般译作《妇女研究》。——译者注

misères des courtisanes，但仅有上卷)、[1]《人世之初》(*Un début dans la vie*)、《十三人故事》(*Histoire des treize*，全三话，只出版二话) 等由此得见天日，可惜只出了八册便无后续了。每卷卷末附有寺田透的《解说》，实质上是作品论。这些《解说》和前面提到的杂志论文等，经补充、修订后合集成书，于 1953 年由筑摩书房出版，即寺田透著《巴尔扎克——人间喜剧的研究》。这本书是日本巴尔扎克研究史上不灭的金字塔 (详见 B521)。后来这本书两度发行增补版，即 1967 年 5 月现代思潮社版《巴尔扎克——来自人间喜剧的观众席》(B637) 和 1979 年 5 月思潮社版寺田透评论集第二期《巴尔扎克论集成》。

在此笔者回溯时间，列举战后的主要评论和译著。一部重美的力作《批判现实主义的问题——巴尔扎克的政治、社会思想和作品》首次发表于《理论》第三卷十一、十二号，时间为 1949 年 11、12 月，由日本评论社发行 (B501)。结语为"托尔斯泰是俄国革命中农民民主主义思想家，巴尔扎克则与革命资产阶级的传统联系在一起，因此他们才是批判的、能动的"。1959—1962 年，东京创元社发行了《巴尔扎克全集》第一辑，共二十卷。首次被译为日语的有《老姑娘》《贝阿特丽克丝》《戈迪萨尔》《冈巴拉》《马斯米拉 · 多尼》《阿尔贝 · 萨瓦吕斯》《比哀兰特》《Z. 马卡》，以上的长中短篇共八篇。之前只出版了上卷就无后续的《搅水女人》由改造社出版完整版，计上、中、下三卷。同样，寺田透氏翻译的《公务员》(该作后来没有在全集中被再次收录，眼下是很珍贵的) 以及《莫黛斯特 · 米尼翁》上下卷，安士正夫的《婚姻生理学》也由三笠书房完整翻译、出版。S. 茨威格的传记《巴尔扎克》也于 1959 年发行。安士正夫的学术研究《巴尔扎克研究——〈人间喜剧〉的成立》于 1960 年由东京创元社出版。阿兰的《巴尔扎克论》新译本于 1968 年由冬树社出版。西蒙斯的新译本以《象征主义的文学运动》为题，于 1978 年由国文社出版，1982 年又出了修订

1 中文一般译作《烟花女荣辱记》。——译者注

版。A. 贝甘的《幻视者巴尔扎克》(*Balzac visionnaire*)也被翻译。安士正夫的《巴尔扎克论考》于 1972 年由朝日出版社出版,这是一本收录《出现在人间喜剧中的近代社会》等九篇文章的珍贵论文集。1973 年 6 月—1976 年 3 月,《巴尔扎克全集》第二辑全二十六卷由东京创元社出版。新增的六卷中,首次被译为日语的只有《县里诗神》《康纳利斯卿》《书简集》三篇。《浪荡王孙》首次被收入全集,但它的单行本有小西茂也译本和神西清译本两种,战前多次出版,完整译本是 1947 年由新树社出版的小西译本三卷本加拾遗,大获成功,一度被"新潮文库"收入。其次较为重要的作品是不属于"人间喜剧"系列的《社会生活病理学》(*Pathologie de la vie sociale*),它由山田登世子翻译,以《风俗的病理学》为题,于 1982 年由新评论出版。接下来是 1987 年由同一家出版社出版的鹿岛茂译《新闻界博物志》、《论巴黎新闻界》(*Monographie de la presse parisienne*)和《助理生理学》(*Physiologie de l'employé*)。最后应当注意的是《公务员》的第二部分,它是《幻灭》第二部的雏形。最初的版本经过再版,现在改名为《风俗研究》,由藤原书店出版。1990 年 4 月, E. R. 库尔提乌斯的《巴尔扎克论》新译本问世。追溯起来,不可遗忘的还有 1955 年卢卡奇的《巴尔扎克与法国现实主义》(B531)。顺带一提,库尔提乌斯的《再会巴尔扎克》也出版过两次(纪伊国屋书店及美铃书房)。1972 年的《霍夫曼斯塔尔选集》第三卷也难以忽视。其中除了《巴尔扎克》,还包括《金色眼睛的少女》《论小说和戏剧中的性格》两篇论文。G. 普莱的《人类时间研究》第二卷以及《圆环的改变》上卷中也有题为《巴尔扎克》的章节,两者都有译本。M. 布朗肖的《失足》中也有一章为《巴尔扎克》,马克思主义者 P. 巴尔贝里斯的《巴尔扎克》也很早就被翻译了。此外,筑摩书房的《世界批评大系》也收录了几篇 H. 詹姆斯等人的巴尔扎克论。如果把目光转向日本人写的东西,除了巴尔扎克研究者、法国文学研究者以外的人物的著作中也不乏上品。例如数学家远山启的《巴尔扎克的有趣之处》(B577)、作曲家信时洁的《巴尔扎克随感》等,都很不错。野间宏氏(B598)曾感慨道:"我像履行义务般,读完了《表妹贝蒂》[1]，却找不到将其作为杰作的理由。”笔者也仔细读过这部作品五遍以上，深以为然。筱田一士氏在B592中也写了同样的内容。把《贝姨》作为巴尔扎克代表作的A.纪德、桑原武夫、水野亮等人以及岩波书店的无知和偏向，罪过深重。读了《贝姨》而讨厌巴尔扎克的文学读者应该有很多。《贝姨》是巴尔扎克作品中风格最接近左拉的。最后，对前文所述情况对日本文学的影响作一概观。寺田透氏指出：“在三岛由纪夫的《秘乐》中，可以看到部分巴尔扎克世界的人物形象被巧妙地利用了。而且可以说，那是日本社会随战争而开始崩溃和成熟的标志。”中村真一郎的《女人们》（1961年）明显借用了《幽谷百合》的形式。为了向年轻女性求婚，他将自己几十年的体验——从童年体验到女性体验，毫无保留地展现了出来，写成书信形式的小说，让人联想起莫尔索夫夫人的登场、阿拉贝尔·杜德莱型的女人。

小林信彦的《虚荣之市》（1964年以中原弓彦为笔名发表，河出书房出版）以《幻灭》第二部为蓝本。这是一部有趣的小说，以戏仿的笔触描写了新闻业的诡计和寄生其中的人们的劣根性。松本清张的《美丽的斗争》（1984年角川书店）也令人联想到《幻灭》的第二部，讲述了一位女性婚姻失败，离开夫家，进入出版社，亲身体验大众媒体世界的荒唐、丑恶、无情和冷酷，最终幻灭，重返家庭的故事。但是，没有任何证据能证实清张读过巴尔扎克。反而有相反的证据。因为在他的另一本书中，出现了“巴尔扎克的《神曲》”这样的话，证明松本清张不了解巴尔扎克。我猜测他是从旁人处听说了《幻灭》第二部的梗概并加以利用。但是松本清张成功地描绘了资本主义社会的阴暗面，这是昭和初期的无产阶级文学想做而未能做成的。从这点上讲，松本清张是巴尔扎克式的。可以说，松本清张未受巴尔扎克的影响，却成了日本的巴尔扎克。财富起源自“偷盗”“欺诈”“犯罪”，在该观点上，巴尔扎克和清张是相通的。在揭发政治权力的欺骗性、不透明性

1 中文一般译作《贝姨》。——译者注

这一点上，巴尔扎克和清张也有相通之处。清张有而巴尔扎克没有的是对学术的批判，巴尔扎克有而清张没有的是哲学、神秘思想和神秘主义。巴尔扎克与清张可能会成为比较文学中对比研究很好的课题。

大江健三郎从巴尔扎克的《乡村教士》中得到灵感，创作了《人生的亲戚》。能够看出书中的仓木麻里惠就是韦萝妮克·格拉斯兰夫人，麻里惠的性自由令人印象深刻。

编后记

原政夫（はらまさお，1927— ），1950年毕业于京都大学法文科，后在同志大学任教授。主要研究领域为巴尔扎克文学。著有《日本的巴尔扎克书志》。主要研究论文有《巴尔扎克〈幻灭〉论》《巴尔扎克〈人间喜剧〉的青年》《阿兰与斯坦达尔的巴尔扎克观：介绍与批判》《明治·大正·昭和时期巴尔扎克作品的日译书目（其一）》《明治·大正·昭和时期巴尔扎克作品的日译书目（其二）》等。

本文译自：原政夫「近代日本におけるバルザック受容史略」ユリイカ26巻12号268—275頁（1994）。

“外国文学学术史研究”书目

第一、第二辑

《塞万提斯学术史研究》
《塞万提斯研究文集》
《雨果学术史研究》
《雨果研究文集》
《歌德学术史研究》
《歌德研究文集》
《左拉学术史研究》
《左拉研究文集》
《海明威学术史研究》
《海明威研究文集》
《庞德学术史研究》
《庞德研究文集》
《肖洛霍夫学术史研究》
《肖洛霍夫研究文集》
《普希金学术史研究》
《普希金研究文集》
《康拉德学术史研究》
《康拉德研究文集》
《高尔基学术史研究》
《高尔基研究文集》
《哈代学术史研究》
《哈代研究文集》
《贝娄学术史研究》
《贝娄研究文集》
《狄更斯学术史研究》
《狄更斯研究文集》
《芥川龙之介学术史研究》
《芥川龙之介研究文集》
《菲茨杰拉德学术史研究》
《菲茨杰拉德研究文集》
《茨维塔耶娃学术史研究》
《茨维塔耶娃研究文集》

第三辑

《乔叟学术史研究》
《乔叟研究文集》
《简·奥斯丁学术史研究》
《简·奥斯丁研究文集》
《希伯来经典学术史研究》
《希伯来经典研究文集》
《泰戈尔学术史研究》
《泰戈尔研究文集》
《普鲁斯特学术史研究》
《普鲁斯特研究文集》
《陀思妥耶夫斯基研究文集》

第四辑

《〈一千零一夜〉学术史研究》
《〈一千零一夜〉研究文集》
《巴尔扎克学术史研究》
《巴尔扎克研究文集》
《列夫·托尔斯泰学术史研究》
《列夫·托尔斯泰研究文集》